"十三五"普通高等教育本科部委级规划教材

市场研究

王庆丰 主编

中国纺织出版社有限公司
国家一级出版社
全国百佳图书出版单位

内 容 提 要

本教材全面系统地介绍了市场调查的基本理论、基本知识和基本方法，同时将这些理论、知识和方法与企业的市场研究实践紧密结合，具有较强的实用性和可操作性。注重突出纺织服装特色，在编写过程中选择了大量有关的纺织服装调研案例，以帮助读者加深对相关理论的理解和掌握。

本书在编写过程中特别结合目前流行的 SPSS 统计软件，对如何使用 SPSS 软件进行市场调研数据整理和分析进行了详细介绍，从而帮助读者提高市场调查数据处理的效率。为了方便读者学习，本书在每一章的开始都安排有学习目标和导引案例，在每一章的结尾安排有本章小结和复习思考题，以及相关阅读材料和案例分析。对于一些实用性较强的章节，特别增加了实训内容，以帮助读者能够真正将市场研究相关理论转化为实践操作技能。本书既可以作为高等学校经济与管理、纺织服装相关专业的教材，也可以作为从事市场研究人员的业务学习用书和参考书。

图书在版编目(CIP)数据

市场研究/王庆丰主编. --北京：中国纺织出版社有限公司，2020.1
"十三五"普通高等教育本科部委级规划教材
ISBN 978-7-5180-6520-2

Ⅰ.①市… Ⅱ.①王… Ⅲ.①市场研究—高等学校—教材 Ⅳ.①F713.52

中国版本图书馆 CIP 数据核字（2019）第 179530 号

策划编辑：陈 芳　　责任校对：寇晨晨　　责任印制：储志伟

中国纺织出版社有限公司出版发行
地址：北京市朝阳区百子湾东里 A407 号楼　邮政编码：100124
销售电话：010—67004422　传真：010—87155801
http://www.c-textilep.com
中国纺织出版社天猫旗舰店
官方微博 http://weibo.com/2119887771
三河市宏盛印务有限公司印刷　各地新华书店经销
2020 年 1 月第 1 版第 1 次印刷
开本：787×1092　1/16　印张：21.5
字数：368 千字　定价：59.80 元

凡购本书，如有缺页、倒页、脱页，由本社图书营销中心调换

前言

在激烈的市场竞争中，企业要想立于不败之地，就必须及时有效地了解和把握自己所面对的目标市场，作出及时有效的市场营销决策。而这一切都要依靠市场调研来提供相应的信息。市场调研就是针对企业市场营销决策所需要的信息进行方案设计、数据收集、数据整理和数据分析，并把结果与需求者沟通的一系列活动过程。通过市场调研，企业能够获得各方面的市场信息，了解国内外市场竞争态势，了解影响市场变化的营销环境，揭示市场变动的结构、过程和基本规律，为制定企业营销战略提供决策参考依据。

尽管市场调研方面的教材已经很多，但本书的编写目的是博采众长、突出纺织服装特色。在编写过程中，我们以适应纺织服装相关专业市场调研教学与实践为宗旨，全面系统地介绍市场调研的基本理论、基本知识和基本方法，力图把这些理论、知识和方法与企业的营销管理实践紧密结合，使本书具有较强的实用性和可操作性。同时注重突出纺织服装特色，在编写过程中选择了大量有关纺织服装的调研案例来帮助读者加深对相关理论的理解和掌握。

本书从企业实际开展市场调研的角度出发，以市场调研任务过程为主线阐述市场调研的主要内容和技术环节，全书共分为13章，主要包括市场研究概述、市场研究内容、市场研究方案设计、二手资料收集、一手资料收集：定性调查方法、一手资料收集：定量调查方法、态度测量技术、问卷设计、抽样设计、市场调查数据收集与整理、市场调查数据描述统计分析、市场调查数据统计推断分析和市场研究报告的撰写。为了便于读者学习，本书在每一章的开始都安排有学习目标和导引案例，在每一章的结束部分安排了本章小结和复习思考题，对于一些实用性较强的章节，特别增加了实训内容。为了加强读者对本章知识的理解与思考，特别安排了阅读材料以及纺织服装方面的案例分析。此外，本书结合目前流行的SPSS统计软件，对如何使用SPSS软件进行市场调研数据整理和分析进行了详细介绍,从而帮助读者提高市场调查数据处理的效率。

本书由中原工学院王庆丰博士担任主编,中原工学院宋丽敏、王丽敏、贺丽华老师以及西安财经学院行知学院谢清先老师担任副主编,大家共同参与完成了本书的编写工作。限于作者水平,书中不足之处在所难免,敬请广大读者批评指正,以便我们今后加以改正。

在本书编写过程中,我们参阅了大量国内外文献资料,借鉴了多部教材的优点和内容体系,由于篇幅有限,不能一一列举,在此向所有参考文献的作者表示衷心的感谢。

此外,本书能够出版发行,还要感谢中国纺织出版社的鼎力支持以及各位编辑老师的无私帮助。在本书编写过程中,中原工学院以及纺织服装产业河南省协同创新中心也给予了大力支持和帮助,在此一并表示衷心的感谢。

编者

2019年1月

目 录

第一章　市场研究概述

第一节　市场研究的定义和作用 …………………………………………… 3
第二节　市场研究的程序和原则 …………………………………………… 12
第三节　市场研究的发展进程 ……………………………………………… 17
第四节　市场研究行业及机构 ……………………………………………… 20

第二章　市场研究内容

第一节　企业宏观营销环境调查 …………………………………………… 33
第二节　企业微观营销环境调查 …………………………………………… 36
第三节　企业内部环境调查 ………………………………………………… 41
第四节　营销组合调查 ……………………………………………………… 42

第三章　市场研究方案设计

第一节　市场研究主题的界定 ……………………………………………… 56
第二节　市场研究方案的设计 ……………………………………………… 61
第三节　市场研究方案的可行性分析与评价 ……………………………… 67

第四章 二手资料收集

第一节 二手资料概述 …… 77
第二节 二手资料的来源和评估 …… 83
第三节 二手资料的收集 …… 89

第五章 一手资料收集：定性调查方法

第一节 定性调查概述 …… 98
第二节 焦点小组访谈法 …… 100
第三节 深度访谈法 …… 105
第四节 德尔菲法 …… 108
第五节 投射法 …… 113

第六章 一手资料收集：定量调查方法

第一节 定量调查概述 …… 122
第二节 访问调查法 …… 124
第三节 观察法 …… 129
第四节 实验法 …… 134
第五节 调查方法的选用 …… 137

第七章 态度测量技术

第一节 态度及测量尺度 …… 143
第二节 态度测量量表 …… 147
第三节 态度量表的评价 …… 160

第八章 问卷设计

第一节 问卷设计的基础知识 …… 173
第二节 调查问卷的问题设计 …… 182
第三节 问卷设计注意事项 …… 188

第九章 抽样设计

第一节 抽样设计概述 …………………………………………………… 198
第二节 常用的抽样方法 ………………………………………………… 202
第三节 抽样误差及控制 ………………………………………………… 209
第四节 样本容量确定 …………………………………………………… 212

第十章 市场调查数据收集与整理

第一节 调查资料的收集与整理 ………………………………………… 220
第二节 SPSS 软件简介 …………………………………………………… 225
第三节 调查资料的整理 ………………………………………………… 229
第四节 数据的基本操作与管理 ………………………………………… 237

第十一章 市场调查数据描述统计分析

第一节 市场调查资料分析概述 ………………………………………… 252
第二节 调查资料的描述统计分析 ……………………………………… 254
第三节 SPSS 对调查资料的描述统计分析操作 ………………………… 260
第四节 市场调查资料的汇总 …………………………………………… 271

第十二章 市场调查数据统计推断分析

第一节 统计推断概述 …………………………………………………… 284
第二节 假设检验 ………………………………………………………… 285
第三节 参数检验 ………………………………………………………… 288
第四节 非参数检验 ……………………………………………………… 301

第十三章 市场研究报告撰写

第一节 市场研究报告概述 ……………………………………………… 318
第二节 书面市场研究报告 ……………………………………………… 321
第三节 图表在市场研究报告中的应用 ………………………………… 327
第四节 口头市场研究报告 ……………………………………………… 329

第一章
市场研究概述

本章学习目标

1. 掌握市场研究的定义和分类；
2. 理解市场研究的基本原则；
3. 掌握市场研究的基本程序；
4. 了解市场研究的发展历程。

> 引导案例

城市服装品牌消费调查分析

如今的消费者越来越注重个性和服饰的质量、款式，由此带来消费者对品牌服装的青睐。上海某公司就目前服装市场的结构及消费状况对北京、上海、广州、成都、重庆、武汉、温州、杭州、南京、深圳10个城市的416家经销商和3537位15~60岁的消费者进行了一次抽样调查，综合了解服装市场的市场潜力和发展趋向。

（一）重视自我，追求个性

调查结果显示，把个性的、合适的服装作为首选的消费者占主导地位，其比例分别为64.8%和55.7%。只有少数人有从众和追求流行趋势的心态。

（二）打折成了市场的"命门"

此次调查数据显示，在名目繁多的促销活动中，消费者最感兴趣的当属换季打折；逢年过节、大型活动期间打折，也是一种受消费者欢迎的形式。喜欢有奖销售的消费者也有一定的比例，其余促销活动的吸引力较低。

（三）洋品牌表现强劲

调查数据显示，53.3%的消费者比较倾向于国外的服装品牌，而倾向于国内品牌的仅占16.7%。在服装行业，洋品牌的风头明显盖过了国内品牌。一方面，国内企业的品牌意识还不强，市场化意识不高；另一方面，洋品牌的市场营销手段和市场运营都比国内品牌更胜一筹，也比国内品牌更具竞争力。

在繁多的服装品牌的销售点中，最具市场亲和力的是连锁专卖的品牌经营模式。比如真维斯、U2等服装的销售业绩都相当高。它们的市场定位主要是16~25岁的青少年休闲系列。通过专卖店的形式，一方面扩大了品牌影响力，另一方面也提高了产品的销售额。目前，这种模式已经是品牌服装经营的主要方式。

（四）限时（限量）打折受追捧

如今，在许多商场都可以看到各式各样醒目的打折标志。其中最受消费者青睐的是换季打折，这种方式对商家而言只是为了处理即将过期或积压的产品，相对而言是一种降低损失的被动行为。相比之下，限时（限量）打折则为商家赢回了积极主动。这种"限量降价促销术"若实施得当，将为商家赢得更多的利益。

（五）不断创新乃大势所趋

人们的观念时刻在变化，消费观念也不例外。很难想象一成不变的款式和风格能立足于现在的市场。服装市场，除了变幻不停的流行趋势外，个性化的款式也层出不穷。

在不断变化的服装市场，企业必须重视消费市场的需求，不断挖掘市场的新的切入点，抓住机会倡导新的时尚理念，引导消费者的服装需求。

第一节 市场研究的定义和作用

市场研究是任何企业在经营过程中都必须面对的一项经常性的基础工作，也是企业最重要的营销职能之一。随着市场竞争的日益激烈，市场研究正逐渐发挥着越来越重要的作用。只有通过市场研究，才能获得相应的市场数据和信息，才能顺应市场需求的变化趋势、增强企业的应变能力、把握经营的主动权，帮助企业实现预期的经营目标。

一、市场研究的定义及特点

（一）市场研究的定义

市场研究译自英文 Marketing Research，也被译为市场调查、市场调研、营销调研等，虽然译法不同，但包含的意思基本相同。伴随着时代和经济的发展，市场研究的内容、作用和范围也正在发生很大的变化，它从最初主要针对顾客进行调查发展到对企业的各种营销决策进行调查，其范围还在进一步扩大。

1. 调查和研究的关系

最初，调查和研究是独立的两个概念。调查是人们有目的、有意识地去了解客观事实的一种感性认识活动，研究则是对通过调查获取的资料进行分析加工以了解事物本质及发展规律的一种理性认识活动，两者具有本质的区别。但随着时间的发展，它们之间的界限越来越模糊，我们现在习惯用调研来表示调查和研究，本书的市场研究实际上指的就是对市场进行调查和研究。

2. 狭义和广义的市场研究

由于市场的定义有广义和狭义之分，在此基础上产生的市场研究也就有了广义和狭义的区别。狭义的市场主要指的是消费者的集合，所以狭义的市场研究就是企业针对消费者进行的调查研究，它主要研究的是消费者及其消费行为。广义的市场指的是商品交换关系的总和，它包含的范围更加广泛，所以广义的市场研究除了对消费者进行调查研究外，还包含对市场其他行为主体及行为进行的调查研究活动。

3. 市场研究的定义

美国市场营销协会认为，市场研究是一种通过信息将消费者和公众与营销者联系起来的职能。这些信息用于识别和确定市场营销的机会和问题，产生、改进和评估营销活动，监督营销绩效，改进人们对营销过程的理解。市场研究规定解决这些问题所需的信息，设计收集信息的方法，管理并实施信息收集过程，分析结果，最后要沟通所得信息并理解其意义。

中国台湾营销学家樊志育将市场研究分为广义和狭义两种，狭义的市场研究是针对消费者，主要是目标消费群和潜在消费群的研究，即以购买和消费商品的个人或组织为对象，搜集和分析其消费的现状、动机、趋势等特征；而广义的市场研究则包括组织、市场及企业营运的诸方面，以各类社会组织营销的所有功能、阶段、作用作为调查对象。

综合各种观点，市场研究就是指按照一定的程序，运用科学的方法、客观的态度，系统地搜集、记录、整理和分析市场信息资料，以了解市场发展变化的现状和趋势，为决策部门制定更加有效的营销战略和策略提供所需的基础性数据和资料的过程。

在对市场研究的含义进行理解时应注意以下四个方面的问题：

第一，市场研究是针对具体的市场营销决策所进行的调查研究。因此，它不同于企业营销信息系统中的情报系统等其他获取信息的功能，执行常规的、连续的信息收集和管理，市场研究并不需要对所有的问题进行调查。

第二，市场研究是企业制定营销决策和进行市场预测的前提，它是企业营销管理过程中的重要手段。只有通过市场研究，才能及时掌握市场的变化和发展趋势，才有可能作出正确的决策。

第三，市场研究是一个系统的过程。它对研究程序有周密的规划和安排，研究人员一般要遵循既定的程序和日程安排去进行，从搜集资料开始，环环相扣，任何一个环节出问题，都可能影响到最终的决策。

第四，进行市场研究时必须注意方法的科学性和适用性。科学的研究方法是采用观察、询问、实验等方法获取数据，并通过比较分析、逻辑推断等获得新的知识的一类方法。要根据调查研究的内容来选择不同的研究方法，不要试图一种方法"走天下"。

（二）市场研究的特点

1. 系统性

市场研究的系统性主要体现在两个方面。首先，影响市场调研的因素是一个系统，诸多因素互相联系、相互影响，构成了一个整体，市场研究应当从各个市场因素的内在联系和相互作用的角度把握市场的变化趋势对企业营销的影响；其次，调研活动也是一个系统，包括编制调研计划、设计调研方案、抽取样本、收集资料、整理资料、分析资料及撰写市场调研报告等工作。

2. 创造性

虽然市场研究活动可以遵循一定的程序，也有合适的研究方法可供选择，但在面对同样的研究问题时，市场研究人员也必须要发挥其创造性，设计出科学合理的调研方案，选择更为合理的研究方法，给出更加切合实际的调研报告。

3. 科学性

这种科学性不仅体现在进行市场研究时用到科学的方法和科学的技术手段，而且体现在科学地分析相关数据,得到科学的结论。市场研究要求研究人员在研究工作中不应受个人或其他权威人士的价值取向及信仰的影响,以客观的态度进行科学的研究。

4. 目的性

任何一项市场研究都应该具有明确的目的,并且后续的所有具体的调查研究活动都应该围绕目的展开,以提高预测和决策的科学性。市场研究的结果直接用于营销决策的制定和选择过程,协助企业解决具体的营销问题。

二、市场研究的分类

市场现象的复杂性决定着市场调查不能只用单一的方法或只从某一方面进行,而是必须应用各种方法对市场进行全面系统的调查。由于主体、客体、范围、时间、功能等方面所存在的差异,市场研究可以从多种角度区分为多种类型。

（一）按商品消费目的划分

1. 消费者市场调查

消费者市场调查的主要目的是了解消费者需求数量、需求结构及其变化,了解其中的影响因素,帮助企业制定更合理的营销管理决策,从而最大限度地满足消费者需求,促使企业得到更好、更快的发展。

消费者市场调查的主要内容包括消费者数量调查、消费者结构调查、消费者需求调查、消费者购买力调查、消费者支出结构调查、消费者行为调查以及消费者满意度调查等。

2. 生产者市场调查

生产者市场调查的目的是支持企业的营销管理决策,提升客户的满意度,开拓市场。

生产者市场调查的主要内容包括宏观经济环境调查、生产者市场构成调查、客户情况调查、市场占有率和竞争力调查、产品的经济寿命周期及商品流通的渠道等。

（二）按市场调查主体划分

根据市场调查的主体,可以把市场调查分为政府的市场调查、企业的市场调查、社会组织的市场调查及个人的市场调查四大类。

1. 政府的市场调查

政府在社会经济中扮演着无可替代的角色,它一方面承担着宏观管理者和协调者的职能,另一方面从事一些直接的经营活动。不管其从事哪一方面的工作,政府都需要了解和掌握真实、全面、有效的信息。因此,政府部门经常需要开展各个方面的调查工作,例如人口普查、经济普查等一般企业无法完成的调查任务都是由政府展开的。这些调查活动涉及内容比较多、范围比较广,对政府和相关企业能否作出正确的决策有着至关重要的意义。

2. 企业的市场调查

这是最常见的一种市场调查活动。在企业的经营管理过程中,尤其是现在企业所处的激烈的市场竞争环境决定了其进行市场调查的必要性。在激烈的市场竞争中，企业要想生存下来，就必须比竞争对手做得更好，跑得更快。为了做到这一点，企业必须进行市场调查，以做到"知己知彼知顾客"，从而帮助企业作出正确的决策。在进行调查时，可以由企业自己进行，也可以委托专业的市场调查机构来完成。企业市场调查的内容主要有产品调查、渠道调查、价格调查、促销调查、消费者调查及竞争对手调查等。

3. 社会组织的市场调查

各种社会组织，例如各种学术团体、中介组织、事业单位、群众组织、民主党派等，为了学术研究、工作研究、提供咨询等需要，也会组织一些市场调查活动。这种市场调查通常具有专业性强的特点。

4. 个人的市场调查

个人也是市场调查的主体。某些个人由于种种原因，也需要进行市场调查。比如，某些个体业主，由于个人经营上的原因，需要了解相关的市场信息，从而进行市场调查活动；有些研究人员为开展研究，也需要进行市场调查；即使作为消费者，也需要了解相关的市场信息，从而对市场的某些方面进行研究。一般而言，个人的市场调查范围较小，实施起来不一定很规范。

（三）按市场调查性质划分

1. 探测性调查

探测性调查是在正式调查之前展开的初步的、具有试探性的非正式市场调查，其目的在于收集一些有关资料，以确定经营管理需要研究的问题的症结。如果调查人员对所要研究的问题尚无足够的了解，就有必要进行探测性调查。

探测性调查具有一些明显的特征。从所需的信息资料看，由于这种调查往往处于调查活动的初期，对所需的信息只能给予大致的定义，并没有明确的规定；调查的过程富有弹性，并非严密规定；所选择的样本规模较小，并且不强调其代表性；获取的信息资料主要是反映事物本质的定性信息；调查结果应被视为尝试性的，或应被作为进一步调查的基础。总之，灵活性和多样性是探测性调查的最主要特征，常规的市场调查方案和程序很少被全盘采用，严密设计的调查表、大规模的样本、随机抽样技术等亦很少采用。相反，调查人员在调研过程中需随时捕捉各种信息，形成新概念和理解。一旦新的概念和理解形成，他们将沿着新的方向开展探测性调查。所以，调查的重点有可能经常变换。调查人员的创造性和才智在探测性调查中起着重要的作用。

探测性调查一般都采用比较简便易行的调查方法，如文案调查法、小规模的试点调查法、定性调查法、焦点小组访谈法等。

比如，服装市场是竞争日益激烈、消费需求变化快的竞争性市场。某服装企业为开发新产品，决定开展市场调查，作为新产品开发决策的依据。该企业的市场调查人员首先进行探测性市场调查。他们通过召开现有的和潜在的消费者座谈会以及市场营销人员、技术人员和部分经销商代表组成的座谈会，探索可以向市场推出哪些新产品。通过探测性调查，他们大致了解了市场的动态和消费需求发展的趋势，形成了许多新产品开发的概念。这些概念又经描述性调查，进行了进一步的研究论证和筛选，最后为企业开发新产品的决策提供了很好的依据。结果，该公司成功地向市场推出了几款新的服装产品，很受消费者欢迎，扩大了市场份额，取得了良好的收益。

2. 描述性调查

描述性调查是为进一步研究问题症结的事实而收集必要的资料，是对所研究问题的特征和功能进行如实记录的调查。描述性调查的前提是调查人员已经对所研究的问题有了清晰的认识。常见的描述性调查有市场分析、销售分析、产品分析、销售渠道分析、价格分析、形象分析和广告分析等。

描述性调查所要了解的是有关问题的相关因素和相关关系。它所要回答的是"什么""何时""如何"等问题，并非要回答"为什么"的问题。所以，描述性调查的结果通常是说明事物的表征，并不涉及事物的本质及影响发展变化的内在原因。它是一种最基本、最一般的市场调查。

描述性调查通常被用于以下情形：

（1）描述相关群体的特征。比如，描述消费者、销售人员、组织、地区市场等的特征。如对某类商品的购买者进行调研，把其归类为经常购买者、一般购买者、偶尔购买者等不同类型。

（2）确定消费者对产品或服务特征的理解和反应。比如，确定消费者对服装产品的质量、价格、款式、品牌等的理解以及这些因素对其购买决策的影响。

（3）确定各种变量对市场营销问题的关联程度。比如，确定消费者收入与服装购买金额之间的关系等。

描述性调查需要有一套事先设计好的计划，有完整的调查步骤，并对调查问题给出最后的答案。对调查所需的信息资料需作明确定义，样本规模较大，并有代表性。对资料来源需作仔细选择，要有正规的信息收集方法。一般而言，描述性调查的信息来源很多，几乎各种来源的信息都可用于描述性调查，调查的方法也可包含各种类型。

3. 因果性调查

因果性调查也称解释性调查，是为了确定有关事物之间的因果联系而进行的调查。它是对描述性调查的进一步深化，是为了研究产生某种结果的原因，是对事物更深入的认识。因果性调查的直接目的有两个：一是了解哪些变量是原因性因素，即自变量；哪些变量是结果性因素，即因变量。二是确定原因和结果（即自变量和因变量）之间的关系。

显然，描述性调查仅仅回答了"什么""何时""如何"等问题，因果性调查则进一步回答"为什么"的问题。它涉及事物的本质，即影响事物发展变化的内在原因。市场营销的管理者更多的是根据事物之间内在的因果联系作出营销决策，因而因果性调查是一种十分重要的市场调查。

4. 预测性调查

预测性调查是收集研究对象过去和现在的各种市场情报资料，掌握其发展变化的规律，运用已有的市场经验和科学的预测技术对市场未来的发展趋势进行估计和判断的调查方法。如市场上消费者对某种产品的需求量变化趋势调查、某产品供给量的变化趋势调查等。

预测性调查的所需资料主要根据描述性调查与因果关系调查所提供，例如欲估计公司未来四年的销售量（Y），则需对影响该销售量的自变量，如家庭收入（X_1）与家庭数目（X_2）也应先加以估计（可加上预测方程的参数 a、b、c），预测方程为：

$$Y = a + bX_1 + cX_2$$

X_1 与 X_2 等资料在描述性调查与因果关系调查中应已收集，假定在购买者习惯不变及推销费用不增加的情况下，将未来四年所估计的 X_1 与 X_2 之值代入公式，即可求出未来四年的销售量。

（四）按市场调查获得资料的性质划分

1. 定性调查

定性调查一般用于初步调查，主要是指对市场进行非定量化的探测，侧重于了解消费者的动机、目标市场的基本特性和需求发展的趋向等方面的信息。调查结果不作定量化统计分析。定性调查方法主要包括焦点小组座谈法、深度访谈法和投影技术法等。

2. 定量调查

定量调查主要用于正式调查，它建立在市场调查所搜集的大量规范化的市场数据基础上，利用特定数学模型和统计公式进行量化处理，侧重对消费者行为、销售数据的分析研究。

事实上，市场研究常常是将定性调查和定量调查结合起来，取长补短，以达到最佳效果，即复合调查。复合调查通常以定性的探索研究开始，以掌握定量分析设计的方向，然后作出数据收集、描述和统计推断，最后回到定性分析中，以帮助调查人员更好地理解定量调查所获取的信息。

▶ 小案例 1-1

沃尔沃公司的复合调查

瑞典沃尔沃汽车制造商于 1992 年将其 850 型汽车投放英国市场时，英国正处于汽车销售的萧条时期。事先的调查显示，尽管沃尔沃是当时性能最为安全的汽车，但仍显过于奢侈。于是，制造商重新设计，以使 850 型更适应大众需求。在定性调查法的焦点小组座谈中，启发人们讨论："……这种车的外形如何？"讨论反映出 850 型汽车线条流畅，给人留下深刻的印象。然而，定量分析显示它所拥有的三种潜在购买群体：

（1）沃尔沃的忠实顾客，他们明确将会购买850型；

（2）有一定可能购买850型的顾客；

（3）不太可能购买850型的顾客。

这一调查同时显示有可能购买的顾客往往是想将他们现有的小型沃尔沃汽车或其他型号的汽车出手，更换一辆新的850型汽车。

在公司有效的广告宣传下，特别是强调可以以旧换新时，沃尔沃汽车进入了英国市场，当年就占有了3%～4.5%的市场份额。

资料来源：阿尔文·C.伯恩斯，F.布什.营销调研（第二版）[M].梅清豪，等，译.北京：中国人民大学出版社，2001.

（五）按调查时间划分

1. 一次性调查

一次性调查也称临时性市场调查，是在一个相当长的时期内只进行一次的市场调查。这类调查一般是对总体现象在某一时点上的状态进行研究。

2. 定期性调查

定期性调查是企业针对市场情况，结合经营决策要求，按一定时间定期进行的市场调查。

3. 经常性调查

经常性调查也称连续性调查，指根据实际需要对市场现象的发展变化过程进行合理组织的连续调查。其目的在于获得某一经济现象发展变化过程及其结果的连续的信息资料，掌握这一经济现象发展变化的规律和趋势。

（六）按资料来源划分

1. 文案调查

文案调查又称二手资料调查或间接调查，指利用企业内部和外部现有的各种信息和情报，对调查内容进行分析研究的一种调查方法。文案调查法一方面收集和获取有效的二手资料；另一方面根据调查课题的要求对这些文献资料进行去伪存真、由表及里的分析研究。

2. 实地调查

实地调查也称一手资料调查，指在制定详细的调查方案的基础上，由调查人员直接向被访者收集第一手资料，再进行整理和分析，从而得出结论。一手资料是由调查者从市场中直接获得的、没有经过任何处理的大量个体资料所组成。

除了上述比较常见的分类外，市场调查还可以从其他角度进行分类，例如可以按照调查的区域分为地方性、地区性、全国性和国际性的市场调查，还可以按照市场调查的时间跨度分为短期、近期、中期、长期四种类型等。

三、市场研究的作用

市场研究作为企业一项重要的营销职能，贯穿企业经营的全过程，关系到企业的生死存亡，其作用主要体现在以下几个方面：

1. 识别机会与问题

机会是指未得到满足的需求或没有得到很好满足的需求；问题是指企业营销中显著的或潜在的不利因素及其影响。通过市场调研，能够掌握国家、行业的相关信息，分析预测市场发展趋势，为企业的战略性决策提供依据；通过市场调研，广泛收集整理分析数据资料，建立起监测市场环境变化的预警系统，及时掌握市场可能出现的机会与威胁，从而把握住有利的条件与因素，规避不利的趋势与变化；通过市场调研，可以帮助企业明确所属行业中可能存在的机会，发现对企业现在或将来发展的不利因素；通过市场调研，可以了解自身的优势与劣势、机会与威胁，确切感受竞争带来的压力，并转化为企业发展的动力，迫使企业加强经营管理，跟踪最新产品的市场发展趋势，改进产品性能，增强产品的适应能力，跟上市场的步伐，避免由于市场需求变化给企业带来的机会损失与经济损失。

2. 更好地理解市场

只有通过市场调研，才能充分认识市场的过去和现在，探明市场供求发展变化的规律，了解顾客的需求及变化趋势，掌握竞争对手的数量与策略，为更好地服务目标顾客提供依据。此外，通过调查来了解不同偏好导致的需求差异，认识、分析和解释消费者行为，掌握市场主体及其行为特征，有助于企业改进营销策略。无视市场经济自身发展变化的规律，按照人的主观意志来开发产品、开拓市场，注定是要失败的。

▶ 小案例1-2

Gap公司开展焦点调查以衡量顾客喜好

Gap公司是世界上最大的特色服装连锁公司，提供当今流行的款式，以具有吸引力和新颖行动服装吸引顾客经常光顾商店。该公司认为这样可以提高库存周转率和保持高盈利水平。这样的战略要求Gap公司密切关注顾客喜好，及时满足这些喜好，通过保持最佳库存水平来减少低价促销、出清多余库存的需要并永保时尚浪尖的领先优势。Gap公司依赖焦点人群调查来应对上述挑战。通过焦点人群，该公司从衣服时髦性、颜色喜好以及最流行款式方面来了解顾客。该公司也采用更本地化的焦点人群来确定顾客倾向，使得公司能针对地区市场量身打造服装。

Gap公司开展系列焦点调查以衡量顾客喜好。虽然从焦点人群调研中获得宝贵的观点，但该公司并不只局限于这样的定性调查。该公司还将焦点人群调研的结果同从销售点获得的定量数据以及公司其他信息来源的数据结合起来，共同制定和实施有效的库存管理。

资料来源：A. 帕拉苏拉曼，德鲁弗·格留沃，R. 克里希南. 市场调研 [M]. 王佳芥，应斌，译. 北京：中国市场出版社，2009.

3. 有助于制定营销规划

无论是战略性决策还是战术性决策，都需要以大量的信息为依据，尤其是在当前这样一个信息经济时代，超出企业常规决策以外的发展创新战略不能仅凭经验和猜测进行决策。因为这一类型的决策都具有一定的创新性，存在较大的不确定性和风险性，必须掌握大量的第二手数据和第一手数据，而这些数据资料只有通过文案调查和实地调查才能获得。通过调查可以辨别环境变化所带来的市场机会，发现企业营销中可能存在的问题，协助制定企业的总体发展战略、目标市场战略和竞争战略。

4. 有助于制定营销决策

企业制定营销决策通常需要回答以下问题：顾客关注哪些产品属性？产品设计应集成多少特性？产品应该怎样定价？产品由谁来销售？推广方面的费用多少较为经济？科学的营销决策以占有信息为前提，而信息的质和量取决于市场调研的质量。因而，市场调研结果直接影响到决策的准确性。一般来说，决策者掌握与决策问题相关的信息越多，对决策方案制定和选择的余地就越大，各种方案可能出现的结果估计就越充分，决策的可靠性就越有保证。在市场经济条件下，企业决策者无论是作出目标市场决策，还是产品开发、价格制定、渠道安排及促销策划，都必须对市场状况进行认真的调研，并权衡各种方案的得失。不认真研究市场的实际情况，只凭主观臆断，盲目决策，必然要蒙受损失，付出代价。

5. 有助于实施营销控制

控制就是了解目标与实际情况的差距。因此，需要通过市场调查来掌握公司的市场占有率、顾客满意度、服务质量和服务水平等企业营销指标的实际执行情况。只有通过市场调研揭示出差距，明确问题的症结所在，才能对症下药，提出相应的矫正方案，改善企业的经营管理，提高企业的经营效益。

第二节 市场研究的程序和原则

一、市场研究的程序

市场研究是一项由不同阶段、不同步骤、不同活动构成的有目的的系统工程。建立一套系统科学的工作程序，是市场研究得以顺利进行的重要保证。

市场研究的步骤根据调查内容的繁简程度、调查的时间、地点、预算、手段以及调查人员的知识、经验等条件综合确定。一般来说，正式的市场研究程序主要划分为四个相互衔接的阶段。

第一阶段是市场研究的问题界定阶段。这一阶段的主要任务是根据企业决策所面临的问题，进行内外部相关因素分析，确定研究课题和主要研究目的。

第二阶段是市场研究的方案设计阶段。主要包括研究项目设计及研究方案设计，其中研究方案设计包括研究背景、研究目的、研究内容、研究方法和手段等相关内容的设计。

第三阶段是市场研究的实施阶段。这是市场研究的关键阶段，这一阶段的主要工作包括利用各种方法组织人员进行所需资料的搜集，并对搜集过程进行监督、管理和控制，以保证信息资料的质量。

第四阶段是市场研究的结果形成阶段。主要工作是对搜集的信息资料进行整理、分析和处理，得出结论，并将相应的报告提交决策部门。

在实际操作过程中，我们更倾向于将市场研究的过程分为七个步骤，以提高它的实际指导意义，如图 1-1 所示。

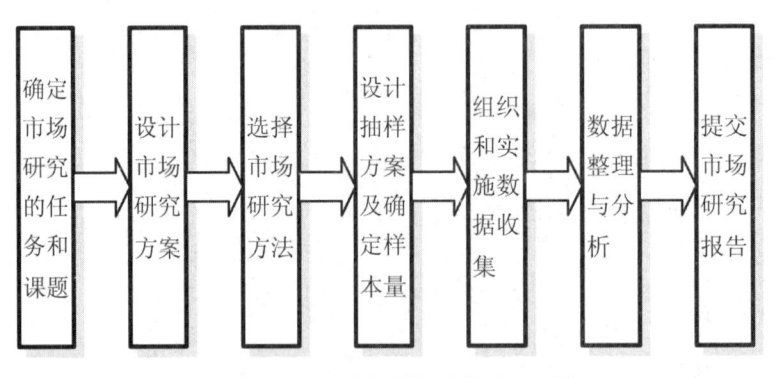

确定市场研究的任务和课题 → 设计市场研究方案 → 选择市场研究方法 → 设计抽样方案及确定样本量 → 组织和实施数据收集 → 数据整理与分析 → 提交市场研究报告

图 1-1 市场研究基本过程

(一) 确定市场研究的任务和课题

市场研究任务和课题的确定对于整个研究工作具有十分重要的意义，它决定着市场研究的方向，决定着市场研究活动如何展开。研究课题的不同，决定了研究内容、方法、抽取的样本等都有很大的差别。可以说，研究课题决定着市场研究的成败和研究成果的价值。

调研课题的确定往往来自于环境变化或企业自身的经营策略。环境的变化会给不同的企业带来机会或威胁，这时企业必须通过市场研究对环境进行分析，并制定相应的策略来抓住机会或避开威胁。而企业在进行经营的过程中也会因为自身的原因出现一些问题，这时企业也需要根据实际进行市场研究，找出原因，给出合理的对策。

确定市场研究课题，一项很重要的任务是如何把决策问题转化为研究课题。决策问题是市场决策者所面临的问题，它所要解决的是"决策者要做什么，如何做"的问题，它考虑的是决策者应该采取的行动。研究课题所要解决的则是"搜集什么样的信息以及如何获取这些信息"的问题。换句话说，决策问题决定了研究课题的大方向，研究课题要服务于决策问题。例如，某企业最近的市场份额下降，导致出现这种现象的可能原因很多，企业首先要确定是哪些原因导致这样的结果，从而指明市场研究的方向，为确定研究课题奠定基础。

作为调查人员，在开展市场研究前必须明确三个问题：企业开展市场调查的原因；确定市场调查需要解决的问题；确定市场调查的目标。只有明确了这三个问题，调查活动才能继续进行。而且作为市场研究的起点和基础，市场研究课题必须满足一定的条件，首先调查项目必须切实可行，也就是说，它必须能够运用具体的合理的调查方法进行调查；其次是研究的课题可在规定的时期内完成，以确保研究的时效性；最后就是研究活动能够获得相应的客观资料，并能根据这些资料解决问题。

(二) 设计市场研究方案

市场研究是一项计划性非常强的工作，这一点可以通过市场研究方案的制定得到很好的体现。市场研究方案是整个市场研究工作的纲领，它指明了市场研究的方向，保证了市场研究活动的顺利进行。市场研究方案就是对后续的营销调研所作的周密计划。一般来说，市场研究方案主要包括以下几个方面的内容，如图1-2所示。

1. 明确市场研究的目的

市场研究的目的就是回答"为什么要进行市场研究，通过市场研究要解决什么问题以及想要达到什么样的结果。"这是进行市场研究工作首先要解决的问题。如果目的不明确，就无法设计出科学合理的研究方案，后续的工作也就无从谈起。

2. 设计市场研究的内容

市场研究的内容是围绕着研究目的展开的。研究目的不同，搜集的材料也就不同，这就使得研究的内容也存在很大的差别。如果用问卷进行调查，市场研究的内容将直接决定问卷中问题的设计，这是方案设计中非常重要的一项工作。

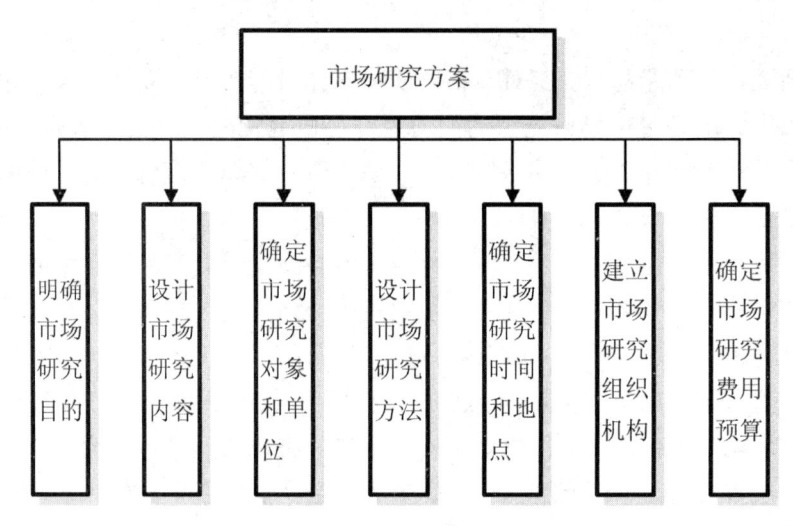

图1-2 市场研究方案的主要内容

3. 确定市场研究的对象和单位

市场研究对象就是根据调查目的和调查任务所确定的调查范围以及所要调查的总体，它是由许多在某些性质上具有共性的调查单位所组成。调查单位是市场研究对象中的每一个具体单位，它是调查实施过程中需要具体回答各个调查项目的承担者。

4. 设计市场研究的方法

具体的市场研究方法主要有文案法、访问法、观察法和实验法等。在调查时，采用何种方法不是固定和统一的，而主要取决于市场研究对象和调查任务。

5. 设计市场调查的时间和地点

调查时间是指获取调查资料所需要的时间，具体调查时间应根据所要收集资料的性质灵活规定。在市场研究方案中，还需要明确规定调查的地点。

6. 建立市场研究的组织机构，并进行费用预算

设计市场研究的组织机构就是为了确保调查的顺利进行所作的具体工作安排，即调查工作计划。市场调查费用的多少通常视调查目的、调查范围和难易程度而定。在进行费用预算时，必须明确给出各个阶段所支出的费用。

（三）选择市场研究的方法

选择合适的市场研究方法是市场研究能否获得有效数据的前提。首先确定数据来源是第一手数据还是第二手数据？第二手数据是来源于政府机关的有关数据，还是图书馆数据，或是大学、研究机构或行业协会的出版物，抑或非营利组织的市场调查报告？第一手数据是来源于企业、普通消费者，还是其他什么渠道？

收集第二手数据可以在网上查寻，也可以到相关部门征询或求购，还可以在出版物中搜寻。收集第一手数据比较常见的方法主要有三种：调查法、实验法和观察法。调查法指调查人员通过访问或让被调查者填写问卷的方法收集数据。根据调查人员和被调查者接触的方式，又可将其分为人员访问、电话调查、邮寄调查和网上调查。实

验法指研究人员通过实验的方法收集数据。实验法有多种不同的设计，不同的设计可能控制不同的实验误差。观察法指研究人员在现场通过对有关情况进行直接观察记录的方法收集数据。观察法也有一些不同的操作方法。

研究者应根据研究课题的目的和内容来选择恰当的研究方法。在实际工作中，研究人员也可以综合使用几种方法。比如，为了帮助决策者作出是否推出一个服装新款的决策，研究人员可以：第一，考察过去同类服装产品推出时的有关情况记录（第二手数据的收集方法）；第二，进行一次邮寄调查，以便确定消费者对类似产品的态度（邮寄调查）；第三，进行一次测试，看看不同款式的产品对消费者的影响（实验法）。

（四）设计抽样方案及确定样本量

抽样设计是市场研究中一个非常关键的步骤，这一步设计的好与坏会直接影响到整个市场研究工作的质量，并会影响到市场研究的成本。因此，在方案设计阶段，首先要确定抽样的方法和样本的容量。

按照调查的范围可以把市场调查分为全面调查、重点调查、典型调查和抽样调查，其中抽样调查是市场调查比较常用的方法。抽样调查可以分为随机抽样和非随机抽样两大类。常用的随机抽样有简单随机抽样、系统抽样、分层抽样、整群抽样等；常用的非随机抽样有便利抽样、判断抽样、配额抽样、滚雪球抽样等。确定样本容量就是决定抽取总体中的多少元素作为调查对象。一般而言，样本越大，研究结果的可靠性越高；样本过小，将影响结果的可靠程度。但样本量过大也会造成很大浪费，所以样本的大小以适中为宜。关于这方面的内容我们会在后面的章节中作具体的描述和分析，此处不再赘述。

（五）组织和实施数据收集

数据收集就是按照制定好的市场研究方案的要求，到现场实地展开具体调查工作。在具体实施阶段，需要重点把握好两个方面的内容：一是严格选拔市场调查人员，并对其进行专业培训；二是在调查实施过程中，要严格按照相关要求进行运作，并对运作过程进行监管。

执行现场调查的人员主要有访问员、督导员和调查部门的主管。在实施现场调查前上述人员都要接受不同层面的培训，特别是访问员和督导员。培训分为一般技能、技巧的培训和项目的培训。为了控制误差和访问员作弊，通常在人员访问完成后，督导人员会根据计划对受访者按一定比例进行回访，以便确认是否真正进行了调查以及调查是否按规定的程序进行。

数据收集工作是由企业调研部门或外部营销调研公司完成的。一项典型的调研项目往往需要在几个城市收集资料，甚至涉及去国外收集数据，需要多家调研公司同时开展现场调查工作。为保证所有的现场调查人员按照统一的方式工作，需要就每一项工作制定详细的说明。现场调查是最不容易控制和容易产生误差的环节，因此对现场调查中的每一个细节都应该进行严格的控制，研究人员必须严格执行规定的程序。

(六) 数据整理与分析

通过市场调查收集到的数据并不能直接使用，需要研究人员对其进行初步的筛选、整理和编码，并借助相关软件进行分析，得到的结果才能为经营决策提供依据。数据整理包括数据的编辑、编码、录入、检查错误等。数据分析包括单个变量的基本分析、两个变量之间的交叉列表分析、相关分析和其他统计分析，以及多个变量间的多元统计分析等。

(七) 提交市场研究报告

为了使研究结果更加直观、清晰，研究人员需要把整个研究过程、分析结果、结论和建议等以研究报告的形式集中体现出来，最后以书面或口头的方式进行汇报。在准备和提交报告时，认真考虑报告对象的性质是非常必要的。对于报告的格式，没有统一的要求，但通常有一个基本的结构。在报告的开始，应有对研究问题和研究背景的概述，并对研究目标作清楚和简略的说明，然后对采用的研究设计或方法进行全面而简洁的表述；其后，应概况性地介绍研究的主要发现以及对结果的合理解释；报告的最后，应提出结论和对管理者的建议。

二、市场研究的原则

市场研究是企业获得信息的重要手段，此项工作的质量会直接影响到企业的决策。因此，为了保证市场研究结果的客观真实性，企业在进行市场研究时必须遵循以下原则。

(一) 科学性原则

科学性原则体现在市场调查活动的全过程，这个过程包括设计科学的市场研究方案，运用科学的方法系统地收集、记录、整理和分析市场信息资料等。可以说，市场调查的任何一个步骤都离不开科学方法的指导。所以科学性原则是进行市场研究首先要遵循的重要原则。

(二) 客观性原则

客观性原则要求调查人员应自始至终保持客观的态度去寻求反映事物真实状态的准确信息，这就要求调查人员在市场调查中一定要做到尊重事实，尽量避免主观性和片面性。也就是说，在调研活动中必须以事实为依据，不应带有任何主观的意愿或偏见，也不应受任何人或管理部门的影响或压力。

(三) 时效性原则

时效性原则就是要求调查人员要及时发现和抓住市场上任何有用的情报和信息，及时分析、反馈，为企业及时制定营销决策创造条件。如果不能在有限的时间内尽可能多地收集决策所需的情报资料，不仅会增加费用支出，而且会导致企业决策的滞后，甚至出现错误。

（四）经济性原则

市场调查是一项非常复杂的活动，往往需要耗费大量的人力和物力。进行实际调查时，即使调查目标相同，但因采用的调查方案不同，会使得费用的支出是不同的；而在费用支出相同的情况下，不同的调查方案产生的效果可能存在较大的区别。因此，这就要求企业一定要根据自己的实力，选择合适的调查方案，力争以较小的投入取得较好的调查效果。

（五）保密性原则

保密性原则主要体现在两个方面：一如果是接受客户的委托而进行的调研，则要求调查组织者必须为客户保密，保证客户利益，切忌将调查结果透露给第三方；二要为被调查者保密，尤其是被调查者的个人基本信息，以免影响调查机构的信誉，增加日后调查的难度。

在进行市场研究工作中，相关的机构或企业应按照科学的市场研究程序，并遵循上述的调查原则展开市场调查工作，以保证调查结果真实、准确和适用。

第三节　市场研究的发展进程

市场研究起源于美国，它的产生、发展与市场营销的发展息息相关。就世界范围来说，20世纪50年代初期买方市场的形成、营销观念的建立，要求营销人员必须识别市场消费需求，从顾客的角度考虑企业的营销活动，根据顾客需要来组织生产，从而对市场信息的收集、整理、分析成为企业的必修课，市场研究正是在此背景下不断成熟发展起来。决策理论、动机研究、抽样调查、统计技术等的研究和运用，推动了市场研究的量化研究。而20世纪90年代计算机及网络技术的兴起，更使得市场研究的思路、技术及方法都空前活跃起来。

一、国外市场研究的发展进程

市场研究是西方市场营销理论和实践推动的产物，它的演进历程大体经历了以下几个阶段。

（一）建立阶段

20世纪初至30年代是市场调查业的建立阶段。在这一时期，市场调查作为一个行业在各个领域开始得到发展：美国的多家大学创建了所属的市场调查所，有关市场调查的学术专著、手册和教材开始陆续发表，并产生了一批有影响的著作；美国的一些企业也开始应用市场调查技术为企业营销服务并获得了成功。1911年，美国纽约的柯蒂斯出版公司聘请佩林任经理，他编写了《销售机会》一书，内容包括美国各大城市的人口分布、人口密度、收入水平及相关资料，佩林也被推崇为市场调查学科的先驱。1919年，美国芝加哥大学教授邓肯发表了《商业调研》，这是市场调研方面的第一本学术专著。1929年在美国政府的主持下，在全美展开了一项分销调查，内容涉及市场结构、商品销售通道、中间商和分配渠道、中间商的经营成本等，为企业提供了较为系统和准确的市场活动资料，这次调查被视为美国市场调查史上的里程碑。但是，在市场调查作为一门学科的创建初期，与市场调查有关的理论方法大部分局限于平均数、长期趋势、单相关等内容，经济计量在市场调查学中也仅有初步的发展和使用。市场调查所涉及的理论知识和方法论还都处于发展的初级阶段。

（二）巩固提高阶段

20世纪30年代末到50年代初是市场调查业的巩固提高阶段。在这个阶段，市场调查的方法得到不断创新。30年代末和40年代初，样本设计技术获得很大进展，抽样调查兴起。调查方法的革新使得市场调查方法应用得更加广泛；40年代在Robert Merton的领导下，创造了"焦点小组"方法，使得抽样技术和调查方法取得很大进展。20世纪40年代后，有关市场调查的书籍陆续出版，越来越多的大学商学院开设了市场调查课程，教科书也不断翻新。在此期间，配额抽样、随机抽样、消费者固定样本调查、问卷访问、统计推断、回归分析、简单相关分析、趋势分析等理论也得到了广泛的应用和发展。

（三）成熟阶段

20世纪50年代后，市场调查学进入了一个大发展的新阶段，主要是调查方法的创新、分析方法的发展，形成了一股研究市场调查方法的热潮。第二次世界大战结束后，市场经济空前繁荣，企业竞争激化。为了避免决策失误和规避风险，企业必须获得更好的市场情报，通过市场来发现市场需求，以便作出正确的决策，20世纪50年代在市场调查过程中就提出了市场细分的概念，并展开了消费者动机研究、消费者行为分析。这些分析和研究与先进的调查技术相结合，派生出消费者心理学等边缘学科。也正是在这一背景下，市场调查业进入了迅速发展阶段。美国有1300多家公司直接从事市场调查和咨询服务，美国企业每年花在市场调研方面的费用超过100亿美元。社会和企业对市场调查的普遍重视和广泛应用，又反过来促进了学科的发展。很多大学已经把市场调查作为重要课程，有关市场调查的书籍、教材、报纸、杂志得到大量的出版发行。市场调查的理论、方法和技术也越来越高级化、系统化和实用化。20世纪60年代，学者们相继提出了随机模型、马尔科夫模型和线性学习模型，使得市场研究进入了计量调查的时代。

（四）网络时代

20世纪90年代以后，计算机技术和互联网技术的迅速普及和发展，使得市场调查由专业技术逐渐平民化。信息技术的发展，使企业调查范围扩大，调查周期缩短，访问技术（CATI、CAPI、CATS）高效化，信息传递和沟通日益迅速、便捷。大量商业调查程序（如 SPSS、SAS）的开发、推广、应用与普及，极大地提高了数据整理与分析的效率，节约了时间和劳动耗费，同时调查的数量和质量也得到了极大的提高，更多高级的调查技术为越来越多的人所采用。数据挖掘、顾客满意度调查被大量采用，甚至可以做到在线调查、实时分析及结果导出，信息查询、检索和使用的能力得到空前提高。

时至今日，欧美国家已经拥有了许多专业市场调查机构，而且大多数公司也设置了独立的市场调查部门。在美国，有77%的大型公司设立了自己的市场调查部门。美国市场研究简史如表1-1所示。

表1-1 美国市场调查简史

时间	市场调查动向
19世纪	宾夕法尼亚州的报社对选举的预测（1824年），广告公司实施的广告调查（1879年），杜邦公司基于销售信息的销售预测调查（1892年）。
20世纪初	在大学进行广告心理学实验（1900年以后），凯洛格公司的广告调查（1911年），通用电气公司开展邮寄调查和面访调查。
20世纪20年代	众多市场调查公司成立。
20世纪30年代	A. C. 尼尔森开展店铺稽核调查（1932年），舆论调查手法问世（1935年），《纽约时报》在1939年刊登了200余篇舆论调查的报道。
20世纪40年代	应用抽样理论、回归分析、因子分析、引进动机调查。
20世纪50年代	应用运筹学、实验计划法、时间抽样、量表理论、马尔科夫模型。
20世纪60年代	应用线性规划、仿真理论、决策理论、学习理论、信息搜索。

资料来源：酒井隆. 图解市场调查指南［M］. 郑文艺，陈菲，译. 广州：中山大学出版社，2008.

二、市场调查在我国的发展

在我国，市场调查业的发展经历了一个比较曲折的过程。由于在改革开放以前，中国实施的是计划经济体制，在这样的特殊背景下，市场调查的发展受到了很大的局限，所以市场调查真正在我国得到发展是在改革开放之后。从整个市场调查历史来看，市场调查在我国的发展过程主要包括两个阶段。

（一）初创阶段

自新中国成立至改革开放前是我国市场调查业的初创阶段。新中国成立以后，政府部门是进行市场调查的主导力量。国家、地方、各部门都设立了统计机构，开始对国民经济、社会发展等资料进行全面收集、整理和分析工作，如 20 世纪 50 年代成立的城市抽样调查队伍，了解城市职工生活状况及市场变动。其后又陆续建立了农村抽样调查队伍和企业抽样调查队伍，政府进行市场调查的范围越来越大。同时，少数企业也设立了专门的调查机构，并由专门的调查人员从事市场调查。在这一阶段，由于计划经济体制的原因，企业对市场经济和市场信息的认识不足，市场调查的重要性一直得不到足够认识，业务也基本局限为政府市场调查的范围。

（二）发展阶段

自从我国进行经济体制改革以后，市场调查在我国得到迅速发展。在这个阶段，市场调查作为一个行业正式建立，并且由原来的政府主导转变为政府和市场调查公司共同发展。

在这一阶段，我国市场调查业的业务范围大大扩展，形成了政府调查和企业调查共同发展的局面：政府在建立阶段积极扩展业务，定期发表的统计数据既包括宏观方面的国家各项指标，又包括微观的企业、居民、市场等各方面的分类指标；既有为国家决策服务的指标，又有为企业和公众服务的各类指标。与此同时，许多高等院校的经济管理类专业开始开设市场调查课程。各种市场调查公司、广告公司、咨询公司如雨后春笋般在大中城市涌现，加速了市场调查活动的发展，在质量和涉及的业务领域方面都有了极大的提高和拓展。

在该阶段，针对营销管理问题而开展的市场研究也日益盛行，因为很多企业已经认识到依据信息所作出的营销决策比盲目地决策更能增加经营效益或降低失败风险。

（三）网络调研盛行阶段

1995 年以后，由于计算机的普及，网络成本降低，互联网成了现代人类生活的"必需品"，特别是新潮的年轻人已经离不开网络，他们通过网络浏览信息、购物、娱乐、查询及学习等。网络成为大百科全书和数据信息库，由此产生了大量的网民群体，也形成了巨大的市场。通过网络调查收集信息，已经成为调查的重要方式，大有取代纸质问卷调查的趋势。

第四节 市场研究行业及机构

随着经济的发展和市场竞争的日益激烈，企业对市场研究服务的需求也在不断增加，于是大批提高市场研究服务的机构和组织应运而生。同时，越来越多的企业，特别是大型的跨国公司，其内部都设有市场研究部门，能够独立地进行有针对性的市场研究，同时他们也大量使用外部专业组织进行市场研究。

一、市场研究行业的结构

市场调研行业结构的买方和卖方大致可以分为四个层次,如表 1-2 所示。其中,1~2 层次是市场研究的最终用户(买方),即信息的使用者;3~4 层次是市场研究的提供者(卖方),其中层次 4 仅仅提供部分专项服务。

表 1-2 市场研究行业的结构

层次及机构		功能与服务
层次 1	企业营销调研部门	企业中的营销部门或广告代理、策划部门。他们有时自己独立完成一些市场研究工作,更多的是委托专业公司进行调研。国外企业绝大多数设有独立的市场研究部门,国内企业也开始重视市场研究工作,部分企业设有独立的市场研究部门或在营销决策部门由专人负责市场研究,使用最多的企业是消费品制造企业。
层次 2	广告代理公司	广告代理商是市场研究的主要用户,他们接受企业委托作广告策划和代理,其中必要的市场调查则委托或转包给专业调查机构。
层次 3	辛迪加服务公司	辛迪加(Syndicate)企业定期提供数据采集和报告服务,出售给感兴趣的众多用户,而不是特别针对某一家企业。著名的 AC 尼尔森公司和信息资源公司(IRI)都是辛迪加服务企业,国内的许多调查机构如央视调查等都提供此类服务。辛迪加服务一般集中在媒体受众领域和提供消费品零售数据领域。
	定制或专项调查公司	此类营销公司是市场调查行业的主体,他们针对具体客户的特定问题开展专项市场调查,一般辛迪加服务公司也同时提供定制或专项调查服务。
层次 4	现场服务公司	一般限于现场调查的数据收集工作,通常接受企业营销部门、广告代理商或其他调查公司的转包合同。
	其他专业服务公司	此类服务提供者为市场调研行业提供专门化的辅助服务,如市场调研咨询或设计、定量分析服务等。这些提供者既包括服务企业,也包括政府机构、大学或科研院所中的调研机构或研究人员等。他们的服务对象主要是前三个层次。

资料来源:景奉杰,曾伏娥. 市场营销调研(第二版)[M]. 北京:高等教育出版社,2010.

二、市场研究的执行机构

市场研究的执行机构可以分为内部和外部两类。内部机构是企业内部的市场研究部门。许多企业，尤其是欧美国家的大企业，从汽车制造商（通用、福特）到消费品制造商（宝洁、可口可乐），再到银行（花旗银行、美洲银行）都设有市场研究部门。这些企业同时也是营销调查的使用单位。无论如何，企业的营销调查部门无法承担全部调查任务，他们必须依赖外部的专业机构来执行市场调查任务，如图1-3所示。

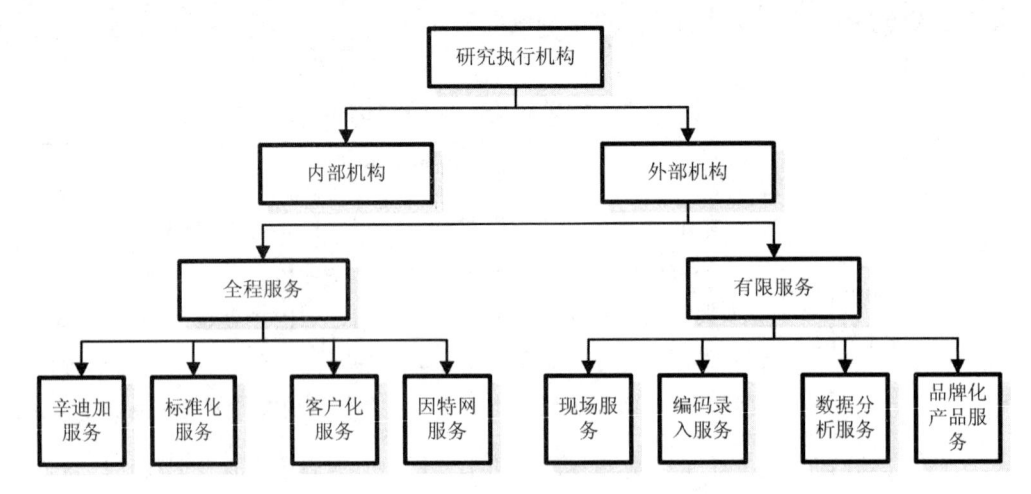

图1-3 市场研究执行机构的分类

外部执行机构的发展形成有一定规模的市场营销调查行业。在该行业，中小企业占绝大多数，但是也有一些大型的市场调查公司，而且市场的集中度很高。美国有数千个注册的市场调查公司，其行业市场集中度非常高。世界上最大的市场调查公司是AC尼尔森公司（2001年该公司成为荷兰VNU集团的一部分）。按照其性质不同，外部市场研究专业机构大体上可分为以下几类。

1. 专业市场调查公司

这一类公司规模大小不等，服务的专业化程度不同，服务质量也高低不一。此类调查公司主要有综合性市场调查公司、标准化服务公司、专门的调查与预测公司。随着行业的不断发展，专业市场调查公司的分工越来越细，定位越来越准确，专业优势也越来越强。

综合性市场调查公司实力较强，定期收集各种市场信息，提供市场调查与预测相关的各方面服务，拥有较大的实力和较全面的数据积累。企业或个人只需缴纳一定费用，就可获得所需资料。综合性市场调查公司同时还为企业提供定期的调查服务，具有涉及面广、综合性强等特点。

标准化服务公司使用标准的方法调查不同的对象，按照成型的模式标准提供调查数据和相关的分析报告，但其灵活性较小。一些综合性服务机构也提供标准化服务，如央视的节目收视调查。

专门的调查与预测公司主要是一些小型公司，在某个行业进行市场调查与预测。也有一些公司只在调查的某一环节或方面提供服务，如专门提供问卷调查的公司、专门进行定性调查与预测的公司、专门进行数据处理和问卷分析的公司等。

▶ 小链接

AC 尼尔森公司

AC 尼尔森（AC Nielsen），荷兰 VNU 集团下属公司，是领导全球的市场研究公司，为全球超过 100 个国家提供市场动态、消费者行为、传统和新兴媒体监测及分析。客户依靠 AC 尼尔森的市场研究、专有产品、分析工具及专业服务，以了解竞争环境、发掘新的机遇和提升他们市场及销售行动的成效和利润。

AC 尼尔森是全球领先的市场研究、资讯和分析服务的提供者，服务对象包括消费产品、服务行业以及政府和社会机构。在全球 100 多个国家里有超过 9000 家客户依靠 AC 尼尔森认真负责的专业人士来测量竞争激烈的市场动态，来理解消费者的态度和行为，以及形成能促进销售和增加利润的高级分析性洞识。

AC 尼尔森于 1984 年来到中国，开始在中国开展零售研究。为满足不断增长的客户需求，AC 尼尔森公司加速拓展零售研究开展地域。目前，零售研究覆盖中国主要城市和城镇的 70 多类非耐用消费品，定期为客户提供有关产品在各地的零售情况报告。

AC 尼尔森公司曾在中国 100 多个城市进行专项研究，内容包括单项和连续的定性、定量分析，帮助各行各业了解他们的消费者。AC 尼尔森开发的独创研究工具包括预测新产品销售量的 BASES、顾客满意度研究（Customer eQTM）和测量品牌资产的优胜品牌（Winning BrandsTM），以及广告测试服务，充分利用其全球的研究经验，为中国客户服务。最近推出的在线研究服务，可以帮助客户更及时地完成调查项目。

AC 尼尔森公司的广告研究服务连续监测电视报刊广告投放情况，并根据公布广告定价计算广告花费。其结果可用来衡量媒介、产品和品牌所产生的收益，判断哪些广告载体在何时、何处效果较好，同时了解竞争品牌的广告动态，从而完善自身的广告策略。素材丰富的广告库更可以随时提供各类产品的广告创意。目前，广告监测服务覆盖中国 300 多的城市的 1000 个电视频道和 300 多份报纸杂志。

2. 顾问咨询公司

顾问咨询公司一般由资深的专家、学者和具有丰富实践经验的人员组成，为企业和一些部门的生产、经营进行诊断，提供指导性的建议。这类公司在进行咨询服务时，为了保证咨询服务的质量，也要进行市场调查。其目的主要是以调查结果为依据，结合专家的实际经验和专门知识，提出对咨询目标的看法和建议，提供相关的咨询服务，包括管理咨询、战略咨询及营销咨询等。咨询顾问公司的市场调查任务可以自己承担，也可能由委托市场调查公司来承担。

3. 政府统计机构

在我国，最大的调查机构是国家统计部门（如国家统计局）及地方各级统计机构和各级职能部门（如财政、计划、银行、工商、税务部门的统计机构等），它们定期调查研究全国性和全省（市）性的市场动态，预测市场趋势，为各行各业提供市场信息。如商务部有商情信息中心，民政部有社会调查中心。随着政府机构功能的标准化，信息服务的功能越来越重要，政府部门下设的调查机构的地位将越加显著。

4. 高等院校研究机构

高等院校的经济管理研究部门一般都设立市场研究机构，开展针对性的专题调查。如中国人民大学、复旦大学、上海财经大学等均有市场研究机构。每个学校根据自己的特点，选择不同的方法和重点开展市场调查工作，补充和充实社会市场调查组织的不足。

表1-3列出了目前我国一些权威的市场研究机构名单。

表1-3　中国权威的市场研究机构

中机系（北京）信息技术研究院	上海AC尼尔森市场研究公司
盖洛普（中国）咨询有限公司	华南国际市场研究公司
央视市场研究股份有限公司	新力市场研究（DMB Research）
益普索（中国）市场研究咨询有限公司	GFK（赛诺、科思瑞智）市场研究公司
北京零点研究集团	新生代市场监测机构有限公司
北京华夏盈联市场咨询有限公司	北京数字一百市场咨询有限公司
北京环亚市场研究社	深圳思纬市场资讯公司
广州市致联市场研究有限公司	

三、市场调查行业从业人员要求

随着企业对市场营销调查需求的不断增长，提供市场营销调查服务的市场研究行业得到了快速的发展，为高素质的人才提供了各类有吸引力的工作岗位和成功的机会。在发达国家，尤其是美国，市场研究行业是非常具有吸引力的行业，对从业人员的要求也是相当高的。下面简单介绍一下市场研究行业的主要业务岗位种类和相应的职责，以及该行业从业人员应当具备的基本素质。

（一）业务岗位及其职责

(1) 研究总监。这是调查公司的一个高级职位，负责指导和监督整个调查公司的研究计划，包括研究项目的设计和执行以及公司研究技术的开发与提升，并指导公司其他普通研究人员。

（2）研究助理。协助高级研究人员指导和参与项目的研究工作。

（3）高级项目经理。在研究总监的指导下，全面负责调查项目的设计、执行和管理。

（4）高级分析师。负责与其上级和分析师等其他人员一起参与项目的开发、设计和执行，通常要设计调查问卷，确定使用适宜的研究技术，对资料进行处理和分析，撰写数据分析报告和最终的报告。

（5）现场调查部主任。负责选拔、训练、监督和评价调查员及其他现场实施人员。

（6）座谈会主持。负责小组座谈会议人员挑选、提纲准备和会议主持，并与其他研究人员一起完成焦点小组座谈会的报告。

（7）访问部督导。负责项目实施前、中、后期的工作，包括项目通知、项目计划、项目培训、项目监控、规范各项管理制度及相关业务流程、质量标准的贯彻执行，并负责与研究人员和客户沟通。

（二）基本素质要求

从上面对各种岗位职责的描述中可以看出，市场研究行业需要具备多种知识背景、工作经验和技术的复合型人才。一般而言，从业于市场调查行业，应做到以下几点：有好奇心、高智商、创造力、自律、良好的人际交往能力、在严格的时间限制下工作的能力以及团队合作精神。多数调查公司要求求职者具有市场营销或相关领域的学位。表1-4是根据我国内地营销调查公司的部分招聘信息汇总的市场研究行业一些主要的工作职位描述。

表1-4 市场研究行业主要的工作职位描述

职位名称	职位描述	职位要求
访问部督导/高级督导	1. 项目实施前、中、后期的工作，包括项目通知、项目计划、项目培训、项目监控等。 2. 规范各项管理制度及相关业务流程、质量标准的贯彻执行。 3. 与研究人员、客户沟通。 4. 人员管理，包括项目中兼职人员的管理和培养。	1. 勇于创新，敢于挑战，精力旺盛，适应高强度工作。 2. 具有较强的市场开拓能力，具备高度的责任感和敬业精神。 3. 做事力求精益求精，能适应高标准、专业化的要求。 4. 诚实守信、性格开朗、思维敏捷，有良好的沟通能力、组织协调能力、宏观调控能力。 5. 有丰富的实地访问管理和操作经验、1年以上项目管理经验。 6. 良好的口头及文字表达能力，良好的英文听、说、读、写能力。 7. 熟练使用Word，Excel，PowerPoint等常规文档操作软件。

续表

职位名称	职位描述	职位要求
研究员（定量）	1. 通过与客户沟通进行项目设计。 2. 对项目实施的进度、质量进行监控。 3. 数据分析。 4. 编写研究分析报告并提出营销见解。 5. 向客户讲解报告。 6. 项目总结。	1. 本科以上学历。 2. 统计学、经济学、社会学、心理学或理工科专业。 3. 从事过专项市场调查项目。 4. 优秀的中、英文沟通能力。 5. 良好的数理分析能力、逻辑分析能力。 6. 熟练使用 Office 软件，具备 SPSS、SAS 或其他统计分析软件知识。 7. 具备高度的责任感和敬业精神。 8. 优秀的适应能力，能承受工作压力。
程序员	负责数据处理，依据研究员的要求为其提供客户所需的数据报表或是特殊格式的数据。主要职责： 1. 依据研究员提供的出表格式，编写出表程序。 2. 对运行所得的数据报表需要仔细检查，确保其正确性及准确性。	1. 计算机或数学专业，正规院校本科以上学历。 2. 两年以上计算机编程相关工作经验。 3. 较强的逻辑思维能力。 4. 工作认真、仔细、有计划性，具有同时处理多个项目的经验和技巧。 5. 性格开朗，善与人沟通。

资料来源：景奉杰，曾伏娥. 市场营销调研（第二版）[M]. 北京：高等教育出版社，2010.

本章小结

市场研究就是指按照一定的程序，运用科学的方法、客观的态度，系统地搜集、记录、整理和分析市场信息资料，以了解市场发展变化的现状和趋势，为决策部门制定更加有效的营销战略和策略提供所需的基础性数据和资料的过程。

市场研究具有系统性、创造性、科学性、目的性等特点。由于主体、客体、范围、时间、功能等方面所存在的差异，市场研究可以从多种角度划分为多种类型。例如，按照市场调查性质，可以划分为探测性调查、描述性调查、因果性调查和预测性调查；按照市场调查获得资料的性质，可以划分为定性调查和定量调查。

市场研究是企业的一项重要营销职能。良好的市场研究有助于企业识别机会与问题、更好地理解市场、制定营销规划、制定营销决策和实施营销控制。

在实际操作过程中，市场研究的过程分为七个步骤：确定市场研究的任务和课题、设计市场研究方案、选择市场研究方法、设计抽样方案及确定样本量、数据收集、数据整理和分析以及提交市场研究报告。

为保证市场研究结果的客观真实性,企业在进行市场研究时必须遵循科学性原则、客观性原则、时效性原则、经济性原则和保密性原则。

市场研究行业是一个发展中的有前景的行业,它为优秀人才提供了一些非常具有吸引力的职位,但是这些职位对从业人员又有很高的要求,具备多种知识背景、工作经验和专门技术是参与竞争的有利条件。

复习思考题

1. 结合实际,谈一谈你对市场研究的理解。
2. "苹果"已逝的前CEO乔布斯宣称"苹果"从来不需要进行市场调查,你对此有什么看法?
3. 以服装行业为例,举例说明市场研究的作用。
4. 你认为一名合格的市场研究人员应具备哪些方面的特征?
5. 如何理解市场研究的科学性和客观性?
6. 辨析探测性调查、描述性调查、因果性调查和预测性调查的联系与区别。

阅读材料

市场调查的误区和陷阱

国内企业往往错误地理解市场,以为市场调查就是向市场、向人群进行调查,就是不厌其烦地让老百姓或者潜在客户填市场反馈单,但是往往市场调查结束以后,发现得到的结果毫无用处,市场调查坑害了大批企业,使原本的营销环节最珍贵的"数据收集和市场分析"变成陷阱,原因何在?

一、关于调查问卷设计

设计调查问卷是调查是否成功的关键,也才能显示出对营销的真正理解。

因为百事可乐的成长,不断诉求"新一代的选择",1982年可口可乐开始实施代号为"堪萨斯计划"的划时代营销行动。超过2000名调查员在十大城市调查顾客是否愿意接受一种全新的可乐。其问题包括:如果可口可乐增加一种新成分,使它喝起来更柔和,你愿意吗?如果可口可乐将与百事可乐口味相仿,你会感到不安吗?你想试一试新饮料吗?根据调查结果总结,只有十分之一左右的顾客对新口味可口可乐表示不安,而且其中超过50%的人认为可以接受并适应新配方的可口可乐。在接下来的第一次口味测试中,品尝者对新可乐的满意度竟然超过了百事可乐,调查人员认为,新配方可乐至少可以将市场占有率提升一个百分点,即增加2亿美元的销售额。

面对这一重大抉择,为了保证万无一失,可口可乐又掏出400万美元进行了一次由13个城市的19.1万名消费者参加的口味大测试,在众多未标明品牌的饮料中,品尝者仍对新配方可乐"感冒",新可乐以61%比39%的压倒性战胜旧可乐。

正是这次耗资巨大的口味测试,促使可口可乐下决心推陈出新,应对百事的挑战。

1985年4月23日,行销了99年的可口可乐在纽约市林肯中心举行了盛大的新闻发布会,主题为"公司百年历史中最有意义的饮料营销新动向"。可口可乐总裁当众宣布,"最好的饮料——可口可乐,将要变得更好":新可乐取代传统可乐上市。

共有700余位媒介记者出席了新闻发布会,通信卫星还将现场图像传送到洛杉矶、亚特兰大和休斯顿等地。在24小时之内,81%的美国人知道了可口可乐改变配方的消息,这个比例甚至高于16年前阿波罗登月时的24小时内公众获悉率;据说更有70%以上的美国人在新可乐问世的几天内品尝了它,超过任何一种新产品面世时的尝试群体。

但对于可口可乐公司而言,一场营销噩梦恰恰是从4月23日上午的那个新闻发布会开始的。仅以电话热线的统计为例:在新可乐上市4小时之内,接到抗议更改可乐口味的电话650个;4月末,抗议电话的数量是每天上千个;到5月中旬,批评电话多达每天5000个;6月,这个数字上升为8000多个——相伴电话而来的,是数万封抗议信,大多数的美国人表达了同样的意见:可口可乐背叛了他们。

为此,可口可乐公司不得不新开辟数十条免费热线,雇用了更多的公关人员来处理这些抱怨与批评。

但是似乎任何劝说也无法阻止人们因可口可乐的改变而引发的震惊与愤怒,作为老对头的百事可乐,更是幸灾乐祸地宣布4月23日为公司假日,并称既然新可乐的口味更像百事了,那么可口可乐的消费者不如直接改喝百事算了。

大感不解的可口可乐市场调查部门紧急出击,新的市场调查结果发现,在5月30日前还有53%的顾客声称喜欢新可乐,可到了6月,一半以上的人说他们不喜欢了。到7月,只剩下30%的人说新可乐好话了。

在1985年6月底,新可乐的销量仍不见起色,愤怒的情绪却继续在美国蔓延。焦头烂额的可口可乐决定恢复传统配方的生产,定名为Coca-Cala Classic(古典可口可乐),一场历时3年、耗资巨大的事件以失败画上了句号。

认真分析这一历史上的营销趣闻,我们发现,可口可乐最初的市场调查是可口可乐最终失败的核心。为什么这样说呢?可口可乐忽略了一个最基本的事实,就是顾客喜欢你的产品和买你的产品不是一件事情。而且忽略了顾客为什么买你的产品,如情感因素和文化渊源,很多人喜欢尝试新东西,未必就会成为新产品的长期稳定顾客。

首先就是市场调查不能先有成见,比如说希望开发液晶显示器,调查问卷肯定就有了倾向性,所谓"邻人疑斧",怎分析都是企业想要得结果,这不叫市场调查,这叫通过调查自我安慰。

其次就是市场调查绝对不能有指向性,必须让大众人群自己填写心中的答案,比如你要想要的手机是什么形状,绝对不能给予答案,否则出来的结果肯定是不客观的。当然如何避免被调查者交白卷是有很多学问的。

最后就是不要把顾客对产品的喜欢当作购买欲望，因为顾客对产品的要求是无止境的，但是不会为此付出更大的代价。喜欢未必是想要，更不等于购买，因为还牵扯价格，以及终端和服务。

二、市场调查向哪里调查

中国的市场基本都是一个套路，雇用一批大学生或者长期从事调查的基础员工，拿着表格和小礼物向人群征集结果。最近几年由于网络的发展，很多企业也采用网络征集的方式收集资料，用来指导营销和战略布局，这基本是中国营销调查的全部武器。

市场调查好不好？好！有没有必要？有！但是方法论更重要。比如，一个空调产品上市，日本调查公司会派出上千名兼职调查人员去往各个小区，直接看室外机的品牌，然后得出占有率。甚至在每个大型垃圾场把包装袋进行分拣，然后汇总进行市场分析。可惜那是日本公司，没有一个中国的调查公司这样做，一是企业不可能拿出那样多的资金；二是调查人员的素质往往不是特别高，会出现很多假的反馈单。使企业决策从错误的数据开始，结果自然是错上加错。

市场调查最失败的是调查出的结果是胡说八道，比如"可口可乐是本夏季卖得最好的可乐""海尔的服务非常好"这样的答案。市场调查必须对市场有帮助，所以收集回来的必须有数字，有顾客最直接的意见反馈。

市场调查回来的资料应该是这样的：某产品在超市有3个堆头，每天有6个促销人员，每天的销售额平均是6万元左右，按照行业平均成本，再除去促销人员的工资和进场费用，某产品在这个超市的利润是多少。这个产品在城市里进了多少家超市及小卖部，小卖部和超市的价格分别是多少，同类产品的价格是多少，哪些产品的终端做得好，好在哪里……

虽然说了这样多，我还是不赞同小企业去做大量的市场调查，为什么呢？因为真正能做好的市场调查都得几十万元的代价，这些代价对于中小企业是不恰当的，因为还有更好的方法。

更好的方法就是直接要结果，即向专业数据公司或者向专业人员要营销方法。企业一定要相信专业的力量，相信智慧的力量。很多专业人员十几年浸淫某一行业，对于行业的特征、市场的规律有着任何数据代替不了的敏感，以及对行业的准确把握，他们对顾客心理的研究、对产品概念的提炼、对市场走向的分析绝对胜过枯燥的市场报告。如果说市场调查是战争情报收集，那专业公司和专业人员给企业的专业策略就是直接可以用的武器，而且这些武器是很好用的，中小企业，当你资源有限的时候，你是花钱买情报再分析？还是直接买武器开始战斗？

企业要想成功，有时候就得拿国际公司的理论不当回事，他们愿意调查是他们的事，他们讲究战略、讲究布局。在某一时期，我们的企业更需要做的就是利用专业公司提供给我们的营销方法，并且通过这些方法获得市场效益。

资料来源：齐渊博，子木．中国营销传播网．http://www.emkt.com.cn/article/316/31681.html．

案例分析

"刮胡刀"也可以卖给女人？

吉列公司创建于1901年，其产品因使男人刮胡子变得方便、舒适、安全而大受欢迎。20世纪70年代，吉列公司的销售额已达20亿美元，成为世界上著名的跨国公司。然而，吉列公司并不满足于此，而是想方设法拓展市场，争取更多的用户。1974年，公司提出了开发面向妇女的专用"刮毛刀"。

这一决策看似荒谬，却是建立在坚实、可靠的市场调查基础之上的。

吉列公司用了一年的时间进行周密的市场调查，发现在美国30岁以上的妇女中，有63%的人为保持美好形象，要定期刮除腿毛和腋毛。这些妇女除使用电动刮胡刀和脱毛剂之外，主要靠购买各种男用刮胡刀来满足此项要求，一年在这方面的花费高达7500万美元。相比之下，美国妇女花在眉笔和眼影上的钱仅有6300万美元，花在染发剂上的钱仅有5500万美元。毫无疑问，这是一个极有潜力的市场。

根据市场调查结果，吉列公司精心设计了新产品，刮毛刀的刀头部分和男用刮胡刀并无两样，均采用一次性使用的双层刀片，但是刀架则选用了色彩鲜艳的塑料，并将握柄改为弧形，以利于妇女使用，握柄上还印压了一朵雏菊图案。这样一来，新产品立即显示了女性的特点。

为了使刮毛刀迅速占领市场，吉列公司还拟定了几种不同的"定位观念"到用户中征求意见，这些定位观念包括：突出刮毛刀的"双刀刮毛"，强调"完全适合于女性需求"，强调价格"不到50美分"，以及表明产品使用安全的"不伤玉腿"等。

最后，公司根据多数妇女的意见，选择了"不伤玉腿"作为卖点，刊登广告进行刻意宣传。结果，刮毛刀一炮走红，迅速畅销全球。

吉列公司的成功，说明市场调查是经营决策的前提，只有充分认识市场，了解市场需求，对市场作出科学的分析判断，决策才有针对性，才能拓展市场。

资料来源：朱启保. 市场调查与预测［M］. 合肥：中国科技大学出版社，2009.

案例讨论

1. 吉列公司开发妇女刮毛刀的理由有哪些？
2. 吉列公司女性刮毛刀的成功给了营销管理怎样的启示？

第二章
市场研究内容

本章学习目标

1. 理解企业宏观环境和微观环境的构成;
2. 理解企业环境调查的内容;
3. 了解市场需求调查的内容;
4. 了解消费者行为调查的内容;
5. 掌握营销组合调查的内容及应用。

> 引导案例

中国人不喝冰红茶

一间宽大的单边镜访谈室里,桌子上摆满了没有标签的杯子,有几个被访问者逐一品尝着不知名的饮料,并且把口感描述出来写在面前的卡片上……这个场景发生在1999年,当时任北华饮业调查总监的刘强组织了5场这样的双盲口味测试。他想知道,公司试图推出的新口味饮料能不能被消费者认同。

此前调查显示,超过60%的被访问者认为不能接受"凉茶",他们认为中国人忌讳喝隔夜茶,冰茶更是不能被接受。刘强领导的调查小组认为,只有进行了实际的口味测试才能判别这种新产品的可行性。

当拿到调查的结论,刘强的信心被彻底动摇了。被测试的消费者表现出对冰茶的抵抗,一致否定了装有冰茶的测试标本。新产品在调查中被否定。

直到2000年和2001年,以旭日升为代表的冰茶在中国全面旺销,北华饮业再想迎头赶上为时已晚,一个明星产品就这样穿过详尽的市场调查与刘强擦肩而过。说起当年的教训,刘强还满是惋惜:"我们举行口味测试的时候是在冬天,被访问者从寒冷的室外来到现场,没等取暖就进入测试,寒冷的状态、匆忙的进程都影响了访问者对味觉的反应。测试者对口感温和浓烈的口味表现出了更多的认同,而对清凉淡爽的冰茶则表示排斥。测试状态与实际消费状态的偏差让结果走向了反面。"

"驾御数据需要系统谋划。"好在北华并没有从此怀疑调查本身的价值。"去年,我们成功组织了对饮料包装瓶的改革,通过测试,我们发现如果在塑料瓶装的外型上增加弧型的凹凸不仅可以改善瓶子的表面应力,增加硬度,更重要的是可以强化消费者对饮料功能性的心理认同。"

采访中,北京普瑞辛格调查公司副总经理邵志刚先生的话似乎道出了很多企业的心声:"调研失败如同天气预报给渔民带来的灾难,无论代价多么惨痛,你总还是要在每次出海之前,听预报、观天气、看海水。"

请根据上述案例思考:

1. 北华饮业此次市场调查的主要内容是什么?
2. 你认为企业在进行调查活动前应该做哪些方面的准备工作?

市场研究的目的在于为企业的营销决策收集和提供信息。企业需要了解某类产品整个市场的情况,不同消费者或用户的不同需求,市场竞争情况,企业的优劣势,以及企业所处环境对企业营销活动可能产生的影响。因此,企业的营销决策和管理工作需要市场研究提供以下方面的信息:企业内外部环境信息、市场需求信息、市场竞争信息、消费者或用户购买行为信息、企业营销因素影响的信息。

第一节　企业宏观营销环境调查

宏观环境是独立于企业营销活动之外，但又会对企业的营销活动产生重要影响的相关因素，其作用面广泛，任何一家企业都不可避免要受到其直接或间接的影响。因此，对宏观环境进行调查研究是所有企业都需要去做的一项重要工作。宏观环境调查主要从以下几个方面来进行。

一、政治环境调查

进行政治环境调查，主要是了解对市场影响和制约的国内外政治形势，从而为企业的投资和营销决策提供依据。对政治环境进行调查主要包括以下几个方面的内容。

（一）国家制度和政策

国家制度和政策是企业进行决策的风向标，任何企业在进行决策前都必须对此进行基本的了解和把握。"一带一路"倡议就是国家政策对企业决策产生重要影响的一个典型例子。在国家提出"一带一路"倡议后，"一带一路"沿线地区在国家政策帮助下经济发展势头迅猛。在这种情况下，大量的国内外企业纷纷在沿线地区进行投资，对相关区域经济发展带来巨大影响。又如，近年来由于政府反腐败行动不断深入，消费者正在减少对名牌服装和手表的消费，奢侈品市场变得更加复杂，竞争也更加激烈。对于很多企业来说，这是争夺市场份额的战争。能够了解消费者行为和顺应他们需要的企业将是赢家。

（二）国家或地区之间的政治关系

国家或地区之间的政治关系是非常复杂多变的，而且这种关系往往带有一定的时期性，这就要求企业，尤其是进行跨国经营的企业有敏锐的洞察力，准确把握这种微妙的关系，为企业作出正确决策提供依据。政治冲突在以和平与发展为主流的时代从未绝迹，对企业的影响或大或小，有时带来机会，有时带来威胁。所以国家或地区之间的政治关系也是企业进行调查的重要内容之一。

（三）政治和社会局势

政治和社会的稳定是保证企业正常经营的前提，政治和社会的动乱往往会影响企业的投资信心和企业的正常运营。例如，中国企业在国外的投资项目就曾经因社会动乱而受到重创，所以企业在进行投资决策及经营过程中，必须密切关注该国的政治和社会局势。党和政府的方针、政策对国民经济的发展方向和速度提出要求，也直接关系到社会购买力的提高和市场消费需求的增长变化。

二、法律环境调查

法律环境指国家或地方政府制定的法律、法规，与其他组织签订的贸易协定等。法律是任何企业和个人在从事社会和个人活动时都必须要遵守的，同时法律环境对市场消费需求的形成和实现也具有一定的调节作用。企业法律环境的调查就是要分析相关国家的各项法规、法令和条款等，尤其是经济方面的立法，如进出口关税条例、商标法、专利法和环境保护法等。从事国际贸易的企业除了要了解相关国家的法规、法令外，还应了解国际贸易的相关惯例和要求等。具体来讲，企业对法律环境的调查通常着重于以下几个方面。

（一）现有的政策和法律

对现有政策和法律的调查不仅可以帮助企业分析什么可以做，从而有效把握市场机会，实现企业经营目标，而且指明什么不可以做，从而进行有效规避，防止产生不必要的损失。

（二）政策和法律的变化趋势

政策和法律不是制定下来后就一成不变的，它往往是随着社会的发展和环境的变化而发生改变的，对政策和法律变化趋势的调查可以帮助企业探寻未来发展方向，争取立于不败之地。

（三）现有政策和法律及其变化趋势对企业的影响程度

现有政策和法律及其变化趋势对不同的企业而言，影响程度是不同的。例如，环境保护法的修订对重度污染的企业和轻度污染的企业影响程度是不同的。作为企业来讲，对此进行调查有助于帮助企业决定自身的经营是否应转向，或者是否应作出调整。

三、经济环境调查

经济环境是指企业所面临的社会经济条件及其运行状况和发展趋势，经济环境对市场的构成有着极其重要的作用。经济环境的调查，主要是对社会购买力水平、消费者收入与支出模式、消费者的储蓄和信贷以及税收、关税和通货膨胀等进行调研。比如，消费者支出模式与消费结构受家庭生命周期所处阶段、城市化水平等因素有关。消费信贷的规模与期限在一定程度上影响着某一时限内现实购买力的大小，也影响着提供信贷的商品的销售量。如购买住宅、汽车及其他昂贵消费品，消费信贷可提前实现这些商品的销售。所以在进行经济环境调查时，企业应根据自己的需求有选择地进行。

四、社会文化环境调查

文化是一个多因素影响变量，它不仅包括知识、信仰、道德、风俗、时尚和艺术等要素，还包括个人作为社会成员所获得的一切社会观念和习惯。文化是一个社会价值观和规范体系的最好诠释。在不同的国家、地区或民族之间，文化之间的差别往往要比其他因素表现得更加明显且深刻，它对人们的生活方式和行为规范产生最直接、最重要的影响。因此，企业在营销活动中必须要注意文化差别对企业经营活动的影响。一般来讲，企业对社会文化环境的调查主要集中在以下几个方面。

1. 宗教信仰

宗教信仰是企业在进行社会文化环境调查时必须要考虑的重要内容，不同的地区、不同的民族，其宗教信仰存在着较大的差别，而这种差别使得消费者的价值观和消费行为会呈现出很大的不同。例如，基督教对数字 13 的禁忌等，这些都是企业在进行营销活动及制定营销决策时必须要考虑到的。

2. 居民文化水平

居民的文化水平会在很大程度上会影响到其职业、文化素养、收入及消费行为等，而后者对企业的营销决策会产生重要的影响。例如，在受教育程度普遍较高的国家或地区所做广告的内容，就与受教育程度较低的国家或地区存在较大的区别。不了解这方面的内容，必然会影响到企业制定正确的营销决策。

3. 风俗习惯

风俗习惯指个人或集体的传统风尚、礼节、习性，是特定社会文化区域内历代人们共同遵守的行为模式或规范。它主要包括民族风俗、节日习俗、传统礼仪等。风俗习惯对社会成员有一种非常强烈的行为制约作用，也是社会道德与法律的基础和相辅部分。所以在市场调查中必须对此方面的内容进行深入研究。

4. 社会时尚的变化

社会时尚的变化也会对企业的营销活动产生非常重要的影响，这就要求企业必须对此进行调查，以掌握一段时期内某些消费行为在广大群众中的流行趋势和流行性影响，并分析时尚的流行周期及其对市场可能产生的影响。

五、科技环境调查

新技术的出现往往会给人们的生活方式带来全新的变化，使人们的生活更加舒适。但新技术是一把双刃剑，在给一些企业带来机会的同时，也会给其他企业带来威胁。正因如此，对科技环境的调查必不可少。当代科技环境的特征是技术更新换代非常快，各种新技术层出不穷，对企业的洞察力和反应速度提出了更高的要求。它要求相关企业必须密切关注科技发展的新动向，不断研制出迎合市场需求的新产品，借助科学技术的进步，不断推动社会生产和社会需求的发展。

对科技环境的调查主要包括两个方面的内容。首先是国家技术政策调查，技术政策表明了政府对技术发展的态度，为企业选择合适的技术领域指明了方向。其次是技术发展速度的调查，顾名思义，技术发展速度代表了某类技术更新换代的速度，而更新换代的速度决定了企业研发新技术所面临的风险。从某种意义上来讲，技术发展速度快的行业更像是一种冒险业务，技术研发能力强的企业更容易取得成功。

六、自然地理环境调查

自然地理环境也是企业面临的一个重要的宏观环境因素，在很大程度上会对居民的价值观、消费行为及消费观念等产生重要影响。对自然地理环境的调查可以从以下两方面着手。

（一）自然物质环境调查

自然物质环境是指自然界提供给人类的各种形式的自然资源，如矿产资源、森林资源、土地资源、水力资源等。自然资源是任何企业都要面临的重要影响因素。对于企业而言，要进行生产经营活动首先要考虑的就是生产所需的原材料，而自然资源则是原材料的一个重要来源，所以对自然资源的调查对于企业，尤其是生产企业有着重要的意义。

（二）自然地理环境的调查

自然地理环境的调查包括地区条件、气候条件、季节因素、使用条件等方面进行调查。这些也是企业在进行营销活动时必须要考虑到的因素。例如，在海南做服装生意和在东北地区做服装生意时，其产品类别差别巨大；比如，加湿器在南方很少有人问津，但在冬天的北方却很畅销，这些都是地理环境在起作用。

第二节 企业微观营销环境调查

企业的微观环境指跟企业经营活动密切相关，对企业经营产生直接影响的相关因素，主要包括企业自身的经营及营销活动、竞争对手、顾客、公众、供应商和营销中介等几个方面。

一、市场需求调查

市场需求调查是市场调查最基本的内容，主要是针对商品的需求量、需求结构和需求时间的调查。通俗来讲，就是通过调查了解消费者在何时、何地需要什么以及需要多少。

需求由购买力和购买欲望两部分组成，对商品需求量的调查主要是调查社会购买力。社会购买力指在一定时期内，全社会在市场上用于购买商品和服务的货币支付能力。社会购买力主要由居民购买力、社会集团购买力和生产资料购买力三部分构成。在调查商品需求量时，不仅需要了解企业在某地区的需求总量、已满足的需求量和潜在的需求量,而且要了解本企业的市场销售量在该商品需求总量中所占的比重,从而判断企业的竞争实力,便于制定合理的竞争和营销策略。

需求结构调查主要调查购买力的投向,也就是消费者把钱花在哪些方面。通常,需求结构调查就是按照不同的细分变量,如消费者的收入水平、性别、职业类型、受教育程度、居住区域等对消费者进行具体的分类,然后测算不同类别消费者的购买力投向。进行需求结构调查时,不仅需要了解需求商品的总量结构,还必须了解每类商品的具体需求结构。

需求时间调查主要是调查消费者在不同时间的商品需求量及需求结构。通过需求时间调查,可以发现消费规律,便于企业发现并抓住机会。

二、消费者调查

(一)消费者基本状况调查

消费者基本状况调查包括以下几方面的内容:①消费者的总量,这个数据直接决定了市场规模的大小;②家庭总数和家庭平均人口数,这在一定程度上决定了市场的结构及消费结构;③人口地理分布,不同的国家和地区,人口地理分布会存在较大的差异,而这种差异将会影响到消费者的消费行为;④民族构成,不同的民族,其风俗习惯、宗教信仰等都会存在较大的差异,企业在不同的地区,尤其是多民族地区进行经营活动时必须进行民族结构调查,从而制定合适的营销策略;⑤性别构成;⑥年龄构成;⑦职业构成;⑧教育程度;⑨个人收入和家庭收入。

企业在进行调查时可根据实际情况有选择地进行调查,例如,在中国进行消费者购买力调查时,通常都要把家庭收入考虑进来。但在国外,家庭收入受重视的程度可能就比较低,这是因为中国家庭成员之间不流行 AA 制。比如,对文化产品市场进行调查时,受教育的程度将是一项重要的考察指标,但对日常生活用品市场进行调查时,此项指标就不是必须的。

(二)消费者购买动机调查

消费者购买动机更多的是反映消费者对某种商品是否有购买的想法或打算。消费者购买动机调查不仅有助于预测商品的未来需求量,帮助企业制定合理的经营决策,而且可以了解潜在竞争对手,制定有效的竞争策略。动机要转化成行为往往还需要一定的条件,这种条件在营销学中被称为刺激物。所以在进行购买动机调查时,不仅要了解其购买动机,而且要了解促使购买动机转化为购买行为的因素,尽可能使购买动机真实地反映出购买行为。

(三)消费者购买行为调查

消费者购买行为是消费者购买动机在实际购买过程中的具体表现,消费者购买行为调查,就是对消费者购买模式和习惯的调查,即通常所讲的 6W2H 调查,即了解消费者在何时购买(When)、何处购买(Where)、由谁购买(Who)、谁参与购买

(Who)、为何购买（Why）、购买什么（What）、如何购买（How）及购买多少（How Much）等具体的购买情况。

▶ 小案例 2-1

市场调查要了解消费者的详细细节

对于一些大公司来说，知道顾客买什么、在哪里买、为什么买以及什么时候买的情况，是有效营销的奠基石。

可口可乐公司通过市场调查发现人们在每杯水中平均放2.3块冰，每年看到69个该公司的商业广告；喜欢售点饮料机放出的饮料温度是35度；100万人在早餐中喝可乐；美国每人每年消费156个汉堡包，95个热狗，283个鸡蛋等。

台湾某纸业公司通过调查了解到，台北市民喜欢450克的塑胶卫生纸，台南市民则喜欢300克的纸包装卫生纸；台北市每人每天卫生纸的消耗量为6.97克，台南市则为4.91克。台北市的消费者重视卫生纸的品质，台南市则以习惯来决定其购买的品牌。

某一跨国快餐公司了解到，美国的消费者重视快餐店停车位的多少；日本的消费者关心的是快餐店的用餐时间；香港地区的消费者则更留意快餐店卫生间的面积；中国的消费者更喜欢快餐店的环境和座位的舒适程度。

（四）消费者满意度调查

消费者满意度就是指消费者对企业提供的产品和服务的满意程度。它涉及产品的质量、品牌、价格、广告、促销及相关的配套服务等。在进行具体调查活动时，需要调查消费者对有关产品或服务的整体满意度及各个方面的满意度、满意或不满意的原因、对改进产品或服务质量的建议、对竞争对手产品或服务的满意度等。

三、竞争对手调查

（一）竞争对手基本情况调查

企业的竞争对手不仅包括了现实的竞争对手，而且包括了潜在的竞争对手；不仅包括同行业的竞争对手，而且包括替代品的竞争对手；甚至这种竞争的压力还包括卖方讨价还价的能力和买方讨价还价的能力。在对竞争对手基本情况进行调查时，主要是从以下几方面展开调查活动。

第一，存不存在现实或潜在的竞争对手？如果有的话，现实的竞争对手是谁？力量强弱对比状况如何？哪些是主要竞争者？哪些是次要竞争者？

第二，确定主要竞争对手的所在地、活动范围、生产经营规模和资金状况。

第三，了解主要竞争对手生产经营商品的品种、质量、价格、服务方式、在消费者中的声誉形象以及竞争对手的技术水平和新产品开发经营情况。

第四,主要竞争对手的销售渠道、宣传手段和广告策略。

第五,企业所处市场的竞争程度、范围和主要的竞争方式。

第六,次要竞争对手演化为主要竞争对手的可能性。

第七,潜在竞争对手的数量、力量强弱对比状况如何?转变为现实竞争对手的可能性以及这种变化对企业会产生怎样的影响等。

第八,竞争者的加入或退出情况以及这些变化趋势对企业可能产生的影响等。

(二)竞争对手策略调查

对竞争对手策略进行调查主要从竞争对手的核心竞争力、竞争对手所采取的各种营销战略和策略等方面展开,具体调查内容包括以下几方面。

第一,竞争者会在竞争中采用什么样的策略,其采用此种策略的条件是否完善,成功的概率有多大。

第二,采用某竞争策略的竞争者,其优势和劣势分别是什么?其核心竞争力是什么?竞争者采用某策略的目的是什么?

第三,竞争者在竞争过程中,其策略变化的影响因素有哪些?这些因素对策略变化的影响程度有多大?

第四,企业有无必要采取相应措施?如果有,应采取什么样的相应措施,这些措施具体怎么实施,实施成功的概率及收益如何等。

▶ 小案例 2-2

零点研究公司的特色服务

零点研究公司简称"零点调查",成立于 1992 年,其业务范围主要是市场调查、民意测验、政策性调查和内部管理调查,业务项目涉及食品、饮料、医药、个人护理用品、服装、家电、金融保险、媒体、房地产、建材、汽车、商业服务、娱乐、旅游等 30 多个行业。

零点调查凭借在专业调查、策略咨询和行业数据等方面的优势,建立了消费品、房地产、金融、IT 和电信等七个专业研究事业部,在社会群体的消费文化研究、定性研究与分析技术、数量分析模型、策略工作模型等方面形成了一些卓有成效的特色服务。

特色服务 1:行业研究

零点调查通过与政府行业主管部门、研究院所建立长期的资源协作关系,为实地研究、策略咨询和投资判断提供强有力的行业信息支持。

特色服务 2:调查结果发布服务

零点调查不定期地以名为"第一手"的内部刊物形式,向传媒发布有关社会问题、市场动态、行业发展方面的调查结果。每周以传真、E-mail 和网络的形式向超过 1500 组传媒和订户发送调查结果。另外,直接浏览公司网站可以了解最新公布的一些调查与研究结果。

特色服务3：企业内部培训

零点调查受邀为知名企业、长期客户和专业学术交流活动提供有关市场调查方法、分析技术、营销理念、品牌管理、消费文化、行业发展动态等方面的培训服务。零点调查每年使用论坛、研讨会和沟通会的形式，为企业和社会组织提供专业技术信息和最新的管理理念。

特色服务4：多客户报告

零点调查每年投资进行多项自主版权的专项研究——Syndicate（企业联合）报告。研究领域集中在群体消费文化和行业消费市场。当客户无力进行这类常规调查时，零点的Syndicate报告可以弥补客户在这些方面的信息不足。当客户有意进入一个新的行业时，Syndicate报告可以帮助他们快速了解有关行业和消费群体的基本情况。Syndicate报告提供的信息，在群体消费文化方面包括数字化人群、城市青年女性、中学生、农村居民和流动人口等群体的消费文化和生活形态；在行业消费市场方面包括家用电脑、数字化产品、住房消费、空调、保健品、饮料等行业的消费行为研究。

四、中间商调查

对中间商进行调查对于企业选择合适的中间商，从而在生产和消费之间建立更加牢固的纽带，从而增加企业产品的市场份额和美誉度。对中间商的调查主要集中在以下几方面。

（一）中间商资信调查

在对中间商进行调查时，首先要仔细调查所要选择中间商的资金实力和信誉度，这些因素不仅会影响中间商的经营能力，也会给企业的资金回笼及周转速度产生直接影响。

（二）中间商经营范围调查

中间商经营范围调查包括了解中间商经营商品的品种和主要品牌，是否经营同类产品和主要竞争对手的产品，中间商是否有扩大或缩减经营范围的打算等。

（三）中间商仓储及其他设施的具体情况调查

中间商仓储调查主要集中于中间商的仓储面积及容积、仓储的现实管理水平等；其他设施调查主要集中在是否有运输设施，如果有，运输能力如何等。

（四）中间商销售网络调查

中间商销售网络调查包括了解中间商的终端市场覆盖率，中间商自己拥有的店面，店面的规模及分布情况，对地方市场和批发市场的分销能力，是否有业务员分片管理等。

第三节　企业内部环境调查

内部环境是营销决策和管理者不能随意改变的企业内部因素，如企业的使命、目标、组织结构、营销资源和能力等。这些因素既可能促进也可能限制企业的营销活动。企业需要把这些因素作为背景进行自己的营销活动。对于企业内部环境的调查与分析，包括调查和了解企业的公司战略、使命、资源状况、产品和服务的特性、公司以前的业绩、业务关系、成功的关键要素等内容。

一、公司战略

公司战略的主要调查内容包括公司都有哪些业务，各项业务的情况如何？公司的组织结构状况、权力结构状况如何，对企业营销策划有什么影响？

二、公司使命

公司使命的调查包含公司的终极目标是什么、公司的愿景是什么、公司的主营业务是什么，公司怎样为顾客和其他利益相关者创造价值？公司使命对企业营销策划有什么影响？

三、资源

资源的调查包括企业员工和管理人员的技术、才能和道德状况怎样？企业的财务状况如何，有哪些优劣势？公司拥有或需要哪些营销信息，公司会为营销活动提供怎样的支持？企业资源会怎样影响企业的营销活动？

四、产品和服务

产品和服务的调查包括企业的产品组合是什么？什么产品、以什么价格、提供给谁？产品所处生命周期的阶段、销售与利润趋势，以及对公司的贡献如何？产品组合与公司的使命和资源有怎样的关系？产品和服务对营销策划有什么意义和启示？

五、以前的业绩

以前的业绩的主要调查内容包括上一年的销售额与利润额与以前相比如何？以前哪一个营销活动是有效的，客户关系有怎样的发展趋势？以前的业绩对本次营销策划有什么意义和启示？

六、业务关系

业务关系调查包括与供应商、中间商和战略伙伴的关系成本如何？供应商、中间商和战略伙伴是否有足够的能力，业务关系是怎样变化的？公司是否过分依赖于某一个供应商、中间商或战略伙伴？业务关系对本次营销策划有什么意义和启示？

七、成功的关键要素

调查内容包括在本行业中，什么因素能把好的企业与差的企业区别开？当什么状况出现时，表示企业有潜在的问题在阻止其走向成功？这些成功的关键要素会怎样影响企业的营销策划？

第四节　营销组合调查

市场营销组合是企业参与市场竞争的重要工具和手段。市场营销组合调查的内容主要包括产品调查、价格调查、销售渠道调查和促销调查等方面。

一、产品调查

产品是营销组合4P的核心，价格的制定、渠道的选择及促销活动都是围绕产品展开的。从营销组合的角度来看，产品要满足市场的需要，至少应做好三方面的工作。一是注重产品的性能和质量；二是要注重产品的外观设计、品牌和包装；三是要注重产品的服务。而对产品进行调查就是围绕这三方面展开的。

（一）产品实体调查

产品实体调查是对产品本身的各种性能所作的调查，它主要包括以下几方面的内容。

（1）产品性能调查。

产品性能调查包括调查消费者对产品各种品质、性能的要求。通过调查可以了解消费者对产品特殊性能的要求及其变化趋势，进而为企业制定营销决策提供依据。

（2）产品品种需求调查。

调查内容包括产品的规格、型号、式样、颜色、制作材料等方面，通过调查可以了解消费者需要或偏好的产品品种，从而使生产的产品适销对路。

（3）产品生命周期调查。

产品生命周期指某产品从进入市场一直到被市场淘汰的过程，完整的生命周期应包括导入期、成长期、成熟期和衰退期四个阶段。每个阶段产品的市场占有率、销量及增长速度都不尽相同，而企业制定的营销策略也有很大区别。因此，对产品生命周期的调查主要集中于产品销售量调查、销售增长率调查和产品普及率调查，并依据调查结果判断产品所处生命周期的阶段，并制定合理的营销策略。

（二）产品服务调查

了解市场对产品售前、售中及售后服务的要求，以及消费者对企业现有服务的看法和评价等，为企业改进服务、提高服务水平提供现实依据，并在此基础上提高顾客满意度和顾客忠诚度。

二、价格调查

价格是企业和消费者最为敏感的因素，它与双方的利益密切相关。对消费者而言，价格是获得某种产品或服务的代价，消费者总是希望以最小的代价获取最大的收益。对企业而言，价格制定得合理与否会直接影响产品的销售额和企业的收益情况。价格调研对于企业制定合理的价格策略至关重要。价格调查的内容主要包括：①国家在商品价格上有何控制和具体的规定；②企业商品的定价是否合理，如何定价才能使企业增加盈利；③消费者对什么样的价格容易接受以及接受程度，消费者的价格心理状态如何；④商品需求和供给的价格弹性有多大、影响因素是什么；⑤产品市场需求及变化趋势；⑥国际产品市场价格走势及国家税费政策对价格的影响；⑦主要竞争对手的价格调研，等等。

三、销售渠道调查

销售渠道结构设计及成员选择是否合理，产品的储存和运输安排是否恰当，对于提高销售效率、缩短运输周期和降低运输成本有着重要的作用。因此，销售渠道调查也是市场调查的一项重要内容。销售渠道调查的内容主要包括：对现有批发商、连锁零售商的经营状况、销售能力的调查；配送中心规划的调查；物流优化组织的调查；如何降低运输成本的调查；对于销往国外的产品，还要对出口商进行调查，等等。而这些调研内容归结起来无非是解决三个方面的问题，即现有渠道的现状；是否需要对渠道进行调整；是否有必要重建渠道。为了得到这些问题的答案，必须对下述问题进行一一分析解答。

第一，企业现有销售渠道的结构和类型，这种设计能否满足销售商品的需要？

第二，企业销售渠道的覆盖范围和销售业绩如何？销售渠道是否通畅？如果不通畅，原因是什么？

第三，销售渠道中各个环节中间商的经营业绩如何？各环节中间商的商品库存是否合理？能否满足随时供应市场的需要？有无积压和脱销现象？

第四，销售渠道中的每一个环节对商品销售提供哪些支持？能否为销售提供技术服务或开展推销活动？中间商的储存和运输能力如何？

第五，市场上是否存在经销某种或某类商品的权威性机构？如果存在，他们促销的商品目前在市场上所占的份额是多少？

第六，市场上经营本商品的主要中间商，对经销本商品有何要求？

四、促销调查

促销的本质是沟通，它是企业通过各种手段把生产经营的商品或服务向消费者进行宣传，激发消费者的购买欲望，影响消费者购买行为和消费方式的活动。促销的主要任务就是将产品或服务的信息传递给消费者，促进销量的增加。促销活动的方式很多，从大的方面来讲，比较常见的有人员推销和非人员推销两大类，其中非人员推销又可分为广告、销售促进和公共关系三种形式。促销调查应着重调查消费者对促销活动的反应，了解消费者对哪些促销方式感兴趣。

（一）广告调查

广告是企业最常用也是最重要的一种促销手段，企业每年往往都要在广告上投入大量的资金。这些资金应如何分配以及会达到什么样的效果是企业非常关心的问题。而广告调查就是帮助企业找出最合适的广告方案并对广告的效果进行评价。既然是广告，当然也就离不开广告媒体的选择。所以广告调查的主要内容包括广告媒体调查和广告效果调查。

广告媒体调查包括印刷类媒体调查、电子类媒体调查和其他媒体调查，如户外广告调查等，在进行调查时，应根据媒体的性质选择不同的调查项目。

广告效果调查包括事前调查、事中调查和事后调查三个方面。

事前调查是在广告实施前对广告的目标受众进行小范围的抽样调查，借此来了解其对该广告的反应，并在此基础上改进广告策划及广告表现形式等，以提高广告播放效果。

事中调查是指广告正式投放后到整个广告活动结束之前，对该时间段内的广告效果进行调查。比较常见的是对广告覆盖率、广告送达率等指标进行测定，以确定最优的广告媒介组合方式以及选择合适的播出时间等。

事后调查是指在广告结束之后的一段时间里，对广告的目标受众展开大规模的调查，以测定广告播放总体效果的调查活动。其目的在于测定广告预期目标与广告实际效果的差距，寻找导致差距的原因，为后续广告工作的开展奠定基础。

（二）人员推销调查

人员推销最大的特点是面对面交流，成本较高，适用范围有限。在对人员推销进行调查时主要集中在三个方面：一是推销人员的基本素质、分工情况调查；二是不同推销方式的效果调查。通过调查，可以帮助企业了解不同的商品分别应该采取哪些不同的人员推销方式；三是人员推销的效果调查，推销效果又可细分为信息传递效果和实际经济效果,这些调查数据也可作为评价推销员业绩的重要参考指标。

(三) 营业推广调查

首先要对营业推广对象进行调查,主要有三类:消费者或用户、中间商和推销人员。促销对象不同必须选择不同的促销方式,对最终消费者及中间商一定要区别对待。其次是营业推广形式调查、营业推广策略调查、营业推广效果调查和营业推广辅助策略调查等。

(四) 公共关系调查

一个企业为了建立和维护良好的形象,获得公众的支持,往往离不开各种公共关系活动。对公共关系的调查主要包括公共关系的作用、哪种公共关系形式对企业的形象和产品销售所起的作用最大、公关活动的主要内容和策略等。

▶ 小案例 2-3

市场调查公司的业务范围举例

一、蓝田公司的研究内容

蓝田市场研究公司的主要业务是进行行业市场调查和预测,主要目的是了解行业发展现状以及预测行业发展趋势,从而帮助企业或投资机构在进行项目投资时对项目的发展前景作出准确的判断。行业研究的主要课题包括行业发展现状、行业竞争分析、行业发展趋势预测、项目投资可行性分析和项目投资风险分析等。

二、南京远景的研究内容

南京远景市场研究公司的主要业务是为企业提供市场调查服务。其业务范围包括以下七大块:(1) 基本市场情况研究,分为消费习惯研究、知名度与态度研究、市场区隔研究、市场区隔之需求研究;(2) 包装及名称测试,分为包装测试、名称测试;(3) 概念和产品发展研究,分为概念测试、概念及产品使用研究、产品测试、消费日记研究;(4) 广告测试,分为故事板测试、文案效果测试、广告战役评估;(5) 产品上市后的市场研究,分为使用习惯和态度研究、品牌形象研究、品牌定位及重新定位研究;(6) 消费行为研究、消费心理和动机、消费模式/形态研究、消费行为/习惯研究;(7) 品牌研究,分为品牌知名度研究、品牌美誉/忠诚度研究、品牌评价。

三、上海中则思达的研究内容

中则思达是中国市场调查行业协会理事单位,拥有全国性的数据网络和成熟的市场分析技术与经验,提供营销环节相关的研究,在消费者和新产品的研究领域拥有丰富的经验。调查和服务的内容,包括品牌策略研究、广告策略研究、产品策略研究、渠道策略研究、消费者满意度研究、新项目可行性研究、媒体策略研究及房地产研究。

四、上海蓝睿商务信息咨询有限公司的业务

上海蓝睿商务信息咨询有限公司,拥有多年的市场调查和营销咨询经验,面向全国从事市场调查和营销咨询业务,为不同的客户提供个性化的市场分析。调查和服务内容包括市场分析、行业研究、营销策划、品牌推广、品牌研究、产品测试和整合营销服务等。

资料来源：庄贵军．市场调查与预测（第二版）［M］．北京：北京大学出版社，2014.

本章小结

企业的营销决策和管理工作需要市场研究提供企业内外部环境信息、市场需求信息、市场竞争信息、消费者或用户购买行为信息、企业营销因素影响的信息。

宏观环境调查主要包括政治环境调查、法律环境调查、经济环境调查、社会文化环境调查、科技环境调查和自然地理环境调查六方面的内容，不同的企业应根据自身的情况选择不同的调查内容和侧重点。

微观环境调查主要包括市场需求调查、消费者调查、竞争对手调查和中间商调查四个方面的内容，其中消费者调查在市场调查中占据非常重要的地位。

企业内部环境调查包括调查和了解企业的公司战略、使命、资源状况、产品和服务的特性、公司以前的业绩、业务关系、成功的关键要素等内容。

营销组合调查主要包括产品调查、价格调查、销售渠道调查和促销调查等内容。

复习思考题

1. 简述营销宏观环境调查的主要内容。
2. 简述市场需求调查的主要内容。
3. 选择一种你比较熟悉的商品，设计消费者行为调查的内容。
4. 简述广告调查的主要内容。

阅读材料

市场调查容易困惑的几个问题

市场调查工作需要收集关于市场规模、市场数据、竞争对手、消费者研究等方面的相关数据，并在相关数据支持的基础上提出市场决策建议或市场参考。

对大企业而言，购买市场数据或行业报告成为市场调查人员解决这一系列问题的有效途径。然而，对于中小企业而言，常规性的调查如果频繁买入市场数据和行业报告显然不符合企业利益。因此，正确看待这一系列调查问题将有利于中小企业市场调查工作的持续进行。

1. 市场规模的调查是否必不可少？

中小企业对自有产品的市场调查中，百度和 Google 的搜索往往不能提供针对性的有效的市场数据。那么如何看待这一问题？

对于已经上市流通的商品而言，市场规模的取证可作为销售计划的参考，然而往往销售计划的制订主要还是立足于企业发展目标和销售团队业务水平等实际条件，不能迷信于所谓权威机构的调查数据。毕竟以一个100亿元的市场规模作为一个年销售额1千万元的企业制订年度销售计划的参考价值并不高。

对于即将研发的产品而言，市场规模的调查有利于企业了解新项目投入和发展的宏观背景，有利于预测未来企业的销售规模和盈利，有利于为新项目的立项提供市场环境的支持。然而，也仅仅是参考，并不是必不可少的，因为项目的成功与否既取决于市场宏观面的支持，更取决于公司内部的管理团队水平、业务水平、研发水平和生产水平等。

综上所述，市场规模的调查有助于让企业更好地了解市场的宏观性，然而这对企业的市场经营活动而言，并不是必不可少的。

2. 市场数据的准确性是不是很重要？

市场数据收集和整理的目的在于从零散的数据中提炼有价值的市场信息，并通过系统的论证全面阐述市场特性，为市场决策的正确性制定提供市场依据。基于对市场数据的这一理解，笔者认为市场数据的正确性更优于准确性。

对中小企业而言，过多追求数据准确性只能是让企业在焦灼的数据查找中丧失企业决策的时机。比如，当前市场同类产品的竞争价格到底是1000元还是800元并不能成为左右公司制定市场价格政策的决定依据。

3. 调查竞争对手是不是一定要很诡异？

在很多商业间谍片中可以经常看到很多业务员或者商业情报人员通过各种渠道得到竞争对手的市场情报，公司高层以此商业情报作为决策依据一举打败竞争对手。这一商业剧情节给调查竞争对手的工作蒙上了一层神秘或者是诡异的面纱。现实中，中小企业作市场调查并没那么神秘或者诡异！

中小企业作竞争对手调查或者竞争情报调查完全可通过对竞争对手的公开化信息的收集和分析了解竞争对手的动态。分析公开化信息主要包括以下几个方面：（1）竞争对手在报刊杂志刊登的广告；（2）行业协会和贸易组织出版物；（3）竞争对手的产品手册、企业画册和财务公报等；（4）展览会；（5）竞争对手的招聘广告；（6）竞争对手的内部职员；（7）合作经销商；（8）行业的提供商和制造商；（9）其他竞争对手；（10）竞争对手高层对外讲话/访谈内容。

通过这10个方面的渠道反馈，基本可以系统收集竞争对手在近一段时期内的市场信息，进而分析出其相关的市场策略，这包括产品发展趋势、技术趋势、企业发展方向等内容。

此外，研究竞争对手不仅仅是为了制定克敌制胜的策略，更在于借鉴和学习竞争企业在市场管理、市场宣传、产品设计等方面的成功经验，进而改善公司成长中的不足，而非着重于与竞争对手的恶性竞争。

4. 消费者的意见是不是"上帝"的意见？

消费者是上帝。这是许多中小企业的市场理念。因而，消费者调查往往成为企业改进产品、改善市场工作甚至是改变市场营销策略的重要依据。中小企业希望通过消费者的需求来改善产品、销售和服务，进而取得一定的消费群体和占有一定的市场份额。

然而，改进产品、销售和服务以适应消费者的需求其实也显示了中小企业的无奈和弱势。消费者的需求往往不是立足单一产品的体验而提出的，也包括了与同类产品的强势品牌作比较后的体会。消费者需求仅停留于短期需要，并不能作为企业中长期产品规划的支撑点，也就是说，消费者调查从时间的角度而言仅仅是过去式和现在进行式，未必能代表将来式。因此，即便满足了消费者的所有需求，改进产品、销售和服务，企业的市场份额和市场利润是否能得到提升并没有实质性的保证。而对产品的改进、销售政策的改善和服务的完善以及品牌宣传的新一轮资金投入也将加大对后期产品盈利的压力。

因此，对消费者的需求，中小企业应该保持一份理性认识，消费者的需求和建议只能作为企业进步的一把标尺，并不能作为"上帝"的"旨意"。

5. 市场调查主要解决什么问题？

市场要素研究（包括市场规模、增长率、生命周期等）重点立足于市场发展趋向；竞争对手研究重点在于对竞争对手市场管理经验、营销策略、市场宣传策略等方面的研究和借鉴；消费者研究目的在于把握产品和服务的导向，并不在于对消费者意见的"言听计从"。

通过上述对市场调查问题的论述，笔者认为，市场调查工作的重点应该是如何正确把握市场趋向的问题，而不在于给市场问题作精确定位。市场调查可以发现企业发展中的不足、当前及可预见时间内的市场机会以及可能存在的风险等，但是作为企业决策而言，纯粹依赖于市场调查来解决企业发展中的各种问题，显然是不成熟的。

资料来源：钟智远. 市场调研容易困惑的几个问题. 全球品牌网，http://www.globrand.com/2008/86889.shtml.

案例分析

王老吉的成功之路

凉茶是广东、广西地区的一种由中草药熬制、具有清热祛湿等功效的"药茶"。在众多老字号凉茶中，又以王老吉最为著名。王老吉凉茶发明于清道光年间，至今已有将近200年的历史，被公认为凉茶始祖，有"药茶王"之称。到了近代，王老吉凉茶更随着华人的足迹遍及世界各地。

20世纪50年代初，王老吉药号分成两支：一支归入国有企业，发展为今天的王老吉药业股份有限公司（原羊城药业），主要生产王老吉牌冲剂产品（国药准字）；另一支由王氏家族的后人带到香港。在中国大陆，王老吉的品牌归王老吉药业股份有限公司所有；在中国大陆以外有凉茶市场的国家和地区，王老吉的品牌基本上为王氏后人所注册。加多宝是位于东莞的一家港资公司生产的，由香港王氏后人提供配方，经王老吉药业特许在大陆独家生产、经营红色罐装王老吉（食健字号）。

2003年，来自广东的红色罐装王老吉（以下简称红色王老吉），突然成为央视广告的座上常客，销售一片红火。但实际上，广东加多宝饮料有限公司在取得"王老吉"的品牌经营权之后，其红色王老吉饮料的销售业绩连续六七年都处于不温不火的状态。直到2003年，红色王老吉的销量才突然激增，年销售额增长近400%，从1亿多元猛增至6亿元，2004年则一举突破10亿元！

究竟红色王老吉是如何实现对销售临界点的突破？让我们看下企业为此作的市场调查以及在此基础上所作的决策。

红色王老吉拥有凉茶始祖王老吉的品牌，却长着一副饮料化的面孔，让消费者觉得"它好像是凉茶，又好像是饮料"——这种认知混乱，是阻碍消费者进一步接受的心理屏障。而解决方案是明确告知消费者它的定义、功能和价值。

在2002年以前，从表面看，红色王老吉是一个活得很不错的品牌，销量稳定，盈利状况良好，有比较固定的消费群。但当企业发展到一定规模以后，加多宝的管理层发现，要把企业做大，要走向全国，他们就必须克服一连串的问题，甚至连原本的一些优势也成为困扰企业继续成长的原因。

而在所有困扰中，最关键的是要解决以下几个问题。

1. 当"凉茶"卖，还是当"饮料"卖

在广东，传统凉茶（如冲剂、自家煲制、凉茶铺等）因下火功效显著，消费者普遍把它当成"药"服用，无须也不能经常饮用。而"王老吉"这个具有上百年历史的品牌就是凉茶的代称，可谓说起凉茶就想到王老吉，说起王老吉就想到凉茶。因此，红色王老吉受品牌名所累，并不能很顺利地让广东人接受它作为一种可以经常饮用的饮料，销量大大受限。

另外，红色王老吉口感偏甜，按中国"良药苦口"的传统观念，广东消费者自然感觉其"降火"药力不足，当产生"祛火"需求时，不如到凉茶铺买或自家煎煮。

而在加多宝的另一个主要销售区域浙南，主要是温州、台州、丽水三地，消费者将红色王老吉与康师傅冰红茶、旺仔牛奶等饮料相提并论，没有不适合长期饮用的禁忌。加之当地在外华人众多，经他们的引导带动，红色王老吉很快成为当地最畅销的产品。企业担心，红色王老吉可能会成为来去匆匆的时尚，如同当年在浙南红极一时的椰树椰汁，很快被新的时髦产品替代，一夜之间在大街小巷消失得干干净净。

2. 无法走出广东、浙南

在两广以外，人们并没有凉茶的概念，甚至调查中消费者说"凉茶就是凉白开吧？"，"我们不喝凉的茶水，泡热茶"。教育凉茶概念显然费用惊人。而且，内地的消费者"降火"的需求已经被填补，大多是吃牛黄解毒片之类的药物。

作为凉茶困难重重，作为饮料同样危机四伏。如果放眼到整个饮料行业，以可口可乐、百事可乐为代表的碳酸饮料，以康师傅、统一为代表的茶饮料、果汁饮料更是处在难以撼动的市场领先地位。而且红色王老吉以"金银花、甘草、菊花等"草本植物熬制，有淡淡的中药味，对口味至上的饮料而言，的确存在不小障碍，加之3.5元/罐的零售价，如果加多宝不能使红色王老吉和竞争对手区分开来，它就永远走不出饮料行业强大竞争对手的阴影。

这就使红色王老吉面临一个极为尴尬的境地：既不能固守两地，也无法在全国范围推广。

3. 企业宣传概念模糊

加多宝公司不愿意以"凉茶"推广，限制其销量，但作为"饮料"推广又没有找到合适的区隔，因此，在广告宣传上也不得不模棱两可。很多人都见过这样一条广告：一个非常可爱的小男孩为了打开冰箱拿一罐王老吉，用屁股不断蹭冰箱门。广告语是"健康家庭，永远相伴"，显然这个广告并不能够体现红色王老吉的独特价值。

加多宝并不了解消费者的认知、购买动机等——如企业曾一度认为浙南消费者的购买主要是因为高档、有"吉"字喜庆。为了了解消费者的认知，成美研究人员在进行二手资料收集的同时，对加多宝内部、两地的经销商进行了访谈。

研究中发现，广东的消费者饮用红色王老吉的场合为烧烤、登山等活动，原因不外乎"吃烧烤时喝一罐，心理安慰""上火不是太严重，没有必要喝黄振龙"（黄振龙是凉茶铺的代表，其代表产品功效强劲，有祛湿降火之效）。而在浙南，饮用场合主要集中在"外出就餐、聚会、家庭"，在对于当地饮食文化的了解过程中，研究人员发现该地的消费者对于"上火"的担忧比广东有过之而无不及，座谈会桌上的话梅蜜饯、可口可乐无人问津，被说成了"会上火"的危险品（后面的跟进研究也证实了这一点，发现可乐在温州等地销售始终低落，最后两乐几乎放弃了该市场，一般都不进行广告投放）。而他们评价红色王老吉时经常谈到"不会上火"，"健康，小孩老人都能喝，不会引起上火"。可能这些观念并没有科学依据，但这就是浙南消费者头脑中的观念，这也是研究需要关注的"唯一的事实"。

这些消费者的认知和购买行为均表明，消费者对红色王老吉并无"治疗"要求，而是作为一种功能饮料，购买红色王老吉的真实动机是用于"预防上火"，如希望在品尝烧烤时减少上火情况的发生等，真正上火以后可能会采用药物，如牛黄解毒片、传统凉茶类治疗。

再进一步研究消费者对竞争对手的看法，则发现红色王老吉的直接竞争对手，如菊花茶、清凉茶等由于缺乏品牌推广，仅仅是低价渗透市场，并未占据"预防上火"的饮料的定位。而可乐、茶饮料、果汁饮料、水等明显不具备"预防上火"的功能，仅仅是间接的竞争者。同时，任何一个品牌定位的成立，都必须是该品牌最有能力占据的，即有据可依，如可口可乐说"正宗的可乐"，是因为它就是可乐的发明者。研究人员对于企业、产品自身在消费者心智中的认知进行了研究。结果表明，红色王老吉的"凉茶始祖"身份、神秘中草药配方、175年的历史等，显然是有能力占据"预防上火的饮料"的。

由于"预防上火"是消费者购买红色王老吉的真实动机，显然有利于巩固加强原有市场。是否能满足企业对于新定位的期望——"进军全国市场"，成为研究的下一步工作。通过二手资料、专家访谈等研究，一致显示，中国几千年的中药概念"清热解毒"在全国广为普及，"上火""祛火"的概念也在各地深入人心，这就使红色王老吉突破了地域品牌的局限。

至此，尘埃落定。首先明确红色王老吉是在"饮料"行业中竞争，其竞争对手应是其他饮料；品牌定位——"预防上火的饮料"，其独特的价值——喝红色王老吉能预防上火，让消费者无忧地尽情享受生活：煎炸、香辣美食、烧烤、通宵达旦看足球……

案例讨论

1. 王老吉为了获得消费者的认可，重点从哪些方面展开市场调查活动？
2. 根据案例中进行的市场调查活动，你认为王老吉对竞争对手的调查还可以从哪些方面着手？

第三章
市场研究方案设计

本章学习目标

1. 理解市场研究主题界定的定义和作用；
2. 理解市场研究主题界定的程序；
3. 了解市场研究方案设计的定义、作用和内容；
4. 了解市场研究方案的三种类型；
5. 掌握市场研究方案可行性研究的方法。

> 引导案例

"时尚运动"运动衣市场研究方案设计

一、调查背景

XY公司最近设计了一款时尚运动品牌的男女运动衣,该款运动衣质地优良、款式新颖。为了配合"时尚运动"进军郑州市场,评估营销环境,制定广告策略,对郑州市的运动衣市场进行调查非常有必要。

本次市场调查将围绕策划"金三角"的三个立足点——消费者、市场、竞争者来进行。

二、调查目标

1. "时尚运动"进入郑州市场的广告活动策划依据。

2. "时尚运动"在郑州的营销依据。

具体指标是:

1. 了解郑州市的市场状况。

2. 了解郑州市消费者的人口,估计市场需求量及市场潜力。

3. 了解郑州市不同性别消费者对运动衣消费的看法、习惯和偏好等。

4. 了解郑州市经常购买男女运动衣的消费者情况。

5. 了解郑州市运动衣的主要竞争对手及其广告策略、销售策略。

三、市场调查内容

(一)消费者

1. 消费者的年龄、性别、收入、文化程度等人口统计资料。

2. 消费者对男女运动衣需求数量、习惯、看法等消费形态资料。

3. 消费者对运动衣的购买地点、购买标准等购买行为资料。

4. 消费者对运动衣广告、促销的反应。

(二)市场

1. 郑州市运动衣市场的总量和结构。

2. 郑州市消费者需求及购买力状况。

3. 郑州市运动衣市场潜力测评。

4. 郑州市运动衣销售通路状况。

(三)竞争者

1. 郑州市场现有厂家的数量、品牌、定位、档次等。

2. 市场上现有男女运动衣的销售状况。

3. 各品牌的主要购买者描述。

4. 竞争对手的广告策略及销售策略。

四、调查对象及抽样

因为"时尚运动"是准备上市的新款运动衣,目前市场上已有很多品牌的运动衣。所以,在确定调查对象时应适当针对目标消费者,点面结合,有所侧重。

(一)调查对象及样本要求

调查对象包含消费者和竞争者。消费者样本要求:

1. 没有在生产运动衣的工厂或相关岗位工作过。

2. 没有在市场调查或广告公司工作。

3. 没有在最近半年接受过类似产品的市场调查测试。

竞争者指在郑州市销售的运动衣品牌。

(二)样本构成

消费者样本构成:月收入 3000 元以上的占 70%,3000 元以下的占 30%。

竞争品牌:10 个。

五、调查方法

1. 入户访问。

2. 卖场访问。

六、问卷设计

问卷以封闭式问题和量表式问题为主体,有少量开放式问题。访问采用调查人员提问,抽中作为样本者在调查人员的引导下填答。

"时尚运动"运动衣市场调查问卷(略)

七、调查程序及时间安排

第一阶段:试点调查(2 天)

第二阶段:方案设计(12 天)

    制定方案(8 天)

    研讨方案(2 天)

    审定方案(2 天)

第三阶段:问卷设计(9 天)

    问卷设计(5 天)

    讨论测试(2 天)

    修订印制(2 天)

第四阶段:数据收集(12 天)

    调查人员培训(2 天)

    实地访问(10 天)

第五阶段:数据分析(20 天)

    数据审核(5 天)

    数据录入(5 天)

　　　　数据整理（3天）
　　　　数据分析（7天）
第六阶段：报告成果（20天）
　　　　报告撰写（16天）
　　　　报告打印（2天）
　　　　报告汇报（2天）
整个调查时间大约2.5个月。

八、经费预算（万元）

提案撰写费	0.5
方案设计费	2
调查访问费	3
数据整理分析费	2.5
调查报告费	1.5
管理费用	0.5
佣金	5
总报价	15

第一节　市场研究主题的界定

一、市场研究主题界定的含义和意义

　　市场研究主题是某项市场研究项目所面临和需要解决的核心问题。市场研究主题的界定是进行市场研究方案设计的基础和前提条件，它指明了方案设计的方向，制约着整个市场研究的策划和实际运作过程。只有清晰、准确地界定市场研究的主题，市场研究项目才能被准确地实施。如果选择了错误的市场研究主题，不仅使得整个市场研究活动中所有的努力及资金付之东流，更为糟糕的是，如果这种错误的研究结果成为决策的依据，将会导致企业作出错误的决策，给企业带来重大损失。

　　一般说来，对市场研究主题了解得越透彻，把握得越准确，分解得越详细，则市场研究方案的设计就越清晰、明确，最终的市场研究活动就会进行得更顺利。因此，市场研究主题的界定对于企业的市场研究活动具有重要的理论和现实意义。

　　需要明确的是，市场研究主题的界定必须充分考虑营销管理决策问题和具体的市场研究问题两个方面，这两个问题既有区别又有密切的联系。下面我们通过例子来对

这两个问题进行比较分析。例如，企业往往都会面临一些常见的问题，如"企业销售额下降""市场占有率降低"等，此时转化成营销管理决策问题就是：面对销售额下降或市场占有率降低的问题，企业决策者应该采取什么样的措施来解决。换句话说，营销管理决策回答的是"决策者需要做什么"的问题。而同样的问题转化为具体的市场研究问题则是：引起销售额下降或市场占有率降低的常见因素有哪些？具体是哪一种或几种因素导致这种情况的发生？为了解决这一问题，市场研究人员需要获得哪些信息以及如何来获取相关信息？根据上述分析，我们可以看出，具体的市场研究回答的是"需要获取什么样的信息以及如何获取信息"的问题。分析了两者之间的区别，两个问题之间的联系也就显而易见，即营销管理决策问题决定并制约着具体的市场研究问题。在确定研究项目和进行方案设计之前，必须要明确上述内容。

市场调查工作者一定要清楚，市场调查的目的就是为营销决策提供有效的信息。管理决策问题是行动导向的，它关心的是管理者应该如何采取行动。而市场调查是信息导向型的，是以信息为中心，它的主要内容是确定需要什么信息以及如何有效地获取信息。从表3-1的例子中可以清晰地看到它们之间的区别。

表3-1 管理决策问题与市场调查问题

管理决策问题	市场调查问题
是否应该引进新产品？	针对提议的新产品确定消费者偏好和购买意向。
新产品应该如何定价？	确定市场规模、需求弹性、顾客知晓度和竞争程度。
如何减少顾客的抱怨？	顾客对客户服务部门的评价、顾客抱怨的影响因素。

二、市场研究主题界定的程序

为了保证研究主题界定的准确性和清晰性，在进行主题界定时应该遵循一定的程序。

（一）了解企业的自身条件

1. 掌握与企业和所属行业相关的各种资料

这些资料包括人口统计、技术状况、销售额、市场占有率和盈利性等，通过对这些资料的分析，可以帮助企业发现存在的问题及潜在的机会。而对资料的分析必须从企业层面和行业层面进行同步分析，只有这样才能发现导致问题出现的根本原因。例如，企业的销售额和行业销售额同步下降，且企业销售额下降幅度较小，则说明问题可能出自行业；反之，则问题可能出自企业自身。通过这些分析，可以帮助企业做出正确的决策。

2. 掌握与分析企业所拥有的各种资源和制约因素

调查活动要受到资金、时间和调查手段等各种因素的制约，事实上也的确如此。但在实际执行过程中，不能因为制约因素存在而削弱调查对于决策者的价值或危及调查程序的完整性。一项调查项目一旦被认定值得进行，市场调查者就应该认真执行。掌握与分析企业所拥有的各种资源和制约因素，可以帮助调查组织者更好地编制调查方案。

3. 分析决策目标

市场研究必须服务于决策目标，这是调查成功的前提条件之一。但在现实中要做到这一点绝非易事。这是因为决策者对目标尤其是组织目标的界定并不准确，即使目标是明确的，往往也因为影响因素众多而难以操作。解决这类问题最有效的方法就是与决策者进行交流，帮助决策者理清组织目标，并明确为了实现目标将要采取的行动。掌握了这些信息，可以帮助调查组织者更好地进行后续的资料收集工作。

(二) 了解企业的环境条件

1. 了解消费者行为

消费者行为调查的内容我们在第二章已作了详细的讲解，调查组织者可以根据所需解决的问题有选择地进行资料收集活动。

2. 了解企业开展营销活动的宏观环境

宏观环境会给企业决策目标的实现带来很大的影响，这种影响在某些特定情况下甚至是致命的。所以在界定主题前必须对此内容进行了解，主要方面包括法律环境、经济环境、文化环境和技术环境等。

(三) 确定调查主题的调查途径

为了确保调查主题的准确界定，在主题界定过程中往往需要进行一定的调查工作，以获取足够的有关调查主题的信息。这些调查工作主要包括以下几方面。

1. 与决策者交流讨论

为了提供给决策者需要的信息，调查组织方必须要了解决策者面临的决策或营销管理问题的实质，了解决策者的个人目标和组织目标。只有这样，才能了解决策者希望获得什么样的信息。所以与决策者进行交流讨论是界定调查主题过程中一种非常重要的工具。

2. 分析有关的二手资料

对第二手资料的分析是调查者了解有关调查问题背景的最经济、最迅速的方式。所以，分析与调查问题有关的二手资料是确定调查主题的一个最基本的环节。

3. 拜访相关专家

拜访专家可以帮助调查组织者更好地了解和认识营销调查问题。但需要指出的是，拜访相关专家只是为了界定调查问题，并不能直接寻求到解决问题的方法。

拜访专家这一方法更多地适用在为工业企业或技术含量高的产品而举行的营销调查中，这一领域专家相对比较容易发现和接近。

4. 进行定性调查

有时，从上述工作中获得的信息仍不足以界定调查主题。在这种情况下，就有必要通过定性调查从根本上理解调查问题及其影响因素，以补充信息来源。

把从定性调查中获得的信息与前面三个环节中收集到的信息进行综合分析，就能够使调查者充分了解调查问题的背景内容。

（四）将营销管理决策问题转化为具体的市场研究问题

在充分掌握有关信息的基础上，调查人员应正确界定营销管理决策问题，并把它们转化为营销调查问题。

1. 阐述构想与操作定义

构想是指对决策者所面临的营销管理问题进行思考的过程，而操作层面的定义则是指把构想转化为市场调查问题的设计过程，即用来收集与现有构想有关的特定问题形式，体现为问卷的设计过程。其实一个构想不一定只有一种操作定义，可能会有若干种。表3-2是市场调查中经常采用的一些构想与操作定义。

表3-2　市场调查中经常采用的构想与操作定义

构想	操作定义
品牌意识	听过该品牌的人数百分比
宣传力度	记得或看过该品牌的广告人数
对该品牌的了解程度	能说出多少有关该品牌的特征
品牌熟悉程度	有多少人看到或使用过该产品
对于产品利益的理解	人们认为该产品对于他们有什么好处
对该品牌的态度、感觉	对产品感兴趣的、不感兴趣的或无所谓的人各有多少
购买额	有多少人准备购买该产品
过去已购买或使用	有多少人已购买
满意度	对该产品的评价
重要因素	什么因素促使他们购买该产品
统计学中的问题	年龄、性别等
产品与包装的处理	如何处理包装、包装纸和产品
品牌忠诚度	在最近6个月中有多少次购买了该产品

资料来源：阿尔文·C. 伯恩斯，F. 布什. 营销调研（第二版）[M]. 梅清豪，等，译. 北京：中国人民大学出版社，2001：82.

2. 明确构想间的相关性

调查人员必须明确各种构想之间的相关性,这体现在设计问卷时应确认哪些特征、因素、产品特性及假设。识别相关特性可以使所需信息更加明确,有助于市场调查的正确设计。

3. 搭建调查问题框架

当调查人员把一系列构想以逻辑关系联系起来,就可构建起调查问题的框架。这种框架有时可能是复杂的,但大多数时候是简单的,其主要构成要素包括理论、模型、假设、调查目标分解、影响调查设计的因素分析。

(五)界定市场研究主题

营销管理决策问题转变为营销调查问题后,市场调查主题实际上就已经被界定。但是在实际调查中,调查者一定要注意防止所界定的调查主题过于宽泛或者过于狭窄。

▶小案例 3-1

尤尼顿雷达探测器的问题陈述与调查目标

一、营销管理问题

位于德克萨斯州沃思堡的尤尼顿(Uniden)美国公司经营雷达探测器,在20世纪80年代和90年代初曾有过很好的销售记录。然而,最近三年该公司的销售额减少了20%,并有继续递减10%的趋势。营销经理们认为,销售额下降的主要原因可归为两个:一是竞争者的行为所致;二是随着警方先进的雷达装置与战术的增强,导致许多可能购买雷达探测器的客户不相信雷达探测器能提供及时的警报。

二、营销调查问题

营销调查所要证实的是在过去三年中竞争者的什么行为(如果有的话)对尤尼顿雷达探测器的销售起到了抑制作用。除此之外,调查还应当解答这样一个问题:雷达探测器的潜在购买者之间是否想确定警方的雷达能不能被探测器特别是尤尼顿的产品所发现。

三、调查的特别目标

(1) 追踪过去三年中市场上主要品牌的雷达探测器的市场份额。

(2) 考察竞争者在过去三年中营销手段的变化,如产品设计、价格、营销策略与分销。

(3) 估计潜在消费者的某些观点:

①警方雷达装置的能力和策略;

②一般而言,雷达探测器具有能够提供活动雷达预警的能力;

③特别地,尤尼顿雷达探测器具有能够提供活动雷达预警的能力。

资料来源:阿尔文·C.伯恩斯,F.布什.营销调研(第二版)[M].梅清豪,等,译.北京:中国人民大学出版社,2001:85.

第二节 市场研究方案的设计

一、市场研究方案设计的含义和作用

(一) 市场研究方案设计的含义

市场研究方案设计也称市场调查策划,指在进行实际调查活动之前,根据调查目的和调查对象的实际情况,对调查工作的各个方面和全部过程进行通盘考虑和安排,提出相应的调查实施方案,制定合理的工作程序。市场研究方案是整个调查课题的构架和蓝图。

市场研究总体方案的设计可以从横向设计和纵向设计两个方面来考虑。所谓的纵向设计,是指对市场调查所经历的阶段的设计,而横向设计则是指对每个阶段的内容,即每个阶段的组成项目的考虑。

(二) 市场研究方案设计的重要作用

市场调查是一项非常复杂、严肃及技术性较强的工作。为了顺利地完成调查任务,事先制定一个科学、严密、可行的市场研究方案就显得十分重要和必要。也就是说,当调查组织者接到一项调查任务后,其首要任务就是要拟定一份科学可行的市场研究方案。具体来讲,市场研究方案的作用主要体现在以下几方面。

(1) 市场研究方案是调查组织者提供给调查委托方的重要资料,它用来向调查委托方说明整个调查活动如何开展的材料,以供委托方审议检查之用。优秀的市场研究方案不仅可以提高调查组织方中标的概率,同时还可以作为双方的执行协议。

(2) 市场研究方案是市场调查者实施市场调查活动的纲领和依据。整个市场调查活动都是围绕市场研究方案展开,市场研究方案设计在调查活动中起着统筹兼顾、统一协调的重要作用。

(3) 市场研究方案设计是从定性认识过渡到定量认识的开端。虽然在整个市场调查活动中收集到的很多资料都是定量的,但应该看到,研究方案的设计及调查工作的展开都是从定性资料开始的。可以说,研究方案的设计是定性认识和定量认识的重要连接点。

(4) 市场研究方案设计能够适应现代市场调查发展的需要。现代市场调查已由单纯的收集资料活动发展到把调查对象作为整体来反映的完整的调查活动。与此相对应,市场调查活动也应该是一个完整的工作过程,而方案设计则是这个全过程的开端。

二、市场研究方案设计的类型

市场研究方案是指导市场调查项目开展的行动蓝图，详细地描述了获取解决营销调查问题所需信息的实施步骤与方法。图3-1描述了市场研究方案设计的分类。

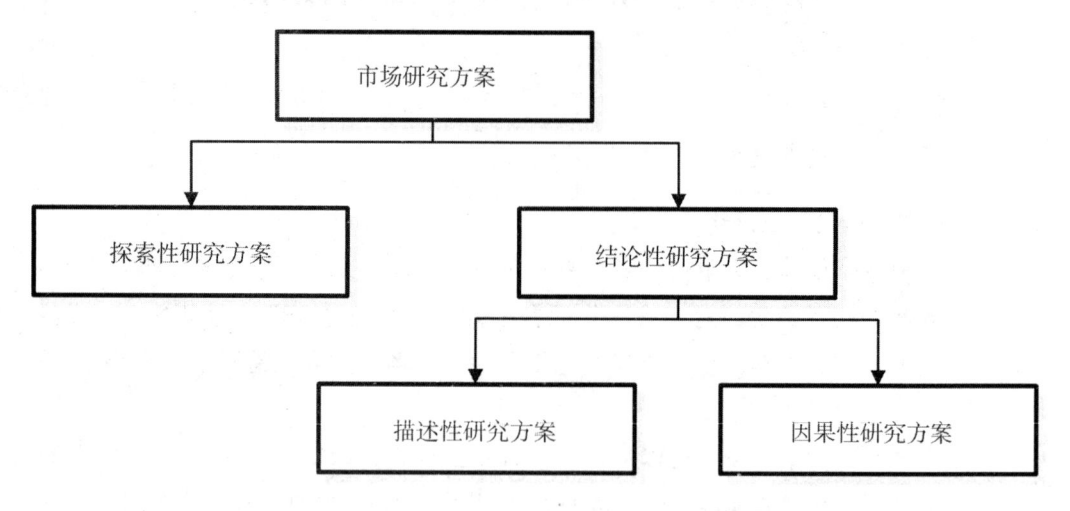

图3-1 市场研究方案设计的分类

（一）探索性研究方案设计

探索性研究设计被认为是最无结构和最不正式的研究。探索性研究的目的是获取有关研究问题的大体性质的背景资料，通常在调查项目开始时进行。这时候研究者对调查主题知道的信息很少，一般情况下研究者无法清楚地确定研究的方向，更不会像在正式研究中那样有明确的目标和可检验的假设，因此探索性研究在研究程序和方法上比较灵活，允许研究人员在他们认为有助于澄清问题的可能的方面进行探索。比如，对行业专家进行深度访谈，或者通过焦点小组座谈获得对某些问题的深层次的看法，从数据的性质上看基本上都是基于没有代表性的小样本获得的定性数据。探索性研究所采用的方法主要是二手资料分析、深度访谈、定性研究等。

（二）结论性研究方案设计

1. 描述性研究方案设计

顾名思义，描述性研究方案就是对某些事物进行描述。当研究问题清楚地以变量的语言表示时，描述性研究就是对这些相关的变量及其关系进行描述。描述性研究中我们关注的内容包括相关群体的人口特征和心理特征、特定群体中具有某种态度和行为的人的比例、相关群体的某些特征与营销变量的关系以及特定市场的特性和规模。与探索性研究不同，描述性研究的目的明确、目标具体，通常都是采用代表性的大样本，获取定量数据对已有的假设进行检验，最后得到明确的结论。描述性研究要求明确研究中的6W2H——谁（Who）、为谁（Whom）、什么（What）、何时（When）、何地（Where）、为何（Why）、多少（How Many）、多少钱（How Much），是对描述性研究的一个很好的说明。

2. 因果关系研究方案设计

因果关系研究的目的是获得原因性变量（自变量）和结果性变量（因变量）之间因果关系的证据。在管理实践中，决策者希望知道增加广告是否会导致销售增长？如果降低产品价格是否导致销售增长和市场份额增加？如果公司改变销售人员的激励政策是否会导致销售业绩上升？为了推断这些变量之间是否存在因果关系，研究人员必须采用实验设计，即在控制自变量不同水平下测量因变量的反应。在控制其他可能引起因变量变化的影响变量后，研究人员便可以认为因变量反应的差异是由自变量的不同水平造成的，也就是它们之间存在因果关系。

三、市场研究方案的设计思路

（1）当对调查问题一无所知时，首先应进行探索性调查。通过探索性调查来准确地定义问题或寻找市场机会，确定备选行动方案，拟定研究问题或提出假设，辨别主要变量及自变量与因变量。

（2）探索性调查是整个研究方案框架的基础。大多数情况下，探索性调查之后应该是描述性调查或因果性调查，探索阶段所提出的假设往往需要描述性调查或因果性调查来进行统计上的检验。

（3）每个研究方案未必都是从探索性调查开始，主要取决于调查人员对问题定义的准确度及解决问题的方法的明确度。研究方案也可从描述性调查或者因果性调查开始，当描述性调查或因果性调查所得到的结论难以解释时，甚至可以再通过探索性调查来帮助理解这些结论。

四、市场研究方案的内容

调查方案的设计是对调查工作各个方面和调查活动各个阶段的通盘考虑。因此，它包括整个调查过程的全部内容。整个市场研究方案归纳起来主要涉及以下十二个方面的内容。

（一）调查背景

在进行调查背景描述时，首先要对客户的基本情况进行简要说明，并结合客户所在行业的状况和企业所处社会、经济、法律和技术等大环境进行简要分析，以帮助调查组织方清楚了解企业现状和所面临的主要问题，即弄清客户为什么要进行市场调查，从而确定本次调查工作的主题。

（二）调查目的

明确调查目的是市场研究方案设计的首要问题，只有确定了调查目的，才能确定调查范围、内容和方法。调查目的不同，调查范围、内容、方法也不相同。因此，如果不明确调查目的，将会直接导致整个调查过程陷入混乱。

调查目的与市场调查用户所要求调查的问题和实现的目标直接相关，市场调查的其他环节都是围绕这一目标展开的。对于接受委托的调查公司来说，当客户提出调查要求后，为了准确地界定调查目的，调查公司的研究人员首先要清楚以下三个问题。

(1) 客户为什么要进行调查？即进行市场调查的意义；

(2) 客户想通过此次市场调查获得什么样的信息？即市场调查的内容；

(3) 客户利用通过此次市场调查获得的信息做什么？即通过此次调查所获得的信息能否帮助解决客户所面临的问题。

弄清楚这三个问题的答案后，就能够以文字的形式将此次调查活动的目的准确、清晰地表述出来。衡量一个市场研究方案设计是否科学的一个重要标准就是看方案是否能体现调查目的的要求，并符合客观实际。

（三）调查对象和调查单位

市场调查组织者在明确调查目的之后要确定调查对象和调查单位，这主要是为了解决向谁调查和由谁来具体提供资料的问题。

调查对象就是根据调查目的和调查任务所确定的调查范围以及所要调查的总体，它是由许多在某些性质上具有共性的调查单位所组成。调查单位是调查对象个体，即调查对象中的每一个具体单位，它是调查实施过程中需要具体回答各个调查项目的承担者。因此，调查单位的确定取决于调查对象。

严格界定调查对象的内在含义，明确调查对象和调查单位之间的联系和区别，以免调查实施时因界定不清而发生差错。应该指出的是，采用不同的调查方式会产生不同的调查单位，所以在选择调查方式时一定要慎重，以免影响最终收集数据的准确性和适用性。

（四）调查内容

确定调查内容就是对调查主题细化后的概念陈述，它是以调查项目的形式表达出来。

调查项目是市场调查所要了解的具体内容，是所要反映的调查单位的特征。确定调查项目，就是要明确市场调查组织者需要向被调查者了解哪些方面的问题。例如，在消费者调查中，消费者的年龄、性别、职业、文化程度等就是最基本的调查项目。可以说，调查项目的确定是后续进行问卷设计的基础。

在确定调查项目时，必须要考虑调查目的和调查对象的特点。除此之外，在确定调查项目时还需要注意以下三方面的问题。

第一，确定的调查项目应该是调查任务所需的且能够取得答案的，只有满足这个基本条件才应该被列入调查项目。

第二，所列的调查项目要能让被调查者正确地理解并作出选择，这就要求调查项目的含义及表达要明确、肯定，备选答案也应有明确的表示形式。

第三，围绕着某一需要调查的问题而确定的调查项目之间应尽可能相互关联，以便于检验答案的准确性。

（五）调查提纲或调查表

对确定好的调查项目进行分类和编排之后，就可以形成调查提纲或调查表。一般来说，在市场调查中数据、资料的收集是通过调查表来完成的。设计调查提纲或调查表最大的好处是方便调查登记和汇总。

（六）调查时间和调查工作期限

调查时间是指获取调查资料所需要的时间，具体调查时间应根据所要收集资料的性质灵活规定。不同的调查项目具有不同的调查方法，其最佳调查时间是不同的。例如，对在校学生的调查最好是在课间或周末。

调查期限是指整个市场调查工作的开始时间和结束时间，它不仅包括从方案设计到提交调查报告的整个工作进度，同时也包括各个阶段的起止时间，其目的是保证调查工作的及时开展和按时完成。表 3-3 是安排调查进度计划的一个示例。

表 3-3　调查进度计划表

工作任务	计划天数	开始日期	结束日期	承接部门	完成情况
调查报告的复制与呈送	2	10.30	10.31	办公室	
撰写调查报告	6	10.24	10.29	营销部	
数据整理与分析	8	10.16	10.23	营销部	
数据录入	8	10.08	10.15	计算机部	
资料审核及编码	5	10.03	10.07	营销部、计算机部	
实地访问	12	09.21	10.02	访问部	
调查人员培训	2	09.19	09.20	访问部	
问卷印制	2	09.17	09.18	办公室	
问卷设计	4	09.13	09.16	营销部	
抽样设计	5	09.08	09.12	访问部、营销部	
方法设计	7	09.01	09.07	访问部、营销部	
提案设计	5	08.27	08.31	营销部	

（七）调查地点

在调查方案中，还需要明确规定调查的地点。通常调查地点和调查单位是一致的，若说明了调查单位，也可以不用再注明调查地点。否则，必须注明。

（八）确定调查方式和方法

在调查方案中，还要规定采用什么组织方式和方法取得调查资料。一般来说，调查的组织方式主要有普查、重点调查、典型调查和抽样调查。具体的调查方法主要有文案法、访问法、观察法和实验法等。在调查时，采用何种方式、方法不是固定和统一的，而主要取决于调查对象和调查任务。一般情况下，为准确、及时、全面地取得市场信息，尤其应注意多种调查方式的结合运用。

（九）确定调查资料的整理和分析方法

采用实地调查方法取得的原始资料大多是零散、不系统的，它们往往只能反映事物的表象，而无法直接体现事物的本质和规律，这就要求市场调查者对所收集的原始资料进行加工、汇总，使之更加系统化。因此，为保证调查结果的科学性，需要在方案设计中考虑采用何种分析方法。

（十）调查报告内容和提交报告的方式

调查报告内容主要包括报告书的基本内容、报告的形式和份数等，在方案中还要决定提交报告的方式，即决定采用书面报告还是口头报告。除此之外，如有必要，还应提供原始数据、分析数据、演示文稿、问卷等。

（十一）确定调查的组织计划

就是为了确保调查的顺利进行所作的具体工作安排，即调查工作计划。主要包括调查的组织管理、调查项目组的设置、人员的选择与培训、调查质量的控制等。

（十二）经费预算

市场调查费用的多少通常视调查目的、调查范围和难易程度而定。在进行调查活动经费分摊时，市场调查组织者应考虑以下几方面的费用支出。

（1）调查方案设计费；

（2）抽样和问卷设计费；

（3）问卷设计费（含测试费）；

（4）问卷印刷、装订费；

（5）调查实施费（包含调查费、培训费、交通费、访问员与督导劳务费、礼品费等）；

（6）数据整理、编码、录入及统计分析费；

（7）调查报告撰写费；

（8）其他费用。

第三节 市场研究方案的可行性分析与评价

一、市场研究方案的可行性分析

在对复杂社会经济现象所进行的调查中，针对同一个调查主题往往可以设计出不同的市场研究方案，因此对设计的市场研究方案进行可行性分析和评价必不可少。在市场调查中，必须采取一些有效的方法和指标来评价调查方案的可行性，这对保证调查的科学性及顺利实施具有极其重要的意义。

对市场研究方案进行可行性分析的方法很多，在这里主要介绍三种比较常用的方法。

（一）经验判断法

经验判断法也叫专家判断法，即市场调查组织者通过组织一些具有丰富的市场调查经验的专家或专业人士对设计出来的方案进行初步的研究和判断，从而论证方案是否合理可行。经验判断法是用过去的实践经验判断调查方案是否可行。经验判断法最大的优点就是节省人力、物力，能在较短时间内得出结论。但这种方法也存在一定的局限性，就是随着事物的不断发展变化，各种主客观因素都会影响到经验判断的准确性。在运用经验判断法时，具体可从调查目的、调查对象和调查单位、调查方法、调查内容、调查时间和调查组织计划等方面考察。

（二）逻辑分析法

逻辑分析法指从逻辑的层面对调查方案进行把关，观察所设计调查方案的部分内容是否符合逻辑和情理。比如，对学龄儿童进行问卷调查就不符合逻辑。使用这种方法可以非常容易发现方案设计中存在的一些问题，但逻辑分析法虽然可对方案中的调查项目设计进行可行性分析，却无法对其他方面的设计进行判断。这就使得逻辑分析法的适用领域及准确性受到较大的影响。

（三）试点调查法

试点调查法即在小范围内选择部分单位进行试点调查，以检测方案的可行性。试点调查是整个调查方案可行性研究中一个非常重要的步骤，对于大规模的市场调查而言，其作用更加突出。试点是通过实践把客观现象反馈到认识主体，以便起到修改、补充、丰富、完善主体认识的作用。试点调查的主要目的不在于收集数据，而是为了使调查方案设计更加科学和完善。同时，通过试点，还可以为正式调查取得实践经验，并把人们对客观事物的了解推进到一个更高的阶段。

此法准确性高，容易检查出方案中的不足，同时也是调查人员的战前演习，对确保下一步的市场调查活动是十分必要的。

在进行试点调查时，应该注意到以下几个方面的问题。

第一，建立一个由相关负责人、方案设计者及调查骨干组成的调查队伍，以保证调查工作的顺利进行；

第二，选择合适的调查对象。包括两方面的内容，一是选择的数量要合适，二是选择的样本要合适，即样本应具有代表性；

第三，选择合适的调查方式和调查方法，以验证其适用性和经济性等，保证在进行正式调查时选择的正确性；

第四，调查活动结束后，一定要做好试点的分析总结工作。即及时发现问题、解决问题，充实和完善调查方案，使之更加科学和易于操作，保证正式调查工作科学顺利地展开。

二、调查方案设计的总体评价

对于一个研究方案的优劣，可以从不同角度加以评价。一般来说，对调查方案设计的总体评价可从以下三个方面进行。

（1）方案设计是否体现调查目的和要求。

这是评价市场调查方案的一个最基本的条件，方案的设计必须围绕调查的目的和要求来展开，以保证后续调查工作的顺利进行。

（2）方案设计是否具有可操作性。

即调查方案中设置的每一个调查项目是否可以操作，操作的难度如何，这也是判断调查方案设计优劣的重要标准。不具备可操作性的市场调查方案是没有任何意义的。

（3）方案设计是否科学、完整。

也就是说在方案中使用的调查方式、调查方法和测量技术等是否科学，设置的内容是否能够完整地表达主题思想。

对市场研究方案的评价，具有以下两方面重要的意义：第一，架起了方案与实施之间的桥梁，为市场研究创造了条件；第二，对于研究者来说可以不断总结经验，提高市场调查的质量，推动市场调查的发展。

总之，只有科学可行的市场研究方案才能提高调查的质量，才能保证市场调查活动的顺利进行。

本章小结

市场研究主题是市场研究项目所面临和需要解决的核心问题。市场研究主题的界定是进行市场研究方案设计的基础和前提条件，它指明了方案设计的方向，制约着整个市场研究的策划和实际运作过程。市场研究方案设计为整个市场调查活动提供了一个完整的实施计划，详细说明了调查的目的和调查活动的执行过程，是市场调查过程中非常重要的组成部分。

进行市场研究方案设计时应遵循实用性原则、时效性原则、经济性原则和科学性原则。

市场研究方案设计类型可分为探索性调查方案和结论性调查方案两大类。其中结论性调查方案又可分为描述性调查方案和因果性调查方案。

市场研究方案包括调查背景、调查目的、调查对象和调查单位、调查内容、调查提纲或调查表、调查时间和调查工作期限、调查地点、调查方式和方法、调查资料的整理和分析方法、调查报告内容和提交报告的方式、调查的组织计划和经费预算等。

对市场研究方案进行可行性分析时可采取经验判断法、逻辑分析法、试点调查法。对市场研究方案设计的总体评价可从是否体现调查目的和要求、是否具有可操作性、是否科学完整三个方面进行。

复习思考题

1. 简述市场研究主题界定的意义及程序。
2. 简述市场研究方案设计的原则。
3. 市场研究方案一般由哪几部分的内容构成？
4. 市场研究方案可行性研究的方法有哪几种？

阅读材料

有效市场调查的三部曲

笔者作为总策划开始进行A品牌橄榄油的中国市场策划和营销运作时，虽然它已是国际市场的著名品牌，但因为其在国内市场尚不具备一定的知名度，因此我们仍将其视作一个刚进入市场导入期的新产品，并为此安排了为期两个月的市场调查活动。一方面，这为我们进行全国市场的开拓奠定了基础；另一方面，又为我们加盟专卖店及经销商进行了示范，使我们能为其提供有针对性的指导。

在这两个月的调查活动中，科学、系统、严谨是我们最为关注的问题。正是本着这种科学、系统和严谨的思路，我们所做的调查工作在后面各项营销决策中发挥了举足轻重的作用，最终实现了"在恰当的地点、恰当的时间、以恰当的价格、使用恰当的促销方式把恰当的商品卖给恰当的人"。

那么，企业该如何有效地进行市场调查、如何精细化市场调查工作呢？我们总结为精细化市场调查三步曲来与广大的营销人士共享。

第一步：细心规划，做调查活动的战略家。

科学、系统、严谨是企业进行调查工作的三大关键词。为了保证整个调查活动的科学、系统、严谨，高效达到调查目标，在活动正式开展前，企业应当首先做好调查活动流程设计，对整幅调查画卷进行整体勾勒。

图3-2是A品牌整个调查活动的流程设计，虽然简洁，却使整个调查工作清晰地

映入眼帘，使整个项目团队对整体活动有了很好的把握。

调查项目组在整个流程设计中制定了严格的时间表和费用控制表，将每个细化工作环节落实到人，既注重整体又责任明确，以确保调查工作的准时及有效完成。

第二步：注重流程，浓墨重彩绘调查。

我们的调查工作共分为定性调查与定量调查两大部分，其中定量调查中的问卷调查是企业收集数据、帮助决策的最直接方式。

一、问卷设计

问卷调查是市场调查中最有效也是被经常使用的一种定量调查方法，一直被业内人士看作制胜的法宝。在问卷调查中，问卷设计是一个非常重要的环节，甚至决定着市场调查的成功与否。一份好的问卷需经过相当审慎而周密的计划，因为不当的问卷设计足以毁坏整个调查工作，浪费企业大量的时间、人力和经费。

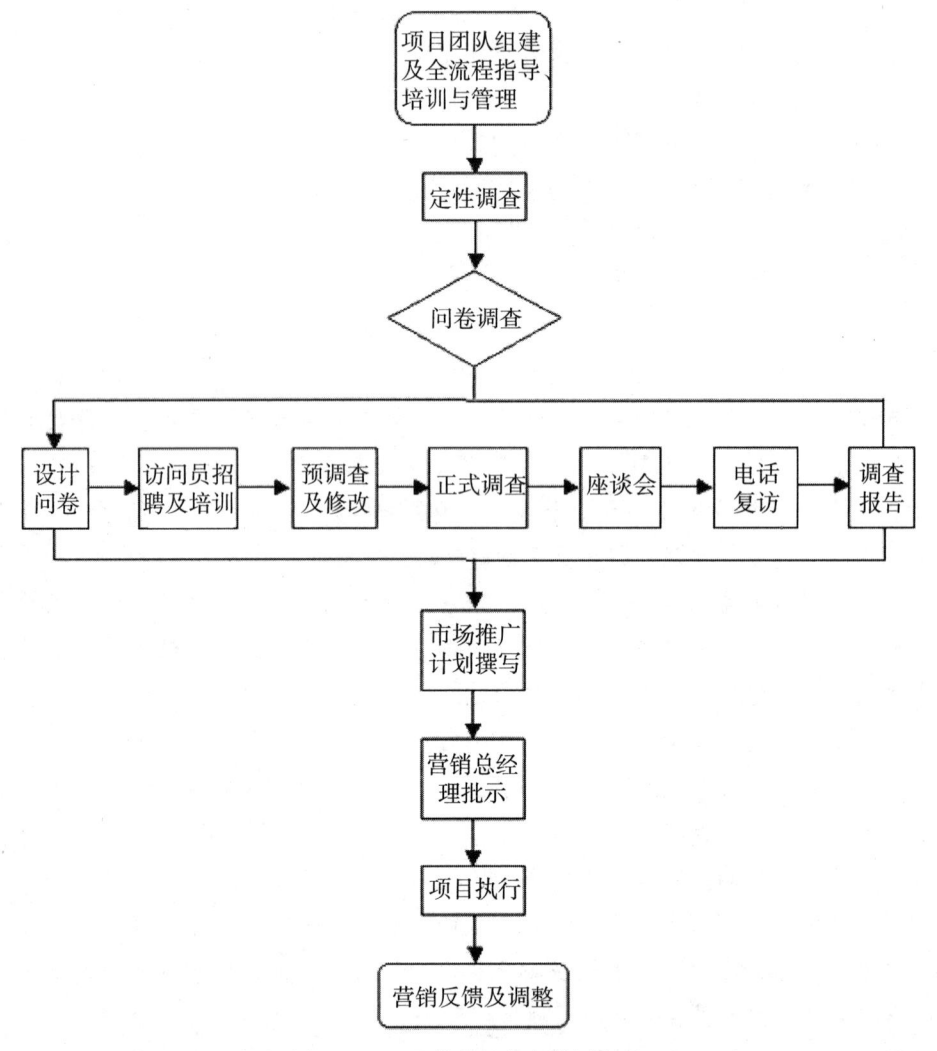

图 3-2 A 品牌市场推广计划流程

为此，我们先确定要研究的目标和内容，然后对问卷问题进行缜密设计，同时也考虑到后面问卷的录入、编码、统计分析的方便性。具体执行中，我们将问卷设计归纳为若干个主要步骤，并制定出下面的流程（图3-3）。

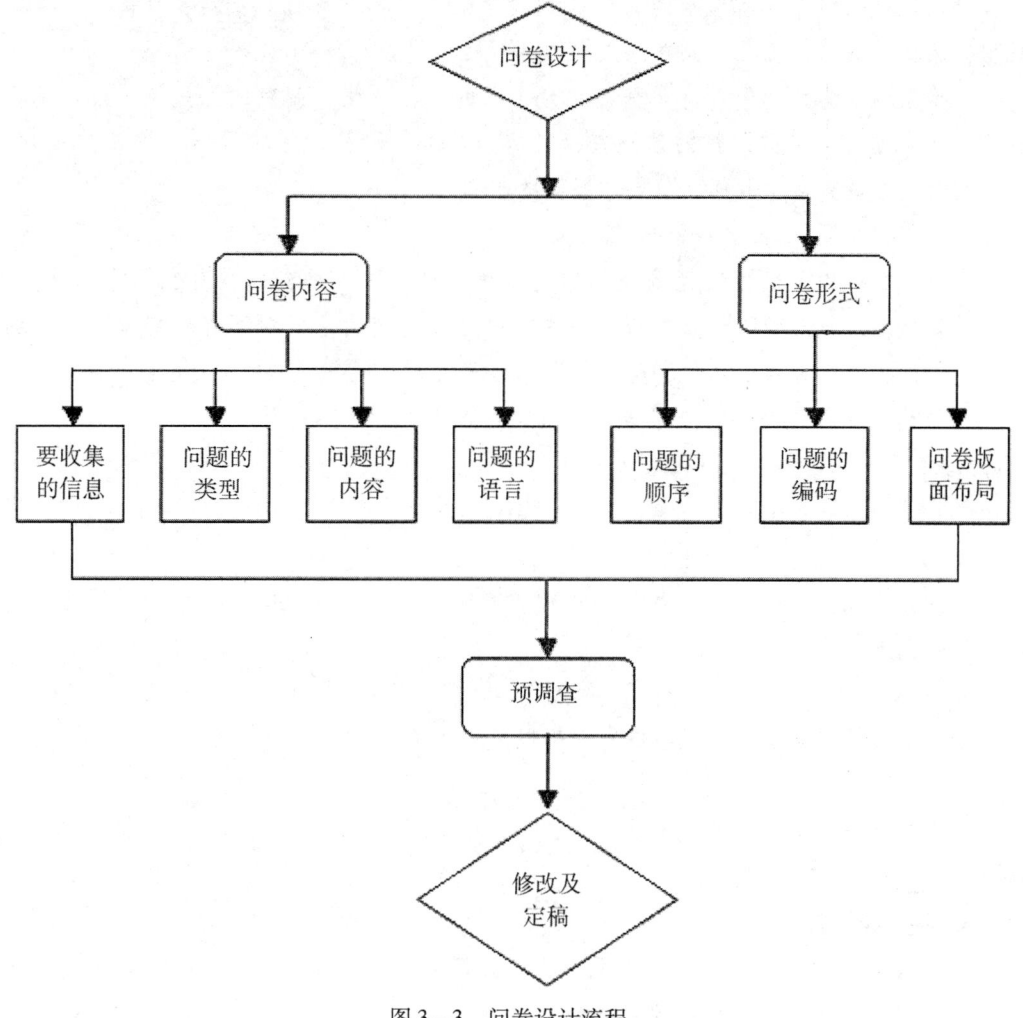

图3-3 问卷设计流程

二、预调查及反馈

在大量发放调查问卷之前，市场预调查是一项必不可少的工作。预调查往往是在正式调查之前通过对一些典型的被访者的访问来审核一下问卷是否有错误。通过试访后对问卷进行修订，能够避免大规模投放缺陷问卷带来的人员、时间和资金的浪费。

在预调查中，参加的对象是否典型是十分重要的。预测时通常会选择5~10个被访者，而调查人员可以从中发现一些具有普遍性的问题。例如，如果只有一个被访者对一个问题提出疑问，调查者可以不对其进行关注，但如果有三个被访者对同一问题提出疑问，调查者就应该对此问题重新考虑。在重新考虑时，调查者应站在被访者的角度上问自己："这个问题的意思表达得是否清楚""这样的结构是否可以理解""短语表达是否清晰""是否带有倾向性的引导性的词语"等。

三、正式调查及日程安排

在对访问员进行选拔与培训后,依据各调查场所的不同情况,对问卷的数量作出具体分配,这有利于保证样本的完整性和代表性。同时,派出专人到各大访问地点跟踪检查调查员的工作情况,以保证数据的真实性和调研效果。

明确了调查的目标后,将调查细化为详尽的工作流程,调查的正式执行阶段选择科学的调查方法,安排认真的预调查,对访问员进行严格的培训及合理的工作安排。这一切为整个调查活动的成功奠定了坚实的基础。

第三步:客观总结,精描细勾作报告。

市场调查报告是对阶段性调查工作的完美总结,这既是专题性营销调查的终点,也是营销规划工作开始的起点。市场调查报告要以规范的格式对调查过程中所收集的资料进行统计分析并给出结论和建议,以作为各级管理者进行决策时的参考。

下面摘录A品牌市场调查报告大纲来作具体展示。

1. 题目

题目部分主要包括调查主题、报告日期、为谁而准备、撰写人或报告者。

2. 目录

目录主要包含了报告所分章节及相对应的起始页码。报告中的表格和统计图也要相应编写图表目录。

3. 调查目的

说明这次调查活动的动机、统计假设以及所要了解的问题。

4. 研究方法

对调查过程中所使用的调查方法、选取的样本类型与大小、调查得到的研究结果等作非技术性的简短说明。

5. 结果和局限性

调查结果在A品牌调查报告正文中占较大篇幅。这部分报告是按一定的逻辑顺序提出、紧扣调查目的的一系列项目发现。主要用叙述的形式表达,同时在讨论中插入一些表格和图,有效避免了枯燥无味的大块文字叙述。

完善无缺的调查是难以做到的,在报告中将成果加以绝对化、不承认它的局限性和应用前提是不科学的调查态度。所以在调查报告中,撰写人员没有忘记指出报告的局限性,让经理人员在决策时有所考虑。

6. 结论与建议

这是调查报告中最实质性的部分。其中说明调查所得的主要结论,调查人员针对结果所提的建议也包含在这部分。

7. 附录

任何一份太详细或太过专业化的材料都不应出现在正文部分,而应统一编入附录。

在附录部分，A 品牌的调查报告中主要收录了问卷样式、抽样技术、编码表、参考文献、详细的统计表等。

资料来源：刘杰克．有效市场调研的三步曲［J］．市场研究，2004（10）．

案例分析

耐克一马当先，但是任重道远

耐克公司是美国最大的运动用品制造商，消费者对耐克的品牌知名度仅在可口可乐之后，与 IBM 并列第二。高知名度可能是耐克获得巨大成功的主要原因。1997 年，公司的收入继续高增长，利润超过 7.95 亿美元，而销售收入则超过了 91.8 亿美元。尽管销售收入增加了 41.5%，但分析人士认为耐克的销售将来会发生变化。虽然公司在 1998 年的增长速度有望达到 15.8%，但专家认为将来公司必须加倍努力才能保持增长的势头。很多消费者对耐克"刚过百元的价格"战略失去了兴趣，他们原来装有耐克的衣柜，现在装满了其他品牌的衣服。该行业位居第二和第三的锐步、阿迪达斯在 1997 年下半年的销售收入有所增长，尤其是阿迪达斯，对耐克构成了很大的威胁。它赞助女子体育运动，包括赛跑和足球，据说这使它在世界范围内的增长率达到了 3 位数。为迎接挑战，耐克从 1985 年开始挑战营销战略，公司希望花更多的精力进行新产品开发和公司发展战略的研究。

也许公司的成就应归功于以概念为基础的广告战略。耐克的广告几乎从不出现商品或商品品牌。它只创造某种情绪和气氛，而商标和这种情绪相联结。耐克的广告代理之一的 Dan Weiden 说："我们不是为了制作广告，我们的最终目标是建立某种联想。"一则广告中有甲壳虫乐队、迈克尔·乔丹和一些其他著名运动员，广告的含义是优秀的运动员会选择耐克，而且观众如果购买这一品牌，他们可能会表现得更好。耐克前所未有的以形象为基础的广告，有时会令人震惊。如 1996 年奥运会期间的"寻找和毁灭"广告攻势中出现真实的鲜血和内脏画面；有时又很幽默，如第一则推销乔丹运动服的广告。后来的广告则很幽默地表现出，乔丹自己参与产品的制造，他在中场休息时从公牛队溜走，跑到耐克公司，然后准时赶回赛场参加下半场的比赛。

1998 年，耐克采取了新的市场营销手段，更加强调产品的创新，而不是以前所表现出的急躁。耐克在美国的广告公司负责人 Chris Zimmerman 说："我们认识到广告应该告诉消费者新产品的创新，而不仅仅是了解运动员。我们需要向消费者证明：印制耐克商标到产品上不仅仅是去赚钱。"从"我能行"广告活动开始，耐克在广告中减少了以前为产品增色的著名运动员，而比以前的"说做就做"广告更多地介绍产品的性能。锐步和阿迪达斯更加注重产品宣传的广告，获得了很大的成功。尽管耐克重新改变了策略，但它并不打算取消创新性的市场营销方式。

耐克新战略的核心是在世界市场上拼杀，这对耐克来说是最为困难的。有消息说，越来越多的人认为耐克未来几年的海外经营规模将超过它在国内的经营规模。耐克现在所面临的问题是，尽管它的国际销售额已经占总销售额的1/3，但是同国内的销售额相比，仍然显得不够。耐克要扩展到足球和国际体育领域，就要调整市场营销策略和分销策略，把自己定位为一个真正的高科技体育用品生产商。耐克最近在世界范围内购买了许多分销中心以取得更多的经营控制权。耐克将来还要在中国、德国、墨西哥和日本等重要市场拓展业务。耐克准备在体育上大做广告，而且要在那些对体育特别感兴趣的特定区域做广告。耐克认识到，虽然它在竞争中占了上风，但还有很长的路要走。

资料来源：纳雷希·K.马尔霍特拉.市场营销研究：应用导向［M］.涂平，译.北京：电子工业出版社，2002：52-53.

案例讨论

1. 如果耐克要保住目前的领导地位，它面临的主要管理问题是什么？
2. 在上述已确定的管理决策问题的基础上，定义耐克市场调查的问题。

第四章
二手资料收集

本章学习目标

1. 理解二手资料的定义和类型；
2. 理解二手资料的收集步骤；
3. 了解二手资料的优缺点；
4. 了解评价二手资料的标准；
5. 掌握二手资料的获取途径及方法。

> 引导案例

日本情报机构是怎样弄到大庆油田情报的

新中国成立之后,世界上一直关心中国有没有大油田。《人民日报》登载了《大庆精神大庆助》的文章,肯定了中国有大油田。日本人把这一信息储存到计算机里去,但是大庆油田在哪里呢?以后《中国画报》又刊登了大庆油田王铁人的照片。日本人从王铁人戴的皮帽子及周围景象推断:大庆地处零下三十度以下的东北地区,大概在哈尔滨和齐齐哈尔之间。日本人又利用到中国的机会,测量了运送原油火车上灰土的厚度,大体上证实了这个油田和北京之间的距离。以后,《人民中国》杂志有一篇关于王铁人的文章,提到了马家窑这个地方,并且还提到钻机是通过人推肩扛的方式弄到现场的。日本人据此推断此油田靠车站不远,并进一步推断就在安达车站附近。日本人对中国东北的地图非常清楚,找到了马家窑是中国黑龙江海伦县东南的一个小村,并依据马家窑推测出大庆油田的地址。

进而,日本人又从一篇报道王铁人于1959年国庆节在天安门广场观礼的消息中分析出,1959年9月王铁人还在甘肃省玉门油田,以后便消失了,这就证明大庆油田的开发时间是自1959年9月开始。

日本人又对《中国画报》上刊登的一张炼油厂的照片进行研究,那张照片上没有人,也没有尺寸,但有一个扶手栏杆。依照常规,栏杆高1米左右,按比例,日本人推断了油罐的外径,并换算出内径为五米,判定日炼油能力为9万千升,加上残留油,再把原油大体上30%的出油率计算进去,判定原油加工能力为每天3000千升;一年以330天计算,每口井年产原油接近100万千升,大庆油田有800多口井,那么年产量约为360万吨。这样,日本人就弄到了大庆油田的情报。

通过对大庆油田位置和加工能力的情报进行分析后,日本决策机构推断:中国在近几年中必然会出现炼油设备不足的情况,购买日本的轻油裂解设备是完全有可能的,而所要买的设备规模和数量要满足每天炼油一万吨的需要。

掌握了这些情报之后,日本人迅速设计出适合大庆油田开采用的石油设备。不久之后,当中国政府向世界各国征求开采大庆油田的设计方案时,日本人一举中标。

第一节　二手资料概述

一、二手资料和原始资料

根据资料的来源和获取方法，可以把市场调查人员所需的资料分为两大类：原始资料和二手资料。原始资料是根据特定的研究目的而专门收集的第一手资料。例如，在市场调查课程的实训作业中，学生为了完成老师规定的特定调查任务，通过事先设计好的问卷直接向消费者进行调查，通过这样的方法获得的数据就是原始资料。

二手资料也叫次级资料、已有资料，是已存在的资料，它们原是其他机构或人员为其他目的而收集、记录和整理出来的有关资料，这些资料虽然有其自身特定的目标，但也可能对该次特定研究有用。例如，很多企业在作决策时，往往要进行相关资料的搜集，它们可能会通过官方网站获取反映经济发展情况的数据以及相关的人口信息等，从而判断市场容量和发展前景，这些资料就是二手资料。一般来讲，企业里进行的绝大部分市场研究课题都会部分地用二手资料来满足信息需要，二手资料在企业进行原始资料搜集的前期工作中起着非常重要的作用。

原始资料和二手资料在很多方面存在着明显的差别，具体的差别详见表4-1。

表4-1　原始资料和二手资料的区别

比较项目	二手资料	原始资料
收集目的	解决其他特定问题	解决当前问题
收集过程	迅速简便	比较复杂
花费费用	相对较低	高
花费时间	短	长
时效性	差	强

通过表4-1的比较可以看出，二手资料是成本比较低、比较容易获得的信息来源之一，因此，学会有效地收集和利用二手资料是市场研究人员的一项重要任务。同时，由于二手资料的时效性比较差，所以它通常作为市场营销调查的一种辅助手段，往往需要结合一手资料来保证调查任务的完成。

二手资料具备以下几个方面的特征：①经济性。二手资料可以在短时间内迅速获得，成本相对比较低。②历史性。二手资料是已存在的资料，它们是其他机构或人员为其他目的而收集、记录和整理出来的有关资料，反映的是研究对象过去的一些特征，时效性比较差。③文献特征。二手资料往往是以各种文献资料的形式存在，市场调查的重点就是寻找并利用这些资料，所以二手资料收集对调查人员的检索和筛选能力就提出了较高的要求。

▶ 小案例 4-1

人口普查数据

下面是第六次人口普查的结果，是非常典型的二手资料，是国家和企业制定决策的重要基础。

以 2010 年 11 月 1 日零时为标准时点的第六次全国人口普查，在党中央、国务院的正确领导下，在中央各部门和地方各级人民政府的大力支持下，在全国新闻媒体的积极配合下，经过近千万普查人员的奋力拼搏和十三亿各族人民的积极参与，人口普查顺利完成现场登记、复查和事后质量抽查等工作，现将快速汇总的主要数据予以公布。

一、人口总量

这次人口普查登记的全国总人口为 1339724852 人，与 2000 年第五次全国人口普查相比，十年增加 7390 万人，增长 5.84%，年平均增长 0.57%，比 1990—2000 年的年平均增长率 1.07% 下降 0.5 个百分点。数据表明，十年来我国人口增长处于低生育水平阶段。

二、家庭户规模

这次人口普查，31 个省、自治区、直辖市共有家庭户 40152 万户，家庭户人口 124461 万人，平均每个家庭户的人口为 3.10 人，比 2000 年人口普查的 3.44 人减少 0.34 人。家庭户规模继续缩小，主要是受我国生育水平不断下降、迁移流动人口增加、年轻人婚后独立居住等因素的影响。

三、性别构成

这次人口普查，男性人口占 51.27%，女性人口占 48.73%，总人口性别比由 2000 年人口普查的 106.74 下降为 105.20（以女性人口为 100.00）。

四、年龄构成

这次人口普查，0~14 岁人口占 16.60%，比 2000 年人口普查下降 6.29 个百分点；60 岁及以上人口占 13.26%，比 2000 年人口普查上升 2.93 个百分点，其中 65 岁及以上人口占 8.87%，比 2000 年人口普查上升 1.91 个百分点。我国人口年龄结构的变化，说明随着我国经济社会的快速发展，人民生活水平和医疗卫生保健事业的巨大改善，生育率持续保持较低水平，老龄化进程逐步加快。

五、民族构成

这次人口普查,汉族人口占91.51%,比2000年人口普查的91.59%下降0.08个百分点;少数民族人口占8.49%,比2000年人口普查的8.41%上升0.08个百分点。少数民族人口十年年均增长0.67%,高于汉族0.11个百分点。

六、各种受教育程度人口

这次人口普查,与2000年人口普查相比,每十万人中具有大学文化程度的由3611人上升为8930人;具有高中文化程度的由11146人上升为14032人;具有初中文化程度的由33961人上升为38788人;具有小学文化程度的由35701人下降为26779人。

文盲率(15岁及以上不识字的人口占总人口的比重)为4.08%,比2000年人口普查的6.72%下降2.64个百分点。

各种受教育程度人口和文盲率的变化,反映了十年来我国普及九年制义务教育、大力发展高等教育以及扫除青壮年文盲等措施取得了积极成效。

七、城乡构成

这次人口普查,居住在城镇的人口为66557万人,占总人口的49.68%,居住在乡村的人口为67415万人,占总人口的50.32%。同2000年人口普查相比,城镇人口比重上升13.46个百分点。这表明,2000年以来我国经济社会的快速发展极大地促进了城镇化水平的提高。

八、地区分布

这次人口普查,东部地区人口占31个省(区、市)常住人口的37.98%,中部地区占26.76%,西部地区占27.04%,东北地区占8.22%。

与2000年人口普查相比,东部地区的人口比重上升2.41个百分点,中部、西部、东北地区的人口比重都在下降,其中西部地区下降幅度最大,下降1.11个百分点;其次是中部地区,下降1.08个百分点;东北地区下降0.22个百分点。

按常住人口分,排在前五位的是广东省、山东省、河南省、四川省和江苏省。2000年人口普查排在前五位的是河南省、山东省、广东省、四川省、江苏省。

九、人口的流动

这次人口普查,居住地与户口登记地所在的乡镇街道不一致且离开户口登记地半年以上的人口为26139万人,其中市辖区内人户分离的人口为3996万人,不包括市辖区内人户分离的人口为22143万人。同2000年人口普查相比,居住地与户口登记地所在的乡镇街道不一致且离开户口登记地半年以上的人口增加11700万人,增长81.03%;其中不包括市辖区内人户分离的人口增加10036万人,增长82.89%。这主要是多年来我国农村劳动力加速转移和经济快速发展促进了流动人口大量增加。

二、二手资料的优点

相对于原始资料，二手资料主要具备以下几方面的优点。

1. 节约调研费用和时间

收集原始资料的过程比较复杂，它往往涉及调查方案的设计、调查表的设计和试用、抽样设计、调查员的挑选和培训、调查活动的具体实施、数据的整理和分析等一系列非常复杂的程序，这些都使得原始资料的收集需要花费更多的费用和时间。由于二手资料是已经存在的，可以直接或者稍作加工就可以拿来使用，所以获取二手资料的成本更低、费用更少且速度更快。正是因为如此，很多企业都是通过专门的调查机构购买有关行业发展情况的资料，从整个社会的角度来看，这种做法也有效地节约了资源。对调查机构和企业而言，这是一种较为理想的选择。

2. 鉴于时间和金钱等因素的限制，有些信息只能通过二手资料获得

由于受到种种因素的制约，有些数据是市场调查者无法通过直接调查的方式取得的。例如，由国家统计局普查结果所提供的整体经济发展数据和人口数据，是不可能由任何一个调查公司按原始数据的收集方法去获取的。最关键的是，这些资料本身就很容易以较低的成本从统计机构获得。

3. 在特定情况下，二手资料可能比原始资料更准确

由于受到各种因素的制约，在一些特定情况下，二手资料可能比原始资料更加准确。例如，企业想获得竞争对手的销售额、市场占有率和利润等信息，可以通过官方渠道直接获得这些资料，而且这种资料往往比其通过其他途径去调查获得的原始资料更加准确。

4. 二手资料可以为原始资料的收集奠定基础

在进行原始资料收集活动之前，我们必须要进行一系列的前期工作，具体包括：明确问题；更好地定义问题；寻找处理问题的途径；构造适当的设计方案（例如，帮助确定关键变量，提供有关总体的一些信息）；检验某些假设；等等。而二手资料的收集为回答这些问题奠定了坚实的基础，我们甚至可以通过二手资料的收集来发现别人在资料搜集过程中所存在的问题，从而规避类似错误再次发生。

三、二手资料的局限性

相对于原始资料，二手资料的局限性也比较突出，具体表现为以下几个方面。

1. 二手资料是为了特定目标而收集的资料，可能满足不了调查人员对数据的要求

（1）二手资料的度量标准与研究者所需的度量标准不符。例如，某项研究需要一份根据营业面积的大小来划分的商业机构的名单，而得到的资料可能根据如下的标准来进行划分：销售额、雇员人数和利润水平等。再比如，某企业想与竞争对手比较一下花费在每件服装上的促销费用，但获取的数据却显示，有些企业所给出的促销费用

仅仅指现场促销费用，而有些企业则把广告费用作为促销费用的一项重要组成部分，这就给企业的工作带来了比较大的困难。更重要的是，有些度量标准是可以换算的，如公里和米之间，但有些度量标准是很难或者根本没有办法转换，例如，你永远没有办法搞懂竞争对手的员工和营业面积之间该如何转换才是合理的。在这种情况下，调查人员不得不选择放弃。

（2）二手资料的分组标准对研究者来说可能不适用。例如，《购买力调查报告》就根据不同的有效购买收入（EBI）将研究的家庭分成了三组。第一组包括的是 EBI 在 2 万~3.5 万美元的家庭，第二组包括的是 EBI 在 3.5 万~5 万美元的家庭，第三组是 EBI 收入在 5 万美元及以上的家庭。这种分组标准为很多企业广泛采用，而且在大多数情况下，这种分类标准都是比较适用的，但一家位于南卡罗来纳州的生产游艇的厂家能否使用这组数据来调查它的消费者市场却让人怀疑，因为它所面向的消费者的有效购买收入要超过 7.5 万美元。很明显，在这种情况下，这家生产游艇的厂家需要根据其目标消费群体重新界定分组标准，并据此收集相关的数据，以寻找合适的目标群体。

2. 在有些情况下根本不存在相关的二手资料

必须指明的一点是，在有些情况下根本不存在相关的二手资料。例如，调查人员想得到消费者对于某种产品变价行为的看法及态度，因为市场上不存在这方面的资料，这时就需要通过实地调查，直接收集原始资料。又比如，企业需要评估其推出的新款服装，在这种情况下，企业也必须向顾客展示此款服装，并收集顾客对该服装的评价意见。

3. 二手资料缺乏准确性

二手资料是已存在的资料，它们是其他机构或人员为其他目的而收集、记录和整理出来的有关资料，这些资料在被收集、整理及分析的过程中难免会存在一些错误，甚至会被人为地进行扭曲，这些都会使二手资料缺乏准确性。正因为如此，在进行二手资料收集和分析时，对调查人员的去伪存真能力提出了较高的要求。如果有条件，能找到二手资料的原始出处是确保其准确性的一种有效手段。

4. 二手资料缺乏时效性

因为二手资料主要是历史资料，难以反映现实中的新情况和新变化。例如，调查人员收集到了大量有关中国消费者购买力的数据，结果在使用时却发现是三年前的数据，而在这三年中，中国消费者的购买能力已经发生了翻天覆地的变化，这就使得收集到的数据变得毫无价值可言。此外，二手资料的出版周期也会影响到二手资料的时效性。比如，《人口普查资料》是很多企业二手资料的一项重要来源，这项普查每十年一次，但因为数据如此之多，普通读者要看到有关数据还必须等待大约四年的时间。而到此时，有些数据已经过时了。

5. 相关的二手资料不充分

由于收集二手资料要受到很多条件的限制，这就使得我们在一定条件下收集到的二手资料可能是不全面的。例如，体验营销在中国出现的时间比较晚，所以中国现有的有关体验营销的二手资料就不是很全面，这也是我们在进行此方面研究时要参考英文文献的主要原因。

通过上面的分析，市场研究人员应该意识到，每次收到一些二手资料，在依据这些资料作出决定前，一定要对其作出评价来决定第二手资料的有效度和可信度。

四、二手资料的作用

在大多数情况下，市场调查人员在进行原始资料收集前，往往要先进行二手资料的收集，并通过对所获取的二手资料进行分析和研究，从而确定市场研究的目的，并据此进行方案设计，选择合适的调查方法和手段等。通过对二手资料的研究，调查人员可以了解所研究行业的情况，了解环境变化趋势及竞争对手的情况。具体来讲，二手资料的作用主要包括以下几方面。

1. 二手资料可以提供解决问题所需的信息

在某些情况下，二手资料就已经能够帮助市场调查者达到市场调查的目标，例如，企业可以直接通过官方数据了解某区域市场的家庭收入情况。正如开篇案例里所讲的一样，日本没有进行原始资料收集就已经知道了大庆油田的情况。

2. 二手资料为原始资料的收集提供了先决条件

市场调查人员面临的调查任务极有可能别人已经研究过，也有可能已经有人收集好了这方面的精确资料。因此，二手资料可以为原始资料的收集提供先决条件。

3. 二手资料可提醒调查人员注意潜在的问题和困难

通过二手资料的获取和分析，市场研究者可以发现别人做得不好或者存在问题的地方，例如，样本选择有困难、被调查者不配合等，而这种发现恰恰有助于市场研究者发现潜在的问题和困难，从而提前制定相应的对策去规避错误和解决问题。

4. 二手资料可以作为原始资料准确度的判断标准

通过实地调查获得的原始资料由于受到很多因素的影响，在收集过程中不可避免地会出现误差。调查人员可以通过对二手资料进行分析研究，发现原始资料中存在的比较明显的错误，从而及时进行修改。

5. 提供必要的背景信息以使调查报告更具有说服力

调查报告中往往包含了研究课题的背景，这些背景信息使得调查报告的说服力得到增强，而这些背景信息往往是通过收集二手资料提炼出来的。

第二节　二手资料的来源和评估

根据来源的不同，二手资料可以分为两大类，即来自企业内部的二手资料和来自企业外部的二手资料。

一、内部的二手资料

内部的二手资料是指源自机构内部的数据，或者是在机构正常运行过程中收集、整理并使用的数据。内部二手资料相对于外部二手资料而言，主要具备三个突出的优点，即获取简便、精确度高和成本低廉。可以这么说，内部二手资料是所有收集信息渠道中付出代价最小的，所以在进行市场研究时应充分利用机构内部的二手资料。

内部二手资料对于分析、辨别存在的问题和机会，制定与评价相应的决策行动方案都是必不可少的。内部的二手资料又可以进一步细分为以下几种类型。

（一）企业经营活动方面的资料

企业经营活动方面的资料主要包括销售额、广告费、库存报告、财务报告、运输费用、原材料成本、工资、产品设计及技术等各方面的资料，这些资料又可以具体归结为以下几方面。

（1）营销资料。主要包括企业各种营销决策和营销的各种记录、文件、合同、发货单、业务员访问报告及广告等资料。

（2）生产资料。包括订货单、进货单、生产计划书、生产作业完成情况、工时定额、操作规程、产品检验及质量保证等资料。

（3）设计技术资料。包括产品设计图纸及说明书、技术文件、试验数据、专题文章及会议文件等资料。

（4）财务资料。是由企业财务部门提供的各种财务、会计核算和分析资料，包括销售收入和成本、生产成本、经营利润、商品价格、资金方面的资料及财务制度文件等。

（5）设备资料。包括设备文件、设备安装、测试、使用、维修的各种记录、设备改装及报废文件等。

（6）物质供应资料。包括库存保管、进料出料记录及各种制度等。

除此以外，其他的内容还有计划统计、劳动工资、培训、后勤、公共关系及横向联合等方面的资料。通过对这些资料的整理和分析，可以掌握企业的实际经营状况，确定企业的发展前景，考核企业的经济效益，同时这些资料也是企业进行预测和决策的重要基础。

(二) 市场环境方面的资料

市场环境方面的资料包括市场容量、竞争、分销渠道及宏观环境等方面的资料。

(1) 市场容量方面的资料。通过这方面的资料可以了解市场大小、增长速度和发展趋势等。

(2) 竞争方面的资料。通过这方面的资料可以了解同行业的直接竞争者和替代产品制造企业的产品结构、服务的市场、市场营销策略、企业的优劣势等。

(3) 分销渠道方面的资料。通过这方面的资料可以了解销售成本、运输成本、分销商的情况等。

(4) 宏观环境方面的资料。通过这方面的资料可以了解经济形势、政府政策、社会环境、行业技术及相关技术的发展和国际环境等。

此外,企业的市场分析报告以及以前的市场研究报告也是获得企业现存的市场环境方面资料的重要途径。

(三) 来自顾客方面的资料

随着市场竞争的加剧,企业为保住其市场份额,越来越重视顾客对企业的评价和信息反馈,在这种情况下,顾客的退货、投诉及服务记录等都成为重要的二手资料。不仅如此,企业还会千方百计获得包括产品的购买者、使用者、购买动机及购买量等方面资料,这些都可以从企业的顾客分析报告或顾客档案中获得。为了使企业更方便地调取顾客信息,并根据顾客信息制定正确的营销决策,越来越多的企业都已经开始建立自己的顾客数据库。在这些数据库里,不仅包括了顾客的原始信息,而且包括了对这些数据进行分析后生产新的有用信息,同时还保存着顾客交易情况的记录,以便企业对顾客有更深入的了解。可以说,数据库营销是未来企业收集分析信息的一种重要工具。

(四) 企业积累的其他资料

企业积累的其他资料包括各种调查报告、经验总结、同业卷宗、剪报以及各种音像资料等,这些资料对市场研究都有着一定的参考作用。

二、外部的二手资料

外部的二手资料是存在于企业外部各种各样信息源上的资料,它指的是其他机构或个人而非调查人员所在机构收集或记录的数据,对于外部的二手资料,企业可以从以下几个主要渠道加以收集。

(一) 统计部门与各级各类政府主管部门公布的有关资料

国家及各地方统计局都定期发布统计公报等信息,并定期出版的各类统计年鉴等。这些资料包括全国人口总数、国民收入及居民购买力水平等很有权威和价值的信息。同时中央和地方政府每年都会提供大量有用的资料,例如,财政、工商、税务、银行等主管部门和职能部门也都会定期或不定期公布的有关政策、法规、价格和市场供求等信息。这些信息的涉及面也非常广。

（二）国际组织资料

许多国际组织都定期或不定期地出版大量市场情报，比如，国际贸易中心（ITC），经济合作与发展组织（ECD），联合国（U.N.）及其下属的粮食与农业组织（FAO）、联合国贸易和发展会议（UNCTAD）、联合国经济委员会（UN E C）和国际货币基金组织（IMF）都会为企业提供必要的二手资料。

（三）普查资料

我国目前所进行的普查项目只有人口普查和工业普查。普查资料可以从各类年鉴中查找，如中国人口普查资料可以从《中国人口年鉴》中查得。

（四）工商研究机构的资料

除内部研究人员以外，企业可借助外部机构收集资料。西方国家有很多市场研究机构或企业。目前，我国也有越来越多的市场研究机构。这类机构的信息系统资料齐全、信息灵敏度高，为了更好地满足各类客户的不同需要，它们往往还提供资料的代购、咨询及检索服务。因此，这类机构成了获取资料的重要途径。从这些机构获得的可以是第二手资料，也可以是原始资料，这取决于所作研究的性质。

（五）行业内部的资料

这类出版物包括一般的行业文献以及各企业的年度报告，比较常见的行业内部资料获取途径有以下几种。

（1）各类专业杂志。各个主要的行业部门都有一个或多个旨在服务于该行业内部企业的杂志刊物。

（2）各类专业及贸易协会出版物。这类协会的办公室通常收编和出版对其会员有用的重要资料。

（3）个别企业的出版物。这些企业的内部出版物中往往包含了企业经营方面的信息，尤其值得指出的是，基本上每家企业每年都要完成一份财务报告，这些都构成了行业内部的重要二手资料。

（4）有关生产和经营机构提供的产品目录、产品价目表、广告说明书等资料都属于行业内部的二手资料。

（六）市场信息网络提供的资料

这类资料具有信息量大、获取速度快及成本低廉等比较突出的优势，因此已经成为当前获取市场信息的重要手段。

（七）新闻报道

企业公关通常会向媒体披露一些企业信息，或是新品发布，或是高层人事变动等，通过点滴的信息积累或许就能发现很多有价值的资料。

（八）其他方面的资料

这些包括来自大学、研究所、个人的研究报告，如论文、学位论文、专著，以及各种研究中心的研究报告等。在我国大学里，各种硕士、博士论文多与社会实践有关，对市场研究也是有参考价值的。各类图书馆也藏有各种各样的图册、报告、专著、小册子等，这些也是很有用的第二手资料。

常用的国内统计年鉴：《中国统计年鉴》《中国城市统计年鉴》《中国工业经济统计年鉴》《中国工业年鉴》《中国商业年鉴》《中国对外经济贸易年鉴》《中国工商企业名录大全》《中国产品信息年鉴》《美国、加拿大、英国、法国、德国、意大利、荷兰、西班牙8万家进出口商、投资商、制造商名录总览》《亚太地区经贸企业名录》《国际贸易机构和博览会名录》《联合国统计年鉴》《中国金融年鉴》等。

常用的外文年鉴或期刊：《职合国统计年鉴》（UN. Statistics Yearbook）、《工业统计年鉴》（Industrial Statistics Yearbook）、《国际贸易统计年鉴》（International Trade Statistics Yearbook）、《主要经济指标》（Main Economic Indicators）、《美国统计摘要》（Statistical Abstracts of U. S.）、《企业排名年鉴》（Business Ranking Annual）等。

三、二手资料的评估

由于二手资料自身存在的缺陷及其来源的广泛性，使得我们在运用二手资料分析研究问题时，首先要提出问题并按照一定的要求对二手资料进行质量评估，以保证收集二手资料的有效性。

（一）提出问题

在进行分析研究前，应当提出的问题包含以下几个方面。

1. 收集资料的目的是什么

在利用二手资料之前，必须要明确收集该二手资料的初衷，了解资料收集的目的可以为评估资料的准确性提供依据。例如，很多资料尤其是商业性资料往往带有夸大自己或者贬损竞争对手的目的，这往往导致已有的资料存在观点偏差或材料存在片面性。在使用这些资料时，要求我们必须要公正、客观地评价并选择这些材料，在有条件的情况下，最好能找到资料的原始出处。

2. 资料是由谁收集的

在确定了收集资料的目的后，我们还需要明确面前的二手资料是从哪来的、收集者是谁、委托收集者是谁、谁发布的，尤其是对收集数据的机构的信誉以及委托单位的特点要有所了解，因为这些都有可能影响资料的质量。还有一个相关的问题就是，委托单位是否有足够的财力来委托这样的资料收集工作，是否有故意将资料过高或过低报告的动机。另外，还应当考虑到一个部门可能受到某种压力，而不愿意报告他们的真实情况，或不愿意花时间去收集资料，结果就可能导致猜测出现偏差。发布的媒体是大众媒体还是专业媒体也应考虑在内，有些大众媒体由于受新闻舆论导向的管制，而对敏感信息可能有所"润色"。一般来说，政府发布的信息比一般媒体发布的可信度更高就是最好的验证。

▶ 小案例 4-2

纯净水与矿泉水之争

2000年4月，养生堂公司总裁钟睒睒宣布了一项石破天惊的决策：农夫山泉不再生产纯净水，全部生产天然水。为强势推出"天然水"概念，农夫山泉做了三个实验。

1. 植物实验：水仙花在纯净水和农夫山泉天然水中生长状况为：7天后，纯净水中的水仙花根须只长出2cm，天然水中长出4cm；40天后，纯净水中的水仙花根须重量不到5g，天然水中的根须超过12g。

2. 动物试验：摘除大白鼠身上分管水盐生理平衡的肾上腺，在喂以同等食物的基础上，分别喂以纯净水和含钾、纳、钙、镁微量元素的农夫山泉天然水，6天后那些喝纯净水的大白鼠只剩20%活着，而喝天然水的还有40%活着。

3. 细胞试验：取两个试管，一个装纯净水，另一个装天然水，然后滴两滴血进去，放在高速离心机里离心，结果纯净水中的血红细胞胀破了。

这三个实验的结果在媒体上公布之后，引来行业的强烈反应。

2000年6月8日，杭州娃哈哈遍撒英雄帖，组成69家生死同盟对农夫山泉口诛笔伐。娃哈哈老总宗庆后更是跳出来大骂农夫山泉。当时，娃哈哈纯净水占到了市场份额的50%以上，它亲自牵头对抗农夫山泉，说明农夫山泉这一记猛棍果然打得准、狠。一场凶猛的营销对决正式拉开帷幕。

农夫山泉的实验点燃了中国纯净水行业里的一个烈性炸药包，引发了21世纪末的一场空前激烈的"水仗"。由69家纯净水生产企业推举的代表向国家工商局等5个部门分别提交对农夫山泉的申诉。申诉代表团由浙江的娃哈哈、广东的乐百氏、上海的正广和、四川的蓝光、北京的国信和鑫丽六家公司组成，娃哈哈负责协调。代表团分别向国家工商局、国家质量技术监督局、教育部、卫生部和中国科协递交有关材料，要求从不同方面对农夫山泉进行制裁。

2000年6月8日，由娃哈哈牵头，全国69家纯水企业在杭州共商对策。会上纯水企业发表一项声明，指责农夫山泉有不正当竞争行为，要求养生堂公司立即停止诋毁纯净水的广告宣传活动并公开赔礼道歉。

2000年7月9日，新华社发出的电讯稿报道"专家提醒"："纯净水"不宜大量地长期饮用。终于，国家权威通讯社在新闻舆论上为这场"纯净水之争"作了结论。

3. 如何收集资料

样本的收集方法是评价二手资料质量的另一个重要标准。事实上，收集资料所用的一整套方法的缺失往往影响二手资料质量的最终评价。在二手资料收集方法的评估中,需要了解问卷、访问方式、样本的性质、样本量、回收率、拒访率、实施的组织管理情况以及其他任何有可能影响调查结果的方法。如果上述环节的信息都能获取,使用者对于资料来源的质量就心中有数了。对这些环节的考察的关键是这些方法是否可能造成结果的系统偏差。

4. 收集的是什么资料

即使二手资料的质量可以让人接受,但也可能难以使用或不能适应需要。例如,二手资料的原有分类可能太宽,而实际应用时需要更细的分类。

5. 资料是什么时间收集的

一般来说,人们把上周的报纸刊登的消息看成旧闻。这样的资料常常是没有什么利用价值的。虽然是否真正过时还与资料的类型有关,但在任何情况下,使用这些资料的研究人员都应当知道资料是什么时候收集的。因为有些调查结果发表的时间与收集资料的真正时间常常是相隔很久的,这往往导致得到的信息是滞后的,甚至会导致决策的失误。

6. 资料的一致性如何

多个资料来源的多边验证可以从一致性的角度来考察二手资料的可靠性,从而了解所收集的二手资料与其他对相同问题调查所得到的数据的一致性状况。二手资料可能存在不少难以发现的问题,要完全识别这些问题是很不容易的,最好的办法是再找10个以上可以用作比较根据的资料来源。在理想的情况下,使用不同方法的两组资料来源最后得到的是同样结果的资料。但一般情况下,两组资料都会有些差别,为此要找出各自的可能偏差以减少两者之间的不一致性,最后决定哪一组资料是更可靠的。

(二)二手资料的评估标准

对二手资料进行评估,除了要满足准确性的最基本要求外,还应该考虑到收集到的二手资料是否满足以下要求,只有满足了这些要求,收集到的资料才有价值。

1. 针对性

针对性即着重收集与调查主题密切相关的资料,要善于对一般的资料进行摘录、整理和选择,以保证收集到对企业生产经营决策有价值的信息。如果不能满足这一点要求,收集再多的资料也是没有任何意义的。

2. 广泛性

广泛性即收集的二手资料必须全面、详细,要通过各种信息渠道去收集大量的有价值的资料。这些资料应该既包括宏观资料,也包括微观资料;既包括历史资料,也包括现实资料;既包括综合资料,也包括典型资料。如果有条件的话,应该从不同信息源获得同种资料,以便相互验证核实。

3. 时效性

时效性即收集二手资料时要考虑收集资料的时间能否满足调查的需要。随着信息时代的到来,知识的更新速度正在加快,资料的适用时间正在缩短。因此,只有反映最新市场活动情况的资料才有可能更有价值,在实践中,即使没有办法获得更新的资料,也不应该用过时的资料来代替。

4. 经济性

二手资料的收集着重用来分析宏观形势,比较明显的优势是收集较省力、整理较方便以及成本较低。如果收集二手资料的代价太大,则应考虑通过实地调查获取一手资料。

5. 连续性

连续性即考虑所收集的资料在时间上是否连续。只有连续的资料才便于对市场情况进行动态比较,才便于掌握事物变化的特点和规律,因此,在进行二手资料收集时,资料的连续性也是重要的评估标准。

第三节　二手资料的收集

一、二手资料的收集步骤

一般情况下,二手资料的内容是很多的,面对这么多的资料,市场调查人员往往会感到无从下手,因此很多调查人员都渴望能有一个正规的二手资料收集步骤。虽然不同的调查课题都有其独特的一面,且其需要收集的二手资料可能存在本质的区别,但就总体来看,一些基本的程序却是所有调查人员都应该遵循的。

（一）辨别所需的信息

任何资料收集过程的第一步都是辨别能达到研究目的的信息类型。在当今信息大爆炸的背景之下,可供选择的资料是很多的,但关键在于,市场调查人员应该根据调查的目的对现有的资料进行辨别,以从众多的资料中选出符合要求的部分。在辨别所需的资料时,应按照以下标准来进行。

第一,所选的资料应该能全面准确地满足调查课题的要求;

第二,资料是否针对与课题最相关的各个方面;

第三,资料的可信度和经济性如何。

（二）寻找这些信息的可能来源

一旦辨别出所需要的信息,则具体的查找工作就可以正式展开,在进行查找时,市场调查人员应大致判断信息的可能来源,如内部资料通常可以从企业内有关部门或企业内部数据库获得,而外部资料可以从公开出版物、信息提供商及外部数据库等渠道获得。尽管调查人员不可能发现所有与研究主题有关的资料,但为了尽可能地使收集到的资料更加全面,在查找过程中应当有效地使用各种检索工具,如索引、关键词等，以减少查找时间、扩大信息量和提高信息价值。

(三) 收集二手资料

在确定了信息源后，市场调查人员就要开始搜集所需要的资料。在记录这些资料时，一定要记录下这些资料的详细来源，如资料的作者、刊名、刊号、出版时间及资料所处的页码等，以便在后续进行资料准确性检验时，可以很方便准确地查到这些资料的来源。

(四) 对收集到的二手资料进行评价

调查者在收集二手资料之后，还需要对二手资料进行分类整理，并在此基础上进行分析比较，利用相应标准对这些资料进行评价和筛选，以保证所收集资料的真实性和有效性。

(五) 分析已收集信息与所需信息的差别

二手资料或许只能满足课题的一部分信息需要，而缺乏的那部分信息则决定了所要收集原始资料的内容，换句话说，收集原始资料的目的就是填补所需信息和已收集二手资料之间的差别，满足对所缺少信息的要求。

二、二手资料的收集途径和方法

(一) 资料的收集途径

1. 查找

查找是获取二手资料的最基本方法。在进行查找时应遵循一定的次序。一般来讲，首先要注意在企业内部查找，这是因为从企业自身的资源库中进行查找最为快速、方便，且获取的资料真实性比较高、成本比较低、信息比较全面等。在内部查找的基础上，往往还需要进行外部查找，如到图书馆、资料室及信息中心等公共机构进行调查。为了提高调查的效率，在收集资料时要尽量熟悉并有效利用检索系统和资料目录等检索工具。

2. 索取

索取就是向拥有二手资料的企业或个人无代价地索要。由于索取是没有支付报酬的，所以运用这种途径的效果如何往往要取决于对方的态度。如果跟事先比较熟悉、有业务联系或者是跟经熟人介绍的企业或个人进行索要，效果往往比较好。所以在进行索取时，一定要做好前期的准备工作，尽可能通过各种手段和对方建立联系。

3. 购买

购买和索取最大的区别是购买需要支付报酬。随着信息的商业化，很多专业信息拥有者开始对信息实行有价转让，而我们比较常见的出版物，甚至电子版的也是需要购买的，例如，在网上比较常见的某行业调查报告就是非常典型的例子。除此之外，研究人员还可以从有关情报机构、信息咨询机构、信息预测部门获取信息资料。现在，购买已经成为获取资料的一种很常见的手段。

4. 接收

所谓接收，就是获取外界主动免费提供的资料。随着市场竞争的加剧，越来越多的企业和单位，为了宣传自身及其提供的产品或服务，都开始通过各种方式向外界传递各种信息，例如，企业宣传材料、广告及产品说明书等都是比较典型的二手资料来源。而国家和上级主管机构发布的各种政策文件、法规、通知、计划等也属于此种类型。作为调查人员，可以坚持收集这类资料，并从中发现有价值的材料。

5. 交换

交换是指一些信息机构或单位之间进行对等的信息交流，这种交流严格上来讲是一种信息共享的关系，交换的双方都无偿地向对方提供资料。这种现象更多的是出现在供应链成员之间，他们进行信息交换更多的是为了降低总成本，实现利润共享。

除了上述比较常见的二手资料收集途径外，还可以通过以下方式从竞争对手处获取信息资料。

第一，从竞争对手的去职或现职人员搜集信息，如从潜在的应聘者中获取信息情报；出高薪聘用对方的高级职员；以合作的形式获取对方的情报；雇用对方的设计人员做顾问；通过各种会议获取竞争对手的信息等。

第二，从竞争对手往来客户获取信息。如与竞争对手的基本客户交谈；与竞争对手的顾客接触；从竞争对手产品的包装、仓储、运输过程得到对方商品的有关情报等。

第三，从公开出版物和文件中了解对手的情况。如分析竞争对手的招聘广告和劳务合同，得知对手的人才状况；研究空中摄影照片，发现其产品变化的线索；对商业文件进行分析等。

第四，运用技巧观察和分析对方。如以假身份参观对方工厂，拆卸竞争对手的产品进行工艺还原以及购买竞争对手的工业垃圾进行研究等。

以上搜集资料的手段，从道德观念上来评论可能引起争议，但在激烈的市场竞争中，企业利用各种合法的手段去获取所需的信息资料往往是必要的，同时也是合理的。

（二）获取二手资料的方法

1. 文献资料筛选法

文献资料筛选法是指从各类文献资料中分析和筛选出与企业营销活动有关的信息和资料的一种方法。在我国，主要是从印刷文献资料中筛选。印刷文献一般包括图书、杂志、统计年鉴、会议文献、论文文献、论文集、科研报告、专利文献、档案文献、政府政策条例文献、内部资料、地方志等。采用此法搜集资料，主要是根据调查的目的和要求有针对性地去查找有关的文献资料。

文献资料筛选法具体又可分为以下两种。

（1）参考文献查找法。

参考文献查找法是利用有关著作、论文的末尾所开列的参考文献目录，或者是文中所提到的某些文献资料，以此为线索追踪、查找有关文献资料的方法。采用这种方法，可以提高查找效率。

（2）检索工具查找法。

检索工具查找法是利用已有的检索工具查找文献资料的方法。依检索工具的不同，检索方法主要有手工检索和计算机检索两种。

①手工检索。进行手工检索的前提是要有检索工具，因收录范围不同、著录形式不同、出版形式不同而有多种多样的检索工具。以著录方式来分类的主要检查工具有三种：一是目录，它是根据信息资料的题名进行编制的，常见的目录有产品目录、企业目录、行业目录等；二是索引，它是将信息资料的内容特征和表象特征录出，标明出处，按一定的排检方法组织排列，如按人名、地名、符号等特征进行排列；三是文摘，它是对资料的主要内容所作的一种简要介绍，能使人们用较少的时间获得较多的信息。②计算机检索。与手工检索相比，计算机检索不仅具有检索速度快、效率高、内容新、范围广、数量大等优点，还可打破获取信息资料的地理障碍和时间约束，能向各类用户提供完善的、可靠的信息，在市场调查电脑化、网络化程度提高之后，将主要依靠计算机来检索信息。

2. 报刊剪辑分析法

报刊剪辑分析法是调查人员平时从各种报刊上所刊登的文章、报导中，分析和收集情报信息的一种方法。市场情况瞬息万变在日常新闻报导中都有所体现，只要我们用心去观察、收集、分析便可从各种报刊上获得与企业营销活动有关的资料信息以扩大视野。当然，随着时代的发展和网络技术的发展，这种方法的应用范围正在逐渐缩小，但在特定领域中仍具有一定的价值。

3. 情报联络网法

情报联络网法就是企业在全国范围内或国外有限地区内设立情报联络网，使情报资料收集工作的触角伸到四面八方。情报联络网的建立是企业进行二手资料收集的有效方法。尤其是互联网的普及，可使此种方法成为文案调查的有效方法。调查单位建立情报网可采用在重点地区设立固定情报点，单位派专人或地区销售人员兼职，一般地区可与同行业同部门以及有关的情报资料部门挂钩，定期互通情报，以获得各自所需的资料。若调查单位无力建立自己独立的情报网，可借助其他部门的情报网。

本章小结

根据资料的来源和获取方法，可以把市场调查人员所需的资料分为两大类：原始资料和二手资料。原始资料是根据特定的研究目的而专门收集的第一手资料。二手资料也叫次级资料、已有资料，是已存在的资料，它们原是其他机构或人员为其他目的而收集、记录和整理出来的有关资料。

根据来源的不同，二手资料可以分为两大类，即来自企业内部的二手资料和来自企业外部的二手资料。内部的二手资料是指源自机构内部的数据；或者是在机构正常运行过程中收集、整理并使用的数据；外部的二手资料是存在于企业外部各种各样信息源上的资料，它指的是其他机构或个人而非调查人员所在机构收集或记录的数据。

二手资料的收集包括辨别所需的信息、寻找信息的可能来源、收集二手资料、对收集到的二手资料进行评价、分析已收集信息与所需信息的差别等步骤。

对二手资料进行评估，除了要满足准确性的最基本要求外，还应该考虑到收集到的二手资料是否满足针对性、广泛性、时效性、经济性和连续性。只有满足这些要求，收集到的二手资料才有价值。

二手资料的收集途径包括查找、索取、购买、接收和交换；获取二手资料的方法有文献资料筛选法、报刊剪辑分析法和情报联络网法三种。

复习思考题

1. 简述原始资料和二手资料的区别和联系。
2. 试述二手资料的优缺点。
3. 简述二手资料的评价标准。
4. 结合实际论述二手资料的收集途径。
5. 相对于外部资料，企业内部资料有哪些优点？

阅读材料

文案调查体系的建立

一、文案调查体系建立的必要性

企业除了可根据有关调查课题进行文案调查外，还应在平时有目的、有系统地搜集并积累各类情报市场资料，为开展经常性的文案调查打下良好的基础。

目前，我国企业信息机构人员不健全，信息反馈不灵敏，调查预测工作薄弱，已经直接影响到企业的管理水平和经济效益。因此，加强文案市场调查体系的建设已成为当务之急。按照信息要及时、准确、系统的要求，从当前情况出发，应着手抓好以下几项工作。

第一，制定一套文案调查的指标体系和信息搜集、处理、保存、传输的工艺流程，逐步配备现代化的信息工具和手段，加快信息的流动速度。

第二，根据企业生产经营和长远发展的需要，配备专门的调查人员，培养一支精干、有力的情报队伍。

第三，加强企业内部信息管理，提高信息传递速度，保证信息质量，增强管理机构利用信息的能力，力求用最短的流程、最快的速度、最简便的传递方式解决企业经营管理过程中的决策、计划等一系列战略、策略问题，发挥信息在企业中的"耳目"作用。

第四，建立和逐步扩大企业与外部市场信息的联系，使内部和外部的市场信息工作形成一个有机的体系。一方面可借助企业外部的各种情报信息网络获得必要的信息；另一方面企业的各种信息也可通过企业外部的各种情报信息网络在全国范围内扩散。现在越来越多的企业包括电视台都建立了自己的信息推广平台，向外界传递自己的声音。

二、文案调查资料的储存管理和信息服务

（一）文案调查资料储存和管理方式

在文案调查资料中，许多资料是可供长期使用的，对这部分资料就需要加以合理的储存与保管。文案调查资料储存和管理方式主要有两种：一是经济档案式的储存和管理方式；二是采用电脑进行储存和管理。

1. 经济档案式的储存和管理方式。正像每个人都有自己的个人档案那样，为反映市场发展变化过程，便于企业科学积累资料，企业也应针对各自的特点为资料建立经济档案，这是文案调查资料管理的重要内容。

2. 电脑储存和管理方式。电脑储存和管理方式是把与企业经营有关的各种信息资料输入或用代码储存到电脑中，利用电脑对资料进行储存、查找、排序、累加和计算，这种方式不仅可以大大节省储存时间和空间，还可以提高数据资料处理的效率和精度。

（二）杜威十进位分类法

无论是采用经济档案还是电脑储存和管理方式，都要求对资料进行科学的规划和分类。杜威十进位分类法（Dewey Classification）是一种良好的分类方法，尤其使用于经济档案管理。它是将企业的各种资料按照资料来源加以妥善归类，并作索引，以便于寻找相关资料。

（三）资料储存和管理要点

1. 储存方法。应先根据实际情况编好基本资料目录，按因地制宜、先易后难、逐步完善的原则有计划、有重点地收集积累资料，使市场资料的收集和储存做到经常化、制度化。

2. 储存工具。应根据资料性质和企业现有条件选择储存工具，对资料加以妥善保管，一般所用的工具有资料袋、文件夹、录音机、录像机、电脑等。

3. 储存地点。储存地点应根据资料的重要程度加以选择，通常需要有防火、防毁、防盗等措施，以保证资料的安全。

4. 储存时间。要注意资料的时效性，要定期检查分析，对过时资料要果断销毁，以提高储存资料的质量。

案例分析

中国"大码服装"市场分析

李先生刚刚从某大学国际商学院获得营销调查方向的管理硕士学位，他接受了某大型调查公司的职位，作为市场调查人员被分派到一个产品经营部工作。这个产品经营部刚好接受了一项紧急调查任务，要分析目前中国市场上的大码服装产品组合和大码服装市场情况，并预测未来10年内中国市场对大码服装产品的需求。

这一过程的第一阶段是对不同细分市场进行背景分析（例如，舒适型大码服装、漂亮型大码服装、高端型大码服装等），若干个市场调查组被分派对不同的细分市场进行背景研究。张先生被分派分析高端型大码服装市场，他需要在两天内完全初步分析，以便在会议上汇报他的分析，以及对该市场的潜力和未来趋势的初步结论。

在非常有限的时间条件下，张先生知道要及时完成他的报告，唯一的希望是找到现成的资料。他采取的第一步是接通因特网。进入"百度"网站，然后进入搜索引擎的起始页。他在搜索框中键入"大码服装"，并单击"搜索"按钮；当显示搜索结果后，再单击"大码服装"查询框继续查询。

请你重复以上操作，找到网站名，进入可能载有相关资料的网站，利用这些网站与其他网站之间的恰当链接，查询有关资料。同时，使用其他搜索引擎进行类似的查询。

【案例思考题】

要求：完成一份报告，内容包括以下几点。
1. 中国"高端大码服装"市场目前的状况。
2. 市场增长趋势。
3. 目前市场上的领导品牌。
4. 在未来10年中，将影响市场规模及结构的人口变化趋势。
5. 其他你认为有关的因素。
6. 根据你的二手资料分析，你是否建议应当扩大"高端大码服装"的市场营销？

第五章
一手资料收集：定性调查方法

本章学习目标

1. 理解定性调查的定义和特点；
2. 理解定性调查的具体应用范围；
3. 了解定性资料的收集方法及每种方法的优缺点。

> **引导案例**

作为占世界人口近五分之一的中国，12岁以下的城市儿童数量庞大，在世界各国中儿童数量最多。

如同中国整体消费力逐年上升的趋势，儿童每年所消费掉金钱的数量远远超乎我们的想象。儿童青春期的提前、父母有意识地提早培养儿童的独立生活及消费能力、儿童每日所接收到的信息中成人信息所占的比重过大等因素，导致了儿童在消费方面的"早熟"。

儿童在购买决策中的重要性日益增强，很多厂家已经开始针对儿童进行产品开发，而针对儿童市场进行研究的需求也在逐渐升温。在众多的研究形式中，最常见的就是儿童座谈会。

在座谈会结束后，我们经常能听到一些客户抱怨："主持人根本控制不住孩子……"；"那几组座谈会基本上没有任何收获，孩子在会上都不怎么说话，就知道吃零食，吃完后就一个接一个地上厕所……"；"孩子好象没什么想法，一组会下来什么都没有听到……"；"他们在填问卷时对产品评价全写5分，等交了问卷后却立刻抱怨我们的产品多么难吃……"。究竟出了什么问题？难道我们不应该针对儿童尤其是12岁以下的儿童作市场研究吗？

请根据案例思考：

1. 为什么在座谈会中出现了众多问题？
2. 主持儿童座谈会要求主持人掌握哪些技巧和方法？

第一节 定性调查概述

一、定性调查的定义

定性调查和定量调查是市场调查活动中收集原始资料的两种重要方法，虽然它们在市场调查活动中都发挥着重要的作用，但两者之间却存在着很大的差别。

定性调查主要用于探索性调查，它更多的是通过对人们言谈举止的观察和陈述，以达到对消费者的态度、动机、信念、感觉等难以量化的指标进行考察的目的。在定性调查中，调查人员往往借助讨论提纲展开具体的调查活动，所收集到的数据基本上属于定性数据。由于定性数据难以量化，所以在对定性调查中所获得的资料进行分析时，除了用到一些如频数分析等简单的统计分析方法外，更多是使用心理学、社会学及社会心理学等分析方法。由于定性调查的特殊性，被调查者的答案更容易受到调查员的影响，所以往往对调查员的访谈技巧、知识储备、自身素养及应变能力都提出了较高的要求。

目前，国内常用的定性研究方法主要包括焦点小组访谈法、深度访谈法、德尔菲法及投影法等，常用的定量研究方法主要包括访问法、观察法和实验法等，这些具体的方法将在后续章节一一展开论述。

二、定性调查的作用

定性调查在调查活动中可以发挥以下几个方面的作用。

（1）通过定性调查，可以更充分、更准确地定义调查组织者所要研究的问题；

（2）通过定性调查，可以帮助调查组织者提出其在随后的研究中要检验的假设；

（3）通过定性调查，可以帮助企业获得新产品与新服务的构思和创意、找到解决问题的基本方向和途径；

（3）通过定性调查，可以帮助企业获得消费者对新产品的初始反应；

（5）通过定性调查，可以使调查组织者熟悉消费者的观点与词汇，有助于其在定量调查活动中更好地设计问卷；

（6）通过定性调查，可以使调查组织者熟悉所研究问题的环境、消费者的需求和产品使用情况与问题等。

三、定性调查的优缺点

定性调查的优点主要表现为以下几个方面。

（1）适用范围较广。几乎在所有的调查活动中都可以用到定性调查，其适用性非常强。

（2）成本较为低廉。由于定性调查的样本数量往往比较小，这在很大程度上降低了调查的成本。

（3）可以提高定量调查的效率。在定量调查之前开展的定性调查能够为定量调查中的方案设计、问卷设计等工作提供帮助，可以有效地提高定量调查的效率。

（4）调查活动持续时间比较短。由于定量调查的特点以及样本数量较小等原因，使得定性调查活动往往耗时更短。

（5）可以获得更深层次的答案。相对于定量调查，定性调查更容易获得被调查者内心深处的态度、信念及动机等不易被发掘出来的答案，这也是定性调查作为定量调查有效补充手段的重要原因。

定性调查的缺点则主要表现为以下几个方面。

（1）样本缺乏代表性。由于定性调查的样本数量往往比较小，所以其很难有效地反映总体的数量特征。

（2）对调查员的要求较高。由于定性调查的特殊性，被调查者的答案更容易受到调查员的影响，所以对调查员的访谈技巧、知识储备及应变能力等都提出了较高的要求。

（3）不能反映细微的差别。定性调查不能像定量调查一样对样本的细微差别进行量化和区分，而这些细微的差别往往决定了企业决策的成败。

（4）可供使用的统计分析方法较少。定性调查获得的数据大多是不能量化的，所以只能使用简单的统计分析方法，而这将导致定性调查不能更好地反映被调查者的本质。

（5）调查活动无法重复，调查结论无法验证。这些也是制约定性调查发展的主要问题。

四、定性调查的应用

定性调查几乎可以应用于所有的行业和市场。例如，企业可以通过定性调查发现新产品的创意和构思；政府可以通过定性调查讨论相关政策的实施；大学可以通过定性调查了解学生的思想和学习态度，等等。除了在各个领域的应用外，定性调查还可以作为定量调查的准备和补充。在定量调查之前展开的定性调查，可以为定量调查的方案设计及问卷设计等工作作准备；在定量调查之后展开的定性调查，则可以补充完善定量调查的结论及建议。在后续的章节里，我们将逐一介绍比较常见的定性调查方法。

第二节 焦点小组访谈法

一、焦点小组访谈法的含义和特点

焦点小组访谈法又名小组讨论法或座谈法，它是挑选一组具有代表性的被调查者，在一个装有单向镜或相关录像设备的房间内，采用会议的形式，由主持人引导被调查者对某一主题或观念进行深入讨论，以获取信息的调查方法。通过焦点小组访谈法，可以了解被调查者对所调查事物的看法和态度等信息，进而帮助调查组织者有效展开后续工作。

焦点小组访谈法的特点主要包括：① 同时访问若干个被调查者；② 实施过程侧重于主持人和被调查者相互影响、相互作用；③ 应用领域广泛；④ 鼓励被调查者进行深入自由讨论，关注群体动力，也正是这种群体动力使焦点小组访谈法与一般的个人面谈区分开来。

如今，焦点小组访谈法广泛地应用于各个行业和市场，例如，获取消费者对新产品的看法和反应，获取研发新产品和推出新服务的创意等。从总体来看，由于专业性的限制，焦点小组访谈法在消费品领域中运用得最为广泛，而在工业品领域则较少用到。

二、焦点小组访谈法的实施

焦点小组访谈法是一种非常有效的定性资料收集方法，它可以让调查组织者在较短的时间内获取大量的信息。为了确保收集到的资料是准确、有效的，在实施焦点小组访谈法时应当遵循科学的程序，其具体实施步骤如下。

（一）招募参加座谈的被调查者

在焦点小组访谈法中，并没有对被调查者的最佳人数进行规定，目前而言，比较常见的焦点小组一般由 8～12 人组成，但在调查实践中，具体的人数往往要根据讨论的主题、类型、期望获得的信息量及主持人驾驭会议的能力等因素来确定，如果讨论的主题针对性或专业性较强，则可以选择较少的被调查者；反之，则可以安排数量较多的被调查者。

在选择被调查者时，应根据访谈的要求采用不同方法进行甄选，如在人流量比较大的地段进行随机拦截、或随机拨打电话号码、或在网上招募等。但在进行访谈前，应根据被调查的特征对其进行分组，确保具有一些共同特征的被调查者在同一小组，以降低讨论过程中的沟通障碍，同时也可以使调查组织方确信不是因为被调查者的特征不同而造成对问题的不同看法。

值得指出的是，在确定被调查者时，应该将职业受访者排除在外。所谓的职业受访者，就是参加访谈完全是为了获得报酬，他们往往具有多重身份和多重信息，当然，这些身份和信息都是伪造出来的，既然这样，他们提供的信息也就毫无价值可言。排除职业受访者比较常见的方法是加强身份验证以及强化企业内部管理等。

▶ 小链接 5-1

会虫现象横行

社会上出现的专以参加各种会议谋生，骗吃骗喝骗为职业的人的现象称为会虫现象。会虫拿着假名片穿梭于各个会场，并享受免费大餐，攒礼品。有的"会虫"还顺手牵羊，窃得便携式电脑、手机等贵重物品。社会上甚至还有养"虫"专业户（或称"会头"）。他们是会议召集人（或联系人），手里握有大量资料（"会虫"及"准会虫"的资料）。他们可以随时调遣、委派不同年龄的"会虫"参加某些对口的会议，为之谋取收益。

这些会虫往往具备以下特征。

（1）很乖：这些人特别听话，你叫干啥就干啥，敬业。

（2）进门不多说：不问你为什么，不问你是干什么的。第一句话开门见山，眼神镇定，丝毫不慌乱，没有真实用户的架子，没有真实用户的怀疑。

（3）说话得体，考虑问题全面：到哪里说的都是套话。

（4）到熟悉的地方会戴帽子，把帽檐压得稍微遮住眼睛，只露多半边脸。

（5）悟性极高。

而究其产生的原因，主要有以下几个方面。

（1）某些不正规的研究公司的不正当操作：小公司扫扫楼、扫扫小区，就可以扫到一大帮人；与会虫的相互勾结，共同来欺骗客户。

（2）利用"自欺欺人"的心理。

（3）会虫专业户/专业家族、会虫联盟的出现，这客观上促进了"开会致富"信息的推广和"会议信息"的传播。

（4）客户的压力：做研究，肯定会出现两种情况——结果好的和结果不好的。影响研究结果的因素多种多样，有研究设计的问题、研究目的的问题、人群的选取，等等。

（5）社会风气的腐蚀：某段时期以来，社会上有些人喜欢上了说空话、说大话、胡说瞎说，这也客观上影响了作为调查这一本来很严肃的以事实和数据说话的行业出现了很大的泡沫。

不可否认的是，会虫的存在已经严重影响到调查结果的真实性，并对市场调查行业带来很大的困扰。

（二）准备场地

焦点小组访谈法对场地的要求通常比较高，其一般是在专门的测试室进行，这种测试室一般装有单向镜，单向镜的后面是观察室，在观察室中的工作人员可以清楚地看到测试室中被调查者的一举一动。同时，在测试室中比较隐蔽的地方则安装有录音和录像设备，以完整记录整个讨论过程，这种方法在当前的企业招聘中也比较常见。为了降低被调查者的心理负担，测试室还应满足以下条件：方便、安静、优雅舒适等，在进行讨论时，最好以圆桌的形式就座，以便于营造更轻松的讨论氛围。

（三）选择主持人

在焦点小组访谈法中，主持人对讨论的效果起着决定性的作用。这是因为主持人不仅担负要确保使整个讨论始终围绕由特定研究问题所决定的讨论主题的重任，同时还要鼓励被调查者积极发言。这就对主持人的能力提出了较高的要求，一个良好的主持人必须具有较强的组织能力和观察能力，同时应掌握主持和交流的技巧。不仅如此，主持人对调查项目终极目标的理解程度将影响到其对讨论主题的控制，并最终影响到被调查者提供的信息。总结起来，一名优秀的焦点小组访谈主持人应该具备以下几个方面的条件。

（1）具有焦点小组访谈调查经验；

（2）具有良好的理解能力；

（3）具有较强的组织能力。能够在实施访谈时控制大局，把握讨论的方向和进程，确保访谈正常有序进行；

（4）客观性。即不引导和不影响被调查者，认真听取对方的观点和看法，但这种客观性的前提是保持对访谈方向的控制；

（5）具有宽泛的知识面和广泛的兴趣爱好，这些都有助于主持人更快、更准确地了解调查主题，并能够调动被调查者的积极性，带动小组成员更好地融入访谈活动中；

（6）思路清晰，逻辑性强，这有助于其准备更为科学的讨论提纲，从而使整个访谈过程表现得更加有序；

（7）善于调动被调查者的积极性；

（8）善于科学合理地分配时间，能够在有限的时间内高效地完成访谈任务；

（9）对于计划方案能提供附加价值，而不仅是有效执行；

（10）精力充沛。焦点小组访谈的时间通常在 1.5~3 小时，这就要求主持人具备在长时间访谈的情况下仍然能有足够的精力和热情保持访谈趣味性的能力。

（四）准备讨论提纲

虽然主持人已经具备了多方面的优秀条件，但精心地准备一份讨论提纲对于一次成功的焦点小组访谈仍然是很有必要的。通常，讨论提纲是由主持人根据调查目的、调查主题及调查委托方所需要的信息资料设计的，编制时应由调查组织方及调查委托方的负责人和主持人共同参与。

讨论提纲通常包含三部分：第一部分点明讨论的主题，并说明讨论规则；第二部分是由主持人带领被调查者展开深入讨论；第三部分总结重要结论。

（五）实施小组座谈

在实施座谈活动时，具体要从以下几个方面着手：① 善于把握访谈主题，始终围绕主题展开讨论；② 当被调查者之间出现分歧时，做好各被调查者之间的协调，引导讨论工作顺利展开；③ 做好必要的会议记录。

（六）编写小组访谈报告

编写小组报告可以有多种方法。

一般情况下，当小组访谈结束后，通常要由主持人按照自己的想法和体会对整个访谈过程进行汇报总结，这种报告方法也被称为主持人口头报告法。这种方法可以使得小组内专业人员的知识与主持人的知识发生碰撞，进而激发新的观念和想法。但在进行汇报时，要求主持人一定要保持中立的态度，以免影响到访谈结果。

除了口头报告外，还有三种常见的报告方式：第一种是由调查者凭借记忆作简要总结并提供完整的访谈音像资料，由委托方自行揣摩理解；第二种也被称为"剪贴技术",即由调查人员对访谈的各小组的全部音像资料进行审视后,将各组中反应方式类似的资料剪辑在一起,并分别存放在不同的文件夹中,以方便分析规律;第三种就是书面调查报告法,书面报告主要由调查目的、调查主题、调查内容、征集被调查者的过程、被调查者的基本信息、调查的发现和收获及提出的建议等组成,通常篇幅控制在2~3页即可。

▶ 小链接5-2

网上定性调查的实施

网上定性调查的实施主要有三种办法。

第一,网上焦点小组访谈法,调查者根据受访者数据库,找出符合条件的个人,利用电子邮件等方式向他们发出邀请,要求他们在特定的时间登陆特定的网站接受访谈。

第二,网上一对一访谈法,调查者从登陆网站上的上网者中挑选合适的人员进行访谈,也可以从受访者数据库中选择合适的人员作为访谈对象。借助网络的聊天室,调查者和受访者就调查内容进行交流。

第三,网上论坛、电子公告板或聊天室访谈法,即在网上论坛、电子公告板或聊天室与人谈论看法或者倾听与调查目有关的内容,从而了解人们对调查内容的看法。

网上定性调查可以邀请到世界各地的被访者,无须占用任何场地,组织工作方便、快捷;并且被访者彼此互不见面,没有群体的压力,没有面对面的尴尬,得到的回答较为真实。与传统的定性调查相比,网上定性调查组织起来时间短、成本低,省去了被访者或是访问员在路途上花的时间和精力,较好地节约了调查的时间和费用。但是由于没有面对面交流的机会,无法通过受访者的面部表情、肢体语言、语调和行为的变化来判断被访者的动机和态度,辨别他们回答的真实程度。同样也无法借助访问员表情、语气和肢体语言的改变使被访者身心放松,更好地参与调查。

三、焦点小组访谈法的优缺点

(一) 焦点小组访谈法的优点

焦点小组访谈法之所以应用范围非常广泛,是因为它具备一些其他调查方法不可比拟的优势。

(1)被调查者之间的互动作用可以激发新的观点和看法,有利于收集到更广泛的资料;

(2)资料收集速度比较快,节约了时间和人力,提高了调查活动的效率;

(3)由于采取了相关的专业设备记录调查过程,便于调查者对调查活动进行科学监测和后期分析;

(4)由于很多被调查者都是企业的现实顾客或潜在顾客,所以可以更好地了解顾客的真实想法和需要。

（二）焦点小组访谈法的缺点

虽然焦点小组访谈法具有很多优点，但也存在一定的缺点。

（1）对主持人的要求较高，高素质的主持人对访谈的成功与否将起到很关键的作用，这构成了焦点小组访谈法的一个重要缺陷；

（2）调查结果容易对决策产生误导，由于样本数量较小，所以难以表现整体的特征，如果根据调查结论进行决策，很可能会对决策产生误导；

（3）容易产生偏差，这种偏差主要来自委托方和主持人的主观偏见；

（4）由于是小组访谈，所以不宜对敏感性问题进行调查；

（5）资料的整理和分析比较困难，访谈所得数据最大的特点就是无结构性，这些都使后续的整理和分析工作困难重重。

第三节　深度访谈法

一、深度访谈法的含义及分类

深度访谈法又被称为个别面谈法，它是一种无结构的、直接的、一对一的访问方法。在访谈过程中，通过掌握访谈技巧的调查员对一名被调查者进行深度的访谈，以获得被调查者对某一问题的潜在动机、观念和态度等方面的信息。

根据是否控制交谈内容和交谈时间，深度访谈法可分为自由式访谈和半控制性访谈两类。

在自由式访谈中，只要是针对调查者感兴趣的主题，被调查者都可以自由地发表见解和回答问题，不需要对讨论时间进行限制，也不需要有特定的访谈提纲。自由式访谈的目的是挖掘更深层次的信息，这种访谈法一般适用于机动时间比较多的被调查者。

在半控制性访谈中，则需要讨论一系列特定的主题，如市场情报等，且调查者需要对所讨论的每个问题进行时间控制。半控制性访谈一般适用于工作很忙的被调查者，由于这类人的职位往往比较高，所以对他们进行访谈通常可以获得更有价值的信息，但这也对调查者提出了较高的要求，可以这么说，半控制性访谈的成功与否在很大程度上取决于调查者的人际关系和访谈技巧。

二、深度访谈法的实施

（一）准备阶段

1. 选择被调查者和访谈员

在进行深度访谈时，必须选择与调查目的有关的人员作为被调查者。一个合格的被调查者必须满足以下几个条件：了解调查目的；对调查主题感兴趣；没有沟通障碍；具有一定的代表性；具有一定的耐心。因此在选择被访者时，通常采用的是判断抽样的方式，以保证寻找到合适的被访者。

访谈员在深度访谈中的作用举足轻重。深层访谈要求访谈员掌握较高的访谈技巧，善于引导和发掘被访者内心深处的真实想法和感受。因此，在选择时也应该按照一定的标准来进行，即要求访谈员具备丰富的知识、掌握熟练的谈话技巧以及善于从谈话中提取有价值线索的能力等。

2. 制订访谈计划

所谓的访谈计划就是访谈提纲，它为访谈活动的展开提供了依据，一份合格的访谈计划至少应包括访谈的目的、步骤和内容三部分。

3. 准备访谈工具

访谈工具一般包括两部分：一是证明访谈员身份的证件，这有助于接近被访者并取得对方的信任；二是访谈时的辅助工具，如摄像机、录音机、图片资料、纸笔等。

4. 模拟访谈

如果可能，在正式访谈前进行一次模拟访谈也是很有必要的，这有助于访谈员发现并改进访谈中的不足之处。

（二）实施阶段

1. 与被调查者约定时间和地点

在决定进行正式访谈前，应提前和被访者联系，约定访谈的时间和地点。如果不是选择固定的被访者，则此步骤可以更换为接近受访者。在接近受访者时，一定要礼貌热情、不卑不亢，以争取对方的配合。

2. 说明访谈目的，营造良好的访谈氛围

当被访者表示愿意接受访谈时，下一步的关键就是保证访谈的顺利进行，以获取全面、真实的资料。因此，在进行具体访谈前，首先要让被访者了解访谈的目的，并尽可能营造一种良好的访谈氛围，然后借机转入正题。

3. 展开实质性访谈

在展开实质性访谈时，要求访谈员把握好以下几个访谈要点。

首先，在访谈中，访谈员必须保持中立，以保证答案的客观真实性；

其次，访谈员一定要熟练应用访问技巧，鼓励被访者充分发表意见或看法；

再次，对需要引导和追问的问题，访谈员要作必要的引导和追问，但一定要注意技巧；

最后，访谈员应确保访谈内容围绕访谈目的展开，避免访谈失去方向性。

（三）结束阶段

结束阶段是访谈过程的最后一个环节，这个环节也非常重要，不容忽视。在这一阶段，要求访谈员做好以下三个方面的工作。

首先，要求访谈员快速检查访谈内容，确保没有遗漏重要的访谈项目；

其次，访谈结束后，应再次征询被调查者的意见，以尽可能获得更多的资料和信息；

最后，对被调查者的合作表示感谢。

三、深度访谈法的优缺点

（一）深度访谈法的优点

相对于焦点小组访谈法而言，深度访谈法具有以下几个方面的优点。

（1）可以有效消除群体压力，得到被调查者真实的想法，尤其适合对敏感性话题的讨论；

（2）一对一的交流使得被调查者感到自己是受重视的，有利于激发其新的观点或看法；

（3）由于在单个被调查者身上花的时间较长，所以探讨的话题可以更有深度，访谈的内容相对较多，这样可以获得更多的信息；

（4）一对一的近距离接触可以使被调查者对非语言的反馈更加敏感；

（5）由于深度访谈是一对一的，所以可以将反应与被调查者直接联系起来；

（6）由于不需要保持群体秩序，深度访谈更容易激发出偶然的思路，这常能对主要问题提供重要的思路。

（二）深度访谈法的缺点

相对于焦点小组访谈法，深度访谈法具有以下几个方面的缺点。

（1）对高素质、高层次的人群较难成功预约；

（2）深度访谈的成本通常比焦点小组访谈的成本高，尤其是被访者人数多的时候；

（3）由于是一对一交流，所以深度访谈的效率比较低；

（4）能够做深度访问的有技巧的访谈员是很稀少的，也难于找到；

（5）由于调查的无结构性使得调查活动带有随意性，其结果的质量及完整性也过度依赖于访问员的技巧；

（6）由于占用的时间和花费的经费较多，因而在一个调查项目中深度访谈的数量是十分有限的；

（7）一对一的交流失去了群体动力，不利于激发被调查者的反应，无法产生被调查者之间观点的相互碰撞。

四、深度访谈法的适用范围

与焦点小组座谈法相比,深度访谈法能够更深入地探索被访者的内心思想和看法,且对访谈员的能力要求更高。因此,这种方法主要在以下几种情况下运用。

(1) 需要详细深入地了解被访者的想法;

(2) 在访问专业人员及竞争对手,尤其是访问竞争对手时,深度访谈法可能是唯一可行的办法;

(3) 需要讨论一些保密的、敏感的话题时;

(4) 调查的产品比较特殊或需要详细了解被调查者的复杂行为时。

第四节 德尔菲法

一、德尔菲法的定义及特点

德尔菲法是在 20 世纪 40 年代由赫尔默(Helmer)和戈登(Gordon)首创,又称为专家调查法、专家预测法或函询调查法。德尔菲是古希腊地名,相传太阳神阿波罗(Apollo)在德尔菲杀死了一条巨蟒,然后他就成了德尔菲的主人。德尔菲有一座阿波罗神殿,它是一个预卜未来的神谕之地,于是人们就借用此名,作为这种方法的名字。

1946 年,美国兰德公司为避免集体讨论存在的屈从于权威或盲目服从多数的缺陷,首次用这种方法用来进行定性预测,后来该方法被迅速、广泛采用。20 世纪中期,当美国政府执意发动朝鲜战争的时候,兰德公司又根据德尔菲法调查结果提交了一份预测报告,预告这场战争必败。政府没有采纳,结果一败涂地。从此以后,德尔菲法得到广泛认可。

德尔菲法是专家们采用书面的形式,"背靠背"地回答调查人员提出的问题,经过多轮信息反馈和修改各自意见,最终由调查人员进行综合分析并得出调查结论的方法。这种方法是收集市场资料、提出建议的一种有效方法,被广泛地应用于预测需求量和销售量。

德尔菲法具有以下几个方面的重要特征。

1. 匿名性

也就是我们前面所提到的"背靠背",在德尔菲法中,专家之间彼此不交流甚至压根不知道对方是谁,且都是以匿名的方式发表意见,这样不仅可以避免群体压力和权威压力,同时也可以避免个别专家为了顾及面子而固执己见,这些都使得最终的调查结果比较真实可靠。

2. 反馈性

德尔菲法要反复多次征询专家意见，每次征询后都要把收集到的专家意见进行汇总并反馈给各位专家，然后由专家根据反馈的信息修正自己的意见。

3. 收敛性

经过多次反馈和修正后，各个专家的意见逐渐趋于统一，调查结果最终趋于一致。

4. 调查人员的作用非常重要

在德尔菲法中，调查问题的设计、提出、发放、回收、汇总、反馈及最终结果的生成都由调查人员来完成，可以说，调查人员充当了联系各位专家的纽带作用，其作用自然非常重要。

二、德尔菲法的实施步骤

1. 设计意见征询表

意见征询表是向专家收集信息的载体，其功能类似于调查问卷，意见征询表设计得合理与否将直接影响到被调查者参与的积极性和最终的调查结果，所以在设计征询表时应注意以下几个要点。

（1）在征询表中应明确调查目的和意义，争取专家的合作；

（2）设计的问题应简单明确、数量适中、便于答复；

（3）结构设计合理，同时保证征询表的客观性，防止出现诱导性的暗示。

2. 选择相关专家

选择的专家是否合适，将直接关系到德尔菲法的成功与否，因此，在选择专家时，一定要注意下面几个事项。

（1）所选专家应该对调查项目所涉及的业务及业务范围比较熟悉，并具备一定的预测和分析能力；

（2）确保各个专家之间没有联系，保证各专家和调查人员的单线联系；

（3）专家的人数应根据问题的涉及面及重要性来确定。

3. 展开具体调查

（1）组成包括经销商、分销商、营销顾问或其他权威人士，小组的人数不宜过多，一般10~20人即可，各专家只与调查组织者单线联系；

（2）调查组织者以邮件的方式向所有专家发送意见征询表和相应背景资料，要求专家在规定的时间内完成并寄回答案；

（3）各专家根据所掌握的资料和经验提出自己的意见，并说明自己主要是使用哪些资料提出的意见，并把这些意见以邮件的方式发送给调查组织者；

（4）调查组织者将各专家的第一次预测意见和说明全部列在一张表上，并再次将汇总内容分发给各位专家，以便他们比较自己和他人的不同意见，修改自己的意见和判断；

（5）如此经过几轮反复征询，直至各位专家的意见趋于一致，代表专家的征询工作暂时结束。

4. 得出调查结论

调查人员通过对专家几次提供的资料和几轮反复修改得到的各方面意见进行综合，得出一个比较统一的、准确的结果，作为调查结论。

德尔菲法的具体程序如图5-1所示：

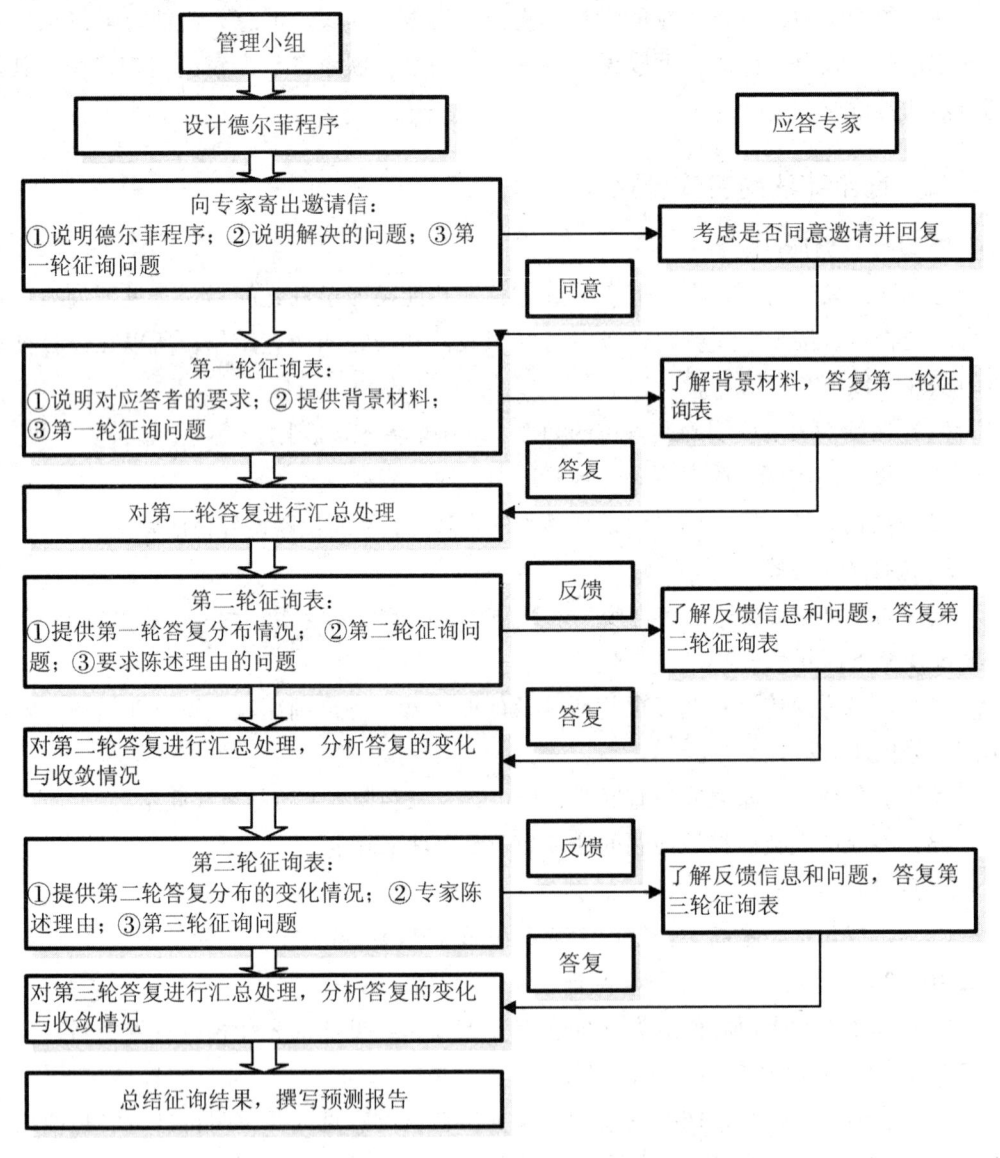

图5-1 德尔菲法的流程

▶小链接5-3

德尔菲法应用案例

某公司研制出一种新产品,由于现在市场上还没有相似产品出现,所以没有历史数据可以获得。公司需要对可能的销售量作出预测,以决定产量。于是该公司成立专家小组,并聘请业务经理、市场专家和销售人员等8位专家,预测全年可能的销售量。8位专家提出个人判断,经过三次反馈得到结果如表5-1所示。

表5-1 德尔菲法专家调查反馈

专家编号	第一次判断 最低销售量	第一次判断 最可能销售量	第一次判断 最高销售量	第二次判断 最低销售量	第二次判断 最可能销售量	第二次判断 最高销售量	第三次判断 最低销售量	第三次判断 最可能销售量	第三次判断 最高销售量
1	150	750	900	600	750	900	550	750	900
2	200	450	600	300	500	650	400	500	650
3	400	600	800	500	700	800	500	700	800
4	750	900	1500	600	750	1500	500	600	1250
5	100	200	350	220	400	500	300	500	600
6	300	500	750	300	500	750	300	600	750
7	250	300	400	250	400	500	400	500	600
8	260	300	500	350	400	600	370	410	610
平均数	301	500	725	390	550	775	415	570	770

1. 平均值预测

在预测时,最终一次判断是综合前几次的反馈作出的,因此在预测时一般以最后一次判断为主。如果按照8位专家第三次判断的平均值计算,则预测这个新产品的平均销售量为:(415+570+770)/3=585。

2. 加权平均预测

将最可能销售量、最低销售量和最高销售量分别按0.50、0.20和0.30的概率加权平均,则预测平均销售量为:570×0.5+415×0.2+770×0.3=599。

3. 中位数预测

用中位数计算,可将第三次判断按预测值高低排列如下。

最低销售量:300、370、400、500、550。

最低销售量的中位数为第三项的数字，即400。

最可能销售量：410、500、600、700、750。

最可能销售量的中位数为第三项的数字，即600。

最高销售量：600、610、650、750、800、900、1250。

最高销售量的中位数为第四项的数字，即750。

将可最能销售量、最低销售量和最高销售量分别按0.50、0.20和0.30的概率加权平均，则预测平均销售量为：$600 \times 0.5 + 400 \times 0.2 + 750 \times 0.3 = 695$。

三、德尔菲法的优缺点

1. 德尔菲法的优点

（1）节约费用。

相对于其他调查方法被调查者人数众多以及需要组织大型讨论会的特点，德尔菲法不需要投入大量的人力和物力，成本相对较低。

（2）避免群体压力和权威压力。

由于采用匿名的方式，有效地避免了集体讨论所带来的压力，有助于专家进行独立思考，提高了调查结果的客观真实性。

（3）提高了调查的科学性。

德尔菲法可以根据需要从不同角度对所得结果进行分析处理，提高了调查的科学性。

2. 德尔菲法的缺点

（1）缺乏客观评价标准，适用范围受限。

由于专家完全凭借自身的经验和知识对调查问题作出回答，这使得答案带有很浓的主观色彩，所以这种方法主要适用于缺乏历史资料或存在较多不确定因素的情况。

（2）耗时比较长。

德尔菲法往往需要进行多轮的反复征询，才能使答案趋于一致，而且这种征询往往是通过邮寄的方式进行，这使得德尔菲法耗时较长。由于很多专家的时间都是很紧张的，所以往往会出现一些专家中途退出的情况，最终可能会影响调查活动的进展和调查结论的科学性。

（3）调查结论可能趋于中间值。

虽然德尔菲法是采用匿名方式进行的调查，但在每一轮征询后各个专家都会得到各专家意见的汇总表，而这可能会使得一些专家根据汇总表作出接近于中间值的结论，进而影响调查结论的准确性。

（4）寻找被调查者的难度比较大。

德尔菲法中的被调查者都是调查项目所涉及领域的专家，而专家的接近门槛是比较高的，且这些专家往往身居要职，这些都使得寻找合适的被调查者难度加大。

第五节 投射法

一、投射法的定义及适用范围

投射法是一种无结构的、非直接的调查方法,运用投射法,调查人员可以发掘出被调查者潜在的动机、态度和情感等。投射法在进行具体操作时,是通过向被调查者询问一些表面上看起来与他们无关的一些问题,然后根据被调查者给出的答案剖析其内心的真实想法。也就是说,此法并不要求被调查者描述自己的行为,而是要他们解释其他人的行为,在解释过程中透露出自己内心真实的感受、想法或态度。

从上述的描述可以看出,与焦点小组访谈法及深度访谈法相比,投射法最大的特点是采用间接询问,这使得其在特定的场合成为调查者最好的选择,如对一些敏感性的问题进行调查时。

二、市场研究中常用的投射技术

（一）联想测试技法

联想测试技法是在被调查者面前设置某一刺激物,然后要求被调查者说出最先联想到的事物。这种方法在心理测试中应用得非常广泛,刺激物的选择也可以多样化。而在市场调查中,最常用的是词语联想法,在这种方法中,调查者会快速读出或让被调查者看某个词或短语,并请被调查者快速回答或选择他最先联想到的一个或几个词或短语。在进行测试时,要求被调查者快速反应,从而不让心理防御机制有时间发挥作用,以此来挖掘被调查者的真实想法,如果被调查者在 3 秒内不能作出回答,就可以判断他给出的答案已经受到某种情感因素的干扰。

在实践中,词语联想内容大致可分为以下几类。

(1) 已存在品牌:如给被访者呈现"七匹狼"的品牌文字,请其随心所欲说出看到这一品牌时所能联想到的所有内容,以此可以了解到"七匹狼"这一品牌在消费者心目中的形象,从而为企业制定相关的营销策略提供重要依据;

(2) 新品牌命名:如给出某服装品牌的三个备选名字:露清、冰露和清清,请被调查者说出看到每个名字后联想到的内容,以此来了解每个名字带给消费者的印象是怎样的,从而结合实际来确定使用哪一个名字作为最终的品牌名称进行市场推广;

(3) 产品名称:给出某类产品名称如冲锋衣,请被调查者说出看到后联想到的所有内容,以此来了解消费者对于冲锋衣的关注程度、需求特点以及冲锋衣给他们的生活带来的影响。

词语联想方法比较简便易行，可以快速地收集大量的信息，分析也相对容易，在调查当中是一种比较有效的投射技术。

（二）结构技法

结构技法是要求被调查者以故事、对话或绘画的形式构造一种情景，调查者根据情景判断被调查者内心的真实想法。比较常见的应用形式包括图画回答法、卡通实验法和消费者绘图法。

图画回答法的具体做法是，首先向被调查者展示一系列的图画，然后要求其根据图画讲述或写出一则小故事，调查人员根据故事来了解被调查者的个性特征等信息。

卡通实验法则是向被调查者出示卡通图片，并要求其根据自己对图片的理解虚构故事，调查人员根据故事来分析被调查者的态度和想法。

消费者绘图法是由被调查者根据调查材料画出自身的感受或者对一种事物的感知，通过对被调查者画出的图形进行分析，可以帮助调查者了解被调查者的动机和态度。

（三）填空试验技法

在填空试验技法中，由调查人员展示一种不完整的刺激情景，要求被调查者来完成这一情景。常用的方法包括句子完成法和故事完成法。

句子完成法是给出一些不完整的句子，要求被调查者在一定的时间内完成。

例如：一般人认为电脑_____。

经常出入高档会所的人是_____。

如果我中了500万，我将会_____。

对于上述问题，不同的人可能给出不同的答案，而这些答案则直接或间接地表明了不同的看法，这些答案对于相关企业来讲，具有比较重要的参考价值。

故事完成法是给出一个能引起人们兴趣但未完成的故事，由被调查者来完成故事，不同的被调查者给出的故事可能是截然不同的，调查者可以据此判断被调查者的态度和情感等。例如：

一位男士在他最喜欢的百货商店里购物。他花了45分钟试了好几套西服，最后选中了最喜欢的一款。当他向收款台走去的时候，一位导购小姐走到他面前问："先生，我们这里的西装与您这件价格和款式相同，但质量更好。您是否愿意去看一下呢？"然后，_____

_____。

（四）表现技法

表现技法是调查者设计一种形象化的或文字的情景，请被调查者将其他人的感情和态度与该情景联系起来。比较常见的表现技法包括角色扮演法和第三者技法。

角色扮演法是请被调查者扮演他人的角色来处理某件事情，调查者从其处理的方式来窥探被调查者的真实动机和态度。

例如：你现在是公司的 CEO，这件事你准备如何处理？

第三者技法则是通过第三人称来进行提问的一种方法，这种方法适合于调查一些涉及隐私，尤其是不为社会道德所接受的行为，如吸毒等。在这里，被调查者会被问及他的朋友、邻居或一般人在某场合对某事件或某情形会如何反应及如何想等。通过被调查者给出的答案，可以揭示出其对某事件的真实想法。用第三者技法，可以减轻被调查者的心理压力，易于得到真实的答案。

例如：你的朋友醉酒驾驶，你如何看待他的这种做法？

你的朋友吸毒，你能接受他这一行为吗？

（五）照片归类技法

美国最大的广告代理商环球公司（BBDO）开发的照片归类法（Photosort）是归类技法投射技术中最具有代表性的例子。其典型的做法就是给被访者提供一组表现不同类型人群的照片，如白领、工人、大学生等，当然，我们还可以在此基础上赋予年龄及性别等特征，然后让被访者将照片与他所认为的该照片上的这个人应使用的品牌放在一起。在实践中，通过对通用电器公司的照片归类调查，发现被访者认为这个品牌吸引的是年长而保守的商界人士，为了改变这种形象，通用电气公司进行了一次"为生活增添光彩"的宣传促销活动；通过对 Visa 信用卡进行照片归类调查，发现在被访者心目中 Visa 卡的形象是健康、女性和中庸，于是公司开展了名为"随心所欲"的针对高收入的男性市场的宣传促销活动。

从其操作步骤来看，这种归类技法和联想测试技法比较相似。

三、投射法的优缺点

投射法比较突出的优点有以下两方面。

（1）采用间接询问，可以得到比较真实的信息；

（2）在涉及隐私或敏感性问题时，投射法非常适用。

虽然投射法有其独特之处，但是由于该方法自身存在的局限性，使得其应用面比较窄。投射法的缺点主要体现在以下几个方面。

（1）对调查员的要求比较高；

（2）调查成本比较高，投射法对调查员的素质要求比较高，且结果的分析往往需要由资深的专业人士来进行，这些都增加了调查成本；

（3）解释偏差比较大，由于投射法具有无结构性的特点，使得投射法中对答案的解释比较困难，具有比较强的主观性。

本章小结

一手资料是企业作出正确决策的重要参考依据，根据一手资料是否可以量化，我们将其分为定性一手资料和定量一手资料。

定性调查主要用于探索性调查，它更多的是通过对人们言谈举止的观察和陈述，以达到对消费者的态度、动机、信念、感觉等难以量化的指标进行考察的目的。常用的定性研究方法主要包括焦点小组访谈法、深度访谈法、德尔菲法及投射法等。

焦点小组访谈法是挑选一组具有代表性的被调查者，采用会议的形式，由主持人引导被调查者对某一主题或观念进行深入讨论，以获取信息的调查方法。

深度访谈法是通过掌握访谈技巧的访谈员对一名被访者进行深度的访谈，以获得被访者对某一问题的潜在动机、观念和态度等方面的信息。根据是否控制交谈内容和交谈时间，深度访谈法可分为自由式访谈和半控制性访谈两类。

德尔菲法是专家们"背靠背"地回答调查人员提出的问题，经过多轮信息反馈和修改各自意见，最终由调查人员进行综合分析并得出调查结论的方法。

投射法是一种无结构的、非直接的调查方法。运用投射法，调查人员可以发掘出被调查者潜在的动机、态度和情感等。常用的投射技术包括联想测试技法、结构技法、填空试验技法、表现技法和照片归类技法。

复习思考题

1. 比较常见的定性资料调查法有哪些？
2. 试举例说明定性调查在市场研究活动中的重要性。
3. 焦点小组访谈法、深层访谈法、投射法各有何优缺点？
4. 投射法具体包括哪几种？试分析每一种的适用范围。

阅读材料

世界的德尔菲法

1. 德尔菲法在世界各国的迅猛扩展

美国称得上是技术预见的先驱，同样也是开发技术预见方法的先驱，但美国后来将其研究重心移向了技术预测。相应地，他们在使用自己初期开发的两大方法论模式——探索法和规范法时，也将其重心移向前者（探索法），并且围绕该模式又开发出一系列用于趋势预测的新方法。美国开发的德尔菲问卷调查法逐渐成为世界各国实施技术预见活动的通用方法。

从世界各国从事技术预见活动的次序来看，日本在1971年首次使用了大规模德尔菲问卷调查法，从此开展了一系列技术预测、技术选择的活动。到目前为此，日本已经组织了7次这样的活动，他们在这一领域已经积累了丰富的经验，可以说技术预见在这个国家的体制化程度已经相当高了。德尔菲问卷调查法不仅对日本的科技、经济、社会及文化的发展产生了深远的影响，还对其他国家的技术预测产生良好的示范效应。

英国在推动全球性技术预见活动中也起到了重要作用，英国技术预见专家本·马丁在总结了日本成功预见活动的基础上，为"技术预见"下了相当严格的定义。在马丁等人的努力下，英国科技办公室于1993年正式激活了以技术预见冠名的研究课题。英国技术预见每5年开展一次，第一次技术预见曾使用了德尔菲法和专家意见法。

受日本相关活动和英国第一次技术预见项目获得成功的影响，20世界90年代以来，技术预见浪潮在世界各国迅速扩展，正在进行的技术预测活动也逐步向技术预见过渡。

在英国以外的欧洲国家中，最先作出响应的是德国，他们在日本的帮助下逐步介入到技术预见活动中，并于1990年使用德尔菲法进行了第一次技术预见。使用德尔菲法进行预见活动的还包括法国、奥地利、爱尔兰、瑞典、匈牙利、俄罗斯等国家。

日本以外的一些亚洲国家，如韩国、泰国，以及大洋洲的澳大利亚、新西兰等国也先后加入了技术预见行列。韩国于1993年使用德尔菲法进行了第一次技术预见，接着于1995年进行了第二次技术预见。泰国于1999年发起成立了"亚太经合组织技术合作中心"，并开展了多项跨经济体的技术预见研究活动。新西兰则于1992年和1998年先后两次开展了技术预见活动。澳大利亚也于1996年开始实施技术预见计划。至此，技术预见和德尔菲法在全球得到了普遍的认可。

2. 优劣并存的德尔菲法

德尔菲法与常见的召集专家开会、通过集体讨论后得出预测结果的专家会议法等方法相比，既有联系，又有区别。与其他各种方法相比，德尔菲法优劣并存。

（1）优点：

——参与论证的专家们互不见面，不会产生权威压力，因此他们可以自由而充分地发表自己的意见，从而得出比较客观的评价；

——能更加充分地发挥各位专家的长处，集思广益，准确性高。既可避免面对面讨论带来的缺陷，又可避免个人一次性表态的局限；

——能把各位专家意见的分歧点表达出来，有利于发现新的问题。

（2）缺点：

——德尔菲法虽然能集众人之长，但主要是凭借专家主观判断，缺乏客观标准，尤其是那些不具备相应专业知识人的意见很难从总体意见中剔除出来；

——由于征集意见次数较多，反馈时间较长，有的专家可能因工作忙或其他原因而中途退出，影响预测的准确性；

——在第二轮、第三轮和第四轮反馈过程中，权威人士的意见可能会影响他人的判断；

——部分专家出于自尊心而不愿意修改自己最初的意见；

——因各专家是在封闭状态下思考，往往无法考虑到突发事件；

——专家之间既不能相互交流意见，共同讨论问题，也不易取得共识，缩短评价时间；

——有些咨询意见缺乏深刻论证，有的专家由于一些主、客观原因，对表格的填写未经过很深入的调查和思考，从而影响到评价结果的准确性。

但不管怎样，德尔菲法作为技术预见的最有效工具，将会由于自身的不断完善而享誉全球。

【案例分析1】

脑白金——调查消费者

"1995年的巨人集团的三大战役，广告攻势是我亲自主持的，一星期就在全国砸下5000万的广告，把中国都轰动了，风光无限！可是一评估，知名度、关注度都有，但广告效果是零。"史玉柱认为这就是巨人走下坡路的起点。"巨人失败后，我养成一个习惯，谁消费我的产品我就要把谁研究透。一天不研究透，我就痛苦一天。"

重出江湖，脑白金上市前，史玉柱亲自作了300人的消费者深入调查访谈——

"江阴调查"。

史玉柱戴着墨镜走村串户寻访,年轻人都出去工作了,在家的只有老头老太太。聊天调查的问题:"吃过保健品吗?""如果可以改善睡眠您需要吗?""可以调理肠道、通便对您有用吗?""可以增强精力呢?""价格如何?您愿意使用吗?"这些老人跟史玉柱聊天特高兴,"您说的这些产品我们都想吃,就是舍不得买,等着儿子买呐!"史玉柱接着问:"那您吃完保健品后,怎么让您儿子买呢?"老人们告诉史玉柱:"不好意思直接告诉儿子,把空盒子放在显眼的地方。"

史玉柱敏感地认识到其中大有名堂,他因势利导,推出了家喻户晓的广告:"今年过节不收礼,收礼只收脑白金。"该广告被评为最恶俗广告,但是它已经整整播放了10年,累计带来了100亿元的销售额,这两点难觅对手。

在江阴启动时,仅有50万元借款,10万元送品,10万元打广告,现款现货。第2个月又把赚到的十几万元转移到无锡,照猫画虎打广告启动市场。

在史玉柱看来,专注研究消费者,是他与许多企业家之间最大的差异。很多企业家,往往今天请这个政府官员吃饭,明天请那个行长打高尔夫,他们70%的时间属于不务正业。"我从不琢磨领导有什么爱好,只研究消费者,这节约了不少时间。可以不认识某局长,不认识当红歌星周杰伦,但是绝不能不知道消费者的每一点点细微感受!"

资料来源: https://wenku.baidu.com/view/4696e621cfc789eb172dc8a7.html.

案例讨论

根据材料思考:

1. 史玉柱采取的调查方法是什么?其具体的适用范围有哪些?

2. 除了材料中的调查方法外,史玉柱还可以通过其他方法获取资料吗?请结合实际设计。

【案例分析2】

大学生信用卡观念焦点小组访谈指南

一、解释焦点小组访谈法及规则(10~12分钟)

A. 解释焦点小组访谈法。

B. 没有正确答案——只要说出你自己的观点。

C. 要倾听别人发言。

D. 我的一些同事在镜子后面观察,他们对你的观点非常感兴趣。

E. 自动录音——因为我想全神贯注听你们的发言,所以没有办法记笔记,还有录像。

F. 请一个一个地发言——否则我担心会漏掉一些重要的观点。

G. 不要向我提问,因为我所知道的和我的想法并不重要——你们的想法和感受才是重要的。我们为此才聚在一起。

H. 如果你对我们将要讨论的一些话题了解得不多,也不要觉得难过——这对我们来说也是重要的,不要怕与别人不同,我们并不是要求所有人都持有同样的观点,除非他真的这么想。

I. 我们要讨论一系列话题，所以我会时不时地将讨论推进到下一个话题，请不要把这当成是冒犯。

J. 还有问题吗？

二、信用卡的历史

我对你们对信用卡的态度和使用信用卡的情况很感兴趣。

A. 有多少种主要的信用卡？你使用什么信用卡？你是什么时候拥有这些卡的？

B. 你为什么要得到这些信用卡？你是如何得到的？

C. 你最常用的是什么信用卡？为什么经常使用它？你常用信用卡的目的是什么？

D. 大学生申请信用卡是不是很难？是否有些信用卡比较容易得到？如果有，是什么卡？大学生是否很难得到一张"好"的信用卡或者"合意"的信用卡？

E. 你目前对信用卡及其使用的态度如何？当你拥有一张信用卡后，你的态度是否有所改变？如何改变？

三、桌面广告设计（25分钟）

现在我将向你们展示几种信用卡桌面广告设计。它们将会出现在校园中学生比较集中的地方，比如，学生俱乐部和学生活动中心，每一种展示广告代表不同产品和服务的若干展示广告中的一种。我想知道你们对不同展示广告的反应，我每出示一种，希望你们写下它的第一反应。我想知道的是你们的第一反应。在用一分钟时间写下你们的反应之后，我们更为详细地讨论每一种设计。

A. 出示第一种广告。

（1）让他们记下自己的第一反应。

（2）讨论。

a. 你对这种广告的第一反应是什么？你喜欢该设计的什么地方？不喜欢的是什么？

b. 会停下来仔细阅读吗？你会被它吸引吗？为什么会？为什么不会？它有什么吸引人的地方？

B. 重复第二种广告。

C. 重复第三种广告。

D. 出示所有的广告设计。

（1）在这些广告中，如果有的话是哪一种可能吸引你的注意，使你停下来仔细阅读。

（2）哪一种最不可能吸引你的注意？为什么？

四、宣传册与馈赠品（25分钟）

我现在想让你们看一看信用卡的赠品，这些赠品是与刚才讨论过的展示广告相配套的。首先，我向你们展示宣传册和赠品样本。然后希望你们记下你们的第一反应。最后对每种赠品进行讨论。

A. 出示第一种宣传册和赠品。

（1）让他们记录自己的第一反应。

（2）讨论。

a. 你的第一反应是什么？

b. 你特别喜欢赠品的什么地方？特别不喜欢的是什么地方？任何的，只要有。

c. 你理解赠品的含义吗？

d. 你认为这是一种重要的利益吗？

e. 你会为这种赠品而申请信用卡吗？为什么？

f. 这种信用卡会取代你现用的信用卡吗？

g. 你会考虑使用这种信用卡吗？

h. 毕业后你还会继续使用这种信用卡吗？

i. 考虑到赠品，这种信用卡和你最常用的信用卡相比如何？

j. 在多大程度上你会使用这种信用卡？为什么会？为什么不会？你打算真的使用这种信用卡还是只想拥有它？你打算毕业后还保留它吗？

B. 重复第二种宣传册和赠品。

C. 重复第三种宣传册和赠品。

D. 出示所有的宣传册和赠品。

（1）最佳赠品是什么？

（2）考虑到赠品，如果有的话你会选择哪一种信用卡？为什么？

五、信用卡设计（10分钟）

最后，我想让你们看一看附带环保赠品的信用卡的三种设计样式。同前两次讨论一样，我先出示每种设计，要求你们记下自己的第一反应，然后讨论每种设计。请使用事先发的表格记录你的反应。

A. 出示第一种设计。

（1）让他们记下自己的第一反应。

（2）讨论。

a. 你的第一反应是什么？设计中你特别喜欢的是什么？不喜欢的是什么？

b. 在设计中是否有什么东西使你在上学期使用它时感到不舒服？毕业后又如何？

B. 重复第二种设计。

C. 重复第三种设计。

D. 出示所有的设计。

（1）如果有的话，这些卡中你会用哪一种？喜欢哪一种？

（2）你是否不会使用哪一种卡，为什么？

案例讨论

请根据上述材料回答：

1. 该提纲设计是否合理？

2. 如果有需要改进的地方，应该怎么改？

第六章
一手资料收集：定量调查方法

本章学习目标

1. 了解定量调查的定义；
2. 了解定量调查的特点；
3. 了解定量资料的收集方法及各种方法的优缺点。

> **引导案例**

雪佛隆公司的法宝

雪佛隆公司是美国一家食品企业。该公司在20世纪80年代初曾投入大量资金，聘请美国亚利桑那大学人类学系的威廉·雷兹教授对垃圾进行研究。教授和他的助手在每次的垃圾收集日的垃圾堆中，挑选出数袋，然后把垃圾依照其原产品的名称、重量、数量、包装形式等予以分类，如此反复地进行了近一年的分析和考察。

他通过对垃圾进行研究，获得了有关当地食品消费情况的信息，并在此基础上给出了以下结论：第一，劳动者阶层所喝的进口啤酒比收入高的阶层多。这一调查结果大大出乎一般人的想象，如果不进行调查，生产和销售后果不堪设想。得知这一信息后，调查专家又进一步分析研究，知道了劳动者阶层所喝啤酒中各品牌所占的比率。第二，中等阶层人士比其他阶层所消费的食物更多，因为双职工都要上班而太匆忙了，以致没有时间处理剩余的食物。第三，了解到人们消耗各种食物的情况，得知减肥清凉饮料与压榨的橘子汁属高收入人士的良好消费品。

雪佛隆公司了解到这些情况后，根据这一信息进行决策，组织人力、物力投入生产和销售，最终获得了成功。

资料来源：http://www.docin.com/p-724956491.html.

请根据案例思考：
1. 威廉·雷兹教授和他的助手采用的是哪种调查方法？
2. 该公司在获取消息后，会采取哪些具体的措施？

第一节 定量调查概述

一、定量调查的定义

定量调查是利用标准化和程序化的技术及方法对所收集的资料进行处理和量化分析的过程。它主要用于描述性、预测性及因果性调查，定量调查的目的是根据所选样本的特征推断总体的数量特征，这和定性调查不能很好反映总体的数量特征具有本质区别。在定量调查中，调查人员一般借助调查问卷展开调查活动，获得的数据大多是定量数据，所以可以运用到更加复杂的统计分析方法，如因子分析、聚类分析等进行数据分析工作。

目前，国内常用的定量研究方法主要包括访问法、观察法和实验法等，这些具体的方法将在后面一一展开论述。

二、定量调查的特点

1. 操作容易

被调查者阅读问题和记录答案迅速简便，在一些特定的情况下被调查者还可自填问卷。

2. 目的性强

定量调查的问题设计，可以说是调查人员研究思路的一个外显，因此具有很强的目的性。

3. 精确度高

由于定量调查的结构性强、条理清晰，这在后期的统计分析上具有更高的精确度。

4. 容易制表

较之定性调查，定量调查在整理的过程中更趋于简便，再大的样本容量在各种软件的辅助之下也能迅速地实现排序、交叉制表并进行统计分析。

5. 结果量化

进行定量调查时，可将被调查者按不同属性细分成多个子群，并根据不同意图进行分析比较使之量化。

三、定量调查与定性调查的关系

在实际应用中，定性调查与定量调查是相辅相成的。这不仅表现在调查内容侧重有所不同，也表现在二者功能上的互补关系。一方面，定量调查其结果依赖于统计，希望通过对相对较多的个体测量推测由大量个体构成的总体的情况。定性调查的侧重点则更多地侧重问题的选项而非变量的分布。另一方面，定性调查与定量调查通常前后相继、交叉进行。比如，问卷是定量调查的工具，但在问卷设计的过程中，为了完善问卷的内容、措辞乃至结构，普遍的做法是进行数次试访，以发现问题设计的用语是否准确，显然此时试访的结论不是用来推断总体的，而是属于定性调查的范畴。又比如，在得到定量调查的结果之后，我们也可以通过定性调查来验证定量调查得出的结论。

第二节 访问调查法

一、访问调查法概述

访问调查法又称询问法,指调查人员根据事先设计好的问卷向被调查者提出问题,要求其给予回答,由此获取所需的信息资料。在进行访问调查时,问卷是提问和回答的重要依据。

访问调查法在市场调查领域有着广泛的应用,是获取定量原始数据的一种重要方法,之所以如此,是因为相对于其他调查方法,访问调查法具有适用性强、可靠程度高以及便于对资料进行编码、统计和分析等几个方面的优点。

二、访问调查法的类型

在展开具体的调查活动时,市场调查者可以根据调查目的、所需搜集资料的类型、获取资料的难易程度等来决定使用何种访问方法。常见的访问方法主要有以下几种,详见图6-1。

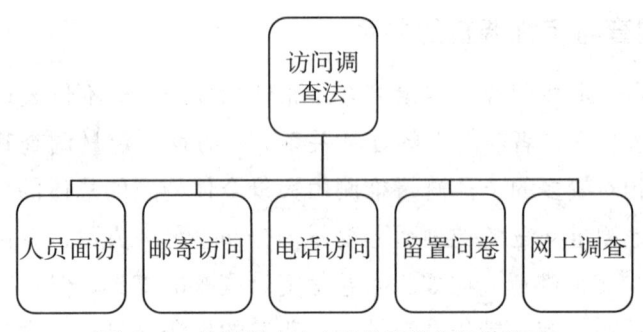

图6-1 访问调查法中几种比较常见的类型

（一）人员面访

1. 人员面访的定义和优缺点

人员面访是调查人员直接面对面向被访者询问有关的问题,以获取相关的信息资料的一种方法。在进行访问时,既可以是一对一,也可以是几个人集体面谈。

由于是面对面地进行访问,访问员与被访者可以进行双向沟通,及时解决访问中遇到的问题,所以具有较强的灵活性。这不仅有助于提高调查质量、收集更多的信息,还可以有效提高问卷的回收率。

人员面访调查法的缺陷是调查效率低、成本比较高及调查所需的时间较长,这些都使得人员面访法只适合在小范围内使用。同时此法对调查员的素质要求比较高,且调查结果容易受调查人员及被访者的合作态度等多种因素的影响。因此,在实施人员面访调查时,应注意以下几个方面的问题。

首先,在进行调查活动前,需要对访问员进行适当的培训,培训内容应包括了解调查目的、访问技巧及访谈时应注意的基本礼节等。

其次,在进行具体访谈时,要求访问员应保持客观中立的态度,避免发表具有倾向性和诱导性的意见,以保持答案的客观真实性。在提问时应遵循先易后难的原则,保证访谈工作的顺利进行。

最后,需要对访问员进行必要的监督。这种监督包括两个方面,即态度是否端正以及调查记录的真实性。具体监督的手段可以采用现场抽查、分析调查记录及回访被调查者等。监督的目的是杜绝访问员的弄虚作假行为,提高访问结果的真实有效性。

2. 人员面访的分类

人员面访可以具体分为入户访谈、街头拦截访谈及计算机辅助面访三种类型。

(1) 入户访谈。

入户访谈是指被调查者在家或单位接受访问。在入户访谈中,调查者按照事先的抽样计划,到被调查者的家中或单位,依据调查问卷或提纲展开面对面的直接访问。

入户访谈首先要确定到哪些家庭进行访问,如果抽样方案中有具体名单,则应严格按照名单进行,如果只是给出抽样点和抽取方法,则要求调查者严格按照规定进行抽样。确定了调查家庭以后,还应该选择具体的访问对象,这也应该严格按照调查设计来选择,例如,在对日常生活用品购买情况进行调查时,访问对象通常是女性。

由于入户访谈是在被调查者家中或单位进行的面对面、私下的访谈形式,因此它往往具有很多优点,包括:可以对复杂的问题进行解释;能确保受访者在一个最为舒适自在的环境里轻松接受访谈;可以对问卷中涉及的私人问题或比较敏感的问题进行访谈;适合进行复杂而且需要很长时间的面谈,等等。

但入户访谈也存在一些缺点,比较突出的包括:随着信任危机的扩散,入户变得更加困难;成本高、时间长,最终使得调查效率比较低;访问过程容易受访者家庭成员、电话等因素的干扰;对访问员的素质要求比较高,等等。正是因为这些缺点的存在,入户访谈的使用率正在不断下降。

(2) 街头拦截访谈。

街头拦截访谈也是一种较为常见的人员面访法。这种调查一般在商贸中心、大型超市等人流量比较大的繁华地段进行。调查者按照规定的抽样要求选取被调查者,获得对方的同意后,在现场或就近展开访谈。街头拦截访谈除了具有能直接获得反馈、对复杂问题进行解释等与入户访问相同的优点外,还因为被调查者的易获得性而节约交通费用及在途时间,可以将更多的时间用于访谈,从而获得更多的信息资料,有效地提高了访谈的效率。

当然，街头拦截访谈也存在一些不足之处：拒访率较高，这是比较普遍的现象；由于环境的限制，被调查者容易分心，不适合比较复杂、长时间的面谈，不利于获得深层次的信息；不方便进行大量图片、卡片或产品的展示；样本的代表性较差，这也是街头拦截访谈最大的缺陷。

(3) 计算机辅助面访。

从严格意义上来说，计算机辅助面访不是一种独立的面访调查形式，它是入户访谈和街头拦截访谈与计算机技术的结合产物。在计算机辅助面访中，问卷被事先储存在电脑内，由经过培训的访谈员携带笔记本电脑向被调查者进行面访。进行调查时，访谈员根据电脑中问卷的问题和提示语进行提问，并及时将被调查者的答案输入电脑中。

(二) 邮寄访问

邮寄访问是由调查者将设计好的问卷通过邮寄的方式送达被调查者手中，请他们按照要求填写问卷并在规定的时间将问卷寄回给调查者的一种方法。

按照抽样方法的不同，邮寄访问又可细分为普通邮寄访问和固定样本邮寄访问。相对于普通邮寄访问，固定样本邮寄访问最大的优势就是问卷回收率大大提高，且可以更深入地了解固定样本的特性。

目前，由于种种原因的限制，邮寄访问在中国应用得较少，但在国外却是应用得非常广泛的一种调查方法。相对于其他调查方法，其优点主要包括：高效、方便、费用低廉，节约了人力；能给被访者较充裕的时间回答问题；不会受到访问者有意识或是无意识的干扰，等等。

虽然邮寄访问具备上述优点，但它同样存在一些严重的缺点，主要包括：问卷的回收率低，这直接影响到样本的代表性；由于不在现场，调查人员对于问卷填写完全无法控制，这将会影响到收集信息的准确性和真实性；信息反馈时间长；对被调查者的文字理解能力和表达能力提出了较高的要求等。

为了解决邮寄访问回收率低的现状，调查组织方往往会采取以下一些措施和办法：对于没有回应的被调查者，用明信片、电话或邮件进行提醒；通过礼品或金钱报酬进行刺激；采取抽奖的方式；在邮寄问卷时附上贴好邮票的信封等。

(三) 电话访问

电话访问是指调查者通过电话向被调查者提出问题，以获取信息的一种方式。按照调查时所用工具的不同，电话访问又可以分为传统电话访问和计算机辅助电话访问。顾名思义，传统电话访问用到的工具是电话、问卷或提纲及记录答案要用到的纸笔，而计算机辅助电话访问用到的工具则是计算机，当然这台计算机配套了一系列的软件：问卷设计系统、自动随机拨号系统、数据自动录入系统、统计系统和自动访问管理系统等。计算机辅助电话访问最大的优点就是省略了数据编辑和录入步骤，提高了调查效率，降低了录入误差。

相对于其他调查方法,电话访问具有以下几个方面的优点。

（1）费用低。这是因为在访问时节约了交通费用和问卷印刷等费用；

（2）速度快。一个样本为几百人的调查,采用电话访问的方式进行,一天时间就可以完成；

（3）交谈自由。在访问中,由于调查员和被调查者并非面对面,所以可以减少被调查者的心理负担,便于获得更真实的信息；

（4）对调查员管理方便。这使得电话访问的质量比当面访问更容易得到保证。

同样,电话访问也存在一些不足之处。

（1）极大地限制了各种调查工具的综合使用。和面访相比,电话访问只能通过声音传递信息,没有办法通过辅助工具,如肢体语言和卡片等获取更多信息；

（2）不适合较长时间的访问。一般对被调查者的访问时间应控制在10分钟以内；

（3）不适合深度访谈或开放式问题的回答；

（4）辨别回答真伪以及记录的准确性都受到限制,且因为访问时不知道被调查者在做什么,所以很容易遭到拒绝；

（5）样本受限。从理论上说,电话访问的结果只能推论到有电话的对象这一总体。而在实践中,电话访问必然会遇到如何抽样的问题。

（四）留置问卷

留置问卷是指调查者将调查问卷当面交给被调查者,在向他们说明调查目的和填写要求后,由被调查者自行完成问卷,再由调查者按照约定的时间上门回收问卷的一种方法。它实际上是人员面访和邮寄访问的结合体,同时保留两者的优点：保密性强和回收率高。留置问卷调查的关键在于保证调查的匿名性,这点在调查之前必须向被调查者明确说明,同时在问卷回收时采取一定的措施确保回收问卷的匿名性。

留置问卷访问法的优点主要有以下几个方面。

（1）被访者有充裕的时间回答问卷,答案更能反映被访者的真实情况；

（2）对调查员的技术要求较低；

（3）由于是调查员亲自上门取回问卷,所以此法问卷回收率高；

（4）可以避免受到调查员有意或无意的干扰；

（5）可以控制问卷的回收时间。

留置问卷也存在一些缺陷,主要表现为以下几个方面。

（1）由于是上门发放问卷且需要二次上门回收,所以此法效率较低；

（2）路上耗时较长,增加费用；

（3）难以了解问卷是否真的是调查对象本人填写,问卷质量难以控制；

（4）对被调查者的文化水平和理解能力有一定要求,可能出现理解偏差。

（五）网上调查

网上调查是以互联网作为媒介进行的资料收集活动。随着互联网的普及,尤其是手机上网已经成为主流,越来越多的调查人员开始把网络调查作为收集二手资料和原始资料的一种重要方法。

目前所拥有的数据表明,全球尤其是中国网民的数量正呈现出爆炸式的增长速度,这就为网上调查提供了得天独厚的条件。在网络调查中,由于被调查者更乐于尝试新的事物,这使得网上调查在收集原始资料方面具有很大的优势。

▶ 小案例 6-1

澳大利亚某出版公司的网络调查

澳大利亚某出版公司计划向亚洲推出一本畅销书,但是不能确定用哪一种语言、在哪一个国家推出。后来决定在一家著名的网站作一下市场调查。方法是请人将这本书的精彩章节和片段翻译成多种语言,然后刊载在网上,看一看究竟用哪一种语言翻译的摘要内容最受欢迎。过了一段时间,他们发现,网络用户访问最多的网页是使用中文的简化汉字和韩国文字翻译的摘要内容。于是他们跟踪一些留有电子邮件地址的网民,请他们谈谈对这部书的摘要的反馈意见,结果大受称赞。于是该出版社决定在中国和韩国推出这本书,出版后受到了读者的普遍欢迎,获得了可观的经济效益。

资料来源:刘波. 市场调研 [M]. 成都:西南财经大学出版社,2009.

通过网络收集原始资料主要有三种方式:在线问卷调查、E-mail 问卷调查及新闻组讨论调查。在实践中,应根据调查目的、调查主题及收集资料的深度等选择具体的调查方式。

相对于其他收集资料的方式,网络调查在很多方面具有一定的优势。

(1) 费用低廉。正常情况下,网络调查的费用是所有资料收集方法中最低的。

(2) 速度快,调查范围广。网络调查可以在很短的时间完成,且由于网民数量众多,所以各种调查主题的问卷都可以通过网络找到合适的被调查者。

(3) 实时监控回答质量。专业的在线调查公司开发了一些质量控制和样本配额控制的程序,可以对问卷回答质量进行实时监控,及时剔除不合格问卷。

(4) 表现力强。运用网络技术,可以在调查时结合图片、音频和视频等辅助工具来增加问卷的趣味性,并获取更多信息。

尽管网络调查具有上述的众多优点,但其发展前景仍然受到以下几个方面的制约。

(1) 样本的选择有一定的局限性。网民的结构层次在一定程度上制约了样本的选择,也使得关于某些产品的调查,如老年用品等不适合通过网络调查收集资料。

(2) 安全性有待提高。网络安全是网络调查快速发展的最大瓶颈,被调查者往往会因为担心信息泄露而拒绝填写调查问卷。

(3) 问卷的长度和调查结果的质量受到限制。年轻人在网民中所占的比重较大这一特点决定了问卷的长度不能太长,而由于不能对问卷回答进行控制,所以调查结果的质量也要受到一定的影响。

五种访问调查方法的具体比较如表 6-1 所示。

表 6-1　五种访问方法的比较

项目	人员访问	邮寄访问	电话访问	留置问卷	网上调查
调查范围	较窄	宽泛	较窄	窄	很宽泛
收集复杂信息的能力	强	中	弱	强	中
调查对象	可以控制	难控制	可以控制	可以控制	难控制
回收率	高	低	较低	高	一般
信息的可信度	高	一般	较低	高	一般
深入程度	高	一般	一般	一般	低
投入人力	多	少	较少	较多	少
调查费用	高	较低	低	较高	低
调查时间	较长	长	较短	较长	短
调查员的素质要求	高	无	一般	一般	无

我们在选择具体的访问方法时，可以从收集数据的质量、预算费用、问卷的长度、问卷的结构化程度、具体操作的复杂性以及抽样精度要求等这几个方面进行综合考虑，选择最合适的调查方法。

第三节　观察法

一、观察法概述

(一) 观察法的定义和使用条件

观察法是调查者依据一定的研究目的、研究提纲或观察表，在现场用自己的感官或辅助工具对被调查者的情况进行直接观察和记录，以取得信息资料的一种调查方法。

在运用观察法收集信息时，必须具备一定的条件。首先，调查者所要收集的信息是可以直接观察到的或者可以通过观察到的信息进行推断的；其次，所要观察的行为必须具有重复性或者可预测性；最后，所要观察的行为必须要在相对较短的时间内完成。综上所述，观察法的适用范围要受到相关因素的制约，在进行调查方法选择时必须充分考虑这些制约因素。

（二）观察法的分类

在具体调查活动中，有很多种类的观察方法可供调查人员选择，但对于某一特定的调查问题，就需要从调查目的、调查成本及数据质量等方面进行综合考虑，以便从中选择一种最有效的方法。根据不同的分类标准，观察法可以分为以下几种不同的类型。

1. 按观察发生的场所可分为实地观察和模拟实地观察

实地观察是指观察者在观察事件中没有扮演任何角色，而被观察者没有意识到他们正被观察中，因此，他们的行为是自然表露出来的，比较客观真实。例如，直接在超市或购物中心观察顾客的行为。

模拟实地观察也称为设计观察，它是指观察者在经过设计的环境中对被观察者进行观察。由于是经过设计的，所以观察者不仅可以更快地收集到数据，而且能够对外在影响因素进行有效控制，这些都使得调查活动的成本降低。但由于被观察者事先知道他们参与此项活动，因此表露的行为可能不够真实。

2. 按观察结果的标准化分为控制观察和无控制观察

控制观察在观察调查中是根据观察的目的预先确定范围，有计划地以标准化的观察手段、观察程序和观察技术进行系统观察，以确保观察结果的标准化。在进行控制观察时，观察者必须为每一位被观察者填写一份问卷式表格。

无控制观察则对观察的手段、项目和步骤等不作具体的严格规定，也不需要用标准的方法进行记录，它是一种比较灵活的观察形式。无控制观察适用于对研究问题不甚了解的情况下，因此常用于探索性调查或有深度的专题调查。

3. 按观察者是否参与观察活动分为参与观察和非参与观察

参与观察是指观察者置身于观察活动之中进行观察，根据观察者在观察活动中是否隐瞒自己的真实身份，参与观察又可分为完全参与和不完全参与。完全参与是指观察者隐瞒自己的身份，长期和被观察者处于同一环境中展开观察活动，如伪装购物来观察售货员的表现。使用此种方法不仅能了解到事物的表象，通过亲身参与还可了解到现象发生的某些原因。不完全参与则是指观察者参与被观察者的群体活动，但不隐瞒自己的身份。这种方法的局限是可能使调查结果不全面或失真。

非参与观察是指观察者不置身于被观察群体中，而是以局外人的身份客观地观察事件的发生及发展情况。其优点是结果较真实，而缺点是只能了解到事物的表象，无法获得深入细致的调查资料。

4. 按观察的手段或形式不同可以分为人员观察和机器观察

人员观察是由调查人员实地观察被观察者的方法，它是观察法中最主要的形式之一。

机器观察则是借助机器观察被观察者，比较常用的机器有交通流量计数器、脑电图、测瞳仪、阅读器、扫描仪、摄像机和设听设备等。

在特定的环境中，机器观察可能比人员观察更方便快捷，获得的结果更精确。

5. 按取得资料的时间特征可分为纵向观察、横向观察和混合观察

纵向观察又称时间序列观察，是指在不同的时间段所进行的观察。使用这种方法可以获得一连串的观察记录，通过对观察资料进行分析研究，能够从中了解观察对象发展变化的过程和规律。

横向观察又称静态观察，是指在同一时间对若干个被观察对象的行为进行观察记录的方法。例如，同时对若干个分店的销售情况进行观察。

在实践中，为了使获取的资料更加可靠、全面，调查者往往将横向观察和纵向观察结合起来使用，也就是通常所说的混合观察。

二、观察法的记录技术

记录技术选用得是否得当将直接影响到调查结果，良好的记录技术不仅可以减轻观察者的负担，准确及时地记录比较全面的信息，而且便于观察者对收集到的资料进行有效整理和分析。常用的观察记录技术主要有以下几种。

1. 观察卡片

观察卡片也叫观察表，其结构设计与问卷基本相同，观察卡片上列出了具体的观察项目以及各个观察项目可能出现的各种情况。在实施调查活动时，观察员可以根据观察情况直接在观察卡片上填写观察记录。这样不仅加快了记录的速度，而且便于后期资料的整理分析。

2. 符号

符号是指事先设计好相应的用来代表在观察中出现的各种情况的标记。在进行观察时，直接用符号进行记录，而不需再用文字叙述。

3. 速记

这是用一套简便易写的线段、圈点等符号系统来代表文字进行记录的方法。在使用速记时，需要对观察员进行培训。

4. 记忆

这是在观察调查中，采用事后补记的方式进行记录的技术。它通常用于调查时间紧迫或不宜现场记录的情况。

5. 机械记录

机械记录是指在观察调查中，借用专业仪器如录音机、录像机、照相机及其他各种专用工具进行的记录。

不同的记录技术都存在自身的优点和缺陷，在实际调查活动中，应根据实际情况选择其中的一种或几种，以确保收集资料的全面和准确。

▶ 小案例 6-2

关于大学生鞋的颜色偏好观察报告

观察目的：现代大学生的衣着颜色各异、五彩缤纷，鞋的颜色也不例外。下面我们小组就大学生对鞋的颜色偏好作了系统的观察。此实验没有查到有关的文献资料。

观察的对象：×××大学学生共60名（男女各30名）。

观察时间：2013年3月7日下午4：00～5：00。

观察地点：×××。

观察内容分类及每个类别的操作性定义：

1. 性别：男、女。

2. 鞋的颜色分为：（1）黑色；（2）白色；（3）黄色；（4）绿色；（5）紫色；（6）红色；（7）蓝色；（8）棕色；（9）其他。

（说明：杂色的鞋子中，如果有一种颜色占1/2以上就归为此种颜色，颜色平均就归为其他类。）

设计的观察工具如表6-2所示。

表6-2 颜色观察

颜色\性别	黑	白	黄	绿	紫	红	蓝	棕	其他
男									
女									

观察结果人数与百分比如下：

男生所穿鞋子颜色比例：

黑色8人（13%）　　白色7人（11.6%）　　蓝色8人（13%）

黄色1人（1.6%）　　绿色0人　　　　　　紫色0人

棕色1人（1.6%）　　红色2人（3%）　　　其他3人（5%）

女生所穿鞋子颜色比例：

黑色3人（5%）　　　白色8人（13%）　　　蓝色3人（5%）

黄色2人（3%）　　　绿色2人（3%）　　　　紫色0人

棕色3人（5%）　　　红色9人（15%）　　　其他0人

根据统计资料：男生偏重于黑色和蓝色，我们的主观观点，认为这两种颜色代表稳重，比较符合男大学生的风格；女生则偏重于红色和白色，红色代表热情有活力，白色代表纯洁。而大学生基本上处于18～25岁的年龄阶段，是由纯真到成熟的过渡期，也正是赶时髦的年纪。红色在我国古代备受推崇。代表吉祥的红色现如今被流行元素所包围，使红色成为流行色。这也是红色占多数的原因之一。

上述资料显示，男生其他类所占比例为5%，在总体上还占有一定地位。这也许说明男生偏好于"另类"和"与众不同"的风格。而女生在其他类中比例为0意味着几乎没有女生穿杂色鞋子，或者是杂色比较少的鞋子。这也许显示出女生较之于男生单纯的原因。

三、观察法的优缺点

（一）观察法的优点

（1）实地观察人们的行为和现象的发生，资料更加客观真实；

（2）能够收集到被调查者无法直接用词语表达的一些信息；

（3）观察法不依赖于语言交流，减少了理解偏差和干扰因素，因此能较为有效地减少误差；

（4）观察法实施起来比较简单。

（二）观察法的缺点

（1）观察法需要人员较多，提高了调查成本；

（2）只能观察到表面的现象和外在的行为，无法观察内在的动机及产生行为的原因，这也是观察法最大的缺陷；

（3）对调查员的技术水平要求较高，观察法往往要调查员具备必要的心理学、社会学知识，以及良好的记忆力和敏锐的观察能力等；

（4）调查员不能对被观察者进行必要的控制，这就需要观察者花更多的时间进行调查活动。

四、观察法的应用

人员观察是观察法中最常见也是应用最广泛的形式之一，在具体实施时，它又包含单向镜观察法、购物行为和形态、内容分析及"神秘顾客"四种类型，其中利用"神秘顾客"进行观察最为常见，发挥的作用也最为突出。

神秘顾客法又叫神秘购物法，是法国居伊·梅内戈点子公司提出的一种在实际中应用的观察法。在我国，神秘顾客最早是由肯德基、诺基亚、飞利浦、摩托罗拉等知名跨国公司引进，并被广泛用于内部管理活动。

所谓的神秘顾客，是指由经过专门训练的观察人员，伪装成一名普通顾客，通过实地体验，详细记录下购物或接受服务时所发生的一切情况，以发现商家在经营管理中存在的种种缺陷的一种调查方法。神秘顾客可以用于企业内部管理，帮助企业发现经营管理中存在的问题。这样既有助于提高企业经营能力，也为激励员工提供了客观依据。同时它也可以用来观察竞争对手，以了解竞争对手的优势和劣势，为企业进行决策提供依据。

在现实生活中，我们也可以通过观察法来获得一些相对直观的数据，例如，航空公司可以通过观察乘客扔进垃圾桶的食物残留来决定是否要改变供应食物的类型等。

第四节　实验法

一、实验法的概述

实验法是指市场研究人员有目的、有意识地通过改变或控制一个或几个影响因素的实践活动，来观察调查对象在这些因素发生变化时的变动情况，并借此认识市场现象的本质特征和发展规律。

实验法的应用范围非常广泛，例如，企业在改变产品的包装、质量、价格、陈列方法及广告内容等情况下，都可以通过实验法进行调查。

二、实验法的种类

因为分类依据不同，实验法可以分为不同的类型，但比较常见的实验法有以下两种，它们是根据进行实验的环境进行分类的。

1. 实验室实验

实验室实验是指在人造的环境中进行实验，研究人员可以进行严格的实验控制，比较容易操作，时间短，费用低。

2. 现场实验

现场实验是指在实际的环境中进行实验，操作起来比较复杂，但实验结果一般具有较大的实用意义。

三、实验法的应用步骤

（一）根据市场调查课题，提出研究假设，确定实验自变量

确定实验自变量的重要前提就是透彻地研究市场调查课题，并在此基础上提出研究假设，只有这样，实验才能顺利进行。

（二）进行实验设计，确定实验方法

实验设计是调查者控制实验环境和实验对象、进行实验活动的整体方案。它既决定前面提出的研究假设能否成立，也决定实验对象的选择和实验活动的开展，最终还

将直接影响到实验结果结论。

根据是否设置对照组及设置对照组的多少,我们可以设计出多种不同的实验方案。在这里我们只介绍几种最基本、最常用的实验方案。

1. 单一实验组前后对比实验

这种实验方案是选择若干实验对象作为实验组,将实验对象在实验活动前后的情况进行对比,得出实验结论。在市场调查中,经常采用这种简便的实验调查。例如,某针织厂生产的袜子质量在同类产品中是比较好的,但其销量总是不尽如人意。该厂市场营销人员经过调查研究,认为是该袜子的包装不理想,决定把原来的纸盒包装改为塑料盒包装,但营销人员对新设计包装的效果如何并没有十足的把握。为此,该厂决定运用无控制组的事前事后对比实验来考察实验结果。整个实验期为 2 个月,前一个月仍用旧包装,而后一个月采用新包装。实验结果是,采用旧包装的那个月销量为 1000 盒,采用新包装的那个月销量为 1250 盒,请问效率提高了多少?

非常明显,根据实验效果来计算,可以看出提高的效率为:

$$RE = (1250 - 1000)/1000 = 25\%$$

上述结果表明,采用新包装后销量将增加 25%,效果是明显的,所以该厂决定采用新包装。但事实真的如此吗?未必,因为外界的不可控因素太多了,例如,天气的变化、节日性活动等都可能是影响这种变化的因素。

因此单一实验组前后对比实验,只有在实验者能有效排除非实验变量的影响,或者非实验变量的影响可忽略不计的情况下,实验结果才能充分成立。

2. 实验组与对照组对比实验

这种实验方法是选择若干实验对象为实验组,同时选择若干与实验对象相同或相似的调查对象为对照组,并使实验组与对照组处于相同的实验环境之中。例如,某服装厂为了解服装的款式改变后消费者有什么反应,选择了 A、B、C 三个商店为实验组,再选择与之条件相似的 D、E、F 三个商店为对照组进行观察。最后对实验结果进行对比。

值得指出的是,实验组与对照组对比实验,必须注意二者具有可比性,即二者的规模、类型、地理位置、管理水平、营销渠道等各种条件应大致相同。只有这样,实验结果才具有较高的准确性。但是,这种方法对实验组和对照组都是采取实验后检测,无法反映实验前后非实验变量对实验对象的影响。为了弥补这一点,可将上述两种实验进行综合设计。

3. 实验组与对照组前后对比实验

这种方法要求对调查对象随机抽出两个样本组,在相同时间段内进行实验比较其中一组为实验组,一组为控制组。要求对实验组和控制组分别进行实验前测量和实验后测量,然后进行事前、事后对比。比如要测定某一种商品改变包装后的销售情况,可以在实验前测定两组销售量,实验组为 X_1,控制组为 Y_1;实验后实验组的销量为

X_2，控制组的销量为 Y_2；实验效果，即两组事前、事后对比的实验效果为 $(X_2 - X_1) - (Y_2 - Y_1)$。

例如，某公司欲了解该公司巧克力的新包装效果，选定 A、B、C 三家超市作为实验组，D、E、F 三家超市为控制组，在 A、B、C 以新包装销售，在 D、E、F 以旧包装销售，实验期为一个月，最后得到的结果如下。

（1）实验组和控制组在实验前的商品销售量均为 1000 盒；实验组在实验后的商品销售量为 1600 盒，控制组在实验后的商品销售为 1200 盒；

（2）实验前同实验后对比，其变动结果是商品销售量增加了 600 盒；控制组实验前同实验对比，其变动结果是商品销售量增加了 200 盒。

即实验效果 = $(X_2 - X_1) - (Y_2 - Y_1)$ = （1600 - 1000）- （1200 - 1000）= 600 - 200 = 400 盒。

由实验效果可以看出，使用新包装的销售效果还是不错的，可以考虑采用新包装。这是对实验组和对照组都进行实验前后对比，再将实验组与对照组进行对比的一种双重对比的实验法。它吸收了前两种方法的优点，也弥补了前两种方法的不足。

（三）选择实验对象，确定实验时间

在进行了实验设计并确定了合适的实验方法后，即可以根据实验方法类选择符合要求的实验对象，并初步确定进行实验的时间。

（四）进行正式实验

进行正式实验前，应对实验人员做好培训工作，以确保实验严格按照实验设计展开。

（五）整理分析资料，得出实验结果

正式实验结束后，应对实验取得的资料进行整理分析和检测，得出实验结果，为企业进行正确决策提供科学依据。

四、实验法的优点和缺点

实验法的优点主要体现在以下几个方面。

第一，通过实验法获得的调研资料比较真实、客观，实验结果的说服力比较强；

第二，能够验证市场现象之间是否存在相关关系；

第三，可以通过多次反复的实验来检验实验结论的正确与否。

尽管实验法的优点非常突出，但其缺陷也不容忽视。

第一，花费时间较多、费用较高，且实验过程不易控制；

第二，实验情况不易保密、竞争对手可能会有意干扰现场实验的结果；

第三，影响市场变化的因素很多，难以人为控制，这必然会影响实验结果的准确性。

五、实验法的应用

市场实验调查必须要具备以下几个基本要素：一是要有实验活动的主体，即实验者；二是要有实验调查所要了解的对象；三是要营造出实验对象所处的市场环境；四是要有改变市场环境的实践活动；五是要在实验过程中对实验对象进行检验和测定。只有具备了这五个要素，实验活动才能展开。

实验调查是一种探索性、开拓性的调查工作，实验者只有思想解放，有求实精神，敢于探索新途径，能灵活应用各种调查方法，才能取得成功。正确选择实验对象和实验环境，对实验调查的成败也有重要作用。如果所选的市场实验对象没有高度的代表性，其实验结论就没有推广的可能性。此外，由于实验活动要延续相当的时间，还要有效地控制实验过程，让实验活动严格按实验设计方案来进行。

第五节　调查方法的选用

不同的调查方法有不同的优缺点。在市场研究中究竟采用什么样的调查方法，主要根据调查目的、对象、内容等的不同而通盘考虑。

1. 调查对象

调查对象影响总体特征和抽样方式。文化水平以及合作和配合调查的态度，是选择调查方式时必须考虑的两个因素。例如，留置问卷要求调查对象具有较强的读写能力和合作倾向。具体的抽样方式也对选择调查方法有着重要的影响，不同的抽样方式可能会使调查过程比较容易或非常困难。此外，抽样单位与调查对象单位的一致性也是制约调查方式的一个因素。当调查对象是个人、抽样单位是群体（如住户或单位）时，采用邮寄、留置问卷的调查方式就会失去对最终被调查者的控制。观察法则很少考虑调查对象的问题，实验法则对样本的选择非常严格。

2. 调查内容

调查内容对调查方法制约的表现是调查项目的多少及复杂程度的影响。一般来说，由于调查时间短，电话访问法的灵活性差；面谈访问法以及观察法等其他调查方式的适应性则比较强。如果是想了解消费者的动机和态度等心理状态，观察法就不能采用；如果是想探寻因果关系则实验法是首选。建议调查人员在整理好所有具体的调查问题后，先用排除法将不可能采用的方法剔除，然后在可能采用的方法中根据时间、经费等因素再作选择。

3. 提问形式

与调查内容相比，提问形式或问卷形式对选择调查方式有更明显的影响。追寻原因的开放式问题，不宜采用留置问卷访问法；而选择项较多的问题以及需要对多项内容进行排序的问题，则不适用电话访问法；当提供的背景材料很充分时，或提问形式为"投射式"时，留置问卷访问法是比较合适的选择。

4. 资料要求

当把收集资料的过程作为一个整体对待时，怎样才能很好地将数种方法有机地结合起来？一般来说，要对以下几个方面给予综合考察，并根据实际情况作出正确的选择。

（1）从响应率的角度看。

收集资料的方式不应拘泥于某一种，而应综合运用数种方式，以保证必要的响应率。从具体的调查方式来分析，面对面的座谈会的响应率最高，而观察法则不存在响应率问题。

（2）从真实性的角度看。

失去真实性的保证，获得的资料再多也没有任何意义。观察法收集资料的真实性取决于调查者的素质，而邮寄调查法的填答过程不受调查人员的影响，得到的资料较为客观。

（3）从收集周期的角度看。

每种收集资料的方法都需要一定的时间，但周期长短不尽相同。因为现代市场调查讲究时效性，没有时效性也就失去了市场调查的意义。从具体方式上看，邮寄调查法一般要两个月左右的时间，因而在可比规模内，电话访问法可大大缩短调查周期。观察法的时间具有较大的弹性，实验法则视具体研究内容而定。

（4）从费用支出的角度看。

每次市场调查的费用都是有限的，因此要在费用允许的范围内考虑调查效益。在考虑调查费用时要从调查整体上分析。从具体调查方式上看，邮寄调查法比较节约费用。但需要指出的是，不仅要计算邮资，还要注意写地址或清理地址所需的时间及打印问卷、补寄、数据整理分析等的费用。

此外，还可以考虑组合式调查。一个研究项目不能简单地只考虑一种方法，有时综合运用几种数据收集方法，利用不同方法的优点可使收集的数据更完整、更全面，但也存在每种方法可能得到不同结果的风险，这需要调查者谨慎判断。实验法常常与观察法结合运用。

本章小结

定量调查是利用标准化和程序化的技术及方法对所收集的资料进行处理和量化分析的过程。定量研究方法主要包括访问法、观察法和实验法。

访问调查法又称询问法，指调查人员根据事先设计好问卷向被调查者提出问题，要求其给予回答，由此获取所需的信息资料。根据调查手段和介质的不同，访问法分为人员面访法、邮寄访问法、电话访问法、留置问卷法和网上调查法。

观察法是调查者依据一定的研究目的、研究提纲或观察表，在现场用自己的感官或辅助工具对被调查者的情况进行直接观察和记录，以取得信息资料的一种调查方法。观察法主要分为分为实地观察和模拟实地观察、控制观察和无控制观察、参与观察和非参与观察、人员观察和机器观察、纵向观察和横向观察。

实验法是指市场研究人员有目的、有意识地通过改变或控制一个或几个影响因素的实践活动，来观察调查对象在这些因素发生变化时的变动情况，并借此认识市场现象的本质特征和发展规律。按照实验的环境不同，实验法可分为实验室实验和现场实验。实验法按照实验的设计方式不同，可以分为单一实验组前后对比实验、实验组与对照组对比实验、实验组与对照组前后对比实验。

复习思考题

1. 比较常见的定量资料调查方法有哪些？
2. 试举例说明定量调查在市场研究活动中的重要性。
3. 请简述观察法的优缺点。
4. 请说明几种主要的实验调查方法，并简要分析其优缺点。

案例分析

Yahoo 用户分析调查

Yahoo 是一家互联网媒体公司，专门提供一些全球共享程序，并且收集、综合网上主要内容，为商业用户及一般消费者服务。作为第一家网上搜索引擎，Yahoo 是涉及信息流量、广告、日常起居的大型公司之一，也是最著名的网络品牌公司之一。

对于 Yahoo，互联网便意味着调查对象。作为一家电子媒体，公司有责任向在其网页上做广告的厂家提供准确的信息流量。

Yahoo 的欧洲网站在 1997 年的第一季度便接待了 70 名广告商。Yahoo 最近又宣布 IBM 公司——三大互联网广告投放商之一，已经选择 Yahoo 开始其首创的全球多语种互联网广告节目。Yahoo 在欧洲的其他主要广告商包括欧宝公司、雀巢公司、标致公司，而这些公司在中国也拥有广大的消费者。

Yahoo 授权一家英国调查企业——大陆研究公司，对德国、法国、美国和中国的 Yahoo 使用者进行分析调查。同时，大陆研究公司将与纽约一家名为 Quautime 的公司合作完成此项目，给公司提供抽样调查软件及服务设备。大陆研究公司和 Quautime 公司设计了一个两阶段的调查计划。第一阶段，收集德国、法国、美国及中国的 Yahoo 商业用户及一般用户访问 Yahoo 网站的数据，了解其上网动机及主要的网上行为。这就要求 Yahoo 做到所有的调查及回答过程必须使用被访者的本国语言。

同时,还要求被访者提供其 E-mail 地址以备第二阶段调查的再次联系,在这一阶段将进行深度调查。该阶段的主要问题就是吸引、督促被访者参与、完成调查,以确保收集到最佳信息。在第一阶段,仅两周的时间便收到了 1 万份来自这 4 个国家的完整回答结果,这意味着调查已经接触到目标群体。

第一阶段:收集数据。

Yahoo 第一阶段的调研包括 10 个问题,涉及被访者的媒体偏好、教育程度、年龄、消费模式等。设计 Yahoo 互联网使用软件的主要目的就是使其与 Quautime 公司已有的 CATI 设备的一致性。因为使用的是同种语言,因此互联网调查在逻辑上与 CATI 调查相似。复杂的循环及随机程序能保证所收集数据的稳定性。而且,前面问题的答案可供后面的问题使用,以使调查适合第一位被访者,并有效地鼓励其合作。

约有 10% 的被访者没有完成全部问卷。造成这种情况的原因可能有很多(厌烦、断线、失去耐心等),但由于这些费用几乎为零,所以没有造成什么损失。在第二阶段,在对已留下 E-mail 地址的人进行深度调查时,可以在其上次中断的地方进行重新访问。这样做虽然使第二阶段的问卷相对长了些,但中途断线率降到 5%~6%。这在某种程度上得到了个人 E-mail 收发信箱的激励,并赢得了 1/5 的电子组织者的支持。

在有关互联网使用情况的其他研究中,80% 的被访者为男性,60% 为受雇者,35% 的受访者年龄为 25~35 岁。这项调查还揭示了一个奇怪的现象:虽然占一半的互联网使用者使用的目的为公事、私事兼而有之,但使用者主要还是用于商业。而在其他使用者中,利用其进行休闲娱乐及其他私人活动的人数约为其他类型使用者的两倍。

第二阶段:深度调查。

第一阶段调查的是激活调查窗口并完成基本调查的网上使用者,而第二阶段则针对那些在第一阶段中留下了 E-mail 地址并同意继续接受访谈的人进行调查。这些被访者将收到一份 E-mail 通知,告之他们调查的网址。第二阶段的询问调查要比第一阶段长,它会涉及一系列有关生活方式的深度研究问题。由于大陆研究公司已经认识了这些被访者,因此公司要求被访者进行登记,这样做能够准确地计算回答率。如果需要的话,公司还将寄出提醒卡,以确保每位被访者只进行一次回答。实际上,在发出 E-mail 通知后的一周内,调查者便收到了预期的样本数目,根本无须提醒。

资料来源:小卡尔·麦克丹尼尔等. 当代市场调研 [M]. 北京:机械工业出版社,2012.

案例讨论

1. 互联网是获取所需信息的最好方法吗?理由是什么?
2. 在数据收集过程中,还可以使用哪些其他方法?

第七章
态度测量技术

本章学习目标

1. 了解态度的含义；
2. 了解态度测量的本质及四种尺度；
3. 了解常用的态度测量量表；
4. 了解态度测量量表设计中应注意的问题；
5. 了解态度测量量表信度、效度等相关评价指标。

> 引导案例

服装网购满意度调查结果公布

近日,某调查公司发布了一份主要 B2C 网站服饰网购满意度调查研究报告。凡客诚品名列第一,麦考林名列第二,麦包包异军突起名列第三。

该报告采取了神秘顾客真实购买的办法,在北京、上海、广州等中国 9 大城市,购买指定的几类产品,并对产品和服务过程进行打分评价。

这次调查分为业务办理、客服热线、商品质量、送货服务、退换服务 5 个维度,每个维度下面又分为若干细节考评项。

以下为一些重要指标的用户满意度情况。

大部分受访者对于在购物网站订购服装的办理速度较为满意,相对而言,凡客诚品、麦考考满意比例(选择非常快与比较快的比例)较高,分别达到了 95.56% 和 93.33%。

客服人员是与消费者交流的重要接触窗口,目前各个购物网站的热线接通率和语言规范程度已经都具有较高水平。从咨询电话 9 个考核指标来看,麦考林、梦芭莎、1 号店、红孩子总体得分相对较高。

从产品质量方面来看,红孩子、京东商城、当当网的总体满意度较低,分别为 71.11%、73.33% 和 75.56%;其余网站均超过了 80%,并且麦考林、凡客诚品的得分超过 90%,均为 91.11%,显示专业服装网站在产品品质方面具有明显优势。

从送货时间来看,凡客诚品、麦考林分别以平均 1.89 天和 1.96 天的送货天数名列前茅,而落后的是时尚起义,其送货天数为 4.98 天。凡客诚品在北京、南京、广州的表现相对较好,麦考林在杭州、成都、上海的表现相对较好。

接受调查的 12 家电子商务网站中,凡客诚品可以在全国所有城市实现上门退货,麦考林、京东商城可以在全国大部分城市实现上门退货。

从未来继续使用该网站的可能性来看,消费者今后继续使用凡客诚品和麦考林的比例较高,分别达到了 95.56% 和 84.44%,而选择新蛋网的比例最低,不足 50%。

从调查结果来看,今后客户购买服装仍将继续以专业服装网站为主,同时专业服装网站出现强者越强的分化态势,卓越网等部分非专业服装网站也可能出现市场份额快速增长的情况。

从调查结果来看,凡客诚品这样主要使用自营物流的网站,配送服务质量明显高于其他网站。而麦考林作为使用第三方物流的网站,今年以来采取了一系列提速和提高服务质量的措施,也取得了显著效果。

总体来说,提高产品质量和包装档次,加强对于快递的管控力度,增加方便消费者的个性服务,是未来服装网站服务提升的方向。

资料来源:中国电子商务研究中心,http://www.100ec.cn,2011-10-14。

在现代市场营销观念下，营销人员必须设法了解消费者及有关人员对产品、品牌和企业的态度，以预测和试图改变他们的行为。前面介绍的一些资料收集的方法，在客观资料的收集方面是非常有效的，但一般无法用来准确地测量人们的态度。因此，营销人员在营销研究的实践中逐渐形成了一些测量人们态度的特定的方法和技术。

第一节 态度及测量尺度

一、态度的含义

从某种意义上说，市场营销是试图影响人们的态度并改变其消费行为的理论。我们通常假设，一个人对于某事物的相关行为与对它的态度是一致的。态度虽然不能完全决定行为，但是，态度的确是决定行为的一个关键因素。

所谓态度，即能够影响个人行为的选择并对这些行为保持一致性的潜在的精神状态。构成"态度"的成分主要有三个方面：一是指对某事物的认知或知识；二是指对某事物的情感或偏好；三是指对未来行为或状态的预期和意向。对某事物的认知或知识代表了个人了解和掌握该事物的信息，包括知晓该事物的存在、对该事物的特征或属性所持的信念以及这些特征或属性的相对重要性的判断。对某事物的情感或偏好代表了一个人对某事物是否满足个人和社会需求的心理反应和生理体验。情感经常使用"喜欢—厌恶"或"同意—反对"这样的词汇来测量，偏好则经常通过受测者在多个备选对象中作出选择来达到测量的目的。情感或偏好与个人的行为通常保持较高的一致性。对未来行为或状态的预期和意向是指个人对自己未来的行动所持的期望和判断。研究人员通过对个人未来预期和意向的测量，再结合受测者其他相关信息，可以比较准确地预测某产品的销售潜量。

二、测量的本质

测量是指根据预先确定的规则，用一些数字或符号来表示某个事物的特征或属性的一个标准化的过程。需要指出，真正要测量的对象并不是事物本身，而是事物所具有的一些特征或属性。在营销研究中，我们感兴趣的不是测量消费者本身，而是消费者的意见、态度、偏好以及其他有关的属性、特征和行为变量。

在营销研究中，关于属性、特征和行为的测量相对容易，因为它们都属于客观明确的问题。比如，受测者的性别属性一看便知，教育程度特征一问便知。同样，家庭人均月收入这个重要的人口统计特征也是客观的，尽管有些人不是很清楚或者不愿意告诉别人。行为特征也非常类似，比如，受测者是产品的使用者还是非使用者非常明确。我们知道，在营销实践中了解人们的态度，特别是消费者对于产品、公司、广告活动等的态度是十分重要的。然而，通过直接询问的方法常常得不到人们的真正态度，因为有些人根本就不知道他们自己的态度，或无法用语言或文字表达；观察法也不是衡量态度的有效方法，因为观察到的外在行为常常不能代表真实的态度。因此，利用某些特殊的态度测量技术是完全必要的。一般地，针对测量的内容和目的确定某种数字对应规则和物理形式，就是所谓的量表或尺度。

变量的测量包括两步。第一步，设定规则，并根据这些规则为不同的变量属性或态度特性分配不同的数字。这些数字和变量的取值必须一一对应，每个数字代表唯一的变量值，而每个变量值对应唯一的数字。这种对应关系应该是明确的和固定的。第二步，将这些数字排列或组成一个序列区间，根据受测者的不同选择，将测量结果在这一序列区间上进行定位。例如，可以将消费者"对某品牌的态度"这一态度变量的可能取值用不同的数字来代表："1"代表"很喜欢"，"2"代表"喜欢"，"3"代表"无所谓"，"4"代表"不喜欢"，"5"代表"很不喜欢"。然后，再根据受访者是回答"很喜欢"、"喜欢"、"无所谓"、"不喜欢"或"很不喜欢"进行赋值，填写调查问卷或调查表。这就是一个典型的 5 分制量表。量表中用数字代表变量的属性或态度的特性出于两个原因。首先，数字便于统计分析；其次，数字使变量测量活动本身变得容易、清楚和明确。

三、测量的尺度

测量的核心是制定对事物的属性和态度特性进行赋值的规则，这种对研究对象的特征和属性进行测量的标准就称之为测量的尺度。基本的测量尺度有四种：定类尺度、定序尺度、定距尺度和定比尺度。

（一）定类尺度

定类尺度又称类别尺度、名义尺度，即按照事物的某种属性对其进行平行的分类或分组，是对测量对象的属性或特征的类别加以鉴别的一种测量方法，其数字分配仅仅是用作识别不同对象或对某种属性进行分类的标记，这些类别之间没有任何顺序和空间分布上的关系。例如，按照性别将人口分为男、女两类，按肤色分为白种人、黄种人、棕种人、黑种人四类，按洲别分为亚洲人、欧洲人、美洲人、非洲人、澳洲人五类。

定类尺度的特点：①只能测量指标的各种类别之间的差别，不能比较大小，也不能按顺序排列；②必须有两个以上的变量值；③变量必须互相排斥；④每一个对象都有一个合适的类型。

定类尺度的数字不能反映对象的属性或具体特征的性质和数量。比如，学号大的学生并不比学号小的学生更优越。对定类尺度中的数字，只能计算发生频度以及与频率有关的一些统计量，如百分比、众数、卡方检验等。计算平均数是没有任何意义的。

(二) 定序尺度

定序尺度又称顺序尺度，是对事物之间等级差别和顺序差别的一种测度，分配给受测对象的属性或特征的数字表示其具有相对的大小或强弱程度。定序尺度不仅可以测度类别差，还可以测度次序差。比如，顾客对某商品的满意程度可以分为非常满意、比较满意、没有不满、不满意、很不满意几类。需要指出的是，定序尺度只是规定了对象的属性或特征的相对位置，并没有规定对象的属性或特征之间差距的大小。定序尺度的例子主要有产品质量的等级、品牌知名度的排序、大学综合排名等。态度的测量大多数属于定序尺度，即只能分出高低、大小，无法分出事物之间的差距。

定序尺度的特点：①与定类尺度相同，其变量需包括被测定对象的所有可能性，且各变量之间互相排斥；②定序尺度不仅能鉴别类别，而且能指明类别的大小和强弱程度；③类别之间没有确切的度量单位，不能进行代数计算。

对于定序尺度而言，任何一组有序数字都可用于表达对象的属性或特征之间已排定的顺序关系，而不必要求数字是连续的序列，只要能保持基本的顺序关系，就可以对顺序尺度进行任何变换。因此，除了计算频度外，定序尺度还可用来计算百分位数、中位数等。

(三) 定距尺度

定距尺度又称区间尺度、等距尺度，是对事物类别或次序之间距离的测度，定距尺度确定的每一等级之间的间距是相等的。定距尺度包含定序尺度提供的一切信息，并且可以比较对象的属性或特征间的差别，它就等于尺度上对应数字之差。该尺度通常使用自然或物理单位作为计量尺度。例如，30℃和20℃之间相差10℃，-30℃和-20℃之间也是相差10℃。在学校里，学生的考试成绩实际上就是对学习效果的一种测量，它是比较典型的定距尺度。在市场营销研究中，经常使用的态度测量的尺度不是定距尺度，有时候只是近似地把某些顺序尺度看作定距尺度，利用多项评分量表得到的数据经常被视作定距尺度的数据来处理。

定距尺度中原点或零点不是固定的，而是人为确定的，测量的单位也是人为确定的。对于定距尺度可采用定类尺度和定序尺度适用的一切统计方法。此外，还可以计算算术平均值、标准方差以及其他有关的统计量。

(四) 定比尺度

定比尺度又称比率尺度，是指反映社会现象之间的比例、倍数关系的一种测量尺度。由于定比尺度有绝对零点，因此不仅可以进行加减运算，还可以进行乘除运算。一般来说，定比尺度的数据不可能取负值。一般也不会取零值，因为要么就是不存在了，要么就是极限情况。比如，绝对零度只能无限接近，不可能完全达到。如果一个物体的体积为零，它要么不存在，要么是数学中的抽象概念，比如，几何中的点、线、面的体积都为零。在定比尺度中，不仅可以标识对象，将对象进行分类、排序，而且可以比较不同对象某一变量测量值的差别。测量值之间的比值也是有意义的。市场营销研究中，销售额、市场份额、消费者收看电视节目的时间等变量都要用定比尺度来测量。

定比尺度的特点：①除具备前三个尺度的所有特征外，还能对变量值进行乘除法的运算；②要求有一个绝对的、固定的、而非任意规定的零点。能否以定比尺度测量，关键在于零点是否是绝对的。所有的统计方法都适用于比率尺度，包括几何平均数的计算。

四种测量尺度的比较如表7-1所示。

表7-1 四种测量尺度的比较

名称	规则描述	基本操作	应用实例	适用统计方法
定类尺度	用数字识别对象，对属性特征进行分类	判断是或不是	品牌编号、商店编号、受访者分类	频数、百分比、众数、卡方检验
定序尺度	除识别外，数字表示测量对象的相对顺序，但不表示差距的大小	判断较大或较小	产品质量等级、对品牌的偏好排序或社会阶层的高低等级	百分位数、中位数
定距尺度	除排序外，可比较对象间差别的大小，但原点不固定	判断间距相等性	温度、品牌认知水平等复杂概念和偏好的测量	极差、均值、方差或标准差、t检验、因子分析
定比尺度	具有上面三种类型的性质，并有固定的原点	判断等比相等性	销售量、市场份额、产品价格、家庭收入等精确数据的测量	几何平均数、变异系数

需要注意的是：①社会现象大多只能以定类尺度或定序尺度测量，但有时也可将某些现象近似地视为定距尺度或定比尺度，如智力测验。②高层次尺度可能获得更多、更精确的信息，但调查和分析的工作量大。因此，要做到"物尽其用、量入为出"。③因为高水平的测量尺度包括了所有低水平测量尺度的特性，所以，我们可以将高水平尺度测量的结果转换成低水平尺度测量的结果。反过来则不行。用较低尺度收集的资料不能用较高尺度的数学运算来处理。④一个变量可能适合用各种尺度来测量，选择何种尺度取决于研究所要求的精确度。

例如，表7-2以某个消费者对洗发水品牌的偏好和购买为例，给出了各种测量尺度的虚拟例子。表中第二列的编号是定类变量，用来识别不同的品牌（例如，1代表海飞丝洗发水，3代表夏士莲洗发水，5代表力士洗发水），数字的大小并不代表洗发水的优劣；第三列的偏好顺序是定序变量，表示调查对象对不同品牌的偏好顺序，其中清扬最受欢迎，其次是海飞丝，对力士的偏好排在最后；第四列的偏好等级用的是定距尺度，其中偏好排序前两位的品牌得分相同，都是7分，而排最后的品牌得分只有3分，表明对海飞丝和清扬的偏好程度其实相差很小；最后一列的购买量是定比变量，从中可以看出清扬的购买量最大，约为海飞丝的1.7倍、潘婷的5倍。

表7-2 主要测量尺度的例子（虚拟数据）

品牌名称	定类尺度 编号	定序尺度 偏好排序	定距尺度 偏好等级（1—7）	定比尺度 购买量（瓶）
海飞丝	1	2	7	3
清扬	2	1	7	5
夏士莲	3	4	4	0
潘婷	4	3	6	1
力士	5	6	3	0
飘柔	6	5	4	0

第二节 态度测量量表

在市场研究中，需要用同一尺度测量人们对某些事物的认知和态度，如服务质量、顾客品牌忠诚度等，这通常需要用合适的量表。市场研究中常用的量表技术分为比较量表和非比较量表两大类。比较量表是根据对不同刺激物的比较获得某一特征的相对值。例如，让调查对象回答更喜欢报喜鸟西服还是罗蒙西服。比较量表包括顺序量表、配对比较量表、常量和量表、Q分类量表等。用比较量表进行测量通常产生定序数据。比较量表的主要优点是通过让调查对象比较刺激物，迫使他们排序而发现刺激物之间的细微差别。另外，由于相互参照或用一个共同的参照，因此作出的判断比较准确，具有一定的可比性。比较量表的主要缺点是只能得到定序数据，其测量结果只限于被测物体之间的相对比较，无法在更大的范围内使用。因此，如果要测量新的刺激物，必须全部重做一遍。

非比较量表是对每个测量对象进行独立测量，产生定距或定比的测量结果。例如，可以请调查对象用一个7级的喜好程度尺度评价某个品牌（1 = 非常不喜欢；7 = 非常喜欢），对其竞争品牌也可以进行相同的评价。非比较量表可以进一步分为连续评分量表和分项评分量表，后者又可以进一步分为李克特量表、语义差异量表和斯坦普尔量表。非比较量表操作简单，在市场研究中使用得非常广泛。图7-1是量表的分类。

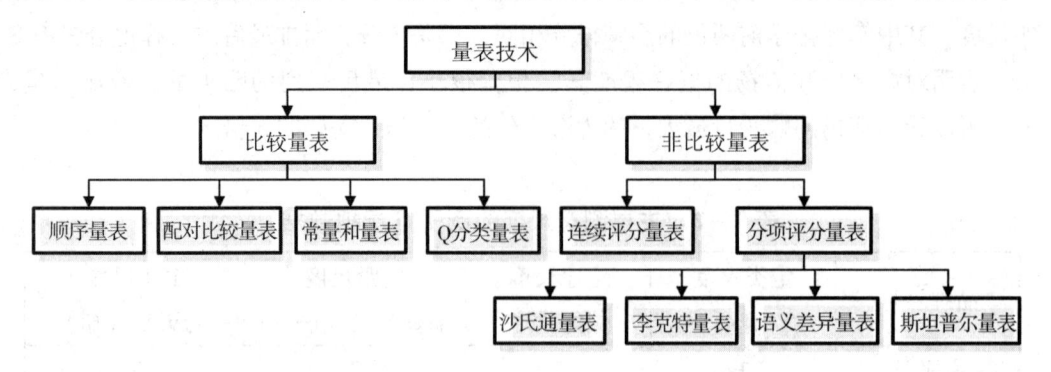

```
                        量表技术
                    ┌──────┴──────┐
                  比较量表        非比较量表
          ┌────┬───┴──┬────┐     ┌────┴────┐
        顺序  配对  常量  Q分类  连续评分  分项评分
        量表  比较  和量表 量表   量表      量表
              量表                    ┌────┬────┬────┐
                                   沙氏  李克特 语义  斯坦普尔
                                   通量表 量表  差异量表 量表
```

图7-1　量表的分类

一、比较量表

（一）顺序量表

顺序量表又称"等级量表""位次量表"或"秩序量表"，是将许多研究对象同时展示给受测者，并要求他们根据某个标准对这些对象排序或分成等级。顺序量表是一种比较粗略的量表，它既无相等单位又无绝对零点，只是把事物按某种标准排一个顺序。

例如，以下是一些西服的品牌名称，请将它们按你所喜好的程度排序（其中1表示你最喜欢；5表示你最不喜欢）。

报喜鸟（　　）　罗蒙（　　）　杉杉（　　）　金利来（　　）　雅戈尔（　　）

顺序量表是使用很广泛的一种态度测量技术。这种量表非常容易设计，受测者也比较容易掌握回答的方法。顺序量表强迫受测者在一定数目的评价对象中作出比较和选择，从而得到对象间相对性或相互关系的测量数据。如果有 n 个测评对象，在顺序量表中只需作 $n-1$ 次选择决定。

顺序量表最大的缺点在于只能得到顺序数据，不能对各等级间的差距进行测量，同时卡片上列举对象的顺序也有可能带来所谓的顺序误差。此外，用于排序的对象个数也不能太多，一般要少于10个，否则很容易出现错误和遗漏。而且，从心理学的角度来说，对象个数越多，受测者越难以分辨各对象偏好程度的差别。

（二）配对比较量表

在配对比较量表中，受测者被要求对一系列对象两两进行比较，根据某个标准在两个被比较的对象中作出选择。配对比较量表也是一种使用很普遍的态度测量方法。它实际上是一种特殊的等级量表，不过要求排序的是两个对象，而不是多个。配对比较量表克服了等级排序量表存在的缺点。首先，对受测者来说，从一对对象中选出一个肯定比从一大组对象中选出一个更容易；其次，配对比较也可以避免等级量表的顺序误差。但是，因为一般要对所有的配对进行比较，所以对于有 n 个对象的情况，要进行 $n(n-1)/2$ 次配对比较，是关于 n 的一个几何级数。因此，被测量的对象的个数不宜太多，以免使受测者产生厌烦而影响应答的质量。表 7-3 即是一个配对比较量表的例子。

表 7-3　配对比较量表实例

下面是 10 对空调的品牌，对于每一对品牌，请指出你更喜欢其中的哪一个。在选中的品牌旁边的□处打钩（√）。	
格力　□	美的　□
格力　□	海尔　□
格力　□	奥克斯　□
格力　□	海信　□
美的　□	海尔　□
美的　□	奥克斯　□
美的　□	海信　□
海尔　□	奥克斯　□
海尔　□	海信　□
奥克斯　□	海信　□

访问结束之后，可以将受测者的回答整理成表格的形式，表 7-4 是根据某受访者的回答整理得到的结果。表中每一行列交叉点上元素表示该行的品牌与该列的品牌进行比较的结果，其中元素"1"表示受测者更喜欢这一列的品牌，"0"表示受测者更喜欢这一行的品牌。将各列取值进行加总，得到表中合计栏，这表明各列的品牌比其他品牌更受偏爱的次数。

表 7-4　根据配对比较量表得到的品牌偏好矩阵

品牌	格力	美的	海尔	奥克斯	海信
格力	/	0	0	1	0
美的	1	/	0	1	0
海尔	1	1	/	1	1
奥克斯	0	0	0	/	0
海信	1	1	0	1	/
合计	3	2	0	4	1

从表 7-4 中看到该受测者在格力空调和美的空调中更偏爱前者（第二行第一列数字为 1）。在"可传递性"的假设下，可将配对比较的数据转换成等级顺序。所谓"可传递性"，是指如果一个人喜欢 A 品牌甚于 B 品牌，喜欢 B 品牌甚于 C 品牌，那么他一定喜欢 A 品牌甚于 C 品。将表 7-4 的各列数字分别加总，计算出每个品牌比其他品牌更受偏爱的次数，就得到该受测者对于 5 个空调品牌的偏好，从最喜欢到最不喜欢，依次是奥克斯、格力、美的、海信和海尔。假设调查样本容量为 100 人，将每个人的回答结果进行汇总，将得到表 7-5 的次数矩阵。再将次数矩阵变换成比例矩阵（用次数除以样本数），如表 7-6 所示，在品牌自身进行比较时，我们令其比例为 0.5。

表 7-5 品牌偏好次数矩阵（臆造）

品牌	格力	美的	海尔	奥克斯	海信
格力	/	20	30	15	20
美的	80	/	50	40	65
海尔	70	50	/	60	45
奥克斯	85	60	40	/	75
海信	80	35	55	25	/
合计	315	165	175	140	205

表 7-6 品牌偏好比例矩阵（臆造）

品牌	格力	美的	海尔	奥克斯	海信
格力	0.5	0.20	0.30	0.15	0.20
美的	0.80	0.50	0.50	0.40	0.65
海尔	0.70	0.50	0.50	0.60	0.45
奥克斯	0.85	0.60	0.40	0.50	0.75
海信	0.80	0.35	0.55	0.25	0.50
合计	3.65	2.15	2.25	1.90	2.55

从表 7-6 中的合计栏中可以看出，5 个品牌中格力空调被认为是最好的，海信次之，再次是海尔和美的，奥克斯最差。但这是一个顺序量表，只能比较各品牌的相对位置，不能认为"格力空调比海信要好 1.1，海尔要比美的好 0.1"。要想衡量各品牌偏好间的差异程度必须先将其转化为等距量表。

当要评价的对象的个数不多时，配对比较法是有用的。但如果要评价的对象超过 10 个，这种方法就过于麻烦。另外一个缺点是"可传递性"的假设可能不成立，在实际研究中这种情况时常发生。同时对象列举的顺序可能影响受测者,造成顺序反应误差。而且这种"二中选一"的方式和实际生活中作购买选择的情况也不太相同,受访者可能在 A、B 两种品牌中对 A 要略为偏爱些,但实际上两个品牌都不喜欢。

(三) 常量和量表

常量和量表也称为固定总数量表,要求应答者将一个固定的总数(一般为100)按照他们认为事物在某个特性上的强弱进行分配。以百分数为例,如果某项属性比另一项属性重要,就给这项属性更多的分数。如果认为这项属性的重要性是另一项属性的两倍,那么给这项属性的分数就是另一项属性分数的两倍。如果认为某项属性完全不重要,甚至可以给它分配零分。无论如何,各项属性分配的分数总和为100分。这种方法被广泛用于测量产品属性的相对重要性上。表7-7是以常量和量表形式来测量牙膏属性的一个实例。

该方法的主要优点在于可以避免次数繁多的配对比较。此外,当两种特性的重要程度相同时,可以给出相同的分数。但是,当特性或项目的数量增加时,被访者可能不太容易将数字加总到100。

表 7-7 常量和量表测量牙膏属性的重要性

提示:下面列举了牙膏的6种属性,请将100分分配到这些属性当中,以反映你对这些属性相对重要性的看法。	
属性	得分
价格	30
防蛀	10
芳香	5
防龋齿	20
增白	15
净含量	20
总和	100

根据所有的受测者分配给每个属性的分数,很容易计算出每个属性的平均得分,由此得到每个属性的重要性的指标。

常量和量表比较的本质和结果缺乏普适性,获得的数据属于顺序尺度。但是,量表中绝对零点的存在使得分数之间的差距具有意义。比如,10 分和 12 分之间的差距与 30 分和 32 分之间的差距相同,10 分是 5 分的两倍。因此,常量和数据通常被认为具有定距尺度,这类信息对于改善产品和服务并制定针对性的营销策略十分有效。

（四）Q 分类量表

Q 分类量表是在需要评价或排序的对象非常多的情况下，广泛使用的一种比较量表技术。它要求受测者把所比较的对象或特征按照一些标准分成若干类，通常可以分成 11 类或更多，这些类依次从最负面态度到最正面态度，每个类中的对象或特征的数目要求服从正态分布。一般来讲，被分类的对象或特征的数目不应该少于 60 个，也不应该多于 140 个，60~90 个被评价对象或特征是一个合理的范围。通常，为了在整体上得到一个正态分布，研究人员可以根据总数和分类数计算出每类应该放入的数目。例如，某服装企业计划开发一款新服装，经过头脑风暴会议之后，设计小组提出了 100 种不同的新产品款式设想，每种款式都有非常细微的差别。研究人员希望作产品概念测试，了解消费者喜欢哪些产品属性和特点，并进而产生较强的购买意向。在这种情况下，最适合的方法就是采用 Q 分类量表找出消费者最喜欢的产品类别，然后利用等级顺序量表或配对比较量表让消费者对该类产品进行排序。

二、非比较量表

（一）单项评分量表

单项评分量表是指那些只测量对象的单一属性或特征的量表。它是由研究人员事先将各种可能的选择标示在一个评价量表上，然后要求应答者在测量表上指出他（她）的态度或意见。根据量表的形式，评分量表又分为图示评分量表和列举评分量表。

1. 图示评分量表

图示评分量表要求应答者在一个有两个固定端点的图示连续体上进行选择和标记，因此图示评分量表也被称为连续评分量表。

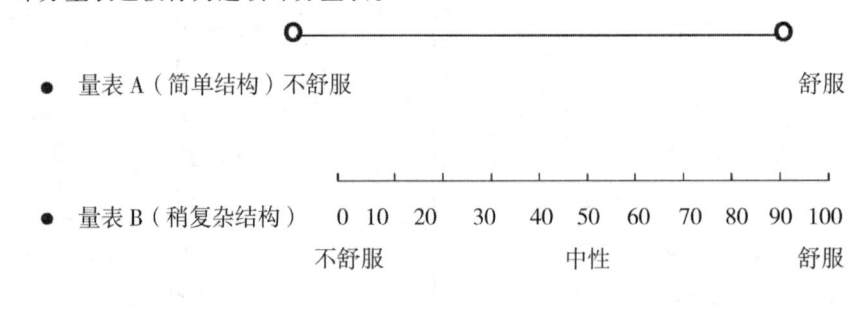

- 量表 A（简单结构）不舒服　　　　　　　　　　　　　　　　　舒服

- 量表 B（稍复杂结构）　0　10　20　30　40　50　60　70　80　90　100
　　　　　　　　　　　　不舒服　　　　　　　　中性　　　　　　　　舒服

图 7-2　两种不同形式的图示评分量表

图 7-2 中量表 A 是最简单的一种形式，应答者只需根据自己的喜好程度在连续直线的适当位置作出标记，然后研究者根据整体的反应分布及研究目标的要求，将直线划分为若干部分，每个部分代表一个类别，并分配给一个对应的数字。量表 B 事先在连续体上已标出刻度并分配了相应的数字，应答者很容易在适当位置作出反应标记，可以用于相对复杂的评价对象。

2. 列举评分量表

列举评分量表不同于图示评分量表，它要求应答者在有限类别的表格标记中进行选择和评价。列举评分量表获得的数据通常作为等距数据进行使用和处理。

表 7-8 列举评分量表实例

量表 A				
下面我将向大家列举一些西服品牌，当我提到每一种品牌时，请您告诉我您认为该品牌的电视广告是非常差的、差的、一般的、好的，还是非常好的。 您认为下列西服品牌的电视广告是（从起点位置●开始循环读出）				
起点●	○杉杉	○雅戈尔	●报喜鸟	○罗蒙
1. 非常差	□	□	□	□
2. 差	□	□	□	□
3. 一般	□	□	□	□
4. 好	□	□	□	□
5. 非常好	□	□	□	□

量表 B					
下面我将向大家列举一些衬衣品牌，当我提到每一种品牌时，请您告诉我您认为该品牌的知名度是非常低的、低的、一般的、高的，还是非常高的。 您认为下列衬衣品牌的知名度是（从起点位置●开始循环读出）					
起点●	非常低	低	一般	高	非常高
○红豆	□	□	□	□	□
○虎豹	□	□	□	□	□
○杉杉	□	□	□	□	□
●开开	□	□	□	□	□
○海螺	□	□	□	□	□

表 7-8 中量表 A 和量表 B 都是列举评分量表最普通的一种形式，它们的差别只是一个将评价对象横列，另一个将评价对象竖列。此时访问人员通常向应答者出示一个基本量表的复制卡片，卡片上标有相应的有限选择答案，在访问人员读出一个品牌时应答者作出自己的选择。整个问卷中品牌的起始位置是循环的，因为相同的起点会给应答者带来影响，可能成为误差的一个来源。

列举评分量表比图示评分量表容易构造和操作，研究表明，在可靠性方面列举评分量表也比图示评分量表要好，但是不能像图示评分量表那样衡量出客体的细微差别。

总体上讲，评分量表形式有许多优点，如省时、有趣、用途广、可以用来处理大量变量等，因此在市场研究中被广泛采用。但是这种方法也可能会产生以下三种误差。

（1）仁慈误差：有些人对客体进行评价时，倾向于给予较高的评价，这就产生了所谓的仁慈误差；反之，有些人总是给予较低的评价，从而引起负向的仁慈误差。

（2）中间倾向误差：有些人不愿意给予被评价的客体很高或很低的评价，特别是当不了解或难于用适当的方式表示出来时，往往倾向于给予中间性的评价。可以用以下方法防止这种误差的发生：①调整叙述性形容词的强度；②增加中间的评价性语句在整个量表中的空间；③使靠近量表两端的各级在语义上的差别加大，使其大于中间各级间的语义差别；④增加测量量表的层次。

（3）晕轮效应：如果受测者对被评价的对象有一种整体印象，可能会导致系统偏差。预防的方法是对所有要被评价的对象，每次只评价一个变量或特性，或者问卷每一页只列一种特性，而不是将所有要被评的变量或特性全部列出。

（二）分项评分量表

1. 李克特量表

李克特量表是以它的发明者 Rensis Likert 命名的一个应用广泛的评分量表。李克特量表要求受测者对一组与测量主题有关的陈述语句发表自己的看法，对每一个与态度有关的陈述语句表明他同意或不同意的程度。李克特量表需要对态度语句划分是有利还是不利，以便事后进行数据处理。李克特量表构作的基本步骤如下。

（1）收集大量（50~100个）与测量的概念相关的陈述语句。

（2）研究人员根据测量的概念将每个测量的项目划分为"有利"或"不利"两类，一般测量的项目中有利的或不利的项目都应有一定的数量。

（3）选择部分受测者对全部项目进行预先测试，要求受测者指出每个项目是有利的或不利的，并在下面的方向强度描述语中进行选择，一般采用所谓"五点"量表。

a. 非常不同意   b. 不同意   c. 无所谓（不确定）   d. 同意   e. 非常同意

（4）对每个回答给一个分数，如从非常不同意到非常同意的有利项目分别为1、2、3、4、5分，对不利项目的分数就为5、4、3、2、1分。

（5）根据受测者的各个项目的分数计算代数和，得到个人态度总得分，并依据总分将受测者划分为高分组和低分组。

（6）选出若干条在高分组和低分组之间有较大区分能力的项目，构成一个李克特量表。如可以计算每个项目在高分组和低分组中的平均得分，选择那些在高分组平均得分较高并且在低分组平均得分较低的项目。

李克特量表的构造比较简单而且易于操作，因此在市场研究实务中应用非常广泛。在实地调查时，研究者通常给受测者一个"回答范围"卡，请他从中挑选一个答案。需要指出的是，目前在商业调查中很少按照上面给出的步骤来制作李克特量表，通常由客户项目经理和研究人员共同研究确定。表7-9是用于那些已经在一个过滤型问卷中承认自己有脚臭问题,但还没有试用过 Johnson 牌除臭鞋垫的人进行调查时使用的李克特量表。

表7-9 Johnson 牌除臭鞋垫态度测量使用的李克特量表

提示:现在我想了解您对 Johnson 牌除臭鞋垫的印象,您说您已很熟悉,但还未使用过,当我读出它的每一个特点时,请您说出您的态度,在表格相应位置标记。
5 = 非常同意,4 = 同意,3 = 无所谓,2 = 不同意,1 = 非常不同意

陈述语句	非常同意	同意	无所谓	不同意	非常不同意
它们可能会使我脚热。	5	4	3	2	1
我很满意我正使用的产品。	5	4	3	2	1
我的问题还不很严重。	5	4	3	2	1
要把它们剪得合尺寸很麻烦。	5	4	3	2	1
价格太贵。	5	4	3	2	1
可能会使鞋子变紧。	5	4	3	2	1
不好意思去买它们。	5	4	3	2	1
广告无法让我相信产品有效。	5	4	3	2	1
我所试过的其他鞋垫都没用。	5	4	3	2	1
足部喷雾剂更好用。	5	4	3	2	1
足粉更好用。	5	4	3	2	1
本人未用过鞋垫。	5	4	3	2	1
不会持续超过几个星期。	5	4	3	2	1
放在鞋里似乎很难看。	5	4	3	2	1
必须购买超过一双。	5	4	3	2	1
不得不将它们从一双鞋换到另一双鞋。	5	4	3	2	1
没有任何脚臭产品是完全有效的。	5	4	3	2	1
可能由于出汗而变湿。	5	4	3	2	1
不知道鞋垫穿在鞋子里的感觉。	5	4	3	2	1

在数量处理时,对受访者对每条态度语句的回答分配一个权值,可以是从1到2,也可以是从1到5。可以汇总计算每条态度语句的得分,从而了解受访者群体对测量对象各方面的态度;也可以计算每个受访者对测量对象的态度总分,以了解不同受访者对受测对象的不同态度。

表7-10是用来对某服装商场进行调查时使用的李克特量表。

表7-10　服装商场调查使用的李克特量表

提示：下面所列的陈述语句是针对领秀服装商场的不同观点。请你在表格中适当的位置作出标记，指出你对每种观点同意或反对的程度。

5＝非常同意，4＝同意，3＝无所谓，2＝不同意，1＝非常不同意

陈述语句	非常同意	同意	无所谓	不同意	非常不同意
领秀服装商场出售的服装质量较好。	5	4	3	2	1
领秀服装商场的服务质量很差劲。	5	4	3	2	1
我喜欢在领秀服装商场买东西。	5	4	3	2	1
领秀服装商场品牌选择不多。	5	4	3	2	1
领秀服装商场的退货制度很糟糕。	5	4	3	2	1
我喜欢领秀服装商场做的广告。	5	4	3	2	1
领秀服装商场出售的服装质量较低。	5	4	3	2	1
领秀服装商场的商品价格很公道。	5	4	3	2	1
领秀服装商场的购物环境很差。	5	4	3	2	1
领秀服装商场停车很方便。	5	4	3	2	1

我们一方面可以使用表7-10的量表针对领秀服装商场开展调查，了解消费者对该服装商场各方面服务的具体评价。此外，我们也可以用相同的量表测量同一受测者群体对另一家服装购物广场的态度，这样就可以比较受访消费者对两家服装商场各方面的不同评价，如商品质量、购物环境、品牌等。

需要注意的是，陈述语句本身是有态度倾向的，而我们总是喜欢高分对应着有利的态度（或相反）。因此，对于"有利"的态度是回答"非常同意"和对"不利"的态度语句回答"非常不同意"都应该打5分。在表7-10的量表中，如果高分代表有利的态度，就要对第二条、第四条、第五条、第七条和第九条语句的得分作逆向处理，将1变为5，2变为4，4变为2，5变为1，3保持不变。具有最高得分的受访者对服装商场持最有利的态度。

在市场研究中，李克特量表的使用十分普遍，因为它比较容易设计和处理，受访者也容易理解，因此在邮寄访问、电话访问和人员访问中都适用。李克特量表的主要缺点是回答时间长，因为受访者需要阅读每条态度陈述语句。如果量表中陈述语句过多，还可能引起受测者的厌烦。为了防止受测者因厌烦而胡乱填答，在量表中设置某些陷阱是经常需要的，比如，服装商场的量表中语句1和语句7是相反的，它使得这

两条语句的答案具有严格的逻辑关系,从形式上看一定是对称的。一旦发现答案不符合逻辑关系,就可以认定受测者没有认真回答问题。

从本质上来看,李克特量表是顺序量表,每条态度陈述语句的得分及每个受访者的态度分数都只能用作比较态度有利或不利程序的等级,不能测量态度之间的差异。但在实际运用过程中,李克特量表得到的数据通常被视为定距尺度,研究人员不但可以比较受测者态度有利或不利程度的等级,还可以计算他们态度之间的差距,运用方差分析、因子分析等统计方法进行统计分析。

2. 语义差异量表

在市场研究中,常常需要知道某个事物在人们心中的形象,语义差异法就是一种常用的测量事物形象的方法。语义差异法可以用于测量人们对商品、品牌、商店的印象。

在设计语义差异量表(Semantic Differential Scale)时,首先要确定和测量对象相关的一系列属性,对于每个属性,选择一对意义相对的形容词,分别放在量表的两端,中间划分为7个连续的等级。受访者被要求根据他们对被测对象的看法评价每个属性,在合适的等级位置上作标记。

下面是一个关于应用语义差异法测量受访者对某服装购物广场印象的具体实例。

下面列举了关于某服装购物广场印象的一系列评价属性,每一个属性的两端有一对描述该属性的反义形容词,中间有7个间隔的选项。依据下列规则在表中选出最能反映你对该商场的感觉的选项。如果你认为某形容词能完全描述你对该商场的感觉,请选择离该词汇最近的一项。如果两个形容词都不能正确描述你对该商场的感觉,请在两端之间选择最能反映你的感觉的一项。

优质的 ___ ___ ___ ___ ___ ___ ___ 劣质的
时尚的 ___ ___ ___ ___ ___ ___ ___ 经典的
不便的 ___ ___ ___ ___ ___ ___ ___ 方便的
昂贵的 ___ ___ ___ ___ ___ ___ ___ 便宜的
选择多 ___ ___ ___ ___ ___ ___ ___ 选择少
冷漠的 ___ ___ ___ ___ ___ ___ ___ 热情的

在语义差异量表中带有否定含义的形容词有时放在量表左边,有时放在右边。习惯上,在语义差异量表的形容词中,大约一半是将肯定的词放在左边,其余将否定的词放在左边。这样可以减少反应误差。项目的排列顺序是随机的。

表7-11给出了一些测量个人特性的语义差异量表的例子。

表7-11　测量个人性格的语义差异量表的词汇

1. 粗心的	细致的
2. 易激动的	温和的
3. 不安的	平静的
4. 果断的	犹豫的
5. 节俭的	浪费的
6. 快乐的	痛苦的
7. 理性的	感性的
8. 幼稚的	成熟的
9. 正统的	放荡的
10. 严肃的	活泼的
11. 复杂的	简单的
12. 无趣的	有趣的
13. 谦虚的	虚荣的
14. 谨慎的	随便的

资料来源：景奉杰，曾伏娥．市场营销调研（第二版）[M]．北京：高等教育出版社，2010.

语义差异量表的主要优点是可以利用折线清楚、有效地描绘形象。如果同时测量几个对象，则可以得到多条所谓的语义差异曲线，由此可以清楚地比较它们在每个属性上的差异。由于语义差异折线所具有的实用的、直接的管理意义，语义差异量表因此成为在市场研究中被广泛使用的态度测量技术，用于比较不同品牌商品、厂商的形象，以及帮助制定广告战略、促销战略和新产品开发计划。

三、量表设计中应注意的问题

在测量态度时有多种态度测量技术、多种量表形式可以采用，分别适用于测量不同对象的属性和特征。市场研究人员在设计研究所需要的量表时，必须认真考虑以下问题。

1. 量表种类的选择

量表制作与测量的难易程度是市场研究人员在选择量表时的重要考虑因素。绝大多数研究人员都喜欢使用制作简单、测量操作也比较容易的量表。因此在实践中，制作相对容易的评分量表、等级顺序量表、配对比较量表和李克特量表经常被使用。语义差异量表的制作和开发比较复杂，但该量表用于特定问题的测量效果非常好，所以使用的场合还是比较多的。究竟采用哪种量表，原则上取决于所要解决的问题和想知道的答案。通常，在一份调查问卷中会使用多种不同的测量量表。

2. 量级层次的个数

在决定量级层次的个数时，要考虑两方面的因素。首先，量级越多，对测量对象的评价就越精确；其次，大多数受访者只能应付较少的类别。一般认为，合适的量级层次数是7层，或以5~9层为宜。如果受访者对调查感兴趣，并且对于要测量的对象拥有足够多的知识，可以采用较多的量级层次；反之，如果受访者对测量对象的知识有限，并且对研究不太感兴趣，就应该用较少的量级层次。测量对象的性质也对量级层次数有影响。有些测量对象不太容易作精细的分辨，因此少数几个量级层次就足够了。另外一个重要的影响因素是数据收集方法。电话访问中，层次不能多，否则会把受访者搞糊涂。数据分析的方法也会影响量级层次的数目。如果只有作简单的统计分析，5层就足够了；如果要进行复杂的统计计算，可能需要7层或更多的层次。

3. 采用平衡量表还是不平衡量表

在平衡量表中，"有利"的层级数和"不利"的层级数是相等的；而在不平衡量表中，它们是不等的。一般来说，为了保证结果数据的客观性，应该采用平衡量表。但在某些情况下，回答的分布很可能向"有利"或"不利"的方向偏斜，这时可以采用不平衡量表，在偏斜的一方多设几个层级。如果采用不平衡量表，数据分析时要考虑到量级层次不平衡的方向和程度。

4. 采用奇数还是偶数个量级层次

对于奇数个层次的量表，中间位置一般被设计成中立的或是无偏好的选项。中立的选项可能会带来很大的反应偏差，因为有许多人在拿不准自己的感觉、或是不了解被测对象、或是不愿意表露态度时倾向于选这种较"保险"的答案。

到底采用奇数层次还是偶数层次取决于是否有受测者会对被测对象持中立态度。即使只有少数持中立态度的受测者，也必须使用奇数层次的量表。否则，如果调查人员相信没有受测者持中立态度，或是想要强迫受访者作出有利或不利的选择，就应该使用偶数层次的量表。

5. 量级层次的描述方式

量级层次有许多种不同的描述方式，这些方式可能会对测量结果造成影响。量级层次可以用文字、数字，甚至图形来描述。对量表两极进行标记时所使用的形容词的强度对测量的结果会有所影响。使用语气强烈的形容词，如"1 = 完全不同意，7 = 完全同意"，受访者不大可能会选择靠近两端的答案，结果的分布将比较陡峭和集中。而使用语气较弱的形容词，如"1 = 基本不同意，7 = 基本同意"，将得到较为扁平和分散的结果分布。

6. 量表的形式

同一个量表可以用多种形式表达。量表可以是水平的，也就是竖直的。量级层次可以用方框、线段、数轴上的点表示，各层次可以标记数字，也可以不标。市场研究中，有时使用两种特殊形式的量表。一种是温度计量表，温度越高，表明态度越有利；另一种是脸谱量表，脸的表情越愉快，表明态度越有利。这两种量表对于受访者是儿童的情况比较适用。

第三节 态度量表的评价

为了保证态度测量的准确性，更好地反映所测属性的真实水平，人们在不断的研究和知识积累过程中，总结出了几个重要的评价指标，即信度（reliability）和效度（validity）评价（图7-3）。下面简单介绍一下信度和效度的有关知识和概念。

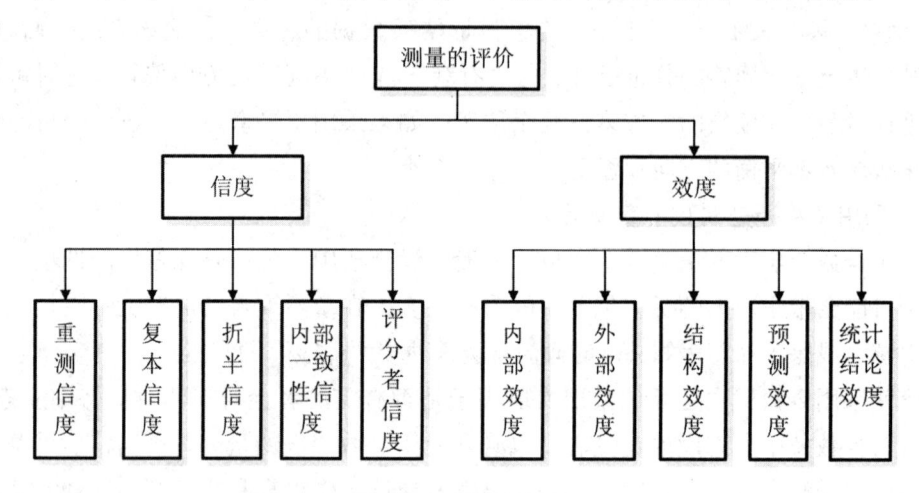

图7-3 测量的评价

一、信度

（一）信度的定义与特征

信度（reliability）即可靠性，指采取同样的方法对同一对象重复进行测量时，所得结果相一致的程度。因此，信度评价的目的在于衡量测量（或研究）结果的一致性或稳定性程度，是反映被测特征真实程度的指标。一般而言，两次测量的结果越一致，则误差越小，所得结果的信度越高。

重复测量的一致性程度的高低通常以相关系数的大小来表示，称为信度系数。信度系数越大，表明测量的可信程度越大。究竟信度系数要多少才算是高的信度？有些学者认为，0.60~0.65（最好不要）；0.65~0.70（最小可接受值）；0.70~0.80（相当好）；0.80~0.90（非常好）。由此，一份信度系数较好的量表或问卷，最好在0.80以上，0.70~0.80可以接受；分量表最好在0.70以上，0.60~0.70可以接受。如果分量表的内部一致性系数在0.60以下或者总量表的信度系数在0.80以下，需要考虑重新修订量表或者增删题项。

信度具有以下几个特征：①信度是指测量所得到结果的一致性或稳定性，而非测量或量表本身。②信度值是指在某一特定类型下的一致性，非泛指一般的一致性，信度系数会因不同时间、不同受试者或不同评分者而出现不同的结果。③信度是效度的必要条件，而非充分条件。如果信度低，则效度一定低；但信度高未必效度也高。④信度检验完全依赖于统计方法。

（二）信度的分类

在实际应用中，信度主要有以下五种基本类型。

1. 重测信度

重测信度（test-retest reliability）也称再测信度，指用同样的测试工具对同一被试对象间隔一定时间的重复测试，计算两次测试结果的相关系数。假如第一次测量时的观测值是 X，第二次的观测值是 Y，那么重测信度就等于 X 与 Y 的相关系数。显然，重测信度是稳定系数，即跨时间的一致性，所考察的误差来源是时间的变化所带来的随机影响。因此，在评估重测信度时，必须注意重测间隔的时间。

在进行重测信度的评估时，应注意以下几个重要问题。

一是对时间间隔非常敏感，间隔越长，信度越低。

二是最初的测量可能对被测的特性有影响，尤其是有关知识或态度的主观问题。例如，有关品牌知识的初次测试可能增加了研究对象对有关品牌的兴趣和了解。

三是被测的特性在两次测量之间可能发生变化。例如，消费者对某一品牌的知识和态度在两次测量之间可能发生了真实的变化，从而导致信度偏低。

2. 复本信度

复本信度（alternate-form reliability）又称等值性系数，是等值性信度（equivalence reliability）的一种，是以两个测验复本来测量同一群体，然后求得应试者在这两个测验上得分的相关系数。简单来说，对同一组被调查人员运用两份内容等价但题目不同的问卷进行调查，然后比较两组数据的相关程度。复本信度的高低反映了这两个测验复本在内容上的等值性程度。两个等值的测验互为复本。计算复本信度的目的主要在于考查两个测验复本的题目取样或内容取样是否等值。

相比重测信度而言，复本信度工作量更大。因为，同一个测量工具（调查问卷、量表等）要构建两个等值的复本，两个复本要包含相同的数量、类型、内容、难度的题目。评估复本信度要用两个复本对同一群受试者进行测试，再估算两种复本测量分数的相关系数。相关系数越大，说明两个复本构成带来的变异越小。这与重测信度中考虑时间产生的变异有所不同。也就是说，相关系数反映的是测量分数的等值性程度。

3. 折半信度

折半信度（split-half reliability）指将一个测验项目按前后或奇偶项分成尽可能相等的两半，分别计分，计算这个测验两部分项目分数之间的相关系数，再据此确定整个策略的信度系数 R_{XX}。测验项目越多，信度系数越高。

4. 内部一致性信度

内部一致性信度（internal consistent reliability）主要反映测验内部题目之间的关系，考察测验的各个题目是否测量了相同的内容或特质。内部一致性信度也称同质性信度（homogeneity reliability），指测验内部的各题目在多大程度上考察了同一内容。内部一致性信度较低时，即使各个测试题看起来似乎是测量同一特质，但测验实际上是异质的，即测验测量了不止一种特质。

5. 评分者信度

评分者信度（scorer reliabilityzh）指不同评分者对同样对象进行评定时的一致性。最简单的估计方法就是随机抽取若干份答卷，由两个独立的评分者打分，再求每份答卷两个评判分数的相关系数。这种相关系数的计算可以采用积差相关方法，也可以采用斯皮尔曼等级相关方法。一般要求成对的受过训练的评分者之间平均一致性达 0.90 以上，才认为评分是客观有效的。

估计信度的方法远不止上面介绍的五种。实际上有多少种误差的来源，就有多少种估计信度的方法。所以，在考察测验的信度时，应根据情况采用不同的信度指标。原则上一个测验哪种误差大，就应该用哪种误差来估计信度。鉴于影响信度的因素很多，提高测量的信度相应地也需要多管齐下，即从多方面着手。一般而言，可采取的方法主要有以下五种：①增加测验或量表的长度以提高样本的代表性；②测验时间、测验难度适当；③测试尽量在程度不齐的团体中进行；④施测程序和环境尽可能标准化；⑤评分尽量客观确定。

在提高测量的信度方面没有什么特殊的捷径，只有坚持科学严谨的工作作风，尽可能采用成熟的测量指标与方法，选择合适的测量工具并进行必要的预测试，以及开展必要的人员培训和良好的现场指导与监督等，才能获得比较可信的测量结果。

二、效度

（一）效度的定义与内涵

效度（validity）即有效性，指测量工具或手段能够准确测出所需测量的事物的程度。效度是指所测量到的结果反映所想要考察内容的程度，测量结果与要考察的内容越吻合，则效度越高；反之，则效度越低。

效度是测量的有效性程度，即测量工具能够准确测出其所要测量特质的程度，或者简单地说是指一个测验的准确性和有用性。效度是科学的测量工具所必须具备的最重要的条件。在社会测量中，对作为测量工具的问卷或量表的效度要求较高。鉴别效度需明确测量的目的与范围，考虑所要测量的内容并分析其性质与特征，检查测量的内容是否与测量的目的相符，进而判断测量结果是否反映所要测量特质的程度。

对效度的理解需要注意以下几方面。

（1）任何一种测验只有对一定目的来说才是有效的。

(2) 测验的效度是对测量结果而言的，即一种测量工具只有经过实际测量，才能根据测量结果判断它的效度。

(3) 测验的效度是相对的而非绝对的。测验是根据行为样本对所要测量的心理特性作间接推断，只能达到某种程度的准确性，而没有全有、全无的差别。

（二）效度的类型

1. 内部效度

内部效度（internal validity）指研究的自变量与因变量之间存在一定关系的明确程度。如果自变量和因变量之间的关系并不会由于其他变量的存在而受到影响，从而变得模糊不清或复杂化，那么这项研究就具有内部效度。它主要回答如下问题。

(1) 所研究的两个或多个变量之间是否存在一定的关系？

(2) 是否确实是自变量的变化引起了因变量的变化？

研究设计要对可能涉及的各种变量进行有效的控制与消除，使与研究目的无关的变量对研究结果的影响很小或没有影响。

影响内部效度的外部因素比较多，归纳起来通常包括历史事件效应、自然成熟效应、测试效应、工具效应、统计回归效应、选择效应、实验损耗效应、实验效果扩散效应、补偿效应、补偿竞争效应和士气沮丧效应。

2. 外部效度

外部效度（external validity）指研究结果能够一般化和普遍适用到样本来自的总体和到其他的总体中的程度，即研究结果和变量条件、时间和背景的代表性和普遍适用性。外部效度可以细分为总体效度和生态效度两类。

总体效度是指研究结果能够适应于研究样本来自的总体的程度与能力，或说对总体的普遍意义。要使研究结果适用于总体，就必须从总体中随机选取样本，使样本对总体具有代表性。如果研究所选样本有偏差或数量太小，不足以代表总体，其结果就难以对总体特征进行概括。

生态效度是指研究结果可以被概括化和适应于其他研究条件和情景的程度和能力。要使研究结果能够适用于其他研究条件和情景（例如，自变量与因变量、研究程序、研究背景、研究时间和研究者等方面的不同），就必须特别设计研究条件与情景，保证对其他条件、情景有代表性。

影响外部效度的因素主要有 4 个方面，即研究被试方面、变量的定义和测试方面、研究手段和程序方面、实验者方面。这些因素有时单独存在，有时同时存在。要提高研究的外部效度，必须注意在研究中消除和控制上述各种影响因素。

3. 结构效度

结构效度（construct validity）指理论构思或假设的合理性、科学性，及其转换为研究目的的恰当程度和可操作性。它涉及建立研究方案和测量指标的理论构思（或观察指标的理论设想）及其操作化等方面的问题，即理论构思及其转换的有效性。为了使研究具有较高的结构效度，研究的理论构思首先要结构严谨、层次分明，形成某种"构思网络"，其次对研究内容作出严格的抽象与操作性定义。

为使研究具有较高的结构效度，应该满足以下4个条件。

（1）理论构思要结构严谨、符合逻辑、层次分明，形成某种"构思网络"。

（2）清晰、准确地界定研究的环境条件和变量。

（3）对研究变量（概念）作出准确、严格的操作定义，并选择对应、客观的观测指标。

（4）避免采用单一方法或单一指标去代表或分析多维的、多层次的、多侧面的事物和活动，尽可能采用多种方法、多种指标，从不同角度分析研究相同的理论构思。

鉴于结构效度旨在衡量测量工具是否反映研究变量（概念）的真实含义和内部结构，因此结构效度要求被测变量（概念）有清楚的定义，对该变量（概念）与其他变量（概念）之间的关系有合理的假设。结构效度包括法则效度、收敛效度和判别效度。

法则效度指的是一个变量（概念）的测量结果在理论上可以预测的方式，与相关变量（概念）的测量结果之间相关关联的程度。收敛效度指的是测量同一变量（概念）的指标之间相互关联的程度。判别效度要求在一个量表中测量不同变量（概念）的题项之间有明显的区别，即一个量表测量一个变量（概念）的结果不能与其他量表测量其他变量（概念）的结果相同。

▶ **小知识 7-1　顾客满意度的结构效度：期望差距模型**

以顾客满意度测量为例，根据期望差距模型（图7-4），顾客满意度主要取决于顾客对产品和服务的期望与其感知绩效的比较。如果顾客的感知绩效达到或超过其期望，顾客就会感到满意；反之，则不满意。这个例子涉及三个关键变量，即顾客期望、感知绩效和顾客满意度。如果测量同一个变量的指标之间具有较高的关联度，而测量不同变量的指标之间的相关度较低，则具有较高的收敛效度和判别效度。根据理论，顾客期望应当与顾客的满意度呈现负相关关系，而感知绩效应当与满意度呈现正相关关系。如果实际测量值之间的关系符合理论预期，则说明这几个变量的测量具有较好的法则效度。

4. 统计结论效度

统计结论效度（statistical conclusion validity）是关于研究的数据分析处理程序的效度检验，或者说，它是检验研究结果的数据分析程序与方法的有效性的指标。例如，采用小样本的研究数据时，由于样本成份与测量数据波动比较大，稳定性也较差，如果依赖统计显著性水平作出推论是不可靠的。在这种情况下，应该运用功效分析，看看一定的样本范围、变异程度和 α 水平上能够检验出多大的效应。这就是统计结论效度所考虑的问题。

研究的统计结论效度主要取决于两个方面的条件：一是数据的质量，数据分析程序的效度是以数据的质量作为基础的，数据质量差的研究是谈不上统计结论效度的；二是统计检验方法，数据分析中所采用的各种统计方法，都有其明确的统计检验条件的要求。一项研究中统计检验条件不明确或者被违反，就会显著降低统计结论效度。

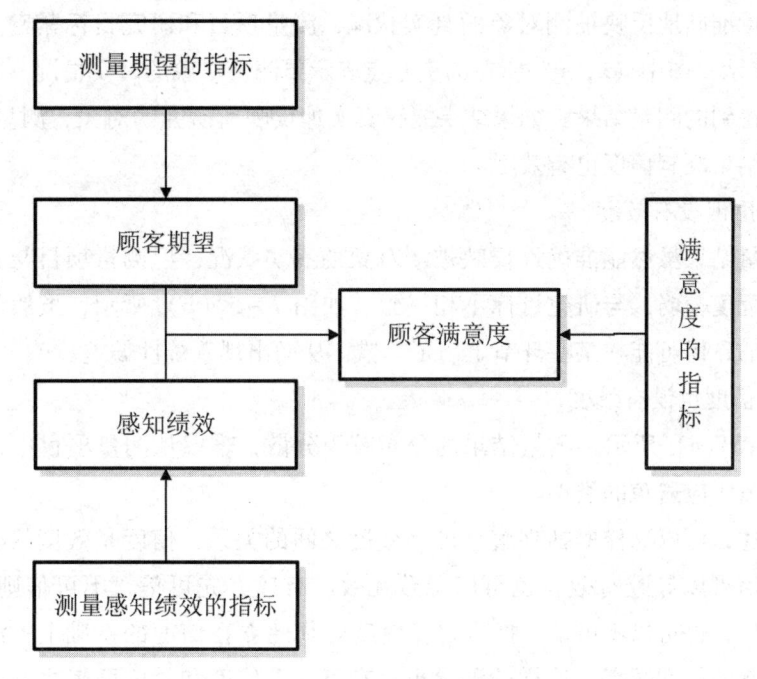

图 7-4 满意度的期望差距模型

资料来源：涂平．市场营销研究方法与应用［M］．北京：北京大学出版社，2012，p96．

三、信度与效度的关系

信度和效度之间存在密切的关系。信度与效度既有明显的区别，又存在着相互联系、相互制约的关系。信度主要回答测量结果的一致性、稳定性和可靠性问题；效度主要回答测量结果的有效性和正确性问题。

美国社会学家艾尔·巴比在《社会研究方法》一书中将信度和效度的关系归结为三类，如图 7-5 所示。

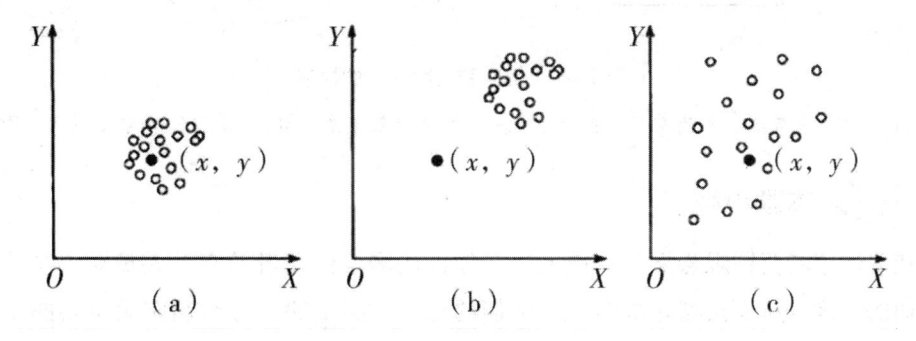

图 7-5 信度和效度的关系

1. 既有信度也有效度

这种测量准确地反映被测对象的真实状况，测量项目和研究目标紧密关联，如图7-5（a）所示，图中（x, y）所在的实心点表示要测量对象的真实情况，其余点表示经过测量所得到的测量结果。如果结果能够真实地反映所研究的对象，测量误差较小，则说明测量结果既有信度也有效度。

2. 有信度但没有效度

这种测量结果虽然能准确地反映被测对象的真实状况，但测量项目与真实的研究目的的关联程度较弱，与研究目标不相一致。如图7-5（b）所示，虽然测量得到的结果是可信的，但可能在某些环节上出了差错，从而出现系统性偏差。

3. 既无信度也没有效度

如图7-5（c）所示，测量结果的分布较为分散，难以从测量项目中得出有效结果。这是测量中应避免的类型。

综上所述，可以这样概括理解信度和效度之间的关系：信度是效度的必要而非充分条件。可信可以导致有效，也可以导致无效。有效必先可信，不可信则必然无效。无效可以可信，也可以不可信。换言之，效度必须建立在信度的基础上；没有效度的测量，即使它的信度再高，这样的测量也没有意义。信度和效度两者之间的关系也可以用如图7-6所示来描述（图中实线箭头表示必要联系，虚线箭头表示可能联系）。

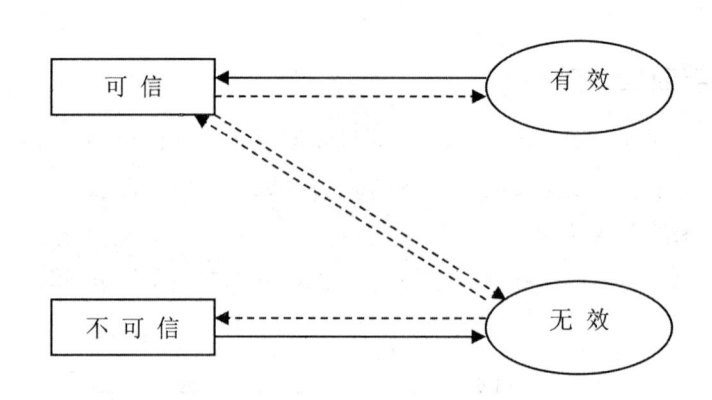

图7-6 信度和效度关系的描述

资料来源：范柏乃，蓝志勇. 公共管理研究与定量分析方法 [M]. 北京：科学出版社，2008.

本章小结

在现代市场营销观念下，营销人员必须设法测量消费者及有关人员对产品、品牌和企业的态度，从而预测并试图改变他们的行为。测量的核心是制定对事物的属性和态度特性进行赋值的规则，这种对研究对象的特征和属性进行测量的标准就称之为测量的尺度。基本的测量尺度有四种，即定类尺度、定序尺度、定距尺度和定比尺度。

市场研究中常用的量表技术分为比较量表和非比较量表两大类。

比较量表是根据对不同刺激物的比较获得某一特征的相对值。比较量表包括顺序量表、配对比较量表、常量和量表、Q 分类量表等。用比较量表进行测量通常产生定序数据。

非比较量表是对每个测量对象进行独立测量，产生定距或定比的测量结果。非比较量表可以分为连续评分量表和分项评分量表。前者可以细分为图示评分量表和列举评分量表，后者可以进一步分为李克特量表、语义差异量表和斯坦普尔量表。非比较量表操作简单，在市场研究中使用非常广泛。

市场研究人员在设计研究所需要的量表时，需要考虑以下问题：量表种类的选择、量级层次的个数、采用平衡量表还是不平衡量表、采用奇数还是偶数个量级层次、量级层次的描述方式、量表的具体表现形式。

为了保证态度测量的准确性，研究人员常常利用信度和效度两个指标来衡量。

信度即可靠性，指采取同样的方法对同一对象重复进行测量时，所得结果相一致的程度。在实际应用中，信度主要有五种基本类型，即重测信度、复本信度、折半信度、内部一致性信度和评分者信度。

效度即有效性，指测量工具或手段能够准确测出所需测量的事物的程度。效度的类型包括内部效度、外部效度、结构效度和统计结论效度。

复习思考题

1. 什么是态度？
2. 测量的含义是什么？测量的基本步骤包括哪两步？
3. 四种基本的测量尺度是什么？描述每一类的特征和适用场合。
4. 分别用评价量表和李克特量表来测量学生对学校餐厅的看法。
5. 在进行量表设计时应注意哪些问题？
6. 什么是信度？信度的主要特征是什么？
7. 什么是效度？效度的类型包括哪些？
8. 如何理解信度与效度之间的关系？

案例分析

杉杉控股有限公司的量表

杉杉控股有限公司是中国知名的服装生产企业，其中西服产品是公司利润的重要来源之一。公司希望将自己的企业形象同其他生产西服的企业进行比较，以下是调查问卷的部分问题。

A1：我们想了解您对以下 5 家生产西服的企业的整体印象。请您给它们评级，从 1 到 5，1 表示最好，5 表示最差。阅读下表并打分，要保证不同的企业有不同的分值，而且每个企业都有一个分值。

企业	等级
报喜鸟集团	
金利来集团	
杉杉集团	
罗蒙集团	
雅戈尔集团	

A2：现在我想知道您对一些用来形容杉杉集团和它生产的西服的陈述的意见。对我所读出的每个陈述，请告诉我您同意或不同意这个陈述的程度。如果您完全同意此陈述，请给它10分，如果完全不同意请给它0分。或者，您可以用其间的任何能表达您对每个陈述意见的数字。

A3：假如今天您要购买服装，哪种品牌是您的第一选择？第二选择？第三选择？（在相应的服装下打"√"）从有标记●的企业开始。

品牌	西服			衬衣		
	第一选择	第二选择	第三选择	第一选择	第二选择	第三选择
报喜鸟集团						
金利来集团						
杉杉集团						
●罗蒙集团						
雅戈尔集团						

A4：假如今天您要在市场上购买一件西服，您会有多大兴趣购买您在家中电视广告上看到的杉杉西服？

您能说出您将……（阅读下表），圈出一个数字。

非常感兴趣	1
有些兴趣	2
无所谓	3
不太感兴趣	4
完全没兴趣	5

A5：为什么您会有这样的感觉？（搜寻完整和有意义的答案）

A6：下面问您几个问题，目的完全是为了对资料进行分类统计处理：
（a）您目前是否购买过杉杉生产的服装？
□ 是　　　□ 否
（b）您的年龄是：
□ 25 岁以下；□ 25～34 岁；□ 35～44 岁；□ 45～54 岁；□ 55 岁以上

资料来源：景奉杰，曾伏娥. 市场营销调研（第二版）[M]. 北京：高等教育出版社，2010.

案例讨论

1. 问卷中使用了哪几种量表？使用每种量表的目的是什么？有哪些其他量表可以用来代替以获得相同的信息？

2. 您认为可以在这份问卷中使用语义差异量表吗？如果可以，有哪些可以使用的形容词？

3. 您是否认为杉杉集团的营销人员已经拥有足够的信息来评价顾客所认知的他们的企业形象和竞争地位？如果不是，还应询问哪些问题？

第八章
问卷设计

本章学习目标

1. 理解调查问卷的概念和分类;
2. 理解问卷的功能和设计原则;
3. 了解问卷中常用的量表;
4. 了解问题设计的基本知识;
5. 掌握问卷设计中的技术和注意事项。

> 引导案例

人民币汇率升值对纺织业的影响问卷调查

你好！

我们是××大学的学生，正在进行一项有关人民币汇率升值给浙江纺织业带来的影响及对策探究——以杭州萧山纺织业为例的科研调查。为了更好地了解浙江纺织业现状，并根据现实环境提出一定的解决方案，我们特进行此次调查。我们在此保证，所有调查结果都只做研究所用，不会泄露大家的隐私，望给予配合，谢谢。

1. 您的性别：
   A. 男　　B. 女
2. 您所知道的中国纺织业的目前的生产经营模式主要为：
   A. 贴牌生产　　B. 自主生产　　C. 小型委托加工
3. 您所了解的纺织业的主要利润来源为：
   A. 销售与成本差价　　B. 出口退税利润　　C. 其他
4. 您所了解的纺织企业目前的经营状况如何？
   A. 较多的盈利　　B. 利润很低　　C. 收支基本持平　　D. 亏损
5. 您所了解的纺织企业主要销售模式为：
   A. 内销为主　　B. 外销为主　　C. 内外销结合
6. 您所了解的纺织企业的最大的优势为：
   A. 价格　　B. 质量　　C. 款式
7. 您所了解的纺织企业的最大的劣势为：
   A. 市场无序竞争　　B. 出口受阻　　C. 附加值低　　D. 可替代性强
8. 您所了解的纺织企业面临的主要困难为：
   A. 国际市场需求不足　　B. 招工困难　　C. 国内市场需求不足
   D. 产品竞争力低下　　E. 成本上升
9. 您觉得国家对纺织业的扶持力度如何？
   A. 很好　　B. 一般　　C. 较少　　D. 几乎没有
10. 随着人民币不断升值，您觉得纺织业在哪方面受挫最严重？
    A. 原材料成本　　B. 出口成本　　C. 劳动力成本　　D. 机器成本
11. 面对人民币不断升值，您觉得纺织企业是否有必要进行转型升级？
    A. 非常有必要　　B. 不是很有必要，基本可以应付　　C. 完全没有必要
12. 您觉得企业面对人民币升值的主要困难是什么？
    A. 企业风险意识弱　　　　B. 缺乏相应的管理人才
    C. 几乎无法预测货币走势　　D. 难以适应国家汇价管理政策调整

13. 面对现状，您觉得企业第一步应该做什么？
    A. 进行多币种结算　　　　B. 增强风险意识
    C. 提高管理水平　　　　　D. 加快企业结构调整
14. 面对现状，您觉得国家最应该出台什么补救措施？
    A. 创新金融产品　　　　　B. 加大政策宣传
    C. 提供汇价政策指导　　　D. 协助企业转型
15. 对于纺织企业的未来发展，您持什么态度？
    A. 乐观　　B. 悲观　　C. 保守
16. 请您就纺织企业如何在人民币汇率不断上涨的逆境中求得生存提一些建议。
最后再次感谢您的支持！
请根据上述材料思考：
上述调查问卷中的问题是否存在问题？如果存在，请指出来，并对其进行修改。

第一节　问卷设计的基础知识

一、问卷的概念和种类

（一）问卷的概念

问卷又叫调查表或询问表，是调查者依据调查的目的和要求，按照一定的理论假设提出来的，由一系列的问题、备选答案及其他辅助内容所组成，用来向被调查者搜集资料和信息的一种工具。问卷设计得好坏往往会直接影响到调查问卷的回收率、获取资料的真实性及实用性。因此，在进行问卷设计时一定要讲究科学合理性和实效性，要使问卷容易为被调查者所接受，且要符合调查的要求，以便能有效获取所需的资料。

（二）问卷的种类

按照不同的分类标准可以把问卷分成不同类型，比较常见的分类方法主要有以下几种。

1. 问卷按是否由被调查者自填分为自填式问卷和访问式问卷。

自填式问卷是指由由调查者发给被调查者，由被调查者自己进行填写的问卷，也就是问卷自填调查中所使用的问卷。访问式问卷是由调查者根据事先设计好的问卷或者问卷提纲向被调查者提问，然后调查者根据被调查者的口头回答来填写的问卷。由于两类问卷的填写者不同，这就使得两类问卷在具体结构、问题类型及排版方面存在很大的区别。一般而言，由于被调查者介入程度比较高，且可以借助于视觉功能，自填式问卷在设计上可以更加灵活,问题的数量可以适当增加,备选答案的形式可以更加多样化。但在使用自填式问卷时,调查者的介入程度比较低,所以对问题的措辞以及被调查者的文化程度都提出了比较高的要求。而访问式问卷由于双方介入程度比较高,所以对被调查的文化程度要求不高,但由于仅依靠听觉功能,所以要求问卷的设计务必简单,最好采用双向选择题,且题量不宜过多。

▶小案例 8-1

女性驾驶习惯自填式问卷调查

美国《十七岁》杂志精心设计了一份自填式问卷,以期获得有关年龄在 15~21 岁的女性读者驾驶习惯的信息。该问卷调查了关于驾驶者的执照状况、在过去一周内的驾驶公里数、使用汽车的原因、所驾驶的汽车及获得途径、一辆新车的价格、新车的购买方式、选择一辆新车最主要的原因、所拥有新车的制造商、在新车选择中最重要的信息来源、偏爱某种轿车的原因,以及在《十七岁》上看汽车广告的兴趣程度。该问卷采用了不同的问题形式和量表技术。该问卷被邮寄给《十七岁》消费者固定邮寄组的 2150 名成员,共收到了 1143 份返还问卷,回复率为 53.2%。调查的主要结果有:

(1) 在过去一周的平均驾驶距离为 123 公里;

(2) 选择一辆新车最主要的原因有款式和外观、价格及油耗;

(3) 在自己拥有轿车的驾驶者中,2/3 的人拥有的是美国产轿车,1/5 的人拥有的是雪佛兰轿车,近 1/5 的人拥有的是福特轿车。

《十七岁》杂志利用这一信息从主要的汽车公司那里征求广告,并设计出对读者有吸引力的文章。

资料来源:纳雷希·K. 马尔霍特拉. 市场营销研究:应用导向[M]. 北京:电子工业出版社,2010.

2. 按照发送方式的不同,又可以将调查问卷分为报刊式问卷、邮寄式问卷、送发式问卷、人员访问式问卷、电话访问式问卷和网络访问式问卷六大类。

报刊式问卷是随报刊发放的问卷,报刊读者在进行填写后将问卷回寄给市场调查的组织者。报刊式问卷的优点是目标顾客稳定且具有较强的针对性,成本费用相对比较低,匿名性比较好。缺点是回收率比较低,为了解决这一问题,很多调查机构提供抽奖的方式来吸引读者参与。目前,报刊式问卷的范围开始扩展到期刊杂志等领域,期刊杂志式问卷比较突出的优点是专业性比较强,便于寻找到企业的目标顾客群体。

邮寄式问卷是通过邮局将事先设计好的问卷邮寄到特定的被调查者手中,并要求被调查者按规定的要求填写问卷,并在指定的时间内将问卷回寄给市场调查者。其优点是匿名性比较好;缺点是地址不易获得,问卷的回收率较低。应对这些缺点的手段是抽奖和提供回寄的信封和邮票。

送发式问卷也称为留置问卷,就是由调查人员将问卷送发给事先选定的被调查者,然后约定上门回收的日期,待被调查者填答完毕后再进行统一回收。这类问卷的优点是回收率比较高,缺点是成本比较高。

人员访问式问卷是由调查者根据事先设计好的问卷或者问卷提纲向被调查者提问,然后调查者根据被调查者的口头回答来填写的问卷。由于是面对面进行交流,人员访问式问卷的回收率高,便于对相关问题进行深入探讨。但其效率较低,且不便进行敏感性问题的讨论。

电话访问式问卷就是通过电话对被调查者进行访问的问卷类型。在对此类问卷进行设计时,要求问题简单明了,备选答案不宜过多,且要综合考虑用户选择、通话时间限制、听觉功能的局限性、记忆的规律性以及进行信息记录的需要等因素的影响。电话访问式问卷一般适用于问题比较简单、答案比较明确、不需要进行深入思考即可给出答案的调查项目,例如,我们平时比较常见的保险公司关于用户信息的调查以及电信运营商关于顾客满意度的调查等都是比较典型的电话访问式问卷。

网络访问式问卷是通过因特网作为平台进行调查的问卷类型。此类问卷的优点是基本不受时间和空间的限制,费用比较低,且匿名性较好,便于获取大量的信息,尤其是针对一些敏感性的问题更易获得比较真实、全面的答案。缺点是因特网的覆盖率有限,且在中老年群体中,相当一部分人对网络不熟悉甚至不会进行操作,这些都使得网络访问式问卷在特定调查项目上呈现出一定的局限性。

二、调查问卷的功能

在市场调查行业,调查问卷最基本的功能就是其作为提问、记录和编码的工具,可以帮助调查人员获得原始的数据资料,并最终为管理层提供决策所需要的信息。通过问卷,调查人员不仅可以获得被调查者的基本特征,如性别、年龄、个人收入、家庭收入、婚姻状况及职业等,还可以测量出被调查者对某种经济事物或社会现象的态度、看法和认识等,从而预测消费者的行为,帮助企业作出正确的决策。可以说,调查问卷设计得好坏将直接决定着一次调查活动的成功与失败。调查问卷设计得不好,后续的所有努力将变得没有任何意义。之所以如此说,是因为调查问卷具有以下几项重要功能。

首先,调查问卷将调查目标转化成被调查者可以且愿意回答的一系列具体问题。为了实现调查目标,调查人员需要收集信息,而这些信息的收集就可以通过具体问题构成的问卷来进行,可以说,调查问卷是获取市场研究所需信息资料的基本手段。

除实验法外,观察法和各种询问法都离不开问卷,特别是计算机在现代市场调查应用中的普及,使得规范、科学的问卷作为调查的工具或手段是不可缺少的。

其次,设计合理的问卷有利于全面、准确地收集资料。设计合理的问卷可以使研究的问题和答案范围标准化,让不同的被调查者或者同一个被调查者在不同的时间和地点都处在相似或一致的问题环境中,从而保证问卷的适用性及对调查结果进行统计分析的可能性。设计合理的问卷可以通过对措辞、问题排序及卷面结构等进行设计,引导被调查者参与并配合完成调查工作,减少因被调查者而产生的计量误差。设计合理的问卷还可以使调查人员的提问趋于标准化,减少因调查人员而引起的计量误差。

再次,问卷可以记录和反映被调查者的回答,不仅能够提供准确的信息,而且可以作为调查的永久记录。问卷都是围绕调查项目或主题来设计的,是通过被调查者作答来完成的,因而有利于全面、准确地反映被调查者对所询问问题的基本倾向,从而获得可靠的调查资料。且问卷作为原始记录具有很强的真实性,可以作为基础资料进行长期妥善保管。

最后,问卷可以节省调查时间,加快数据分析进程,提高调查效率。在利用问卷进行信息收集的过程中,由于许多项目被设计成由被调查者在备选答案中作选择的形式来回答,且无须对各个问题的答案给出文字方面的解答。调查人员只需对被调查人员稍作解释,说明意图,被调查人员就可以完成答卷。而又由于问卷中问题的答案大多为可以量化的选项,这就为利用计算机对数据进行统计、处理和分析提供了条件。这些都大大节约了调查的时间,提高了市场调查的效率。

三、问卷的结构

一份完整的调查问卷一般包括标题、说明信、指导语、问题和选项、编码、作业记载和结束语七个部分。其中问题和选项是问卷最核心的部分,也称为问卷主体,它是每一份问卷中不可或缺的组成部分,一般来讲,标题、说明信、问题和选项及结束语是一份简单问卷比较常见的组成结构。

(一)标题

每份问卷都是针对特定的研究主题设计的,而标题就是对研究主题进行的概括性说明。清晰准确的标题可以让被调查者了解问卷调查的目的,进而对所要回答的问题有一个大致的了解。确定标题时应简明扼要,且易于激发被调查者的兴趣。例如,"北京市羽绒服消费状况调查""××高校大学生服装消费情况调查"等这样的问卷标题,就直接指明了调查对象和调查的主要内容,十分清晰鲜明,易于被接受。

(二)说明信

说明信是给被调查者的一封短信,它往往是列在问卷开头,虽然其篇幅短小,但是在问卷调查中却起到至关重要的作用。它的主要作用是引起被调查者对填写问卷的重视,明确填写任务和要求。可以说,调查者能否让被调查者接受调查并愿意认真如实地填写问卷在很大程度上取决于说明信的质量。

一般来讲,说明信的主要内容包括以下几点:①调查者的身份说明。即向被调查者说明该项调查组织者的身份,打消被调查者的顾虑。例如,很多学生在进行毕业论文设计时往往需要进行问卷调查,而在说明信中给出学生的身份往往有助于提高问卷回收率。②调查的目的和意义。在说明信中给出此项，可以引起被调查者的重视，争取被调查者的配合。③说明回答问题的原则，即被调查者给出的答案无对错之分，只要能真实客观地反映本人的行为和态度即可。④被调查者回答问题的重要性，即首先要向被调查者表明样本选择的科学性，不能随便由别人代填。其次，被调查者需要认真客观地填写答案，否则会影响最后的调查结果。⑤保密性原则。向被调查者保证其提供的答案将会被保密，仅用于此次调查，绝不会向第三方泄露被调查者的个人资料。⑥向被调查者征询是否进行结果反馈。即被调查如果有需要，调查组织者会将最后调查的结果反馈给被调查者，虽然这么做会增加经费，但有助于提高问卷回收率。⑦感谢语。即对被调查者的参与和配合表示真诚的感谢，一般来讲，感谢语在问卷最后还要再次出现。

说明信的篇幅不宜过长，一般二三百字即可。为了能够引起被调查者的重视，并激发其参与的兴趣，说明信在措辞上一定要表现得谦虚、诚恳，文字要简明易懂。

在面谈调查中，说明信一般是由调查人员向被调查者宣读的，所以会更加简短。而在自填式问卷中，如果问卷较短，则说明信往往放在问卷的卷首位置，而对于较长的问卷，则可放在封面或封二上。

下面是一则比较简单的说明信的例子，可供大家参考。

尊敬的女士/先生：

您好！

我们是××的调查员。受××的委托，正在进行一项关于影响羽绒服购买因素的市场调查。我们采用的是街头拦截法，确定您作为我们的访问对象，非常希望得到您的支持！此次调查采用无记名方式，所获得的有关信息只作为本次研究分析之用，我们承诺保守秘密并不将所获信息用作其他用途。为表示对您的感谢，我们将赠送一份精美的小礼品，同时，如果您有需要，可以留下您的联系方式，我们将把最终的调查结果反馈给您。谢谢您的支持！

××调查中心
年　月　日

（三）指导语

指导语又称填表说明，它的主要作用是告诉问卷填写者如何填写问卷以及应该注意什么事项等。填表说明类似于产品使用说明书，它一般作为问卷的第三部分，在说明信之后列出。对于个别需特别说明的复杂问题，则指导语可放在该问题之后。

（四）问题与选项

它是问卷中最主要的部分，也是问卷设计的主要内容。其内容反映的是市场调查者需要了解的问题和问题所对应的选项。根据其反映内容的不同，此部分又可细分为两大块：调查主体项目和被调查者项目。

调查主体项目反映的是调查主题所涉及的具体内容，即根据调查内容引申出来的一些列各种形式的问题及备选答案。在拟定此部分问答题时,问题的数量应根据调查的目的来确定,与调查目的无关的问题以及能通过二手资料获得答案的问题都不要设计在问卷中,在能够满足调查目的的前提下问题设计得越少越好。

被调查者项目反映的被调查者的背景资料,如在消费者调查中,有关消费者的性别、年龄、婚姻状况、经济状况和家庭住址等;在对企业的调查中,企业的名称、地址、员工人数、销售额及产品信息等。这些信息的获得可以起到两个方面的作用:一是对调查人员的工作进行监督,如调查组织者可以通过消费者或企业留下的联系方式来对调查人员的工作进行跟踪;二是可以利用收集到的资料进行统计分析,方便企业作出正确的决策。例如,在对化妆品市场进行调查研究时,调查者可能会发现性别和年龄会在很大程度上影响消费者的行为,从而根据研究结论进行市场细分和目标市场的选择,并进行广告等营销策略的制定。

（五）编码

编码就是将问卷中的每一个问题及备选答案进行统一的代码设计,是将调查项目转化成代码数字的过程。编码在大多数调查问卷中都会用到,但其在大规模问卷调查中的作用最为突出,这是因为在大规模问卷调查中,调查资料的统计和汇总任务更加繁重,而编码技术可以使得这些繁重的工作借助于计算机来进行,从而提高工作效率。编码可以分为预编码和后编码,预编码是和问卷设计工作同步进行的,而后编码是在调查工作结束后进行的。在实际调查中,比较常见的是预编码。

（六）作业记载

作业记载是指与调查作业有关的人员和事项的记载。它主要包括以下几个方面的内容:调查人员的姓名或编号、调查开始和结束的时间、调查地点、审核员的姓名等,必要时可记载被调查者的姓名、单位、家庭地址和联系电话等。作业记载的目的主要有两个:一是便于复核或追踪调查;二是便于对问卷质量的检查控制。对于较长的问卷,作业记载应印在封面,而对于较短的问卷,则可印在卷末。

（七）结束语

结束语通常放在问卷的最后,是用简短的语句对被调查者的合作表示感谢,也可以在此部分征询被调查者对问卷设计或者调查活动的看法和感受。不同类型的问卷结束语可能略有不同,例如,邮寄式问卷可能在感谢的同时提醒被调查者寄回问卷,而拦截式问卷则更多地侧重于对被调查者的合作表示感谢。

以上就是一份完整的调查问卷所包含的主要结构内容,在具体实践中,市场调查组织者可根据实际情况进行灵活调整。

四、问卷设计的原则

调查问卷设计的根本目的就是能够设计出符合调查目的并能获取足够、有效、适用和准确的信息资料的调查问卷。为了实现这一目的,在进行问卷设计时必须遵循以下几个重要的原则。

（一）主题明确、紧扣目标的原则

设计任何问卷，其最主要的作用都是为决策提供所需要的信息，因此，在设计问卷时，其首要原则就是问卷设计必须紧扣调查目标。只有根据调查目标，问卷设计人员才能更透彻地了解要调查的项目，才能使设计出的问题既全面又不多余，便于获取最准确的信息。

（二）合乎逻辑的原则

逻辑性原则是我们在做任何事情时都要考虑的重要原则，在问卷设计中，合乎逻辑在很多方面都要得到体现。首先，整个问卷的问句设计要有逻辑性，避免出现前后矛盾的问句；其次，单个问句设计也要具有逻辑性，不能出现逻辑上的谬误；最后，要根据受访者的特征及问句的难易程度，设计问句排列的逻辑顺序，以适合受访者的思维习惯，一般要满足先易后难、先简后繁。

（三）通俗易懂、易于回答的原则

问卷是获得相关数据的重要工具，所以在设计时必须要考虑问题的易于作答性。为了满足这方面的要求，在进行问卷设计时必须要做到以下几点。

①问卷应使被调查者一目了然，并愿意配合调查者如实回答相关问题；

②问题的难度要与被调查者的理解能力、认知能力和心理特征相适应，避免使用一些晦涩难懂的词汇以及专业性术语；

③要用具体的、事实性的问题来提问，同时提问的语气也要设计得亲切自然；

④敏感性的问题在设计时要注意技巧，使问题具有合理性和可答性；

⑤为了便于被调查者理解某些关键性的问题，防止出现回答偏差，可以设计和制作一些卡片，在进行调查时配合使用，作为提问的辅助手段。

（四）便于对资料整理和统计的原则

问卷的设计，还必须考虑问卷回收后要便于对收集的资料进行检查核对和整理加工。为此，在问卷设计中，必须使问题的设计尽可能简单明确，避免出现复合性的问题；再就是对一些能够量化的问题，应尽可能采用分类分级的方法列出明确的数量界限，而对于一些被调查者不容易把握的态度性问题，则可以采取态度测量表，这些都使得最后得到的资料便于分析。

（五）保持中立的原则

在问卷设计工作中，设计人员应当时刻保持中立的立场，以保证所收集数据的客观真实性。首先，在问卷设计中，所设计的问题应当是中性的；其次，在选用句式和词句时，要坚持客观的态度，不可以使用带有感情色彩的词句，更不可以使用暗示性、诱导性的询问句，以免误导被调查者作出不合实际的回答；最后，在对问题进行编排时，应注意正面问题和反面问题的排列顺序，不可以将它们集中排列。

（六）问题数量合适的原则

设计问卷时，应注意问题数量的选择。设计问题的数量过多、过于繁杂，不仅会大大增加调查的工作量和调查成本，而且会影响被调查者的积极性，降低问卷的回收率和有效率，降低问卷的回答质量，不利于正确说明调查项目所要说明的问题。设计问题的数量过少，虽然降低了调查成本，但无法完全提供所要收集的信息，失去了调查的意义。所以在设计问卷时，应综合考虑调查内容、调查规模和调查范围等因素，最终确定合适的问题数量。

五、问卷设计的步骤

问卷设计不仅是市场调查准备阶段的重要工作之一，而且问卷设计本身也是一个充满创造性的过程。为了提高问卷的设计水平，使其既科学合理又切实可行，我们在设计问卷时必须按照科学的程序来进行，一般来说，问卷设计工作主要分为以下几个步骤来展开，如图8-1所示。

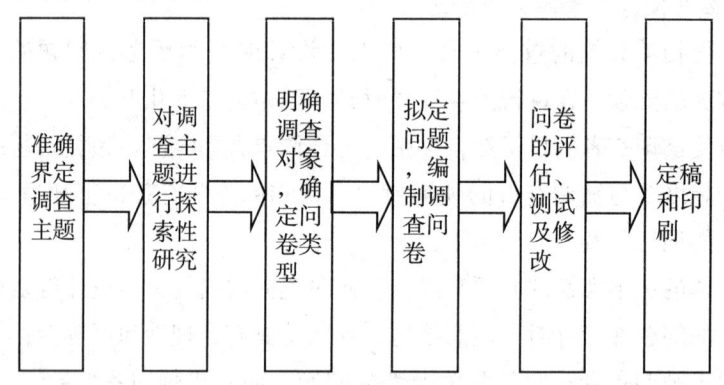

准确界定调查主题 → 对调查主题进行探索性研究 → 明确调查对象，确定问卷类型 → 拟定问题，编制调查问卷 → 问卷的评估、测试及修改 → 定稿和印刷

图8-1 问卷设计基本步骤

（一）准确界定调查主题

在进行问卷设计工作前，首先要明确调查的目的和内容，这是问卷设计的前提和基础。通常情况下，调查项目的委托人只给出一个大致的调查范围，具体目标和内容并不清楚，这就需要调查机构来界定调查的主题，并为之选择合适的调查方法。因此，设计问卷时，首要的任务就是要准确界定调查主题，并围绕主题确定所要收集资料的范围。此过程一般借助收集二手资料的方法来完成。调查主题确定后，最好能够在调查方案中进行具体的细化，并以文本的形式体现出来，用作后续问卷设计的指导。可以说，调查主题确定得是否准确，直接影响到资料范围的界定，并影响问卷设计工作的开展、调查数据的质量以及调查目的的实现，因此，此步骤的工作一定要慎之又慎。

（二）对界定的调查主题进行探索性研究

由于专业及能力等方面的制约，问卷的设计人员不可能都是调查主题方面的专家，因此，其不可能对调查所涉及的每一个主题都有深刻全面的认识。这时就需要对调查主题进行探索性研究。对调查主题进行的探索性研究应该从以下几个方面做起。

①在条件具备的情况下，向熟悉调查主题的专家学习请教，如果不具备这方面的条件，则应认真学习研究相关的理论问题，以期从理论层面深化对调查主题的认识；

②通过向具有丰富实际工作经验的工作者学习请教，或亲自参与有关的实践活动，从实际活动中加深对调查主题的理解和认识；

③尽可能收集类似调查活动的实际调查资料，结合此次调查活动的特征进行研究，从中借鉴相关经验，并提取可以加以利用的资料；

④在前述工作的基础上，进一步对相关问题进行分析，以确保调查主题的明确化和具体化，为后续的工作做好准备。

值得指出的是，如果问卷设计人员对界定的调查主题理解得非常透彻，或者具备这方面的专业知识，则此步骤可以省略掉。

（三）明确调查对象，确定问卷类型

不同的调查对象有不同的特点，问卷设计必须要结合具体调查对象的特点进行设计，只有这样，才能保证问卷的合理性。因此，在问卷设计时必须要明确具体的调查对象，分清调查对象是企业还是个人，是现实的消费者还是潜在的消费者等。明确了具体的调查对象之后，我们还需要了解调查对象的特征，如各类调查对象所处的社会阶层、收入、文化程度、规模、市场占有率等，并有针对性地确定问卷类型。例如，针对城市居民的问题和针对农村居民的问题就存在较大的差别。一般情况下，调查对象的差异越大，进行问卷设计时要考虑的因素就越多，就越难设计出适合整体的问卷。

（四）拟定问题，编制调查问卷

确定了问卷的类型后，问卷设计者就可以按照调查对象的特点，遵循问卷设计的原则，进行问卷设计的工作。其主要内容包括：说明信和指导语的设计、调查中所要提问问题的设计、问题答案的设计、问题顺序的设计、编码设计、问卷结构及版面的设计等。问卷中具体的调查问题是前述各项工作成果的体现，它们构成了调查问卷的主体部分。

（五）问卷的评估、测试及修改

问卷初稿完成后，需交付委托方或由问卷设计人员对问卷进行初步评估，当然，如果必要且条件具备，也可以聘请具有丰富经验的专家参与评估，以便及时发现问题和不足、及时给予解决。在问卷评估时，一般要考虑以下几个问题：问卷中的问题是否能够提供全面有用的信息；有无需要删减的问题；问卷的长度是否合适；问卷是否便于作答等。

问卷草稿经过各方评估后，可以初步定稿，此时，有必要对问卷进行预测试，预测试往往是小范围的试验，它并不是由一个调查人员向另一个调查人员进行调查，比较理想的测试是对被调查者实施调查。预测试所采用的调查方式应和实际调查采用的调查方式保持一致，以考察问卷的合理性和有效性。

通过预测试，调查者可以得到以下可能存在问题的答案：被调查者能否充分理解问卷中的问题？问卷是否能充分反映所需资料的内容？问卷中是否存在不连贯、不合逻辑的地方？封闭式问题的答案是否全面？被调查者答题所需的时间是否过长？等等。

通过对预测试收集到的数据进行统计分析，调查人员还会发现一些更深层次的问题，同时，也有助于调查人员对调查将产生的结果以及能否实现调查目标有一个大致的了解，为后续的正式调查工作指明了方向。

在完成预测试后，还需要对问卷设计中存在的问题进行修改，如有必要，也可进行二次测试，在做实地调查活动前，应当征求各方的认可。

（六）定稿和印刷

上述工作完成后，即可确定问卷的终稿并进行印刷。在此步骤中，问卷的版面设计简洁合理，便于阅读，印刷时应选择质量合适的纸张，装订应整齐，便于被调查者作答。有的调查问卷为了节约纸张或者使问卷看起来简短，缩小字体和行间距，压缩一切可以压缩的空间，结果使卷面看起来非常凌乱，毫无美感；有的为了节约成本，印刷时采用质量低劣的纸张，且装订粗糙，这些都使得问卷看起来非常不正规，最终影响被调查者的心情，使得问卷的回收率和有效率大大降低。因此在印刷问卷时，可以参考以下几个标准。

（1）排版简洁大方，避免为节约纸张而无原则地挤压卷面空间。

（2）若收集信息的性质不同，则问题应该归类后划分到不同的版块，并在每一版块上方加上标题进行区分，如在对消费者行为进行调查时，就可以把问卷分为个人基本信息部分和消费行为部分，这样既符合被调查者的答题思维，也便于调查者的数据统计分析工作。

（3）同一个问题，应尽可能将问题和答案放在同一版面上，这样既便于被调查者答题，也降低了漏题的概率。

（4）印刷用纸质量合适，超过一定页数的问卷最好装订成册，并采用双面打印，配以封面，以使被调查者以认真的态度回答问卷，提高问卷的回收率和信息的准确度。

第二节 调查问卷的问题设计

一、问题的分类

问题设计是问卷设计的主要内容，也是直接影响调查质量的关键，若设计不当，可能使被调查者产生误解，甚至引起反感。因此，在设计问题时要根据问卷设计的步骤和原则就问题的类型进行反复的推敲，才能设计出高水平的问卷。为了更科学地进行问题设计，首先要对问题的类型进行分析。

（一）根据问题作用不同划分

1. 心理调节性问题

心理调节性问题又称为前导性问题，是指能引起被调查者兴趣、烘托合作气氛的问题。设计这类问题的目的在于消除回答者的紧张感。此类问题最典型的特征是简明易答，因此，在询问正式问题之前，往往要设计一两个这类问题，以激发对方的兴趣或松弛一下高度紧张的神经。

2. 过滤性问题

这类问题主要是用于筛选被调查者是否符合调查主题的要求。过滤性问题的作用在于不仅可使问卷中问题的承接顺序清楚，而且体现出对被调查者的充分尊重，避免荒唐问题的出现。

例如，在要求被调查者回答一项关于某产品的用后评价问题前，先用一个过滤性问题询问该被调查者。

如：你是否使用过××产品？

A 是　　　B 否（直接跳转第×题或终止答题）

3. 试探性和启发性问题

试探性问题主要是针对一些敏感性或接近敏感性的问题，探询被调查者是否愿意讨论，以争取其配合的一类问题。启发性问题则是唤起被访问者的回忆，以提高回答速度和准确性的问题。

4. 背景性问题

这类问题主要是针对被调查者个人背景的问题，如性别、民族、年龄、收入、职务、职业及受教育程度等，此类问题对于后续的资料整理和分析非常重要，但因为涉及隐私，所以一定要注意设计技巧。

5. 实质性问题

实质性问题是指为了完成调查主题所要求的调查项目而设计的问题，它在问卷中所占的比重较大，其他类型的问题往往都是服务于实质性问题的。

根据问题具体内容的不同，实质性问题又可分为事实性问题、态度性问题、困窘性问题、断定性问题和假设性问题。

事实性问题是指为收集事实性资料所设计的问题。例如，你现在使用什么牌子的牙膏、购买的原因等，此类问题回答简单，只需按实际情况回答即可保证资料的准确性。

态度性问题是指为收集被调查者的意见或评论性见解的资料而设计的问题，例如，你认为该零售店的服务质量如何？

困窘性问题是指针对涉及消费者隐私或者不为社会道德所接受的内容而设计的问题，例如，赌博、吸毒等，对此类问题进行设计时，一定要注意设计方法和提问技巧，比较常见的是运用影射法和间接提问法来获得相对真实的答案。

断定性问题是指在假定被调查者持有某种态度或具备某种特性的情况下设计的问题。例如,"您一天抽多少支烟?"这种问题即为断定性问题,被调查者如果根本不抽烟,就会造成无法回答。为了避免这种情况,往往需要在此类问题前加一条过滤性问题。如"您抽烟吗?",如果回答"是",可继续提问,否则就终止提问。

假设性问题是通过假设某一情景或现象存在的情况下向被调查者提出问题,例如,"很多人认为网络对青少年造成的影响利大于弊,你怎么看?"就是一个假设性问题。

(二)根据问题间的联系来划分

根据各问题之间的联系可把问题分为系列性问题和非系列性问题两大类。

1. 系列性问题

系列性问题是指围绕一个调查项目逐步深入并展开的一组问题。如"你抽烟吗?""一天抽几支?""抽什么牌子的?"这一组问题就是典型的系列性问题。

2. 非系列性问题

非系列性问题是指设计的各问题之间并没有递进的关系,而是一种平行的关系。如关于消费者的个人信息调查,可能涉及性别、年龄等,它们之间没有先后顺序之分,问题和问题之间也没有必然的联系。

二、问题的形式

根据回答问题方式的不同,问卷中的问题有三种形式,即开放式问题、封闭式问题和混合式问题。

(一)开放式问题

开放式问题是提问时不提供具体的备选答案,而是由被调查者自由填答的问题,因此也被称为非限定性问题。

开放式问题的优点是被调查者可以充分自由地发表意见,不受限制,有利于发挥其主动性和想象力,因此,开放式问题所得的资料往往比较生动、具体、信息量大,特别适合于询问那些潜在答案很多或答案比较复杂以及尚未弄清各种可能答案的问题。

其缺点是所得文字资料的标准化程度低,难于进行定量整理和分析,因此,大规模统计调查中很少采用开放式问题。另外,开放式问题对被调查者的文化素养和表达能力提出了较高的要求,而且需花费被调查者较多的时间和精力,这都有可能导致自填式问卷的回收率和有效率降低。

(二)封闭式问题

封闭式问题是在给出问题的同时还为被调查者提供若干备选答案,由被调查者从中选择答案的问题。由于这种问题不能作已给答案之外的回答,故又称为限定性问题。

封闭式问题的优点是被调查者可以按照事先设计好的标准答案进行选择,有利于节约回答的时间,提高问卷的回收率和有效率,同时简化了对所得资料进行统计整理和分析的难度。

其缺点是设计比较困难，特别是一些比较复杂的、答案很多或不很清楚的问题，很难把答案设计得周全，而这将直接影响调查质量。同时由于事先给出了答案，所以难以发挥被调查者的主观能动性，而且很容易出现乱选答案的现象，这些都会影响最终调查结果的真实性和可靠性。

（三）混合式问题

混合式问题也称为半封闭式问题，是指在采用封闭式问题的同时，最后再附上一项开放式问题，它适合备选答案比较多，没有办法一一列出，但调查者又想了解被调查者具体答案的情形。

综合前面对三种问题形式的描述，我们可以看出，开放式问题和封闭式问题各有自己适用的范围，在设计问卷时到底选择什么样的问题形式应视实际情况而定。一般来讲，对于问题比较复杂，需要进行探索性研究的主题，或者调查者尚未弄清各种可能答案的主题，设计成开放式问题比较科学。而对于那些问题和答案都比较清晰明确，且答案数目不是很多的主题，则设计成封闭式问卷比较合适。在实际问卷设计工作中，为了克服开放式问题和封闭式问题各自的缺点，通常选择混合式问题来弥补。当用到不同的问题形式时，一定要注意问题的数量和排放顺序，一般来讲，开放式问题数量应较少，且放在问卷的最后，以提高问卷的回收率。

三、封闭式问题选项的设计

（一）封闭式问题选项的类型

1. 填入式

填入式即在问题后面留少量空格，并在空格下面画一横线，由填写者将答案填入空格内。例如：您家有几台电视？

填入式一般只适用于答案简单、非常容易填写的问题。

2. 二项式

二项式即问题的答案只有两种，回答者其中选择一项即可，是否式就是实践中比较常见的二项式。例如：您家是否承包耕地？　□是　　□否

3. 多项式

多项式即给出的答案在两个以上，被调查者根据要求选择其一或者多项，这是问卷中最常用的一种方式。例如：您在周末的时候通常都做些什么？（可选多项）
□看电影　　□上网　　□逛街　　□看电视
□上图书馆　□兼职　　□待在宿舍　□其他

4. 排序式

此类格式要求把列出的各个选项按照重要性或时间性标准的顺序排列出来，例如：以下是几个选择出国留学国家的标准，它们在您心目中的重要程度如何？第一重要

_____，次重要_____，第三重要_____。（请把选项代码填写在横线上）

①社会治安　　　　②留学费用　　　　③生活环境
④教学水平　　　　⑤就业率　　　　　⑥社会福利

5. 等级式

等级式是对分成两个以上等级或顺序的答案进行选择，且只能从中选择一项。等级式选项强调的是选项等级的有序排列，常用于满意度等可以划分等级的程度调查。例如：你对目前的工作环境满意吗？

□很满意　　　　□满意　　　　□一般
□不满意　　　　□很不满意

6. 矩阵式

矩阵式即将若干同类问题及几组答案集中在一起排成一个矩阵，由被调查者按题目顺序依次选择适当答案。例如：你对本超市各方面工作的满意度如何？（请在相应的空格内打"√"）

程度\项目	非常满意	满意	一般	不满意	非常不满意
售货员的态度					
等待收银时间					
卖场环境					
货物摆放					
无条件退货					

7. 评分式

评分式即请被调查者按要求对某一事物或若干同类事物打分，以分数的高低来评价事物某方面的好坏程度。

8. 比较式

比较式即把若干可比较的事物整理成两两对比的形式，由应答者进行比较。这种方式比将许多事物放在一起让应答者作比较要简便容易，并可获得针对性明显的具体资料。例如：请比较下面各项两个化妆品品牌，请在你认为质量比较可靠的品牌前的方格内打"√"。

①□妮维雅　　　　□旁氏
②□丸美　　　　　□佳雪
③□兰蔻　　　　　□雅诗兰黛

9. 连线式

连线式即将若干同类问题及其可能的若干同类型的答案逐一列举出来，由被调查者在问题和答案之间用画线连接的方法进行适当选择。

(二) 封闭式问题答案设计的基本原则

1. 穷尽性

穷尽性即列出的答案应包括所有可能的回答，以免被调查者找不到合适的答案而无法作答。

2. 互不包含性

互不包含性即不同答案之间不能相互重叠、相互包含或交叉。在选择答案时，只有一个答案符合被调查者的情况。例如，在问到职业时，如果选项中同时出现"服务人员"和"导游"则违反了此项原则。

3. 简洁标准性

简洁标准性即答案的表述必须简单易懂、标准规范，只有这样才能便于被调查者回答。

四、开放式问题设计

在进行开放式问题设计时，可以运用到以下三种提问方式。

(一) 自由式问答法

它指的是在设计问题时，不设计可供被调查者选择的答案，而是由被调查者在不受任何限制的条件下自由表达意见。

例如：你认为××饮料还有哪些需要改进的地方？

自由式问答法的优点是：设计问题不受限制，操作比较容易；可以获得深层次的意见，能使市场研究人员得到意外收获等。

自由式问答法的缺点是：不适合所有的被调查者，尤其是一些语言表达能力较差的被调查者往往感觉难以作答，这将直接导致缺项比较多；调查结果可能会因为调查人员的引导而产生误差；调查结果多样化，使得统计整理工作难度增加等。

(二) 语句完成法

这种方法在前面我们已经讲到过，它是把一个问题设计成不完整的语句，由被调查者完成该句子的方法。调查者可以通过这些答案来猜测被调查者的想法和观点。

例如：你认为喝可乐的人是_____。

(三) 文字联想法

文字联想法是指向被调查者展示一组文字，每展示一个字词，就要求被调查者立刻回答看到该文字后想到什么，由此来推断其内心的想法。文字联想法常被用来比较、评价和测试商标名、品牌形象、产品或广告等。文字联想法往往要求被调查者在三秒之内给出答案，以防止其心理防御机制起作用，影响最终的调查结果。

第三节　问卷设计的注意事项

一、注意问题的措辞

在设计问卷时，一定要注意问题的措辞，也就是问卷的用语，这是问卷设计中一项非常重要的工作，因为措辞不当会直接影响问卷的回收率和有效率。

问卷的措辞至少应做到以下几点。

（一）问题的语言要通俗易懂

一般而言，调查人员都比被调查者拥有更多的专业知识，这就意味着很多时候调查人员会不自觉地用到一些专业化较强的术语，这点是应该尽量避免的。在设计问题时，应使用简单、通俗易懂的语言。比如，"产品生命周期"及"品牌定位"等技术性术语就不应该出现在问题中。

（二）问题应明确，避免使用含糊不清的用语

问题的语言除了要通俗易懂外，还应尽量避免使用含糊不清的用语。问卷中常见的错误就是没有给被调查者提供相应的参照标准。例如，"最近""近期""偶尔""经常"这类的词语往往会出现在问题中，这让很多被调查者无所适从，不知该如何选择，或者出现不同的被调查给出的相同答案却代表了不同的意思。

（三）问题应简明扼要，抓住重点

过长的问题总是会导致被调查者理解上的困难或者让被调查者心生厌烦，不管是哪种情况，对于调查的结果都是不利的。所以，除非问题本身的性质要求作出必要的解释或说明，否则应尽量避免过长的问句。

（四）问题要单一，避免双管问题

所谓的双管问题也称为合二为一问题，即一个提问包含了两个问题。这种问题在设计时稍不注意就有可能让被调查者没有办法回答，因此在问卷设计中应避免一次询问两个或两个以上的问题。

（五）提问的态度要客观，不能带有诱导性或倾向性

在设计问卷时，提问的态度要客观，不能带有诱导性或倾向性。例如，"大家都觉得美的空调很省电，你也是这么认为吗？"这样的提问很容易诱导被调查者作出迎合调查人员的回答。

（六）避免做出假设

问卷中总会有些问题暗含某种假设。例如，"你以前买的是什么牌子的冰箱"这种

提问就假设所有的被调查者都买过冰箱,但事实情况未必如此,这就使得一部分被调查者难以作出选择或给出不合实际的答案,最终影响调查结果的真实性和完整性。

（七）提问的方式要恰当

不要直接询问敏感性问题,避免使用否定句。直接询问敏感性问题往往会让被调查者难以回答或者激怒被调查者,而使用否定句则往往增加了问题的理解难度,这些都会影响答题的质量。

（八）问题的答案应容易获得

不要试图让被调查者花费大量的时间和精力来确定问题的答案,如果答案很难获得,如"你家今年的用电量是多大""你家食品支出在整个家庭总支出中所占的比重为×%"等,这样的问题往往让被调查者选择放弃或给出不合实际的答案。

（九）避免提出记忆难度较高的问题

提问的问题不应增加被调查者的记忆负担,不要试图让消费者回忆起两年前的今天自己在干什么,这样做的结果只有一个,那就是调查结果的真实性值得怀疑。

二、注意问题的顺序

问卷中问题的排列也就是问题相互之间的排列组合方式和排列顺序,是问卷设计中的另一个相当重要的问题。如果问题的排列杂乱无章,没有任何逻辑性可言,则会直接影响被调查者的顺利回答和所收集资料的准确性,甚至影响自填式问卷的回收率。

一般来说,排列问题的基本要求有以下几个方面。

（一）先封闭式问题后开放式问题

在设计问卷时,我们一般要遵循先封闭式问题后开放式问题的原则,而且要确保第一个问题是易于回答的。第一个问题一般应是关于一个事实的而非一个看法或一个信仰的,一个关于性别或年龄的问题比一个关于生活哲学的问题更好些。开放性问题应置后,即使它们所涉及的是非敏感性问题,因为它们一般需要受访者作较多的考虑和访问员书写,因此作答所需时间要比封闭性问题更长。

（二）先一般性问题后敏感性问题

若敏感性问题诸如女性的年龄、收入之类放在前面,受访者会对它们引起反感,因而拒绝继续答下去。若这些问题在后面才碰到,则即便受访者拒绝回答敏感性问题,已答过的所有非敏感性问题的信息还是保留住了。

（三）按逻辑次序排列问题

一般人大体是按某种常见的顺序,如时间顺序来安排其对问题的回答的。因此,研究人员在设计一份问卷时应遵循这一做法。不言而喻,当问卷问受访者的经历时,如按时间先后答,则受访者便会感到容易回答。除时间顺序外,大多数问卷有某种构成或"参考框架",一般根据所研究的题目而定。在一个特定的问卷中,常有几个参考框架。比如,一个参考框架可以是职业史,另一个是婚姻史,再一个是孩子们的生日,所有这些都可用在同一个生育调查中。一般而论，最好先处理完一个参考框架，再处理下一个。这样做可以防止被调查者的思维被打乱。

（四）将可信度检验问题分开排列

成对的问题——肯定/否定，常用于检验可信度。例如，我们可在问卷的一处问"你爱吃鸡蛋吗？（是/否）"，而在后面一处地方问"你喜欢吃鸡蛋吗？（是/否）"。如果问题由于含糊不清或某种其他原因而不可信，被调查者就会对两个问题都不同意或都同意。使用这种问题配对法，可以帮助研究人员发现不可信的问题，并从这个被调查者或整个样本的资料分析中把这个问题去掉。

显然，在问卷设计时，调查人员不会将这样的两个问题成对地放在一起，因为如果那样做，使用重复问题的初衷就会化为乌有。

（五）便于资料的整理和分析

问题的排序还应该便于对收集的资料进行整理和分析，例如，我们往往会根据获取信息的不同把问题分为几个板块，包括被调查者的个人信息、被调查者的行为、态度等，这样做就是出于上述目的。

三、敏感问题的处理技巧

敏感问题处理得合适与否，将在很大程度上影响调查结果的真实性和问卷的回收率，比较常见的处理敏感问题的方法有以下三种。

（一）划分区间法

划分区间法是指将要研究变量的取值划分成几个连续的区间，由被调查者选择自己所处的区间。这种方法常被用于如年龄、收入等这类敏感性问题的设计中。

例如：您现在每月的收入是多少？

A. 1000 元以下　　　B. 1000~2000 元　　　C. 2000 元以上

（二）释难法

释难法是指在问题之前加一段有助于使被调查者不会感到太为难的文字，使针对提问的回答自然化。其目的在于增强被调查者回答的勇气，打消其顾虑。

如在进行公房出租情况调查时，先写如下一段文字："据其他途径的资料显示，公房出租在我市已非罕见，甚至还有中间商公开打广告的。"然后再问："您是否有公房出租？"这样会比较容易得到真实的答案。

（三）人称代换法

人称代换法是指将针对被调查者提出的问题，改为关于第三人称的问题，这样就可以使被调查者处于一种比较客观的地位，便于其给出真实的回答。

如在面对"您是否认为公民可以不履行缴纳个人所得税的义务？"这样的问题时，大多数被调查者给出的回答都是"否"，但事实情况是这种答案可能是不真实的，但若改成"多数人都认为公民可以不履行缴纳个人所得税义务，你赞同吗？"则此时的答案可能会是比较真实的"是"。

本章小结

问卷又叫调查表或询问表，是调查者依据调查的目的和要求，按照一定的理论假设提出来的，由一系列的问题、备选答案及其他辅助内容所组成，用来向被调查者搜集资料和信息的一种工具。

问卷按是否由被调查者自填分为自填式问卷和访问式问卷。按照发送方式的不同，又可以将调查问卷分为报刊式问卷、邮寄式问卷、送发式问卷、人员访问式问卷、电话访问式问卷和网络访问式问卷六大类。

一份完整的调查问卷一般包括标题、说明信、指导语、问题和选项、编码、作业记载和结束语七个部分构成。其中问题和选项是问卷最核心的部分。一般来讲，标题、说明信、问题和选项及结束语是一份简单问卷比较常见的组成结构。

问卷设计时应遵循主题明确、紧扣目标、合乎逻辑、通俗易懂、易于回答、便于对资料整理和统计、保持中立等原则。

问卷设计的步骤包括：准确界定调查主题和资料范围、对界定的调查主题进行探索性研究、明确调查对象，分析样本特征，确定问卷，类型，拟定问题，编制调查问卷，问卷的评估、测试及修改、定稿和印刷等。

设计问卷时应注意问题的措辞、问题的顺序和敏感性问题的处理方法。

复习思考题

1. 简述调查问卷的功能。
2. 一份完整的调查问卷应包括哪些内容？
3. 简要论述问卷设计时应遵循的原则。
4. 市场调查中常用的量表有哪些？
5. 在设计封闭式问题选项时应遵循哪些原则？
6. 在设计问卷时有哪些注意事项？

本章实训

一、实训目的

1. 掌握调查问卷的基本构成。
2. 熟悉开放式问题和封闭式问题的设计。
3. 训练、培养学生设计调查问卷的技能。

二、实训内容

各组围绕大学生服装消费或大学生旅游需求问题，自行选择调查项目，并根据本章所讲授内容设计一份调查问卷。

三、实训组织

1. 按实训项目将班级成员分为若干小组，每组 6~8 人，采用组长负责制，组员合理分工，团结协作。

2. 小组充分讨论，认真分析，形成小组的市场调查问卷。

3. 各小组在设定的调查对象范围内进行市场调查问卷的发放和填写，测试问卷的质量。

四、实训步骤

1. 指导教师布置实训项目，指出要点和注意事项。

2. 各组明确实训任务，制定执行方案，教师指导通过之后开始实施。

3. 小组成员明确分工要求。

4. 由专人进行资料的汇总，记录明确。

5. 各组讨论形成核心思想，归纳要点，形成讨论稿，完成市场调查问卷。

6. 通过市场调查问卷的发放和填写，检验问卷的设计质量。

7. 指导教师进行综合评定和总结。

案例分析

问卷评估实例

一、明确调查目的

某啤酒公司的经理正在考虑改进啤酒包装：采用 250 毫升的小瓶、使用 4~6 瓶组合包装出售的策略。这样做的目的第一是方便顾客，因为小瓶容量适合单人饮用，不需另用杯子也不会造成浪费。第二是希望对更多的人具有吸引力，使小瓶包装啤酒进入一些大瓶装啤酒不能进入的社交场合。第三是方便顾客购买并促进销售。这种啤酒在国外早已流行，但目前是不是在我国推出的最佳时机呢？在正式作出采用新包装的决策之前，必须获得下面问题的答案：

（1）新包装是否有足够的市场？

（2）目标市场是什么？

（3）一般在什么时候饮用？

（4）顾客希望在哪类商店买到？

因此，研究目的就可以归结为以下几个方面：

（1）测量消费者对小瓶包装啤酒接受的可能性；

（2）辨别小瓶组合包装啤酒的潜在购买者和使用者；

（3）辨别新包装啤酒的使用场合；

（4）判断顾客希望在什么地方的商店买到这种啤酒；

（5）判断潜在的市场大小。

二、确定数据收集方法

样本将是 18 周岁以上的饮用啤酒的人。

信息收集将通过在百货公司等地方拦截顾客并以面谈访问方式进行。——这样做可以向被调查者出示新包装啤酒的图片和样品。

三、问卷的标题（此处略去）

四、说明信

亲爱的女士、先生：

您好！

我是××市场调查公司的员工，我们正在进行有关啤酒市场的调查，可以占用您几分钟时间问您几个问题吗？您所提供的消息对我们这次调查的结果相当重要。

（评析：——对被调查者的问候语：亲爱的女士、先生：您好；

主持调查机构：××市场调查公司；

访问员身份：调查公司的员工；

调查目的：有关啤酒市场的调查；

被调查者意见的重要性：您所提供的消息对我们这次调查的结果相当重要；

个人资料保密原则：不需涉及敏感性问题，也不涉及隐私，所以不需要担心；

访问所需时间：几分钟。）

五、调查内容

(1) 您已经18周岁了吗？（视情况发问）   是（ ）   否（ ）

——过滤性问题——选"否"后应注明"询问结束"。

(2) 您喝酒吗？ 是（ ）   否（ ）

——过滤性问题——选"否"后应注明"访谈员结束询问"。

(3) 您喝什么类型的酒？

白酒（ ）   葡萄酒（ ）   香槟酒（ ）

啤酒（ ）（到问题5）   其他（ ）

——过滤性问题。此题与下面第4题重复，可删去。

(4) 您喝啤酒吗？是（ ）   否（ ）（询问结束）

——过滤性问题。

(5) 您认为啤酒适合在正规场合喝还是在非正规场合喝？

正规场合（ ）   非正规场合（ ）

——可改动为：您喜欢在正规场合喝啤酒还是喜欢在非正规场合喝啤酒？

正规场合（ ）   非正规场合（ ）

(6) 您多长时间喝一次啤酒？

天天喝（ ）   一星期一次（ ）   半个月一次（ ）

一个月一次（ ）   一年几次（ ）

——此处可加上一个问题：您一般一次喝多少？

少于1瓶（ ）   1瓶（ ）   2瓶及以上（ ）

(7) 您在什么场合喝啤酒?

日常进餐时（　　）　　特别节日（　　）　　来客人（　　）　周末假日（　　）

聚会（　　）　　郊游（　　）　　感到轻松愉快时（　　）　　其他（　　）

——可改动为：您经常是在一些什么场合喝啤酒?

另：此题与上面第 5 题重复，可将第 5 题删去。

(8) 您知道酒类用多个小瓶组合包装出售吗?

是（　　）　　否（　　）

——不应该询问过多的无关问题。可删去。

(9) 您认为将 250 毫升的啤酒六个小组包装在一起销售这种方法如何?

好主意（　　）　　不好（　　）　　无所谓（　　）

——问题要避免抽象概括，应尽量具体——

应改为：您准备购买这种六个一组包装在一起的啤酒吗?

(10) 为什么?

——采用街头拦截式访问法，问卷必须短且容易选择，不能使用开放式询问。

可改动为：您是出于以下哪种原因而不愿意购买?①②③④⑤

(11) 您喝过××啤酒吗?

——应有一定的时间限制，且为了避免应答者记忆力差的问题，时间期限应当保持相对短些。

可改动为：在过去一个月里，您喝过××啤酒吗?

(12) 如果价格不比单瓶装增加的话，您愿意购买这种包装的啤酒吗?

愿意（　　）（到第 14 题）　可能（　　）　不愿意（　　）　不知道（　　）

(13) 为什么?

——采用街头拦截式访问法，问卷必须短且容易选择，不能使用开放式询问。

可改动为：您是出于以下哪种原因而不愿意购买?①②③④⑤

(14) 您会在哪些场合使用这种小瓶装啤酒?

正常进餐（　　）　特别节日（　　）　小型聚会（　　）　大型聚会（　　）

野餐（　　）　　休息放松（　　）　　体育运动后（　　）　　其他（　　）

——辨别新包装啤酒的使用场合。

(15) 您希望在哪类商店买到这种包装的啤酒?

食品商店（　　）　专门商店（　　）　百货公司（　　）　连锁超市（　　）

其他（　　）

——判断顾客希望在什么地方的商店买到这种啤酒。

(16) 您觉得这种包装的啤酒应该与哪些酒类摆在一起?

白酒（　　）　　香槟酒（　　）　　葡萄酒（　　）

其他啤酒（　　）　　饮料（　　）　　其他（　　）

六、结束语

谢谢您的合作!

——放在问卷的最后面,用来简短地对被调查者的合作表示感谢。

七、作业证明的记载

——在调查表最后,附上调查员的姓名、访问日期、时间等,以明确调查人员完成任务的性质。

没有必要写上被调查者的姓名、单位或家庭住址、电话等。

八、整体评估

(1) 问卷设计原则是否得到了贯彻?

问卷是否回答了调研目的,每一个问题是否都有必要?受访者类型及沟通难度如何?询问方式、询问的光度及答案设计方式是否合适?是否能顺利地创造融洽的沟通气氛?问题排列顺序是否合适,问卷是否太长?外观布局、问卷结构如何?

(2) 经费和时间要求如何?

如果调查经费充裕,问卷可以设计得长一些,否则就应短一些;对调查信息的时效性要求应较高,故最好只问一些最重要的问题。

(3) 与调查方法和方式是否相适应。

采用街头拦截式访问法,则问卷必须短且容易选择,不能使用开放式询问。

案例讨论

根据上述案例思考:

1. 你认为所给材料中对问卷的评估是否科学全面?为什么?
2. 请你根据所学知识为问卷选择一个合适的标题。

第九章
抽样设计

本章学习目标

1. 了解抽样调查的概念、特点和应用范围；
2. 理解抽样调查中常用的名词含义；
3. 熟练掌握抽样调查的操作程序；
4. 掌握抽样调查的各种方法；
5. 了解样本容量的确定方法。

> **引导案例**

1936年美国总统大选预测失败

1936年的美国总统大选结果似乎是很容易预测的。在任总统富兰克林·罗斯福（民主党人）当时是一位魅力十足的领导人。他实施的"新政"措施在大萧条时期为很多人提供了工作机会。而且，他还告诉美国人民，他会经常性地进行电台炉边谈话，这种谈话是深受人们欢迎的。

虽然罗斯福很受人们的欢迎，但罗斯福的共和党竞选对手阿尔弗雷德·兰登在全国也有许多支持者。兰登批评罗斯福的"新政"没有起作用。他还说，罗斯福的作为就像一个独裁者，过于专权。

随着选举的临近，一个称为《文摘》的杂志发出了1000万份民调卡，以便预测选举结果。当250万份民调卡返回来时，《文摘》自豪地宣称，兰登在大选中将获得压倒性的胜利。因为他们的抽样预测显示，兰登将赢得57%的选票，而罗斯福只能获得43%。

"文摘"的民调预测结果公布后，另一个独立的民调测验者乔治·盖洛普乐了，因为他和同事们所进行的民调得到了几乎完全相反的结果：罗斯福应会得到56%的选票，兰登只能获得44%。乔治·盖洛普非常自信，他认为，大选将证明自己是正确的。这是因为他知道《文摘》的调查抽样存在严重的缺陷。什么缺陷呢？原来《文摘》是从电话用户名单和汽车用户名单中来选定调查对象的。乔治·盖洛普认为，在1936年仅仅富人和某些中产者才拥有自己的汽车和电话，而大多数的中下阶层很少有人拥有自己的汽车和电话。《文摘》恰恰忽视了这一庞大的中下阶层人群，因此他们的民调不具有人口代表性，不可能正确预测大选结果。

乔治·盖洛普仅仅调查了5000个人，尽管他的民调人数很少，但他使用的采样数据具有极高的人口代表性，所以民调抽样结果具有极高的精确度。"文摘"的调查人数虽多（返回250万民调卡），但精确度却差远了。最终选举结果发现，罗斯福赢得了62%的选票。这次选举之后，乔治·盖洛普就成为了公认的民意测验大师，从而享誉全国。

第一节 抽样设计概述

一、抽样调查

抽样调查是指按照一定的方式，从调查对象总体中抽取部分样本进行调查，并根据调查结果来推断总体特征的一种非全面调查方法。

(一) 抽样调查的几组基本概念

1. 总体

总体是指由市场研究项的目标明确规定的整个集合。总体一旦定义错误，整项调查就毫无意义，所以市场研究人员必须非常精确地定义研究项目的总体。

例如有一家公司，它的产品是针对家中的蟑螂、蚂蚁、蜘蛛等昆虫的杀虫剂。如果将其潜在顾客的总体定义为"可能使用我公司产品的每一个人"，那么这是一个笼统含糊的定义；如果将该总体定义为"由负有控制虫害责任的本公司提供服务的城市地区的家庭的户主"，这一定义更为精确和具体。

2. 样本和样本单位

样本是总体的一个子集，它应具有对总体的代表性。抽样时必须使样本具有代表性，这是评价样本有效性的最基本的标准。

样本单位是组成样本的基本单位。例如，在上述生产杀虫剂公司的调查中，样本单位是家庭，对于预期寿命的调查样本单位是个人。

3. 抽样误差

抽样误差是在调查中因使用的样本而发生的任何误差。抽样误差由两个因素引起：①样本选择的方法；②样本容量。一些抽样方法可将抽样误差减少到最低限度，而另一些方法则对它没有任何控制。

4. 抽样框和抽样框误差

抽样框是总体中所有样本单位的完整列表。例如，如果市场研究的总体是注册会计师，则可以注册会计师协会的成员目录作为抽样框。

一个抽样框可能会有抽样框误差。抽样框误差是抽样框不能解释总体的程度。观测抽样框误差的一个方法是通过对列表与总体的配比来观察抽样框在多大程度上与目标总体充分一致。抽样框误差主要来自两方面：总体一部分成员不在抽样框内；抽样框内一部分成员不属于目标总体。

有时唯一可以得到的抽样框包含有许多潜在的抽样框误差，然而因为缺乏其他抽样框，它仍在使用。市场研究人员有责任以合理的成本寻求误差最小的抽样框。

(二) 抽样调查的特点

抽样调查是一种科学、可靠的调查统计方法，抽样调查所取得的数据就是用来推断或代表总体的。抽样调查与其他非全面调查相比具有以下特点。

① 抽样调查从总体中抽选出来进行调查并用以推断总体的调查样本，是按照随机原则抽选出来的。由于不受任何主观意图的影响，因此总体中各个单位都有被抽中的可能性，能够保证被抽中的调查样本在总体中的合理、均匀分布。调查出现倾向性偏差的可能性是极小的，样本对总体的代表性很强。

② 抽样调查是以抽选出的全部调查样本作为一个"代表团"来代表总体的，而不

是用随意挑选出来的个别单位来代表总体，使调查样本具有充分的代表性。

③ 抽样调查所抽选的调查样本数量是根据要调查的总体各个单位之间的差异程度和调查推断总体允许的误差大小，经过科学的计算确定的。由于在调查样本的数量上有可靠的保证，样本就会与总体实际十分接近。

④ 抽样调查中的样本误差，在调查前就可以根据调查样本数量和总体中各单位之间的差异程度进行计算，可以把样本误差控制在一定范围之内，调查结果的准确程度比较有把握。

二、抽样设计的程序

抽样设计的程序一般可分为定义总体、确定抽样框、确定抽样单位、确定抽样方法、确定样本容量、制订抽样计划和选择样本七个步骤，如图9-1所示。

定义总体 → 确定抽样框 → 确定抽样单位 → 确定抽样方法 → 确定样本容量 → 制订抽样计划 → 选择样本

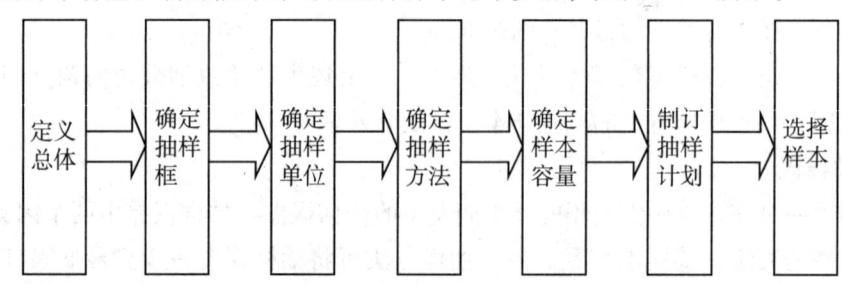

图9-1 抽样设计基本程序

（一）定义总体

定义总体就是要确定调查对象的全体。有时，调查总体的确定，并不像想象的那么容易。比如，要通过市场调查的方式了解购物中心顾客的惠顾与购买行为，该如何确定调查总体呢？

实际上，要准确地界定一个总体，必须包括四个要素，即个体、抽样单位、抽样范围和抽样时间。缺少这四个要素中的任何一个，调查总体的界定就是不清楚的。

正确地界定总体是抽样程序的第一步，也是重要的一步，它关系到所获得的信息是否可靠和信息量大小的问题。

（二）确定抽样框

抽样框是指总体中抽样单位或元素的表现形式。理想的抽样框应该满足这样一个条件：抽样总体中的每一个元素都在抽样框中出现一次，且仅出现一次。在实际的调查工作中，研究者往往无法找到这种理想的抽样框，而不得不使用替代品，比如，户籍簿、员工名册、在校学生的花名册、电话簿和地图等。

调查样本需要从抽样框架中抽出。比如，可以使用一个城市的地图作为抽样框。根据某种原则，随机或非随机地抽出几个小区，再从中抽出几条街道作为样本进行调查。再比如，电话号码簿也是进行市场调查经常使用的抽样框。不过，在使用电话号码簿进行抽样时，如果调查总体中有很多的元素（如家庭或组织）没有安装电话，就可能存在抽样框误差。

对于任何不完整的抽样框来说，抽样调查的结果中都或多或少地含有抽样框误差。抽样框误差大小一般取决于包含在抽样框中的总体元素与未包含在抽样框架中的总体元素之间差别的大小。差别大者，误差大；差别小者，误差小。所以，我们在确定抽样框时，一要考虑其适用性，二要考虑其完整性，三要考虑未包含在总体中的元素对调查结果准确性的影响程度。

（三）确定抽样单位

抽样单位是调查总体的基本单位，它可以等同于也可以不等同于样本元素。与总体元素的确定相比，抽样单位的确定具有某种主观性或任意性，可以由研究人员根据具体情况来选定。比如，欲从13岁以上的女性中抽取一个样本。研究者可以根据身份证显示的有关资料，以公安局提供的名单为抽样框直接抽取，也可以根据户口簿先抽取一些家庭，再对每一个家庭中13岁以上的女性进行调查。在这两种情况下，样本元素虽然没有变，都是13岁以上的女性，但是抽样单位变了。

抽样单位的确定，主要取决于以下两个方面。

1. 抽样框

如果我们能够找到一个比较完整的元素目录作为抽样框，那么把样本元素作为抽样单位比较好。否则，就需要另找其他的抽样单位。

2. 调查方法

如果我们进行的是电话调查，那么电话号码就是一个很好的抽样单位。如果我们进行的是邮寄调查，则使用地址或姓名作为抽样单位比较好。人员访问调查比较灵活，抽样单位可以根据操作的方便性来确定。

（四）确定抽样方法

抽样方法是指抽样单位被选定为样本的方式。选取抽样单位的方式很多，一般可分为随机抽样与非随机抽样。

（五）确定样本容量

样本容量简称样本量，指样本中包含抽样单位或样本单位的数目。应用非随机抽样，样本容量的大小由研究人员根据经验和主观判断决定。应用随机抽样，样本容量的大小则要使用数理统计的方法根据决策对信息准确性的要求计算得出。但在实际的市场调查与预测中，样本容量常常会根据研究的费用来确定。

（六）制订抽样计划

抽样计划要详细说明如何作出和执行每一项决定。除了逐个具体地说明前面五个步骤的有关问题外，还要对抽样的具体实施步骤加以规定和说明。比如，当进行人员访问调查时，若应答者不在家该怎么办？能否找人替代？若能，替代者应该具有什么特性？若不能，是否需要再访？若需要，什么时间？对于这一类问题，抽样计划中都应该给予具体的说明或规定。

制订抽样计划时，要尽量设想到可能出现的各种特殊情况，统一规定解决问题的办法。这样可以使调查人员有据可依，从而减少部分非抽样误差。

（七）选择样本

抽样程序的最后一步是样本元素或单位的实际选择，由调查人员完成。这是抽样工作的具体实施阶段，所需要的工作量和费用最大。对于人员访问调查，更是如此。

虽然抽样计划对样本选择的细节作了规定，但是调查人员并非总是按照计划执行。他们有时图方便或出于其他方面的考虑，可能会擅自改变计划，从而给调查结果带来不应有的误差。能否取得真实可靠的数据，很大程度上取决于这个阶段工作质量的高低。

第二节　常用的抽样方法

抽样技术可以归为两大类：概率抽样和非概率抽样。

概率抽样又称随机抽样，是指按随机原则从总体中抽取样本的抽样方式。随机原则体现了总体中的每个子体都有均等被选中成为样本的可能性。这种抽样方法排除了主观上的随意性，使样本更具客观代表性，同时也更加科学。此法一般适用于调查总体中各单位之间差异较小或调查对象不明，难以分组、分类时的情况。在概率抽样中，总体的每个成员有一个已知的、非零的机会被选入样本中。总体的每个成员选入样本的机会可以不等，但是每个成员有一个已知的选入概率，这个概率由用于选择样本元素的具体程序来确定。

对于非概率抽样，没有办法估计任何总体元素被选入样本的概率。这样，无法保证样本是总体的代表。所有的非概率抽样依赖于样本选择过程中的个人判断，而不是选择样本成员的程序，这些判断即使有时可能得到关于总体特征的良好估计，也没有办法客观判定样本是否充分。只有当元素以已知的概率选入时，研究人员才能评估样本结果的精确性。

因为这个原因，概率抽样在可以估计抽样误差的程度方面，通常被认为是更好的办法。

一、随机抽样

（一）简单随机抽样

简单随机抽样是指按照随机原则，从总体中不加任何分组、划类、排序等先行工作，直接抽取样本单位的抽样方法，也称为单纯随机抽样，是随机抽样中最简单的一种方法。它的特点是总体中每个元素被抽中的概率相等,各个元素完全独立,排除了主观因素的干扰。简单随机抽样一般采用抽签、查随机数字表、掷骰子、掷硬币等方法抽取样本。在市场调查中,因总体单位较多,主要采用前两种方法。

1. 抽签法

采用抽签法,首先将调查总体各单位的名称或号码逐个写在签条或卡片上,放在箱中,打乱次序,搅拌均匀,然后按抽签办法,不加任何选择地在全部签条或卡片中随机抽出所需的调查样本。

2. 查随机数字表法

随机数字表又称乱数表,就是把 0~9 的数字,随机排列成位数相同的一张表。每逢抽样时,研究者首先需要根据总体单位的数目,确定使用几位数的随机数字表。比如,二位数的随机数字表,适合于 100 以内的总体抽样使用。其后,研究者要为总体各单位编号,如从 00~99。选择样本时,从随机数字表中任何一列的任何一行开始,如闭上眼睛把铅笔尖放在随机数表上,从笔尖所指的数字开始,依次下去,凡符合总体单位编号的,即为抽中单位。如果是重复抽样,遇到已选用过的数字仍然使用;如果是不重复抽样,凡已选用过的数字都不再使用。按此法直至抽取到预定的样本单位数目为止。

简单随机抽样是其他各种抽样方法的基础,其他抽样方法都是从这种方法推演而来的。使用简单随机法抽取样本常会遇到一些问题:当调查总体的标志变动度大时,在要求同样精确度的情况下,它与其他抽样方法比较,必须抽选更多的样本,花费更多的人力、物力和财力。另外,调查总体很大时,编造名册也很困难,像全国城市居民家庭收支调查,要编造 8000 万户的花名册就比较困难。如果采用分层、分群抽样法,则可在一定程度上解决这一问题。

(二)系统抽样

系统抽样是替代简单随机抽样的最普遍的抽样技术之一。它比简单随机抽样更为流行,这主要基于它所代表的"经济效率"。系统抽样应用更为容易,能在比简单随机抽样更短的时间内完成。而且,在许多例子中,系统抽样有生成一个与简单随机抽样在质量上几乎完全相同的样本的潜在可能。

与简单随机抽样一样,使用系统抽样必须获得总体的列表。然而,不必将名字、号码或任何别的标志转到纸上或计算机文件中。相反,研究人员决定一个"跳跃区间",将列表中名字的个数除以样本容量得到跳跃区间。在跳跃区间的基础上选择名字。跳跃区间可用下列公式简单求得:

$$跳跃区间 = N/n(N 为总体数量,n 为样本数量)$$

假设一个由 20 个元素组成的总体,将从这个总体中选择容量为 5 的样本,将这些元素标为 1 到 20。对于 20 个总体元素和 5 个样本容量,跳跃区间为 20/5 = 4,意味着在随机开始点之后,选择每第 4 个元素取一个样本。这个随机开始点,必须是介于 1 和

4之间的某个数字，由随机数表确定。这样如果随机开始点是1，则第1、第5、第9、第13和第17项将组成样本；如果它是2，则第2、第6、第10、第14和第18项将组成样本；如此等等。

抽取系统样本比选择同容量的简单随机样本容易得多。对于系统样本调查者只需进入随机数表一次。简单随机样本比较麻烦的元素重复的问题，在系统抽样中不存在。所有的元素由随机开始点的选择而唯一确定。

系统抽样经常能比简单随机抽样更具代表性。例如，对于我们的假设总体，在我们的系统抽样计划中应同时包括低收入者和高收入者以保证代表性。不管选择哪一个样本，一个元素的收入须低于6800元；另一个元素的收入须高于12000元；其余三个元素的收入介于这两个值之间。可是，一个容量为5的简单随机样本可能包括也可能不包括低收入或高收入者。

但是，系统抽样中存在一个风险，即如果在元素列表中存在自然的周期性，系统抽样可能产生有严重误差的估计。例如，假设我们有一家航空公司以日计算的一年机票销售记录，希望从旅行距离上来分析这些销售额。分析全部365天销售额的成本可能非常昂贵，但是假设研究预算允许调查52天的销售额，则使用抽样区间为7（365/52）的系统抽样将明显得出一个误导性的结论，因为这些日销售额将反映所有的星期一、星期五或星期日的旅行。当然，任何其他抽样区间都是可以接受的。一般来说，抽样区间的正确选择能大量地减少与数据中的自然周期性相关的问题。当然，抽样区间的适宜选择依赖于对周期性现象和本质的认识。

（三）分层抽样

分层抽样是一种概率抽样，包含下列两个步骤：

①总体被分为相互排斥和完备的子集；

②从每个组或子集中独立地选择一个简单随机样本。

全部元素所分入的子集称为层或分总体。注意，我们的定义规定这个划分必须是相互排斥或完备的。这意味着每个总体元素必须分配给并且只能分配给一个层，在分配过程中不能忽略任一总体元素。为什么我们选择分层抽样？一个原因是分层抽样能产生更精确的样本统计量。或者说，相对于简单随机抽样，其抽样误差更小。

选择分层抽样的另一个原因是分层允许对感兴趣的特定集合的特征进行调查。通过分层，我们可以保证拥有不同特征的集团都具有充分的代表。这对于从具有小子集的总体中抽样极其重要。例如，假设一家钻石戒指的制造商想要执行一项针对不同收入阶层的产品销售研究。除非采取特别措施，收入最高的阶层——仅占总人口的3%——极有可能根本不会被代表，或者其代表样本占总人口元素太少，然而对于戒指制造商来说，这个阶层可能是一个极其重要的顾客群。在市场营销中，感兴趣的总体的一个小子集经常能够解释大部分感兴趣的行为。例如，对产品的消费进行调查，关键是这个子集在样本中具有充分代表性。分层抽样是保证感兴趣的每个子集都得到充分代表的一种方法。

分层抽样按照每层抽取的样本单位数与该层的总体单位数的比例是否相同，可分为分层比例抽样和分层最佳抽样。

1. 分层比例抽样

分层比例抽样是指按照各层单位数占总体单位数的比例乘以调查样本量的方法确定各层抽取的样本单位数。确保各层样本单位数比重与该层总体单位数的比重一致，即相同比例。计算公式如下：

$$n_i = \frac{N_i}{N} \times n$$

式中：n_i——第 i 层样本单位数；N_i——第 i 层的总体单位数；

N——总体单位数，$N = \sum_{i=1}^{k} N_i$，k 为分层的数量；

n——样本单位数目，$n = \sum_{i=1}^{k} n_i$。

例：某地区有服装商场 1000 家，其中大型商场 200 家，中型商场 300 家，小型商场 500 家。假定样本单位数目定为 20 家，则各层所应抽取的样本单位数分别为：

大型商场 $n_1 = \frac{200}{1000} \times 20 = 4$（家）

中型商场 $n_2 = \frac{300}{1000} \times 20 = 6$（家）

小型商场 $n_3 = \frac{500}{1000} \times 20 = 10$（家）

2. 分层最佳抽样

分层最佳抽样又称为非比例抽样，是在各层内根据其标志值变异程度的大小（标准差）或重要程度决定各层的样本单位数量，以提高样本的代表性。计算公式如下：

$$n_i = \frac{N_i s_i}{\sum N_i s_i} \times n$$

式中：n_i——第 i 层样本单位数；

N_i——第 i 层的总体单位数；

n——样本单位数目；

s_i——第 i 层的样本标准差或重要性权数。

例如：某部门要调查城市居民某种电器的潜在需求数量，其消费量与居民收入水平相关，而总体中基本单位之间差异较大，因此先按家庭收入水平作为分层标准来进行分层。假定某城市有居民 200 万户，计划抽取样本单位 2000 户。家庭收入按照高、中、低分层，其中高收入 30 万户，中收入 130 万户，低收入 40 万户。假定各层样本单位的标准差分别为 600 元、400 元和 100 元，则各层应抽取的样本单位数分别为：

$$n_{高} = \frac{30 \times 600}{30 \times 600 + 130 \times 400 + 40 \times 100} \times 2000 = 486(户)$$

$$n_{中} = \frac{130 \times 400}{30 \times 600 + 130 \times 400 + 40 \times 100} \times 2000 = 1405(户)$$

$$n_{低} = \frac{40 \times 100}{30 \times 600 + 130 \times 400 + 40 \times 100} \times 2000 = 108(户)$$

各层的标准差估计值反映的是各层的每一个子体值和总体平均值之间的差异。差异越小标准差就越小，该层应抽取的样本单位数目比例就越小；反之，差异越大，该层应抽取的样本单位数目比例就越大。各层标准差估计既可由经验丰富的人士给出，也可以通过试验调查得到。

3. 最低成本抽样法

最低成本抽样法又称经济抽样法。当各层的调查费用存在明显差异时，在不影响样本代表性的前提下，引入调查费用因素决定各层的样本单位数目，尽可能地减少调查费用。计算公式如下：

$$n_i = \frac{N_i s_i / \sqrt{C_i}}{\sum (N_i s_i / \sqrt{C_i})} \times n$$

式中：n_i——第 i 层样本单位数；

N_i——第 i 层的总体单位数；

s_i——第 i 层的样本标准差；

C_i——第 i 层的调查费用。

（四）整群抽样

在这种抽样中，总体被分为子集合，每一个子集合都可代表整个总体。虽然整群抽样背后的基本概念与在系统抽样中描述的极为相似，但是实施方法不同。这个过程首先识别完全相似的群。因此，任何一个群都将是总体的令人满意的代表。如果调查者从任何总体中抽取一系列的独立的简单随机样本，这些样本就是群。然而，整群抽样通过简化抽样程序在获得经济效率上比简单随机抽样走得更远。我们通过对一种称为地区抽样的整群抽样的描述来说明这个问题。

在地区抽样中，市场研究人员将调查的总体划分成地区，例如人口全面调查区、城市、邻近地区或其他任何方便和可识别的地理标识。研究人员有两种选择：一步法或两步法。在一步法中，研究者可以相信不同的地理区域足够相似，这样他可以将注意力集中于一个地区，把结论推广到整个总体。但是研究者需要随机选择这个地区，对它的成员执行一次全面调查。他在抽样过程中可以替代地使用两步法。第一步，研究者在这些地区中选择一个随机样本；第二步，在选中的这些地区中确定一个概率方法进行抽样。两步法比一步法更可取，因为总是可能存在一个单一的群，它没有研究者所相信的代表性。但是，两步法成本更高，因为涉及更多的地区和时间。

地区网络抽样是地区抽样的一个变种。使用这种方法时，研究者将一个网络置于调查地区地图之上。网络中的每一方格成为一个群。

二、非随机抽样

非随机抽样也称非概率抽样，是指抽样时不遵循随机性原则，按照调查人员主观上设立的某个标准抽选样本。此法与随机抽样的不同之处在于它不能估计抽样误差，因此很难评判样本的代表强度。（因为各个个体被抽中的概率是未知的，没有随机性。）

在市场调查中，采用非随机抽样通常出于以下几个原因：

①受客观条件的限制，无法进行严格的随机抽样；

②为了快速获得调查结果；

③在调查对象不确定或无法确定，如对某一突发事件进行现在调查等；

④总体各单位间离散程度不大，且调查人员具有丰富的调查经验。

在以上情况下可以采用非随机抽样。

目前使用较多的非随机抽样有四种方法：便利抽样、判断抽样、配额抽样和滚雪球抽样。

（一）便利抽样

便利抽样是一种根据调查者便利与否随意选取样本的方法，也叫任意抽样法。在实践中，随机抽样并非对所有调查都具有可行性。如果在调查之前无法确切知道总体，或者调查需要被调查者较深地介入实际上难以获得被调查者的帮助，往往采用非随机抽样的方法，如便利抽样法。比如，一些大城市进行"外地流入购买力调查"，因为事前无法确定总体，所以不可能进行随机抽样，只能在车站、机场、码头、旅馆或大商场，拦截外地旅客进行调查。

按照便利抽样法的逻辑，总体中的每一分子都是大致相同的，因此随意选取任何一个样本单位都能在很大程度上反映总体的情况。但实际上，这是不成立的。因此，便利抽样的调查结果反映总体情况的程度，取决于总体中每一分子的同质程度：同质性越高，调查结果越能够反映总体的情况；反之，则根本不能反映总体的情况。

便利抽样法是非随机抽样中最简便、最节省费用的一种方法。但是，它的抽样偏差大，不具有代表性，用调查结果推断总体情况的可信程度低。一般而言，在比较正式的市场调查中，较少采用便利抽样法，它多用在非正式的市场调查中。

（二）判断抽样

判断抽样又称目的抽样，它是凭借调查人员的主观意愿、经验和知识，从总体中选择具有典型代表性样本作为调查对象的一种抽样方法。这种方法应用的前提是调查人员对总体的有关特征有相当深的了解。

其样本的选择有两种做法：第一种是由专家判断来选取典型；第二种是利用统计资料的帮助来选取典型。根据调查目的，典型常以"平均型"或"多数型"为标准。

平均型是指总体中具有代表性的平均水平的单位，如中等收入的人；多数型即总体中占多数的单位。有时也考虑选择"极端型"，目的是为了研究造成异常的原因。

判断抽样除了具有便利抽样所具有的优点外，在总体单位不多且对抽样单位比较了解的情况下，用它还能得到代表性较大的样本。不过，由于不知道各个抽样单位被抽中的概率，所以无法计算或估计抽样误差。另外，样本的代表性如何，取决于调查组织者的知识、经验和判断能力，因此不同的人组织调查，样本的代表性可能有很大不同。

（三）配额抽样

配额抽样使样本中拥有某种特征的元素比例与该类元素在总体中的比例一致，以此来试图成为总体的代表。例如，在一个大学校园中选择本科生的代表性样本。如果容量为500的最终样本中没有大四的学生，我们将对这个样本的代表性以及从其得出的结论的普遍性持严重的保留态度。如果采用配额抽样，市场研究人员可以保证大四学生将以在整个本科生总体中相同的比例被选入样本。

假设研究人员的兴趣是在本科生群体抽取一个能反映年级和性别构成的样本。进一步设想共有10000名本科生，其中大一3200人，大二2600人，大三2200人，大四2000人；其中7000人是男性，3000人是女性。在一个容量为1000的样本中，配额抽样计划将要求320名大一学生，260名大二学生，220名大三学生，200名大四学生，而且样本元素中700名是男生，300名是女生。市场研究人员通过给每一名实地工作者一个配额来达到这些要求，这个配额规定了实地工作者需要接触的本科生的类别。这样，一个被分配了20个访问者的实地工作者可能需要从下列人员中发现和收集数据：

6名大一学生——5名男生和1名女生；

6名大二学生——4名男生和2名女生；

4名大三学生——3名男生和1名女生；

4名大四学生——2名男生和2名女生。

注意，具体使用哪些样本元素在研究计划中并无规定，这一点留给实地工作者个人决定。实地工作者的个人判断将决定受到访问的具体学生的选择。唯一的要求是访问者遵循已建立的配额，如访问5名大一男生、1名大一女生，如此等等。

此外，这个实地工作者的配额准确反映了学生总体中的性别构成，但不完全等同于班级构成。实地工作者面对的受访者中70%（20人中的14人）是男生，30%（20人中的6人）是女生，而大一学生代表了本科生群体的30%。在配额样本中，每个实地工作者的配额准确地反映控制特征在总体中的分布是没有必要的甚至是不常见的；通常只有整个样本才有与总体相同的比例。

最后，配额抽样对于样本元素的选择仍然依赖于个人的主观判断，而不是客观程序。这里的个人判断是实地工作者的个人判断，而不是如在判断抽样中那样是研究设计人员的判断。即使配额样本在每一个控制特征上都准确地反映了总体，但仍然存在一个配额样本是否能真正具有代表性的问题。

（四）滚雪球抽样

滚雪球抽样有时称为"参考抽样"，它是在特定总体的成员难以找到时最适合的一种抽样方法。所谓"滚雪球"，就是根据既有研究对象的建议找出其他研究对象的累积过程。在访问每位受访者后，向他询问其他可能的受访者的名字。利用这种方式，更多的受访者被先前的受访者所提及，样本就像滚下山的雪球一样越来越大。

比如，对于无家可归者、流动劳工以及非法移民等人群的市场调查，用一般的抽样方法很难获得适用的样本。此时，就可以考虑使用滚雪球抽样——先搜集目标群体少数成员的资料，然后再向这些成员询问有关信息，找出他们认识的其他成员。

这种方法的优点是，它能够帮助调查者以较低的成本找到一些特殊的群体成员。当然，因为是非随机抽样，所以样本往往缺乏代表性。

第三节　抽样误差及控制

一、抽样误差的概念

抽样误差是指一个样本的测量值与该变量真值之间的差异。抽样误差的大小直接影响到调查的精确性，我们有必要对影响抽样误差大小的因素加以讨论。

非抽样误差是指在市场调查过程中，由于客观条件的限制或工作人员在登记、汇总和计算过程中的失误而造成的误差。这种误差，在全面调查和抽样调查过程中都可能存在。在市场调查中，这种误差是可以避免的，也是应该尽量避免的。

（1）抽样误差的大小与总体各单位差异性程度有关。总体各单位差异性越大，抽样误差也就越大；总体各单位差异性越小，抽样误差也就越小。如果总体各单位之间没有差异，则抽样误差为零。

（2）抽样误差的大小与样本单位数的多少呈反比关系。样本单位数越多，样本单位数占总体单位数的比重越大，则抽样样本的代表性就越大，抽样误差也就越小。反之，样本单位数越小，样本单位数占总体单位数的比重越小，抽样样本就不能确切反映总体的情况，抽样误差就越大。如果抽样单位数等于总体单位数，即采取全面调查，则抽样误差等于零。

（3）抽样误差的大小与不同抽样组织方式有关。纯随机抽样、系统抽样、整群抽样、分层抽样的抽样误差各不相同，可根据具体的实际情况加以选择。

为了缩小误差，我们可以从以下几个方面来控制。

1. 要选定准确的抽样方法

一般来说，正确的抽样方法有利于使抽取的样本真正代表总体，而抽样的方法较多，它有随机抽样和非随机抽样之分，每类又有不同的具体方法。选择哪种方法更好要根据调查的目的和要求、调查所面临的主客观和内外条件进行权衡选择。

2. 要正确确定样本数目

一般而言，在其他条件不变的情况下，抽样误差与样本数目成反比关系，即样本数目越大误差就越小，反之亦然。但是，抽样误差又与总体特征的差异有关。总体各单位标志值的差异越大，在同样本数的条件下误差越大，反之亦然。

也就是说，如果调查总体各单位的差异越大，要求的样本数就越多，经费投入就越多。

因此，在确定样本的数目时要对经费和精度进行权衡（即要综合考虑误差的允许程度、总体各单位的差异性和经济效益的要求等）。

3. 要加强对抽样调查的组织领导，提高调查工作的质量

要以科学的态度对待抽样，严格调查人员的选用，采用正确的方法、按照规范的程序进行操作，才能确保整个调查工作的科学合理。

二、抽样误差的估算方法

（一）抽样误差大小的影响因素

1. 总体各单位之间的差异程度

总体变量存在变异是客观的，差异程度越大，其分布就越分散，抽样误差就越大；反之，抽样误差越小。这种差异程度，在统计上叫作标志变异程度，通常用方差或标准差来标志。

2. 样本容量

在其他因素一定的条件下，样本容量越少，即抽取的样本数目越少，抽样误差就越大；反之抽样误差越小。当样本容量达到与总体容量一样时，抽样调查就变成全面调查了，抽样误差消失。

3. 抽样方式

一般来说，等距随机抽样和分层随机抽样的抽样误差要小于简单随机抽样和分群随机抽样的误差。不重复抽样的误差要小于重复抽样的误差。

由此可见，抽样误差的大小同总体的标准差异大小和样本容量的多少有关，而且要根据不同的抽样方式分别估算抽样误差。

（二）抽样误差的估算方法

简单随机抽样是抽样法的基础，下面着重介绍简单随机抽样条件下的抽样误差估算方法（公式的理论推导与数理证明从略）。

1. 平均数指标抽样误差的估算方法
(1) 重复抽样条件下的计算公式:

$$\bar{\mu}_x = \sqrt{\frac{\sigma^2}{n}} = \frac{\sigma}{\sqrt{n}}$$

其中: $\bar{\mu}_x$——抽样平均误差;
n——样本单位数;
σ^2——总体方差;
σ——总体标准差。
(2) 不重复抽样条件下的计算公式:

$$\bar{\mu}_x = \sqrt{\frac{\sigma^2}{n}\left(\frac{N-n}{N-1}\right)}$$

其中: N——总体单位数。
当总体单位数 N 值很大时,为简化计算,也可用下列公式计算:

$$\bar{\mu}_x = \sqrt{\frac{\sigma^2}{n}\left(1 - \frac{n}{N}\right)}$$

例如:某地区对每户服装年平均购买数量进行抽样调查,在 5000 户居民家庭中抽选 100 户,已知样本标准差为 4 件,在重复抽样的条件下,抽样误差为:

$$\bar{\mu}_x = \frac{\sigma}{\sqrt{n}} = \frac{4}{\sqrt{100}} = 0.4 \text{(件)}$$

在不重复抽样的条件下,抽样误差为:

$$\bar{\mu}_x = \sqrt{\frac{\sigma^2}{n}\left(1 - \frac{n}{N}\right)} = \sqrt{\frac{16}{100}\left(1 - \frac{100}{5000}\right)} \approx 0.396 \text{(件)}$$

必须指出,用上述方法计算出的抽样误差并不是绝对的,而是指平均偏离程度。
2. 成数指标抽样误差的估算方法
成数就是在总体中具有所研究标志的样本数(例如,合格品的个数、实验成功的次数、男性的人数等)所占的比重。用另一种说法,成数就是"成功次数的比重"。
成数抽样误差的计算方法同平均数指标抽样误差的计算方法的原理是相同的,所不同的是总体方差的计算方法不一致,因为各个样本成数的平均数就是总体成数本身,它既表明在总体中所占的比重,同时又是总体的平均数。
(1) 重复抽样条件下的计算公式:

$$\mu_p = \sqrt{\frac{P(1-P)}{n}}$$

其中: μ_p——成数的抽样误差;
P——总体成数。
(2) 不重复抽样条件下的计算公式:

$$\mu_p = \sqrt{\frac{P(1-P)}{n}\left(\frac{N-n}{N-1}\right)}$$

当 N 很大时，上式也可简化为：

$$\mu_p = \sqrt{\frac{P(1-P)}{n}\left(1-\frac{n}{N}\right)}$$

例：对某市居民吸烟情况进行一次抽样调查，全市总人口为 55 万人，样本单位 1600 人，采用不重复抽样方法，调查结果表明吸烟人数占样本总人数的 23%，那么，抽样误差为：

$$\mu_p = \sqrt{\frac{P(1-P)}{n}\left(1-\frac{n}{N}\right)} = \sqrt{\frac{0.23(1-0.23)}{1600}\left(1-\frac{1600}{550000}\right)} \approx 0.01$$

从上述平均数和成数的抽样误差计算公式中可以看出，因为 $1-n/N$ 总是小于 1，从而不重复抽样的抽样误差必定小于重复抽样的误差。所以在实际工作中，尤其是在市场调查中，通常用不重复抽样方法。但在计算抽样误差时，既可以采用不重复抽样方法进行调查，也可以采用重复抽样的计算公式，因为当 N 较大时，用两种方式计算出来的结果相差不大，而市场调查中的总数往往是大量的。

利用上述公式计算抽样误差，需要解决如何确定总体方差或总体成数的问题。在市场调查中，总体方差或总体成数是不知道的，一般可以采取以下方法解决：一是从已有的普查或全部统计资料中取得；二是采用经验估算的方法取得；三是事先组织一次小规模的探测性抽样调查，以抽样调查的方法取代；四是在抽样调查完成后，用样本的方差来代替。其中第四种方法最为常用。

至于其他抽样方法，其抽样误差的估算原理同简单随机抽样是一致的，其主要区别在于估算公式中的总体方差有所不同。但在实际工作中，也可以用简单随机抽样的抽样误差估算公式近似替代。

第四节 样本容量确定

一、样本容量与样本代表性和精确度之间的关系

样本容量与样本对总体的代表性无关。样本的代表性由抽样方法决定，但是，许多管理人员错误地相信样本容量和样本代表性有关。下面我们看一个样本容量和它的总体代表性之间没有关系的例子。假设我们想了解在中国劳动力中有百分之多少的人在工作地点使用个人计算机，我们站在上海证券交易所附近的一个街角抽取一个方便

样本。我们询问每一个与我们谈话的人在工作时是否使用个人计算机。一周后，我们在调查中已询问了 5000 多名受访者。这些人是中国劳动力总体的代表吗？不，他们不是。事实上，可以相信他们甚至不是上海市劳动力的代表，因为我们使用的是没有得到控制的非概率抽样方法。如果我们询问了 10000 名上海人又会如何呢？因为同样的原因，这个样本仍无代表性。

样本容量不决定代表性，但影响结果的精确度。样本精确度指样本统计数据（例如受访者对于一个特定问题的回答的平均值）接近它所代表的总体真实值的程度。样本容量与样本统计量相对于总体真实值的精确度有直接关系。如果居民身份证持有者的随机样本拥有 5 名受访者，它将比只有 1 名时更精确；10 名受访者比 5 名更精确；如此等等。常识告诉我们大随机样本比小随机样本更精确，但是 5 个受访者不会比 1 个受访者精确 5 倍，10 个也不会比 5 个精确两倍。所以，结论是：小样本容量与代表性无关；样本容量与精确度相关。

二、影响样本容量的因素

（一）总体各单位标志变异程度

在抽样误差范围一定的条件下，总体各单位之间的标志变异程度越大，需要抽取的样本数目就越多；反之，则越少。其原因是总体单位之间的差异越大，一定数目的总体单位对总体的代表性就越低；总体单位之间的差异越小，一定数目的总体单位对总体的代表性就越高。当总体单位的标志值都相等时，一个总体单位的标志值就足以代表总体的平均水平。

（二）允许误差的大小

允许误差又叫抽样极限误差，是指在一定的把握程度下保证样本指标与总体指标之间的抽样误差不超过某一给定的最大可能范围。在其他条件一定的情况下，允许误差小，抽样数目就应相对多一些；反之，允许误差大，抽样数目就可少一些。在抽样调查设计时，应当取多大的允许误差，要根据调查的目的、调查经费和时间来确定。一般来说，调查的准确度要求高、调查力强、调查经费充足时，允许误差就可以定得小一些；反之，允许误差就只能放大一些。

（三）抽样推断的可靠度

抽样推断的可靠度是指总体所有可能样本的指标落在一定区间的概率度，即允许误差范围的概率保证程度。在其他条件不变的情况下，抽样估计所要求的可靠程度越高，即概率保证程度越高，要求样本含有的总体信息就越多，只有增加样本容量才能满足高精确度的要求；反之，概率保证程度越低，所需的样本容量就越小，二者成正比关系。

（四）抽样类型和方法

概率抽样的主要类型有简单随机抽样、系统随机抽样、分层随机抽样、整群随机抽样等，在简单随机抽样中，根据同一单位是否允许重复抽取方式的不同，抽样方法可分为重复抽样和不重复抽样。由于在同样的条件下，不同的抽样方式会产生不同的抽样误差，因此，样本容量也应有所不同。

一般来说，分层随机抽样和系统随机抽样的样本容量可定得小些，若用简单随机抽样和整群随机抽样方式，抽样的样本容量就要定得大些。至于抽样方法，由于不重复抽样的误差小于重复抽样的误差，因此，不重复抽样的样本容量可比重复抽样的样本容量小些。

三、简单随机抽样下的样本容量

（一）平均数指标必要样本容量的确定

（1）重复抽样条件下，样本容量的计算公式是从允许误差计算公式中推导出来的，平均数指标允许误差的计算公式为：

$$\Delta \bar{x} = t_{\mu \bar{x}} = t \sqrt{\frac{\sigma^2}{n}}$$

两边平方得：

$$\Delta \bar{x}^2 = \frac{t^2 \sigma^2}{n}$$

移项得：

$$n = \frac{t^2 \sigma^2}{\Delta \bar{x}^2}$$

式中：t——概率度；

σ——总体标准差；

$\Delta \bar{x}$——平均指标允许误差；

n——必要抽样数目。

（2）不重复抽样条件下，平均数指标允许误差的计算公式为：

$$\Delta \bar{x} = t_{\mu \bar{x}} = t \sqrt{\frac{\sigma^2}{n}\left(1 - \frac{n}{N}\right)}$$

两边平方得：

$$\Delta \bar{x}^2 = \frac{t^2 \sigma^2 N - t^2 \sigma^2 n}{Nn}$$

移项得：

$$n = \frac{t^2 \sigma^2 N}{N \Delta \bar{x}^2 + t^2 \sigma^2}$$

（二）成数指标必要样本容量的确定

（1）重复抽样条件下，样本容量的确定：

$$\Delta P = t \sqrt{\frac{P(1-P)}{n}}$$

两边平方,移项得:

$$n = \frac{t^2 P(1-P)}{\Delta P^2}$$

(2)不重复抽样条件下,样本容量的确定:

$$\Delta P = t\sqrt{\frac{P(1-P)}{n}\left(1-\frac{n}{N}\right)}$$

两边平方,移项得:

$$n = \frac{t^2 NP(1-P)}{N\Delta P^2 + t^2 P(1-P)}$$

其他各种随机抽样方法的样本容量的计算较为麻烦,在此不再叙述。

本章小结

抽样调查是指按照一定的方式,从调查对象总体中抽取部分样本进行调查,并根据调查结果来推断总体特征的一种非全面调查方法。

总体是指由市场研究项的目标明确规定的整个集合。样本是总体的一个子集,它应具有对总体的代表性。抽样框是总体中所有样本单位的完整列表。

抽样设计的程序一般可分为:定义总体、确定抽样框、确定抽样单位、确定抽样方法、确定样本容量、制订抽样计划和选择样本七个步骤。

抽样技术可以分为概率抽样和非概率抽样两大类。

概率抽样是指按随机原则从总体中抽取样本的抽样方式,主要包括简单随机抽样、系统抽样、分层抽样、整群抽样等方法。非概率抽样无法估计任何总体元素被选入样本的概率,主要包括便利抽样、判断抽样、配额抽样和滚雪球抽样等方法。

抽样误差是指一个样本的测量值与该变量真值之间的差异。抽样误差的大小直接影响调查的精确性。非抽样误差是指在市场调查过程中,由于客观条件的限制或工作人员在登记、汇总和计算过程中的失误而造成的误差。

影响抽样误差大小的因素主要包括总体各单位之间的差异程度、样本容量和抽样方式。

样本容量与样本对总体的代表性无关。样本的代表性由抽样方法决定。样本容量影响结果的精确度。

复习思考题

1. 解释下列概念:总体、样本、抽样、抽样框、抽样误差、概率抽样、非概率抽样、样本容量、简单随机抽样、系统抽样、分层抽样、整群抽样、便利抽样、判断抽样、配额抽样、滚雪球抽样。

2. 在市场调查中为什么要进行抽样?

3. 什么是抽样调查？抽样调查具有哪些特点？
4. 简述抽样设计的程序。
5. 试比较四种随机抽样的优缺点。

本章实训

一、实训目的

1. 要求学生掌握简单随机抽样以及整群抽样的实施方法。
2. 通过实训掌握建立抽样框的方法。

二、实训内容

1. 调查对象。

以所在学校的本科生为调查对象，收集大学生服装消费购买方面的情况。本次实训主要训练抽样方案设计。

2. 具体任务。

首先，到学校相关部门（如教务处或学生处）掌握全校学生的总体规模及构成情况；其次，按照整群抽样要求对学校学生抽样方案进行设计和实施。

3. 任务要求。

（1）通过有关部门获取在校学生的详细资料，并按照学院、专业、班级三级建立抽样框，即从学校抽取出需要调查的学院，从学院中抽出需要调查的班级，抽中的班级则要进行全面调查。

（2）从所在学校的全部学院中抽取20%的学院（整数），然后在抽中的学院中按照简单随机抽样原则抽取20%的班，对被抽中的班级的全部学生进行调查。

（3）在选中的班级中，根据学生的学号分布，对学生逐一编号，建立学生抽样框。

三、实训组织

1. 将授课班级同学按照6~8人的标准分成小组，每个小组采用组长负责制，按照实训目的和要求合理分工，团结协作，建立抽样框。

2. 相关资料和数据的收集可以通过学校有关部门获得，每个小组指定专人负责记录和整理，设计出有具体抽样编号的行动路线图（含步骤、路线、抽样数、抽样编号等）。

3. 从学校中抽选出学院、从学院抽选出班级后，指定向班级收集资料的组员，将责任落实到人。

4. 完成抽样方案设计的文本文件。

5. 各小组充分讨论设计完成的抽样方案，认真听取全体组员的意见，分析、修改和调整，在此基础上形成小组的实训报告文稿。

6. 各小组进行实训汇报和展示。

四、实训步骤

1. 指导教师布置实训项目，指出实训的要点和注意事项。

2. 各组明确实训任务，制定执行方案，待教师指导通过之后执行。
3. 小组成员分工明确，广泛收集资料和数据。
4. 由专人进行资料的汇总、记录，要求明确、详细。
5. 各组讨论形成讨论稿，完成实训报告。
6. 通过实训报告、演讲、展示及交流，各组互评成绩。
7. 指导教师进行综合评定和总结。

阅读材料

现代抽样方法的先驱——盖洛普

"一种客观测量报刊读者阅读兴趣的新方法"是乔治·盖洛普在艾奥瓦大学写博士论文时用的题目。通过对 Des Moines Register and Tribune 报的社论和广告的调查以及对瑞士数学家雅克布·伯努利具有 200 年历史的概率统计理论的研究，盖洛普在抽样技术领域取得了进展。他指出，当抽样计划中的调查对象涵盖广泛，涉及不同地域、不同种族、不同经济层次的各种人时，只需随机抽取而无须采访每个人。尽管当时他的方法不能为每个人理解和认同，但是现在，这已经被广泛使用。

盖洛普通常引出一些特例来解释他自己在说什么或做什么。假设有 7000 个白豆子和 3000 个黑豆子十分均匀地混合在一起，装在一个桶里。当你舀出 100 个豆子时，你大约可以拿到 70 个白豆子和 30 个黑豆子，而且你失误的几率可以用数学方法计算出来。只要桶里的豆子多于一把，那么你出错的机率就少于 3%。

20 世纪 30 年代早期，盖洛普在全国很受欢迎。他成为 Drake 大学新闻系的系主任，然后转至西北大学。在此期间，他从事美国东北部报刊的读者调查。1932 年夏天，一家新的广告代理商 Young & Rubicam 邀请他去纽约创立一个旨在评估广告效果的调查部门，并制定一套调查方案。同年，他利用他的民意测验法帮助他的岳母竞选艾奥瓦州议员。这使他确信他的抽样调查方法不仅在数豆子和报刊读者调查方面有效，而且在选举人方面也很有效。只要你了解到抽样范围具有广泛性，白人、黑人、男性、女性、富有、贫穷、城市、郊区、共和党、民主党，只要有一部分人代表他们所属的总体，你就可以通过采访相对少的一部分人，来预测选举结果或反映公众对其关心问题的态度。盖洛普证实，通过科学抽样，可以准确地估测出总体的指标。同时，在抽样过程中，可以节省大量资金。

资料来源：胡祖光. 市场调研预测学——原理、计划和应用 [M]. 杭州：浙江大学出版社，2001.

案例分析

辛辛那提电气公司的抽样调查

辛辛那提电气公司是一家公用事业型公司，它为辛辛那提地区的居民提供煤气和电力。为了改进其服务质量，更好地满足顾客最新的需求，进一步提升公司的业绩，该公司需要进行一次关于建筑物特征等项目的抽样调查，了解在其服务范围内的商业建筑物的能源需求量，以提供更好、更全面的服务。

在准备调查期间，分析家们发现，在该公司的服务范围内大约有27000个商业建筑物，根据调查可使用的经费和精度的要求等相关因素的综合数据，他们建议选择616个建筑物作为一个调查样本。

根据服务范围内商业建筑物的具体情况，决定采用分层随机抽样法抽取样本，从公司的记录可以得到在其服务范围内过去一年每一个商业建筑物的总用电量。由于建筑物要研究的特征（如规模、雇员数等）都与用电量有关，因此选择用电量这一标准将建筑物划分为6层，再分别进行抽取。

在具体操作过程中，第一层包括100个建筑物，他们都是用电大户，对公司的能源供给量以及公司的业绩都将产生很大的影响，所以决定将这些建筑物的每一个都包含在样本中。尽管他们的建筑物数量仅占该公司的服务范围内商业建筑物总数的0.37%，但其用电量却占总用电量的14.4%，对于其他层，建筑物的数量则是根据获得最大精度的基本条件等多因素综合决定的。

通过仔细设计调查表，并在正式调查前进行试验性调查，决定采用个人采访法收集所需资料。最后，收集到616个商业建筑物重点526份资料，85.39%的问卷回收率已经可以满足调查的需要。目前，辛辛那提电气公司正在利用调查的结果，进行能源需求的预测和商业顾客服务的改进。

案例讨论

辛辛那提电气公司采取的何种抽样技术？该方法有什么优点？

第十章
市场调查数据收集与整理

本章学习目标

1. 了解如何进行调查资料的收集与整理;
2. 理解问卷审核中可能遇到的几种错误;
3. 掌握规范的问卷编码;
4. 掌握 SPSS 的数据录入和导入;
5. 能够使用 SPSS 对数据进行基本操作:数据分组、个案排序等。

> 引导案例

杜邦公司的"市场嘹望哨"

杜邦公司创办于1802年，是世界上著名的大企业之一。经过近200年的发展，杜邦公司今天所经营的产品包括：化纤、医药、石油、汽车制造、煤矿开采、工业化学制品、油漆、炸药、印刷设备，近年来又涉足电子行业，其销售产品达1800种之多，多年的研究开发经费达10亿美元以上，研究出1000种以上的新奇化合物——相当于每天有2~3件新产品问世，而且每一个月至少从新开发的众多产品中选出一种产品使之商业化。

杜邦公司兴盛200年的一个重要原因，就是围绕市场开发产品，并且在世界上最早设立了市场环境"嘹望哨"——经济研究室。成立于1935年的杜邦公司经济研究室，由受过专门培训的经济学家组成，以研究全国性和世界性的经济发展现状、结构特点及发展趋势为重点，注重调查、分析、预测与本公司产品有关的经济、政治、科技、文化等市场动向。

除了向总公司领导及有关业务部门作专题报告及口头报告、解答问题外，经济研究室还每月整理出版两份刊物。一份发给公司的主要供应厂家和客户，报道有关信息和资料；另一份在内部发行，根据内部经营全貌分析存在的问题，提出解决措施，研究短期和长期的战略规划、市场需求量，以及同竞争对手之间的比较性资料。另外每季度还会整理出版一期《经济展望》供总公司领导机构和各部门经理在进行经营决策时参考。

思考题：杜邦公司200年兴盛不衰的原因是什么？

第一节 调查资料的收集与整理

一、调查资料的收集

现场数据资料的收集是调查过程中很关键也是最脆弱的阶段。必须加强对这一阶段的管理，如果调查现场工作混乱，则所有设计问卷的努力都将付之东流。

（一）现场访问人员

现场资料收集工作要求现场访问人员具有良好的素质，了解现场访问的要求。当现场访问人员不具备应有素质时，必须先对其进行培训，以保证现场资料收集的有效性和准确性。

1. 现场访问要求

现场访问是一门艺术，只有具备一定能力的人才能胜任这项工作。访问人员在访问中采取正确的方式以及在记录时采取正确的技巧是很重要的，市场预测所需的信息直接依赖于每位访问者的数据收集。访问人员想要很好地完成任务，必须了解调查的目的。

调查人员在完成其职责的过程中，要鼓励调查对象作出全面、精确的回答，并在调查开始前通常向调查对象保证他们所提供的信息会被严格保密。访问人员在调查前应说明调查的目的并出示相关证件；要对问卷非常熟悉，并对调查工具应用自如。访问人员要和调查对象谈话而不是单纯地提问，使访问生动不呆板，调查对象更好地配合。最重要的是，访问人员必须系统地计划其工作，并严格按程序进行。

2. 现场访问人员的素质

优秀的访问人员应具备如下素质：

（1）自信。自信的访问人员能获得调查对象的信任与合作。只有对自己的行为保持自信，并相信别人会同自己谈话，才能使访问顺利进行。

（2）放松。访问人员的表情放松是自信的标志，能帮助调查对象放松。但不能过分放松，调查中保持适当的严肃还是必要的。

（3）中立。访问人员必须保持完全中立，依照被调查者的观点获取信息。尽可能避免有意改变语气或面部表情的做法，以免影响受访者的回答。

（4）具有观察细节的自觉性。访问人员必须随时集中精力，有意识地注意对象的反应，并由此了解其性格。了解调查对象的性格将有助于信息的收集。

（5）绝对诚实正直。由于现场工作范围广，比较分散，难以监督，访问人员不正直就可能作假，并对未进行的问卷随意填写。保证访问人员的诚实是很有必要的。

（6）能忍受困难的工作条件。访问工作有时比较困难，如遭到调查对象的拒绝、长途跋涉或夜晚工作等，这就需要访问人员能吃苦，不怕挫折。

（7）按照指令工作。现场访问大多无人监督，但必须根据收集信息的指定程序进行，不能自以为是地改变安排。访问人员必须按照问卷上的题目提问，严格遵守问卷上题目的顺序。

（8）书写清晰。访问人员字体潦草会使统计人员难以读懂，可能造成资料处理工作中的误差。

（9）外表端庄得体。访问人员具有端庄得体的外表，容易被陌生人接受，为深入访谈创造前提条件。

3. 现场访问人员培训

要保证访问质量，访问人员在开始现场工作前必须接受培训以充分理解调查项目的要求。未受培训的访问人员容易记错答案，缺乏深入追问的信息。对现场访问人员的培训大多分为基本培训和项目介绍。

基本培训是帮助访问人员熟悉访问的过程，以课堂讲座为主，辅以视觉展示、公开讨论等，用以帮助访问人员掌握一般的访问技术，如记录答案、启发回答、进行追问等。在培训中应强调以下几点：

（1）市场调查中现场访问人员的重要性。

（2）如何向调查对象介绍自己的方法以及如何与他们建立和谐的关系。

（3）可能被回绝时的处理技术。

（4）调查的抽样过程。

（5）遵守操作程序的必要性。

项目介绍与本次调查中的具体问题有关，如选择对象的方法、问卷的填写方式等，以保证所有调查人员以统一的方式收集数据。主要问题包括：调查目标；所采用的数据收集方法；调查对象的范围；样本设计；问卷整理。模拟访问是培训的一种重要方法，因为它向访问人员提供了有关现场工作生动、清晰的印象。调查公司通常规定访问者要进行模拟访问以熟悉问卷，并能在开始现场工作前树立信心。

（二）现场工作问题

现场工作问题主要包括访问人员问题和调查对象问题两种。

1. 访问人员问题

虽然称职的访问人员和全面培训能够减少现场工作中的问题，提高收集数据的可靠性，但不能完全避免访问人员的问题。以下几个问题应该加以注意：

（1）提问时的误差。在访问中，只要访问人员做出了下意识的手势或表情，就会影响被访问者的回答，从而造成误差。当访问人员没有按正确的顺序或用词提问时，也可能产生误差。

（2）记录中的误差。有的问题需要较长时间回答，如开放性问题、态度问题等，容易发生记录错误。

（3）访问人员作弊。这是指访问人员并没有访问调查对象而随意填写，防止该行为的有效方法是由监督员对被调查者进行抽查（包括电话访问或面谈等）。对访问人员做出要进行抽查的事先警告能有效地防止访问人员的作弊行为。

（4）访问人员的差别。访问人员不可能在所有方面都一样，他们在处理访问、与调查对象交流的方式等方面都会有差别。与此相关的问题很难估计其影响方式和影响程度。

（5）调查对象选择错误。

2. 调查对象问题

调查对象问题主要可分为两类：回答错误和不回答错误。

（1）回答错误。包括语义错误和虚假回答。语义错误指调查对象对问题的理解错误，因而无意中作出了错误回答。问题的用词不当可能造成语义错误，因此，问卷中的问题必须用词准确。这类问题可通过广泛的培训或问卷测试解决。虚假回答指调查对象故意作出不正确的或假的回答，这常发生在涉及个人隐私的问题上。

（2）不回答错误。包括不在家、回绝和不合适等情况。不在家指那些去访问时选定的调查对象不在家的情况。应选择合适的时间重新访问。当与选定的调查对象有所接触但访问被拒绝时，称之为回绝。回绝不仅增加了调查成本，而且会使调查结果发生偏差。回绝的原因可能是没有空闲时间、对调查主体不感兴趣、对调查项目不了解、期望回避骚扰电话等。

（三）现场工作控制

访问人员在工作中难免出现差错，所以有必要采取措施，尽可能提高现场工作的质量。常用方法是对访问人员的工作进行现场检查，保证访问按所要求的方式进行。现场检查在现场工作开始阶段十分必要，因为可以迅速发现并纠正访问中的错误。

对访问人员工作进行质量控制的其他方法如下：

（1）信函检查。向被调查者邮寄信函进行调查，这种检查成本较低，但回答率较低。

（2）电话检查。电话检查的好处是速度快且成本低，但被调查者的电话号码得来不易。

（3）审查问卷。如果发现问卷中出现了过多的"不知道"或较多题目未回答，往往意味着问卷可能出错，建议对访问人员的工作进行复查。

二、调查资料的编辑

调查资料的编辑是对市场调查获得的信息进行筛选，即发现并剔除所收集调研资料中的"水分"，选择真正有用的资料。编辑通常分为实地编辑和办公室编辑两步。

（一）实地编辑

实地编辑即初步编辑，其主要任务是发现资料中非常明显的错误和遗漏，帮助控制和管理实地调查队伍，及时调整调查方向、程序，帮助消除误解及有关特殊问题的处理。应在问卷或其他的资料收集形式实施后尽快执行，以便问卷能在资料收集人员解散之前得到校正。一般由现场主管执行。

实地编辑对资料检查的项目主要包括：完整性、清楚性、内容的一致性、明确性和单位的统一性。

1. 完整性

完整性包括所收集的数据是否完整和有无遗漏的书页；所有应问和应答的问题是否都已询问或回答等。

2. 清楚性

被调查者送回的问卷、调查员的访问报告或观察记录的字迹是否清楚，内容是否易懂。如果文字无法辨认，就要想办法澄清，否则舍弃不用。

3. 内容的一致性

内容的一致性即所给的答案是否一致；是否存在互相矛盾、前后不一致的地方。如有不一致之处，应设法澄清，或将矛盾的问卷舍弃。

4. 明确性

明确性即答案的意义是否明确。开放题的答案常常难以理解，答案中如有诸如此类的"这个""那个"等表述常常令人不知所指。如有含糊不清的答案要设法弄清楚。

5. 单位的统一性

以统一的单位记录答案非常重要。例如，如果研究的目的是了解消费者每月服装消费金额，而答案却表明是消费者每月购买服装的数量。如果答案的基础不一致，在以后的研究工作中这个结果可能导致不少的迷惑。如果现场发现了这些问题，可以让调查者与被调查者重新接触并得到正确的回答。

（二）办公室编辑

办公室编辑在实地编辑之后，主要任务是更完整、确切地审查和校正收集的全部资料。这项工作要求对调查目的和过程有透彻了解，且具有敏锐洞察力的人来进行。为了保证资料的一致性，最好由一个人来处理所有的资料。若出于时间的考虑，该工作可由多人承担。但是，应由每名审核员各分配若干份问卷，对每一份问卷从头审到尾，而不是流水作业。

1. 审核的重点

对于回收上来的问卷，审核工作的重点在于以下几种问题：不完整的问卷、明显的错误答案及由被访者缺乏兴趣而做的搪塞回答。

（1）不完整的问卷分为三种情况：第一种是大面积的无回答，或较多的问题无回答，对此应作为"废卷"处理；第二种是个别问题无回答，应为有效问卷，所留空白待后续工作采取措施；第三种是相当多的问卷对同一个问题无回答，仍作为有效问卷。在问卷分析过程中，应思考：为什么相当多的被调查者对这一问题无回答，是这个问题用词含糊不清让他们无法理解，还是该问题太具敏感性或威胁性使他们不愿意回答，或是根本就无法给此问题现成的答案？

（2）明显的错误答案是指那些前后不一致的答案，或答非所问的答案。这种错误一般不好处理，除了能够根据全卷答案的内在逻辑联系对某些前后不一致的地方进行修正外，其他情况只好按"不详值"对待。

（3）由被访者缺乏兴趣而做的搪塞回答。比如，被调查者对连续30个7点量表都选择了"7"的答案。或有被调查者不按答案要求，在问卷上随笔一勾，一笔带过若干个问题。这种搪塞回答仅属个别问卷，当作"废卷"处理。倘若这种搪塞回答的问卷有一定数量，且集中出现在同一个问题上，就应该把这些问卷作为一个相对独立的子样本看待，在资料分析时给予适当注意。

2. 对次级资料的审核

（1）对著述性文献的审核。对于这类以文字为主的文献，当从中摘取资料时要注意两点：一是要弄清楚作者或编纂者的身份和背景，对那些客观性相对较差的文献要持保留态度，应该尽可能引用客观性较强的文献。二是注意文献的编写时间，这对记叙历史事件的文献尤为重要。一般地说，文献编写日期离事件发生时间越近，其具体内容就越可靠；文献编写时间离事件发生时间越远，就越有可能旁引相关情况，并能较大幅度地摆脱当时社会政治影响，站在较高、较新的立场上客观地反映和深入地分析事情的真实情况。

（2）对统计资料的审核。在引用现成的统计资料之前，要注意它们的指标口径和资料分组问题。指标口径指指标的内涵、外延、计量单位空间或时间等因素的总和。要搞清楚从各个方面采集到的资料在统计口径上是否一致或吻合。如果不具备这个前提，则需要进行推算和改算。当然，在调查设计阶段的内容中就要指出，要尽可能采用国家统计部门统一拟定的口径。这样做的目的就是尽可能减少使用次级资料时可能遇到的麻烦。

统计分组是审核次级资料时需要注意的另外一个问题。如果次级资料的分组与调查设计不一致，就不能直接引用而作重新分组。

第二节　SPSS 软件简介

一、SPSS 软件概述

SPSS（Statistical Product and Service Solutions），"统计产品与服务解决方案"软件。最初软件全称为"社会科学统计软件包"（Statistical Package for the Social Sciences），但是随着 SPSS 产品服务领域的扩大和服务深度的增加，SPSS 公司已于 2000 年正式将英文全称更改为"统计产品与服务解决方案"，标志着 SPSS 的战略方向正在作出重大调整。

SPSS 是世界上最早的统计分析软件，由美国斯坦福大学的三位研究生于 1968 年研究开发成功，同时成立了 SPSS 公司。2009 年 7 月 28 日，IBM 公司宣布将用 12 亿美元现金收购统计分析软件提供商 SPSS 公司。鉴于应用的广泛性，本书就 SPSS Statistics 17.0 这个版本进行简单讲解。

SPSS 可以同时打开多个数据集，便于研究时对不同数据库进行比较分析和数据库转换处理。SPSS 可以直接读取 Excel 及 DBF 数据文件，其分析结果清晰、直观、易学易用，它和 SAS、BMDP 并称为国际上最有影响的三大统计软件。

SPSS 非常全面地涵盖了数据分析的整个流程，其基本功能包括数据管理、统计分析、图表分析、输出管理等。SPSS 统计分析过程包括描述性统计、均值比较、一般线性模型、相关分析、回归分析、对数线性模型、聚类分析、数据简化、生存分析、时间序列分析、多重响应等几大类,每类中又分好几个统计过程,比如回归分析中又分线性回归分析、曲线估计、Logistic 回归、Probit 回归、加权估计、两阶段最小二乘法、非线性回归等多个统计过程,而且每个过程中又允许用户选择不同的方法及参数。SPSS 也有专门的绘图系统,可以根据数据绘制各种图形。特别适合设计调查方案、对数据进行统计分析,以及制作研究报告中的相关图表。

二、SPSS 常用界面与窗口

(一) 数据编辑器窗口

数据编辑器提供一种类似 Microsoft Excel 的便利方法来创建和编辑数据文件。数据编辑器提供了两种视图:数据视图和变量视图。通过单击左下方的窗口标签按钮可实现相互切换。

(1) 数据视图。显示实际的数据值或定义的值标签,如图 10-1 所示。

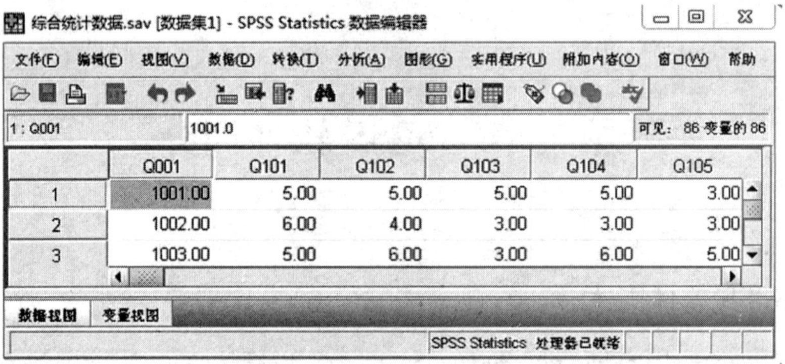

图 10-1 数据视图界面

(2) 变量视图。显示变量定义信息,包括定义的变量名称、数据类型(数值、日期、字符串等)、度量标准(名义、序号或度量)及对齐方式等,如图 10-2 所示。

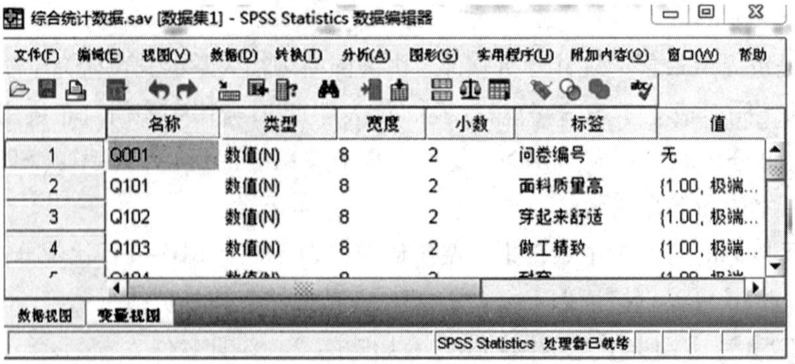

图 10-2 变量视图界面

(二) 查看器窗口

查看器主要显示统计分析的结果、图表和信息说明等。结果显示在右侧浏览器窗口中，可以通过在概要窗格中进行选择快速转到浏览器中的任意项。双击图表可以进行修改，如图 10-3 所示。

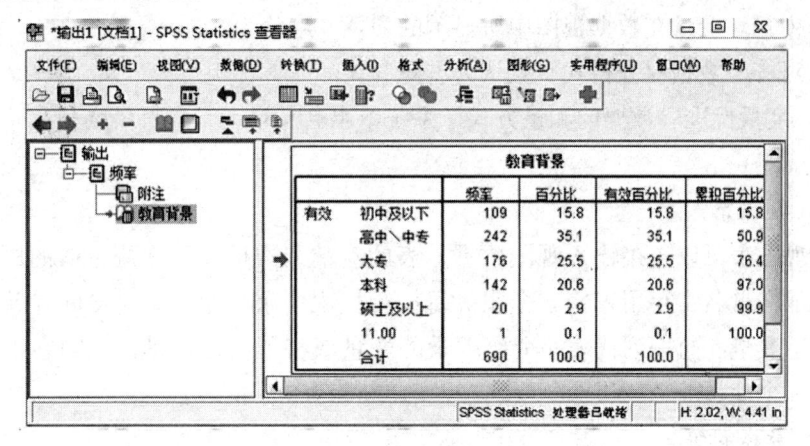

图 10-3 查看器窗口界面

三、在 SPSS 中建立数据文件

(一) 定义数据属性

"变量视图"用来定义和修改变量的名称、类型和其他属性。在变量视图表中，每一行描述一个变量。

(1) 名称。变量名称必须以字母、汉字及@开头，总长度不超过 8 个字符及 4 个汉字或 8 个英文字母，英文字母不区分大小写，最后一个字符不能是句号。在问卷调查中，变量名称通常是问题代码或问题缩写。

(2) 类型。默认情况下，SPSS 假定所有新变量都是数值变量。可用的数据类型如下：

①数值。值为数字的变量，以标准数值格式显示。

②逗号。变量值显示为每 3 位用逗号分隔，并用句点作为小数分隔符的数值变量。

③句点。变量值显示为每 3 位用句点分隔，并用逗号作为小数分隔符的数值变量。

④科学记数法。一个数值变量，它的值以嵌入的 E 以及带符号的 10 次幂指数形式显示。

⑤日期。

⑥美元。

⑦设定货币。

⑧字符串。

(3) 宽度。变量所占的宽度，默认为 8。

(4) 小数。小数点后的位数，默认为 2。

(5) 标签。标签用于对变量的辅助说明。

(6) 描述值。可以为每个变量值分配描述值标签。

(7) 缺失值。缺失值标签。

(8) 列宽。变量在数据视图中所显示的列宽，默认为 8。

(9) 对齐。数据对齐格式，默认为右对齐。

(10) 度量标准。数据的测量方式，系统给出名义尺度、度量尺度和有序尺度（默认为有序尺度）。

（二）数据录入

数据视图表可以直接输入观测数据，表的左端列边框显示观测个体的序号，上端行边框显示变量名。行用来输入个案。每一行代表一个个案，每一份问卷就是一个个案。列表示变量。每一列代表一个要度量的变量或特征，也就是说，问卷中的每一个问题都是一个变量。

（三）数据的编辑

数据必须正确输入才能保证分析结果的正确。由于各种原因，已经输入的数据可能有错误或遗漏，这就需要对数据进行修改、删除、插入、查找等编辑。

(1) 插入个案。选中要插入记录的行位置，打开"编辑"菜单下的"插入个案"，选中的行变成空值，原数据下移一行，在此输入数据即可插入一条记录。

(2) 插入变量。选中要插入记录的列位置，打开"编辑"菜单下的"插入变量"，即可插入一列，原选中的列右移，在"变量视图"标签下定义变量的属性，在"数据视图"标签下即可输入数据。

(3) 删除记录。选中要删除的记录，打开"编辑"菜单下的"清除"，选中的整行记录被删除，下面的记录上移。

(4) 删除变量。在"数据视图"中选中要删除的变量，打开"编辑"菜单下的"清除"，选中的变量整列被删除。或者在"变量视图"中选中要删除的变量，打开"编辑"菜单下的"清除"，选中的变量整列被删除，右面的变量左移。

(5) 数据的修改。可以通过"编辑"菜单下的剪切、粘贴实现。

（四）调用 xls、txt、dbf 等格式的文件

除了 SPSS 格式的数据文件，SPSS 可以兼容的文件类型非常多，比如 Excel、dBase、SAS 以及文本格式等，对于这些已经存在的数据文件，可以直接调入到数据编辑器中。本书只介绍如何调用 Excel 文件。

(1) 点击"文件"菜单→"打开"→"数据"。

(2) 在文件类型下拉列表框中确定文件类型为 Excel（﹡xls、﹡xlsx、﹡xlsm）。

(3) 在"打开 Excel 数据源"对话框中进行设置，选择需要导入的工作表，然后单击确定，数据就成功转入 SPSS 数据视图中。对于变量的设置，SPSS 自动根据数据类

型进行设置。如果数据表格式错误，就需要进入变量视图进行修改。

第三节 调查资料的整理

一、调查资料整理概述

调查资料的整理工作就是根据调查的目的，对调查所得的原始资料进行审核、科学分类和汇总，或对已经加工的综合统计资料进行再加工，使其成为可供分析使用的描述现象总体综合特征的资料。

二、数据编码与录入

编码是对问卷中的问题的不同回答进行分组和确定数字代码的过程。大多数问卷中的大多数问题是封闭式的，并且已预先编码。这意味着调查中一组问题的不同数字编码已被确定，封闭式问题都是事先编码。

（一）问卷代码编码

每一份问卷都应该有唯一的编号，根据需要可以进行"事先编码"或"事后编码"。编码应该有明确的内容标识，不要使用001、002这样无意义的序号。例如一份问卷的代码为"2160608"，开头的代码"2"表示"河南大学"，下面两个数字"16"代表具体班级，再后面"06"代表调查人员的编号，最后两位"08"表示调查员在这个班级收到的第8份问卷。问卷编码的目的，在于问卷分析中如果发现异常数据可以核对原始问卷以查看数据异常的原因，从而对数据进行正确处理。

问卷题目的类型大致可以分为单选、多选、排序和开放题四种类型，它们的变量的定义和处理的方法各有不同，现详细介绍如下。

1. 单选题编码

单选题只需要建立一个变量，然后对每一个选项建立一个编码。

例：您曾经了解过个人形象设计（衣着、妆容、头发）吗？

A. 系统学习过   B. 认真了解过   C. 偶尔注意过
D. 仅仅听说过   E. 从没听说过

编码：只定义一个变量，值"1""2""3""4""5"分别代表A、B、C、D、E五个选项。

录入：录入选项对应值，如选B则录入"2"。

2. 多选题编码

多选题的答案可以有多个选项，其中又有项数不定多选和项数限定多选。

（1）二分法。

例：您通过哪些方式了解过个人形象设计？（可多选）

A. 电视节目　　　　　B. 网络　　　　　　　C. 杂志

D. 公开讲座　　　　　E. 朋友等他人介绍

编码：把A、B、C等每一个选项定义为一个变量，每一个变量值均做如下定义："1"选，"0"没选。

录入：被调查者选了的选项录"1"，没选的录"0"。如被调查者选B、C、E，则五个变量分别录入"0""1""1""0""1"。

（2）多重分类法。

例：你认为开展"保持党员先进性"教育活动的最重要的目标是哪三项？（限选三项）

A. 提高党员素质　　　B. 加强基层组织　　　C. 坚持发扬民主

D. 激发创业热情　　　E. 服务人民群众　　　F. 促进各项工作

编码：定义三个变量，值均以对应选项定义即可。

录入：值"1""2""3""4""5""6"分别代表A、B、C、D、E、F六个选项，相应录入每个选项对应的变量即可。如被调查者分别选A、C、E，则三个变量分别录入为"1""3""5"。

3. 排序题编码

排序题是指对选项的重要性进行排序。

例：您认为以下形象设计内容的重要程度如何？（请按照您认为的重要程度，由主到次填写由1~5的数字。）

A. 服饰搭配　　　　　B. 彩妆技巧　　　　　C. 色彩搭配

D. 发型设计　　　　　E. 行为礼仪

编码：定义5个变量，分别可以代表第一位至第五位，每个变量的"值"都如下定义："1"服饰搭配、"2"彩妆技巧、"3"色彩搭配、"4"发型设计、"5"行为礼仪。

录入：如被调查者认为色彩搭配排在第一位，则在代表第一位的变量下录入"3"。

4. 开放性数值题和量表题编码

这类题目要求被调查者自己填入数值，或者打分。

例：你的年龄：＿＿＿＿＿＿。

编码：一个变量，不用定位变量值。

录入：按照被调查者的实际填写值录入。

5. 开放式问题编码

开放式问题与封闭式问题不同，只能在资料收集好之后，再根据受访者的回答内容来决定类别的指定号码，也就是说，开放式问题只能用事后编码。对于开放式问题的事后编码，它所依据的不应该仅是答案的文字，更重要的是这些文字所能反映出来的被调查者的思想。这项工作可以遵循以下步骤进行。

① 列出答案。所有答案都一一列出。在大型调查中，这项工作可以作为编辑过程的一部分或单独的一个部分完成。

② 将所有有意义的答案列成频数分布表。

③ 确定可以接受的分组数。主要是从调查目的出发，考虑分组的标准是否能满足调查目的。

④ 根据拟定的分组数，对列在第②步整理出来的答案分布表中的答案进行挑选合并。在符合调查目的的前提下，保留频数多的答案，然后把频数较少的答案尽可能合并成含义相近的几组。对那些含义相距较远或虽然含义相近但频数不多的，最后一并以"其他"来概括，作为一组。

这一步可以由一个以上的编码员分别来做，然后凑到一起进行核对、讨论，最终形成一致的分组意见。

⑤ 为所确定的分组选择正式的描述词汇。

⑥ 根据分组结果制定编码规则。

⑦ 对全部回收问卷中的开放式问题答案进行编码。

例：您为什么选择该品牌的空调？

列出答案如下（设只有14个样本）：

（1）节能环保　　（2）外形美观　　（3）价格公道　　（4）噪声低

（5）效果好　　（6）经久耐用　　（7）高科技　　（8）体积小

（9）名牌　　（10）邻居都买这个牌子　（11）广告　　（12）没想过

（13）不知道　　（14）没特别的原因

将上述回答分类，进行数字编码：

（1）节能环保　　1，5，7　　　　（2）外形美观　　2，8

（3）价格公道　　3，6　　　　　（4）噪声低　　　4

（5）名牌　　　　9，10，11　　　（6）不知道　　　12，13，14

在编码的时候尽量使用自然数，不要使用小数和字母。需要注意编码的唯一性和排他性，不同的编码值代表的意义不能有重复。

三、替换缺失值

在大型的调查中，即使有完善的操作流程和严格的管理规范，也难免有个别个案信息不完整。尤其是某些涉及个人隐私的问题，受访者都会刻意回避，造成漏填。当缺失值很少，而且对整体调查情况影响不大时，可以将缺失值直接删除；但是当缺失值对应的问题比较重要，或者缺失数量较大时，需要科学地对缺失值进行处理。这时可以使用SPSS的"替换缺失值"功能产生新的变量值，由它替换空缺的变量信息，处理缺失值对整体数据的影响。

在菜单栏中选择"转换"→"替换缺失值",打开"替换缺失值"对话框,在"方法"下拉列表中可以选择合适的缺失值替换方式。

替换缺失值的估计方法有以下 5 种:

(1) 序列平均值。使用整个序列的平均值替换缺失值。

(2) 临近点的平均值。使用有效周围值的平均值替换缺失值。临近点的跨度为缺失值上下用于计算平均值的有效值个数。

(3) 临近点的中位值。使用有效周围值的中位值替换缺失值。临近点的跨度为缺失值上下用于计算中位值的有效值个数。

(4) 线性插值。使用线性插值替换缺失值,即以缺失值相邻点的有效值构建一个数据范围,将两个值之间的差值进行平均,建立数据的等级作为内插的替换值。

(5) 该点的线性趋势。使用该点的线性趋势替换缺失值,即采用最小二乘法对全部数据进行拟合,采用预测值替换缺失值。

完成缺失值的替换后,数据表的空缺位置被填入了新数据,非缺失值保持不变。

四、数据文件的合并

当有大量的原始信息需要输入时,可以将资料拆分,然后交给多人建表输入。最后进行数据整合的时候,就会用到 SPSS 的"合并文件"功能。

(一) 纵向合并(增加记录)

(1) 以"大学生个人形象设计需求调研"为例,打开待合并的 SPSS 文件"大学生个人形象设计需求调查 1",这个文件有 5 个个案,如图 10-4 所示。

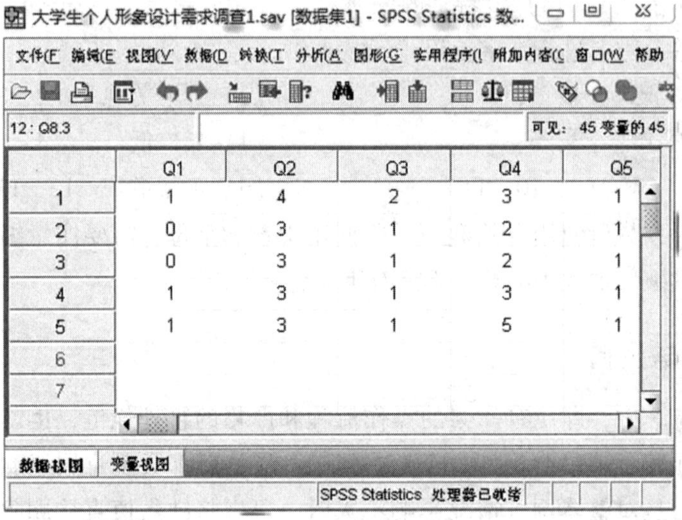

图 10-4 大学生个人形象设计需求调研数据视图

（2）在菜单栏中选择"数据"→"合并文件"→"添加个案"，打开"将个案添加到"对话框。单击"浏览"按钮，打开将并入数据集1的文件"大学生个人形象设计需求调查2"，如图10-5所示。

图10-5　数据纵向合并示意图1

（3）单击"继续"按钮，打开"添加个案从"对话框，如图10-6所示。

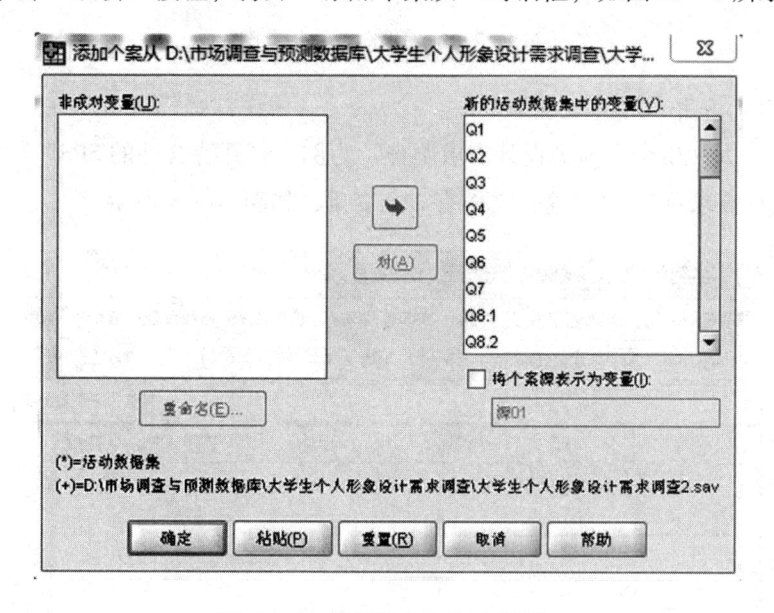

图10-6　数据纵向合并示意图2

注意：必须先打开一个数据文件才能追加数据；后添加的数据最好和原数据的变量名称相同，这样可以减少修改"非成对变量"的步骤。

（4）合并后的数据文件总个案数达到了11个，如图10-7所示。

图 10 - 7　数据纵向合并示意图 3

（二）横向合并（增加变量）

（1）以"大学生个人形象设计需求调查"为例，打开待合并的 SPSS 文件"大学生个人形象设计需求调查 3"，这个文件有 2 个变量，如图 10 - 8 所示。

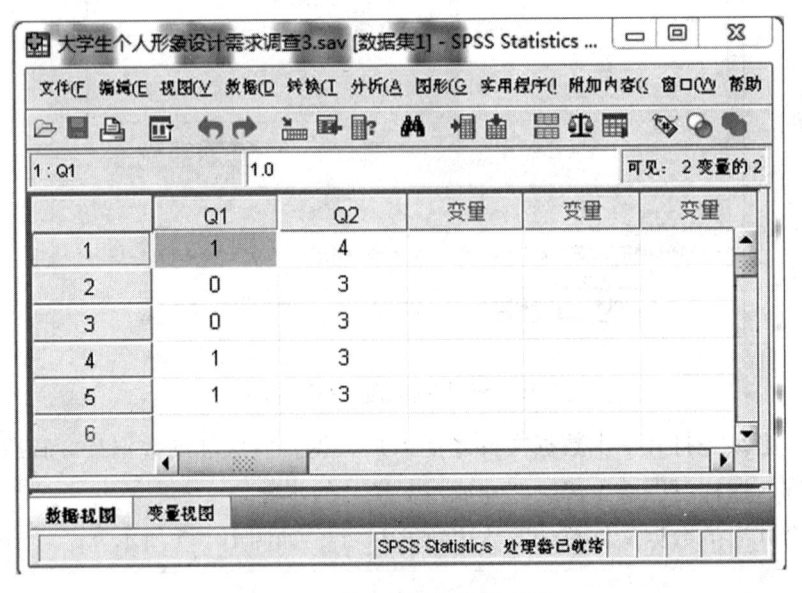

图 10 - 8　数据横向合并示意图 1

(2) 在菜单栏中选择"数据"→"合并文件"→"添加变量",打开"将变量添加到"对话框。单击"浏览"按钮,打开将并入数据集 3 的文件"大学生个人形象设计需求调查 4",如图 10-9 所示。

图 10-9　数据横向合并示意图 2

(3) 单击"继续"按钮,打开"添加变量从"对话框,如图 10-10 所示。

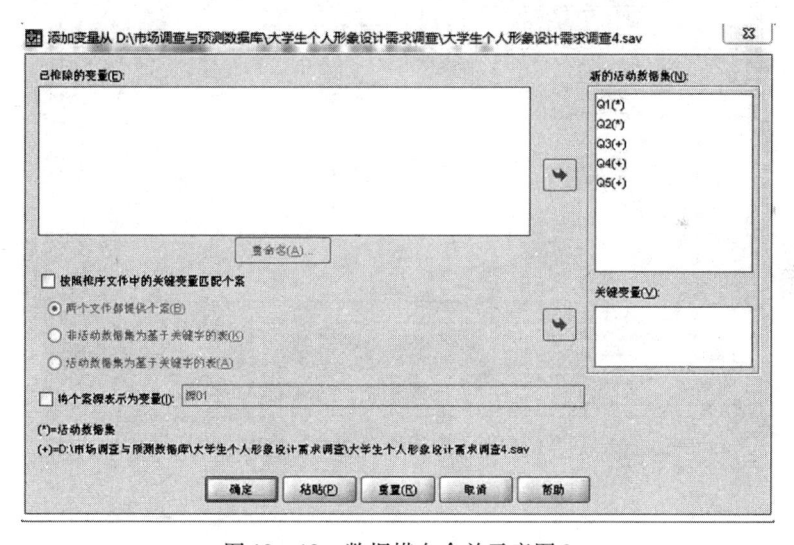

图 10-10　数据横向合并示意图 3

其中带"﹡"号的变量是数据集 3 的变量,带"+"号的变量是数据集 4 的变量。注意:后添加文件的变量名不能和原文件的变量名相同,否则会被排除。假设不想变量"Q4"出现在新的数据集中,单击"Q4(+)→ ",对话框变为图 10-11。

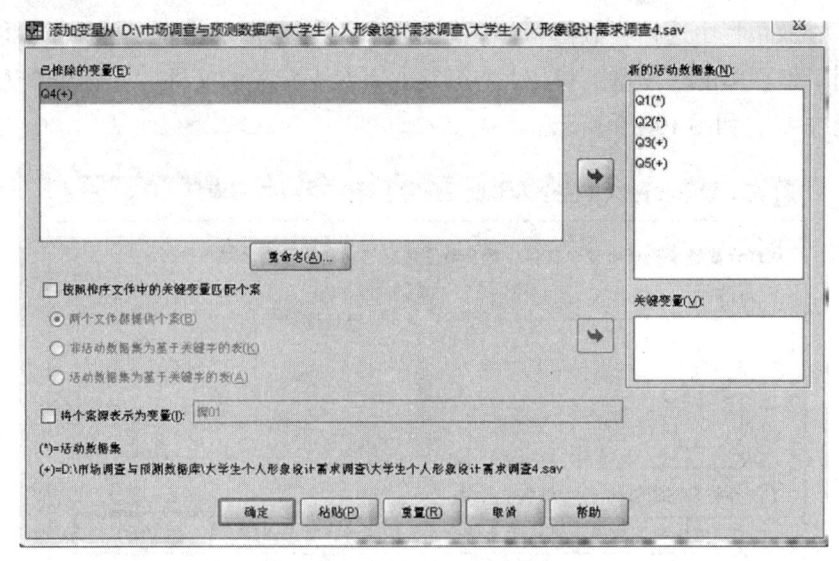

图 10 – 11　数据横向合并示意图 4

（4）单击"确定"按钮，可见文件中有 4 个变量，如图 10 – 12 所示。

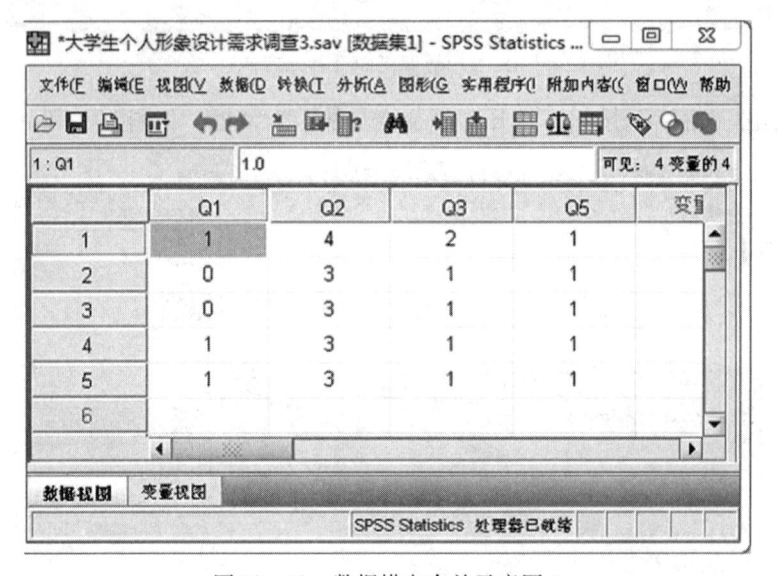

图 10 – 12　数据横向合并示意图 5

第四节　数据的基本操作与管理

一、数据分组

数据分组就是根据统计分析的需要，将数据按照某种标准重新划分为不同的组别。例：职工基本情况数据，如图 10－13 所示。其中的工资数据为定距数据，表现为具体的工资金额。如此“细致”的数据有时并不利于展现数据的总体分别特征。因此，可以将工资收入进行“粗化”，即分组，将其按照一定的标准重新分为高收入、中收入和低收入三个组，之后再进行频数分析。对职工的工资进行分组：高收入工资为 5000 元以上，中收入工资为 2000～5000 元，低收入工资为 2000 元以下。这样工资就被分为了 3 组。在 SPSS 中可使用“重新编码为不同变量”选项来实现这个功能。

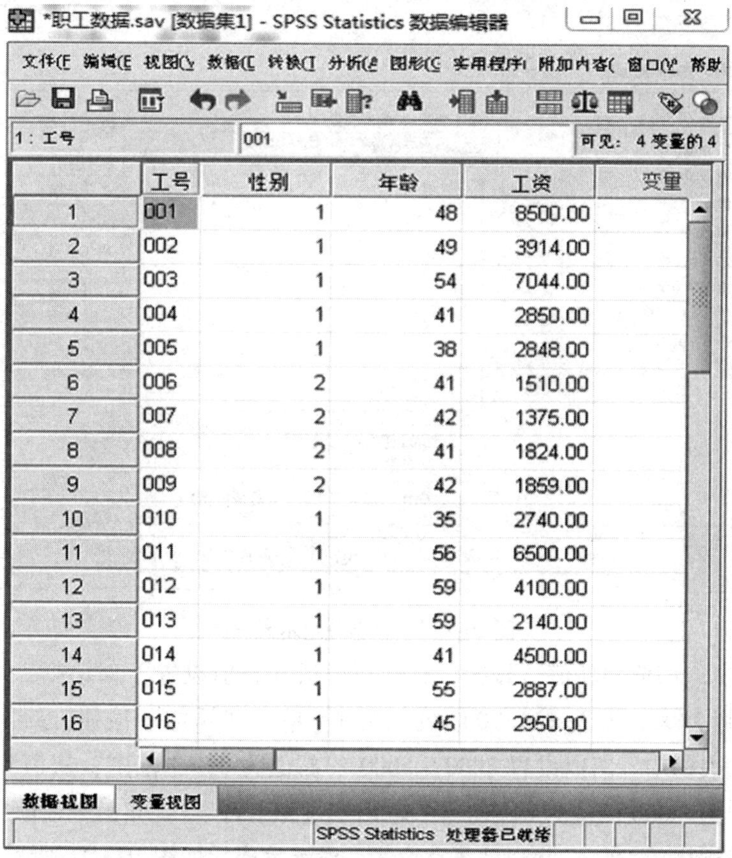

	工号	性别	年龄	工资	变量
1	001	1	48	8500.00	
2	002	1	49	3914.00	
3	003	1	54	7044.00	
4	004	1	41	2850.00	
5	005	1	38	2848.00	
6	006	2	41	1510.00	
7	007	2	42	1375.00	
8	008	2	41	1824.00	
9	009	2	42	1859.00	
10	010	1	35	2740.00	
11	011	1	56	6500.00	
12	012	1	59	4100.00	
13	013	1	59	2140.00	
14	014	1	41	4500.00	
15	015	1	55	2887.00	
16	016	1	45	2950.00	

图 10－13　职工基本情况数据

（1）在菜单栏中选择"转换"→"重新编码为不同变量"，打开"重新编码为其他变量"对话框，如图10-14所示。

图10-14　数据分组示意图1

（2）选择需要重新分组的变量后，把它加入到"数字变量→输出变量"框中，设置输出变量的名称和标签。单击"更改"按钮后，输出变量被成功设置，如图10-15所示。

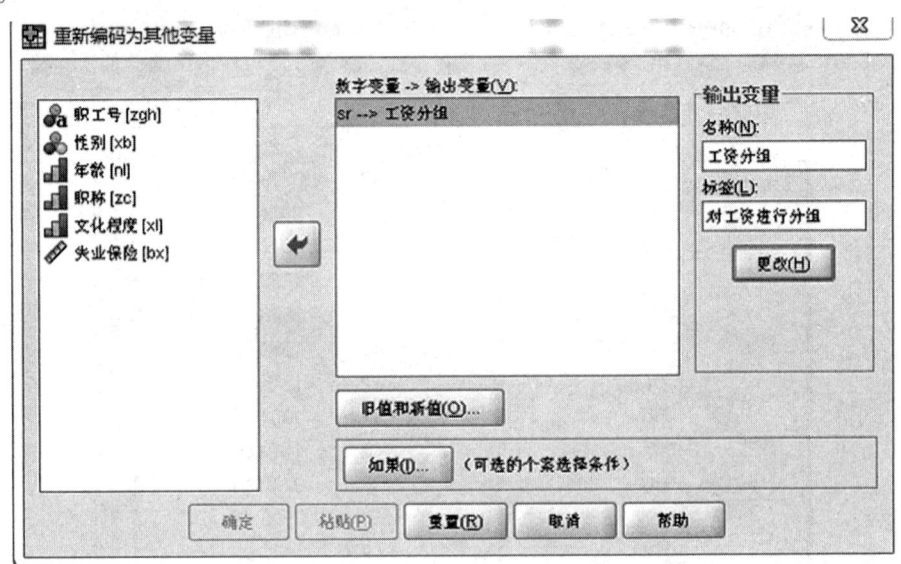

图10-15　数据分组示意图2

（3）单击"旧值和新值"按钮，打开"旧值和新值设置"对话框。"范围，从最低到值"填写2000，设置小于2000的值为1。单击"添加"按钮，新旧值会出现在"旧→新"列表框中。旧值设置2000～5000的新值为2，"范围，从值到最高"填写5000，设置大于5000的值为3。勾选"输出变量为字符串"，年龄分组就会被定义为字符串变量，否则，1、2、3就会是数字形式。设置完成后如图10-16所示。

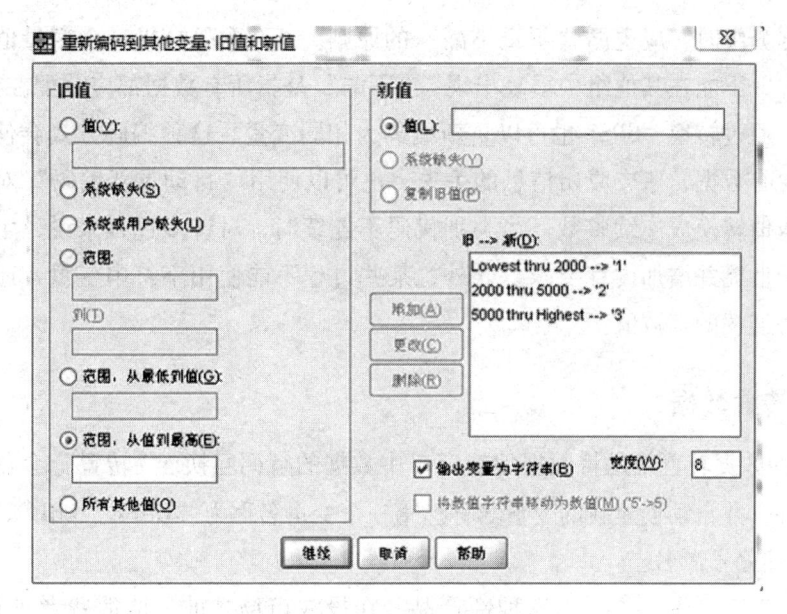

图 10-16 数据分组示意图 3

（4）单击"继续"按钮，返回"重新编码为其他变量"对话框，单击"确定"按钮。数据视图就会显示出经过重新分组的数据，如图 10-17 所示。

图 10-17 数据分组示意图 3

由图 10-17 可以看出，原始的工资数据经过整理，在工资分组变量中显示。相应的低收入、中收入、高收入分别用数字编码 1、2、3 表示。

在数据分组时，应遵循“不重不漏”的原则。“不重”是指一个变量值只能分在某一个组中，不能在其他组中重复出现；“不漏”是指所有数据都应分配在某个组中，不能遗漏。通过转换，SPSS 也可以重新编码为相同变量。这种编码方式会使转换数据直接替换原有数据，造成原始信息的丢失。也可以使用“自动重新编码”对话框将字符串值和数值转换成连续整数。当类别代码不连续时，对许多过程来说，生成的空单元格将降低性能并增加内存要求。此外，某些过程不能使用字符串变量，还有些要求因子水平为连续的整数值。

二、转置数据

SPSS 的数据转置就是将数据编辑窗口中数据的行列互换。“转置”会创建一个新的数据文件，并自动创建新的变量名称。第一个变量名称为“CASE_ LBL”，后续的变量以 VAR 加序号命名。

A 企业生产了甲、乙、丙三种新产品，在投放市场之前，请消费者进行了试用，并对产品的满意度进行打分。数据表建立的时候是以对样品的评分为变量，以试用过产品的消费者为个案。数据转置的基本操作步骤如下。

（1）打开需要转置的文件，如图 10－18 所示。

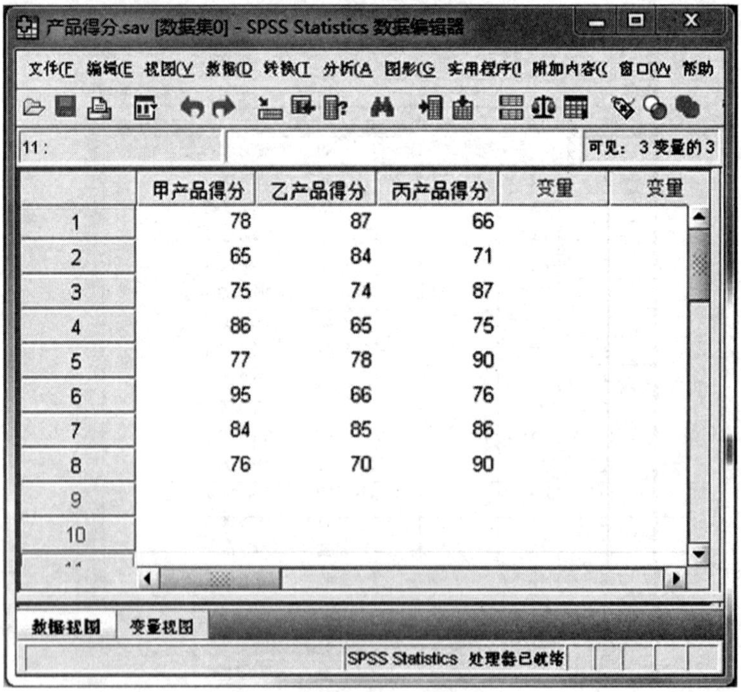

	甲产品得分	乙产品得分	丙产品得分	变量	变量
1	78	87	66		
2	65	84	71		
3	75	74	87		
4	86	65	75		
5	77	78	90		
6	95	66	76		
7	84	85	86		
8	76	70	90		
9					
10					

图 10－18　A 企业产品得分

（2）在菜单栏中选择“数据→转置”，打开“转置”对话框，将左侧列表框中对样品的评分全部加入到右侧“变量”列表框中，如图 10－19 所示。

图 10 - 19　转置数据示意图 1

（3）单击"确定"按钮，SPSS 在数据编辑器中创建出原数据表个案和变量互换的新表，如图 10 - 20 所示。

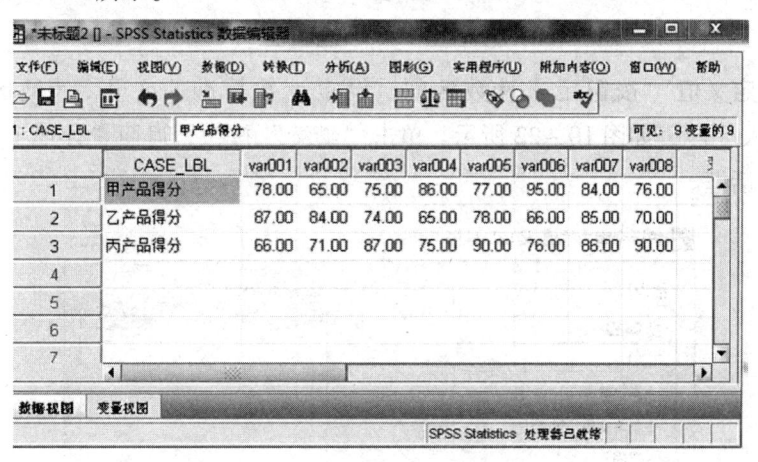

图 10 - 20　转置数据示意图 2

三、对个案内的值计数

SPSS 实现的计数是对所有个案或满足某条件的部分个案，计算若干个变量中有几个变量的值落在指定的区间内，并将计数结果存入一个新变量中的过程。

利用住房状况调查数据，对被调查家庭中有多少比例的家庭对目前的住房满意且近三年不打算购买住房进行计数。该文件中共有 100 条数据，对目前住房是否满意的调查结果存放在"住房是否满意"变量中，取值为 1 表示满意；对今后三年是否准备购买住房的调查结果存放在"未来三年是否准备购房"变量中，取值为 1 表示不准备购买住房。

在菜单栏中选择"转换→对个案内的值计数"，打开"计算个案内值的出现次数"对话框，如图 10 - 21 所示。

· 241 ·

选择参与计数的变量到"数字变量"框中。这里,选择参与计数的变量有"住房是否满意"和"未来三年是否准备购房"。

在"目标变量"对话框中输入存放计数结果的变量名,并在"目标标签"框中输入相应的变量名标签。这里,存放计数结果的变量名定为"计数1"。

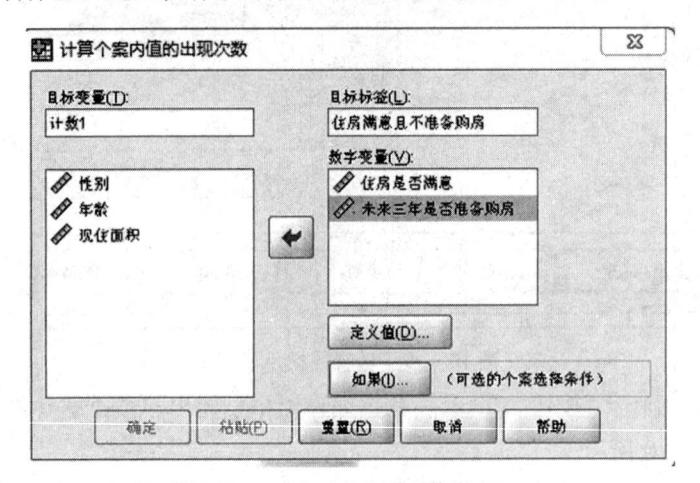

图 10-21　个案值计数示意图 1

单击"定义值"按钮定义计数区间,设定计数标准。这里,计数区间定义为"值"并输入"1",如图 10-22 所示。单击"继续"按钮,返回"计算个案内值的出现次数"对话框。

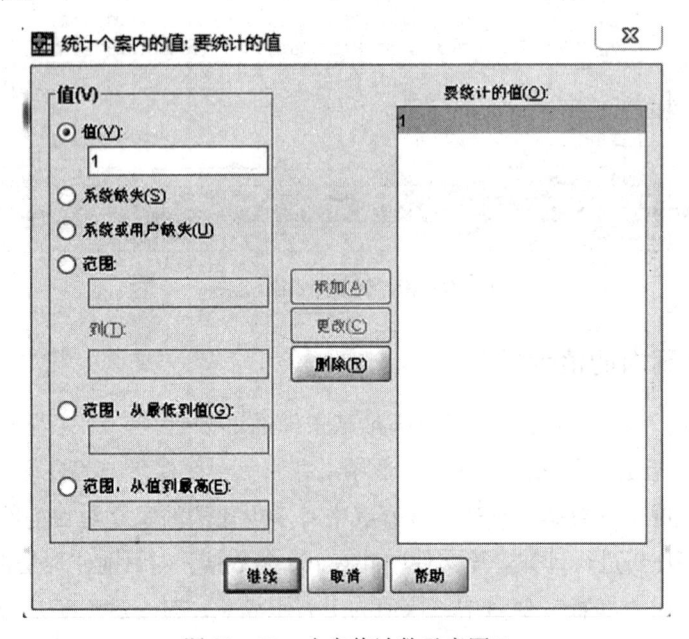

图 10-22　个案值计数示意图 2

单击"确定"按钮,可以看到数据表中增加了一个名称为"计数1"的变量,如图 10-23 所示。

图 10-23　个案值计数示意图 3

最后，SPSS 便可以依据用户选择的情况进行计数。本例中，SPSS 将对所有个案计算"住房是否满意"和"未来三年是否准备购房"这两个变量中有几个取"1"，如果某个家庭的计数结果为 2，则表示该家庭对目前住房满意且未来三年不准备购房。

四、个案排序

通常情况下，数据视图窗口中个案的前后次序是按数据录入的先后顺序排列的。数据处理中，有时需要将数据按照一定的顺序重新排列。SPSS 的数据排序是将数据编辑窗口中的数据按照某个或多个指定变量的变量值升序或降序重新排列。例如，将"职工数据"中的工资由低到高进行排序。原始数据如图 10-24 所示。

图 10-24　个案排序原始数据

个案排序具体方法如下。

（1）在菜单栏中选择"数据→排序个案"，打开"排序个案"对话框。在列表中选择需要排序的变量"基本工资"，调入到"排序依据"列表框中，选择排序顺序为升序，如图10-25所示。

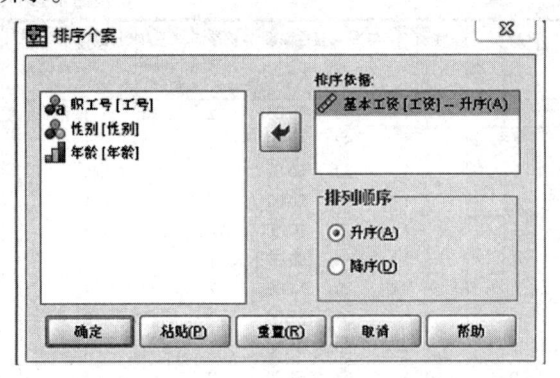

图10-25　个案排序示意图1

（2）单击"确定"按钮，开始排序。经过排序的数据表如图10-26所示。

图10-26　个案排序示意图2

通过排序可以看出，最低工资为 1375 元，最高工资为 8500 元。

五、个案排秩

如果需要了解某一变量的大小顺序，而同时又不希望打乱原有的顺序，利用"个案排序"就无法实现。这种需要可以使用"个案排秩"来实现。所谓秩，就是等级，即按照数据大小排定的次序号，反映变量在序列里的位置信息。如果在求秩时还指定了分组变量，就可以在各个组内分别计算和输出变量的值。

例如，2012 年河南省各市国内旅游基本情况，如图 10 - 27 所示。

图 10 - 27　河南省各市国内旅游基本情况数据

具体操作步骤如下。

（1）在菜单栏中选择"转换→个案排秩"，打开"个案排秩"对话框。选择需要排秩的变量"总人数"，将其加入到"变量"列表框中，将秩 1 指定给"最小值"，如图10 - 28所示。注意：排秩只能对数值型变量使用，字符串类型的变量将不显示在原变量列表中，故"城市"在左侧"个案排秩"列表中没有显示。

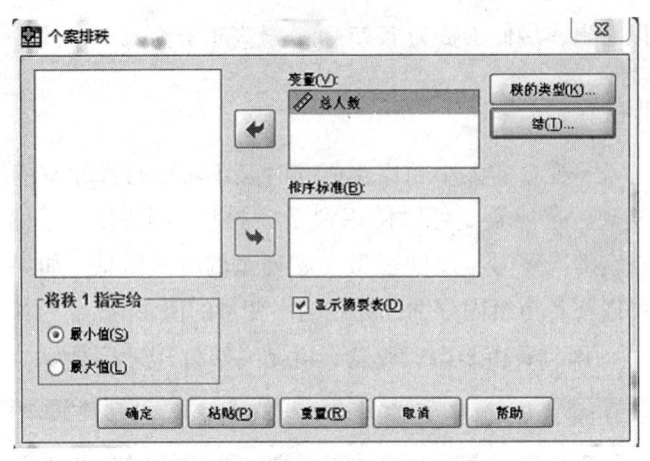

图 10-28　个案排秩示意图 1

（2）单击"确定"按钮，完成排秩。数据视图窗口中变量的秩作为一个新变量"R 总人数"显示，如图 10-29 所示。

图 10-29　个案排秩示意图 2

排秩后的数据没有改变顺序，从新增加的"R 人数"变量可以看出 2012 年河南省各市国内旅游总人数最少的是济源市，最多的是郑州市。

· 246 ·

本章小结

现场数据资料的收集是调查过程中很关键也是最脆弱的阶段。现场资料收集工作要求现场访问人员具有良好的素质，了解现场访问的要求。现场工作问题主要包括访问人员问题和调查对象问题两种。

调查资料的编辑是对市场调查获得的信息进行筛选，即发现并剔除所收集调查资料中的"水分"，选择真正有用的资料。编辑通常分为实地编辑和办公室编辑两步。实地编辑对资料检查的项目主要包括：完整性、清楚性、内容的一致性、明确性。办公室编辑的主要任务是更完整、确切地审查和校正收集的全部资料。

调查资料的整理工作就是根据调查的目的，对调查所得的原始资料进行审核、科学分类和汇总，或对已经加工的综合统计资料进行再加工，使其成为可供分析使用的描述现象总体综合特征的资料。

SPSS 全面地涵盖了数据分析的整个流程，其基本功能包括数据管理、统计分析、图表分析、输出管理等。SPSS 可以方便地进行数据文件的合并、数据分组、对个案内的值计数、个案排序、个案排秩等操作。

复习思考题

1. 对于回收上来的问卷，审核工作的重点在于哪些问题？
2. 数据属性中的变量类型有哪几种？
3. 什么是编码？编辑人员如何处理开放式问题的编码？
4. 替换缺失值的估计方法有几种？各有什么特点？

阅读材料

问卷数据如何整理

在调查中，从前期准备工作到正式执行，再到最后的数据处理，中间存在问卷回收整理这一步骤。其实这一步骤也是非常重要的环节，通常的做法包含下列程序：问卷初步检查；对于空白、乱填等不完整问卷的处理；对于有多项答案的问卷处理；问卷编码与录入；数据检查。

1. 问卷初步检查

对于市场调查所回收的问卷应当场检查，否则访问员解散回家后对于有疑问的问卷将无法更正。检查时应包括下列项目，且最好是负责该项目的研究员也参与。

（1）首先应检查相关配额，查看是否与我们要求的配额一样。若不一样，应当着访问员的面把该卷作废并要求他重新补做应有的配额。

（2）问卷的答案是否正确、齐全，是否存在逻辑矛盾。如有问题，应设法核实清楚，确实无法核实的只能将该题作为遗漏值（missing value）来处理。

（3）字迹是否清楚，尤其是开放题。有时被访者的答案很多，而访问员无法快速记下来，或者字迹比较潦草，或用自己的一些符号和缩写来代替，应在访问员解散前向他确认清楚。

（4）应先将问卷按照配额要求分成几叠，方便下一步录入员的录入工作。

2. 对于空白、乱填等不完整问卷的处理

问卷有时由于问题不合适，或者被访者不喜欢回答某些问题，或者被访者、访问员本身的疏忽而导致问卷中某部分或某些问题有空白现象。这时如果访问员可以解决，就当场请访问员更正；如果是无法解决的问题，就以遗漏值的方式来处理，此部分或此题的资料不予以计算。

有时市场调查的问卷由于被访者不认真作答或者不耐烦，而将问卷的答案乱填。这种问卷一定要作为废卷处理，如果把这种问卷也纳入分析的样本，对整个研究结果是有影响的。

3. 对于有多项答案的问卷处理

有时市场调查的问卷是单项的选择题，但由于问卷上并没有注明，或者被访者觉得答案应有两个以上，而选择两个或两个以上答案。对于这种问卷，目前的处理方法主要有两种：一是把它以遗漏值的方式处理。如果只有极少数的问卷发生这种现象，则对于整个研究分析并不会造成影响，可以直接以这种方式处理。二是用加权法的方式来处理。如果问卷中这种样本很多，把它视为遗漏值来处理会影响整个数据分析，可先把这种答案录入数据库，然后由研究员采用加权法的方式来进行处理。

4. 问卷编码与录入

在问卷处理完之后，接着就是对问卷及答案进行编码。首先是对问卷进行编码。问卷编码很简单，只要注意一点：不要重复就可以了。其次是答案编码，就是把问卷的答案量化成电脑可以接受的语言，如1、2、3、4、5等。一般是根据问题的答案进行分类编码，答案分几类就有几种编码，通常是在问卷审核时把碰到的答案都记载下来进行归类，然后再编码。

5. 数据检查

问卷录入后，就要对数据进行检查。数据检查一般分三个步骤：首先对所有数据进行抽查。把每个录入员的数据按照10%~20%的比例对照问卷进行随机抽查，如果发现错误则对该录入员的数据进行加倍抽查，直到抽查错误率控制在2%以内为止。其次是对项目要求的总体配额进行核查，检查配额是否与项目要求的配额一致。再次是检查数据的完整性，对有遗漏值的地方进行检查核实。

资料来源：李香香. 市场研究网络版，2009（4）.

案例分析

统计局城调队对临时调查员的管理

从 2004 年开始，我区居民生活情况调查样本数由 120 户增加至 220 户，扩大了近一倍，数据的代表性有了明显提高。与此同时，按照市统计局城调队的要求，我局又新增了 6 位临时调查员。目前，共有 8 位临时调查员配合进行此项工作。

由于调查员经验不足，水平参差不齐，难免出现编码错误、理解错误等问题。为了保证调查数据质量，我局建立了调查员例会制度，并从 2006 年 11 月开始试运行。在每月收取账本之后，由区城调队组织召开全体调查员会议，通报我区上月居民收支情况，研究解决调查员在调查过程中遇到的难题，了解调查员在编码和商品归类方面的问题，以及居民记账情况和反映，并进行账本编码互查。

采取这样的做法，首先，提高了调查员的业务水平，能让调查员在较短的时间内熟悉调查业务，交流工作经验，在互查中加深对自己编码错误的认识和对调查方案的理解；其次，统一了管理，便于对调查员的工作进行考核，年底评出优秀调查员；最后，缩短了对账本审核的时间，提高了数据汇总工作的效率和数据质量。

此项例会制度试行两个月以来，效果非常好，调查员的工作水平和编码质量有了很大提高。

资料来源：庄贵军. 市场调查与预测（第二版）[M]. 北京：北京大学出版社，2014.

案例讨论

1. 该城调队为了提高调查数据收集质量，采取了哪些措施？
2. 为了提高调查数据收集质量，你认为还可以采取哪些方法和措施？

第十一章
市场调查数据描述统计分析

本章学习目标

1. 了解市场调查资料分析的意义;
2. 了解市场调查资料分析的基本内容与方法;
3. 了解调查资料描述统计分析基本内容;
4. 能够使用 SPSS 对调查资料进行描述统计分析操作;
5. 能够完成包括多选题在内的问卷的统计工作;
6. 能够对调查资料进行汇总并生成不同种类的统计图。

> 引导案例

男士美容市场

法国与美国有 1/4 的美容院或化妆品专卖店是专为男性准备的；在韩国和日本，男士流行整容、化妆，男士专业护肤品店、美容院连锁经营规模庞大。来自国外的调查显示，在日本、韩国，40%的男子会到专业美容店进行美容。吉列公司不久前的调查显示，77%以上的男子认为，他们的妻子和合作伙伴更乐于与修面后的男人打交道，79%的妇女对这个观点表示赞同；70%的妇女还认为，修面后的男子更迷人，更有魅力。陕西省消费者协会今年曾就这个问题进行了一次调查，调查显示，不论男女，很多人都对男子美容有了较多的认识。在总共4192份问卷中，1467人认为男性化妆品太少，671人反映找不到男士美容店。很多男士其实非常想尝试着美化自身，但由于各美容店几乎全是针对女性，所以他们不好意思跨入店门。那么，国内的男性护肤品市场走向会如何？

第一节 市场调查资料分析概述

一、市场调查资料分析的意义

在市场调查的全过程中，市场调查资料分析是最关键的阶段。

市场调查资料分析的本质是对已整理的数据和资料进行深加工，从数据导向结论，从结论导向对策，使调研者从定量认识过渡到更高的定性认识，从感性认识上升到理性认识，从而有效地回答和解释原来定义的市场调查的问题，实现市场调查的目的和要求，满足管理决策的信息需求。

市场调查资料分析是一项综合性很强的工作，有着十分重要的意义。

（1）通过加工，使搜集到的信息资料统一化、系统化、适用化；

（2）通过分析，去粗存精、去伪存真、由此及彼、由表及里、综合提高；

（3）通过分析，使已有的信息发生交合作用，从而可能产生一些新的信息。

二、市场调查资料分析的基本原则

1. 客观性

客观性是指必须以客观事实和调查的资料为依据进行分析，不能受到外来因素或内部主观倾向的影响，否则，会使之前各阶段的努力功亏一篑，更重要的是会误导企业决策者作出背离实际的决策，使企业陷入困境。

2. 针对性

针对性是指要采用与调查目的、调查资料性质、现有资源相适应的分析方法，对调查资料进行分析。任何一种分析方法，都有各自的优点和不足，各有不同的使用范围和分析问题的角度。某一种情况可能只需要某一种或几种特定的统计分析方法，所以需要分析人员对各种分析方法的特点和作用有准确的把握，将多种与调查目的相匹配的方法组合应用，形成最准确、最恰当的方法系统，取长补短，互相配合，从而得出全面和准确的结论。

3. 完整性

完整性是指对调查资料进行多角度的、全面的分析，以反映和把握调查资料的总体特征。它不是对资料进行局部的分析，而是全面考察各种相关因素的现状和趋势，分析现象之间的关系。

4. 动态性

动态性是指对调查资料的分析，不但要把握其现状，更要分析其变化趋势。要注意分析各相关因素的变化特点，用发展的特点、动态的方法把握问题，从而正确地引导企业的发展。在具体的操作中，要主动掌握并合理运用科学的预测方法，得出符合市场变动趋势的分析结论。

三、市场调查资料分析的基本内容

市场调查资料分析内涵丰富，主要包含以下内容。

（1）对当次调查特点、目的进行分析，得出有关整个调查分析过程的方向及侧重点等方面的情况；

（2）对所应用的调查方式及分析方法的特性和针对性进行分析；

（3）对调查对象特点及对调查所持的态度等进行分析；

（4）对调查资料的可靠性和代表性进行分析；

（5）运用适当的分析方法，分析调查资料所反映的问题；

（6）综合得出最终分析结论，并对这一结论的前提、深层根源及适用范围等提出见解。

（7）针对综合分析的结论提出建议和对策。

四、市场调查资料分析的基本方法

（一）定性分析与定量分析

定性分析是对事物本质的规定性进行分析研究的方法，即主要根据的是科学观点、逻辑判断和推理，从非量化的资料中得出对事物的本质、发展变化的规律性的认识。但不能从数量关系上把握事物的总体。

定量分析是指从事物的数量特征方面入手，运用一定的统计学或数学分析的方法进行数量分析,从而挖掘出事物的数量中所包含的事物本身的特性及规律性的分析方法。定量分析最常用的方法是统计分析方法。

在市场调查中,必须坚持定性分析和定量分析相结合的原则,因为任何事物都是质和量的统一体。

(二) 统计分析方法

统计分析方法是一种定量分析方法。

1. 根据研究目的的不同,大致分为以下两类

(1) 描述统计分析。着重于数量水平或其他特征的描述,可能是通过某指标反映某一方面的特征,也可能是通过若干变量描述它们的相互关系。关心的是测量的准确性,对数据的准确性、可靠性和测度的选择有一定的要求。其结果重于数量描述,但不具有推断性质。

(2) 推断统计分析。主要用于通过对样本的研究推断总体。对变量的选择、测度的决定、资料的时间和空间范围有严格限制,必须符合严格的假设条件。其结果不仅可用于描述数量关系,还可以推断总体、进行预测、揭示原因及检验理论等。

2. 根据涉及的变量多少,可以分为以下三类

(1) 单变量统计分析。即通过对某一统计指标或变量的数据进行对比研究,用以揭示现象的规模、结构、水平、离散程度、比率、速度等,概括现象的本质特征和规律或者对总体的数量特征进行推断。

(2) 双变量统计分析。即通过对两个变量之间数量关系的分析研究,揭示两个变量之间的依存性、相关性、差异性,挖掘数据中隐含的本质和规律性。

(3) 多变量统计分析。即通过对三个或三个以上变量之间的数量关系的分析研究,揭示多个变量之间的依存性、相关性和差异性,挖掘数据中隐含的本质和规律性。

第二节 调查资料的描述统计分析

一、频数分析

描述统计分析往往从频数分析开始。通过频数分析研究者可以了解变量取值的状况,把握数据的分布特征,另外,还能在一定程度上检验样本是否具有总体代表性、抽样是否存在系统偏差等。

频数是指一群数据在各个数值(或区间)上所出现的数据的个数,也称为次数。频数分布则是数据集的表格式汇总,表示几个互不重叠组中每一个项目的频数,是对

原始资料进行加工整理的一种常用方法。采用频数分布方法有助于研究者对数据分布状况、分布特征以及构成状况进行整体把握。

如果数据属于离散变量，其频数分布相对简单，只需针对每个离散变量值计算频数。而对于连续变量，则必须保证使用频数分布时所定义的组之间不存在重叠状况，使每一个数据能够而且仅能落到唯一的定义组。一般来说，连续变量数据的频数分布分析包括以下五个步骤。

第1步，排列数据。通过数据顺序排列，可以看出数据的最大值、最小值以及基本的集中趋势。

第2步，确定组别数。组别一般不宜太多也不宜太少，5~15组比较合适。组别数的具体确定还需要考虑样本数据数量。如果样本数较多，则应该有较多的组别，以充分反映数据的变异；样本数较少，如果分配了较多的组别，则无法从中获取综合信息。

第3步，计算组距。组距大小与组别数紧密相关，结合数据的全距，基本可确定近似组距。一般来说，如无特殊理由，组距应该相等。

$$近似组距 = \frac{最大数据 - 最小数据}{组数}$$

根据近似组距，研究者可以根据研究目的采用四舍五入的方式将其调整到一个整数值。应该指出的是，组距的确定需要反复考虑，不断试错，必要时还需要研究人员根据有关理论来确定。

第4步，选择组限。组限的选择是为了确保每一个数据值都能落入某个组别中。换句话说，第一组段的下限，应该小于或等于数据最小值，但幅度不应超过组距，在此范围内可自由选择具体值；而最末组段的上限，则应该大于数据最大值，这样才能将可能的最大值分到对应组中。对于连续数据来说，各组的真正上限无法表示出来，因此，无须写出各组的上限，而是把较大一组的下限作为较小一组的上限。

第5步，绘制频数分布表。通过计算每一组段的频数可以得到频数分布表。通过组限设置和顺序表，很快可以确定各组段的频数。

二、集中趋势分析

在绝大多数情况下，观测值总是集中出现在某一区域内，呈现出一种趋向中央变化的态势，在统计学中称为数据分布的集中趋势。描述集中趋势的数量指标有均值、中位数和众数。其中，均值属于数值平均数，是根据全部观测值得出的；而中位数、众数则属于位置平均数，是根据观测值的大小或频数多少来确定的。

1. 均值

在集中趋势指标中，均值（mean）是最重要的指标，由全部观测值计算得到，一般以 $\bar{x}$ 表示。实际上，它用来衡量某个数据集中的中心位置，大部分数值应分布在其附近。

计算均值只需要将变量 x 各个观测值 $x_1, x_2, \cdots, x_n$ 逐一相加，再除以观察值的数量即可。计算公式如下：

$$\bar{x} = \frac{\sum_{i=1}^{n} x_i}{n}$$

式中：$\bar{x}$——均值；

$x_1, x_2, \cdots, x_n$——变量 x 的样本观察值；

n——变量 x 的样本容量；

$\sum$——求和符号。

2. 中位数

将所有观测值按照升序或降序进行排列，处于居中位置的观测值即为中位数，一般用 m_e 表示。m_e 将数列分成相等的两部分，其中50%观测值小于中位数，另外50%观测值大于中位数。由于中位数取决于它在数列中的位置，不受极端值的影响，因此在观测值差异比较大的情况下，具有较强的代表性。

如果项数为奇数，则中位数位于排序数列的中央；如果项数为偶数，则中位数取中间两项观测值的均值。

3. 众数

众数对应的是观测值中出现频数最多的那个数值，代表分布的高峰，一般以 m_0 表示。由于它需要频数数据，则对于未分组资料，众数是无意义的。有时候发生频数最大的数据值可能在两项以上。在这种情况下，存在不止一个众数。如果众数超过三项，那么众数也就失去了描述数据位置的意义。

4. 均值、中位数、众数之间的关系

均值表示数据分布的重心，中位数刚好处于分布的中间位置，众数则出现在分布的顶端。如果数据是对称分布的，则三个指标相等，即 $\bar{x} = m_0 = m_e$；如果数据呈现偏态分布，则三者不相等，但中位数始终位于均值和众数之间。当数据分布左偏时，$\bar{x} < m_e < m_0$；当数据分布右偏时，$\bar{x} > m_e > m_0$。

集中趋势指标的选择与数据测量的尺度紧密相关。如果是定类尺度衡量，就应该使用众数指标；如果是定距或定比尺度，则可以选择中位数或均值来反映变量的集中趋势，不过均值利用了所有样本信息，容易受到极端值的影响。

三、离散趋势分析

如果两个不同的样本数据，其均值完全相等，则需要通过离散趋势来反映两者之间的差异。离散趋势用于反映定距或定比数据的差异程度，并对均值的集中趋势代表性进行检测。测定离散趋势的指标包括极差、平均差、方差、标准差以及离散系数。

1. 极差

极差又称全距，适用于任何分布的计量资料，表示观测值中最大值与最小值的差，用于反映个体变异范围的大小，一般以 R 表示，即：

$$R = x_{max} - x_{min}$$

极差是离散程度最简单的度量指标，但它不能反映组内所有数据的变异度，容易受个别极值或异常值的影响，并且忽略了中间数据的变动情况，随着样本数量的增加，全距也会增加，故一般不单独使用。

2. 平均差

平均差是各个观测值与其平均值的绝对离差的算术平均数，包含所有的观测值，能更全面地反映数据的变异程度，一般以字母 AD 表示，其计算公式为：

$$AD = \frac{\sum_{i=1}^{n} |x_i - \bar{x}|}{n}$$

式中：AD——简单平均差；
x_i——第 i 项的数据值；
$\bar{x}$——全部数据的平均值；
n——样本数。

分组数据的 AD 计算公式为：

$$AD = \frac{\sum_{i=1}^{k} |x_i - \bar{x}| f_i}{\sum_{i=1}^{k} f_i}$$

式中：AD——加权平均差；
x_i——第 i 组的组中值；
f_i——第 i 组的 x_i 出现的次数；
$\bar{x}$——全部数据的均值；
k——分组的组数。

3. 方差和标准差

为了克服极差的缺点，需要全面地考虑组内每个观测值的离散情况。因为组内每一个观测值与总体平均数的距离大小都会影响总体的变异度。方差就是利用所有数据的值计算变异程度的指标。方差越小，说明观测值多集中在均值周围；方差越大，说明观测值分布较为分散。方差分为总体方差和样本方差，适用于对称分布，特别是正态或近似正态分布的调查数据。

以各变量值与均值的离差 $(x - \mu)$ 的平方和除以变量值的总个数 N，来反映变异程度大小，称为总体方差，用 σ^2 表示，公式为：

$$\sigma^2 = \frac{\sum_{i=1}^{N} (x_i - \mu)^2}{N}$$

各个变量值与均值离差平方后，原来的度量单位变成了平方单位。为了用原单位表示而将总体方差开方，称为总体标准差，记为 σ。

$$\sigma = \sqrt{\frac{\sum_{i=1}^{N}(x_i - \mu)^2}{N}}$$

现实中总体均值 μ 是未知的，只能依据样本平均数来估计 μ。但将 $\bar{x}$ 代入上述总体方差公式，计算所得数据 σ^2 并不是总体方差的无偏估计，样本方差常常比 σ^2 小，因此统计学上一般用 $n-1$ 代替 n，求得样本方差 s^2，计算公式如下：

$$s^2 = \frac{\sum_{i=1}^{n}(x_i - \mu)^2}{n-1}$$

式中的 $n-1$，在统计学上称为自由度。相对应的样本标准差公式如下：

$$s = \sqrt{\frac{\sum_{i=1}^{n}(x_i - \mu)^2}{n-1}}$$

4. 离散系数

离散系数又称为标准差系数，是标准差除以均值后的百分数，以字母 CV 表示，即

$$CV = \frac{\sigma}{\mu} \times 100\%$$

离散系数摒除了计量单位不可比的影响，对于不同均值、不同标准差的数据组之间的比较是一个有用的指标。

四、分布形态分析

均值与标准差是数据分布的重要指标。通过它们可以了解数据分布的集中趋势与离散程度，掌握数据分布的主要特点。但是，均值与标准差相同的数列，其分布的形态可能并不完全一样。这与数据分布的对称、尖峭程度有密切关系，这些特征需要通过数据的偏度与峰度反映出来。

1. 偏度

偏度亦称偏态、偏态系数等，是对统计数据分布偏斜方向和程度的度量，是统计数据分布非对称程度的数字特征。位于数据中心两侧的观测值一样多，均值的离差和为零时，数据是对称式分布；均值的正负离差不等，离差和不为零时，数据是倾斜的分布。把中心一侧的均值离差趋势大于另一侧的称为偏态性，而偏度就是关于数据分布的倾斜程度的测量，它反映了数据分布倾斜程度的大小和方向。

偏度用偏度系数的大小来衡量，偏度系数的绝对值越大，数据分布的倾斜程度越大。偏度系数为 0，数据分布为正态分布，此时 $\bar{x} = m_e = m_0$；偏度系数的值为正，样本数据正偏，此时 $\bar{x} > m_e > m_0$，数据长尾巴在右侧；偏度系数的值为负，样本数据负

偏,此时 $\bar{x} < m_e < m_0$,数据长尾巴在左侧,如图 11-1 所示。

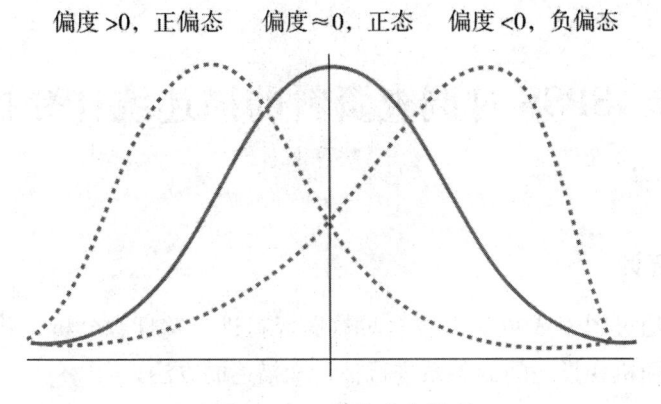

偏度 >0,正偏态　　偏度 ≈0,正态　　偏度 <0,负偏态

图 11-1　偏态分布类型

2. 峰度

峰度亦称为峰态、峰态系数等,是统计数据分布陡峭程度的度量。峰度是用来测量数据分布曲线与正态分布曲线比较而言顶部高耸或平坦程度的指标。一般来说,集中趋势越明显,离散水平越小,数据分布曲线越陡峭;反之,离散趋势越突出,数据分布曲线越平坦。

峰度用峰度系数来度量。峰度系数值为零时,数据分布呈现正态分布;峰度系数值大于零,数据分布曲线比正态曲线突起;峰度系数小于零,数据分布曲线比正态曲线扁平,如图 11-2 所示。

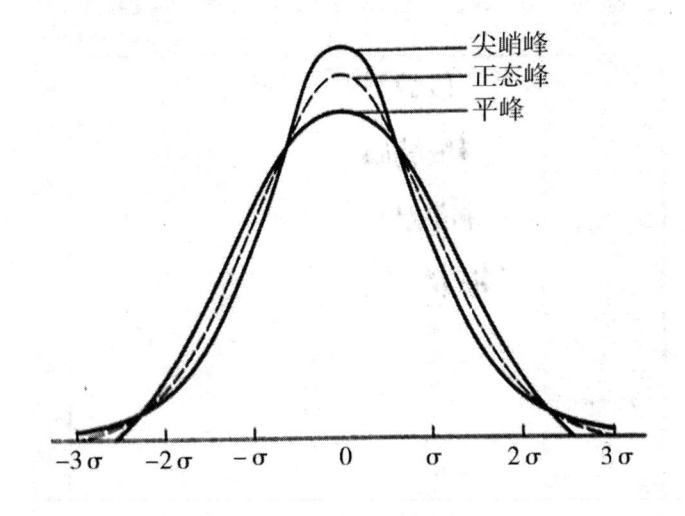

尖峭峰
正态峰
平峰

图 11-2　峰态分布类型

第三节　SPSS 对调查资料的描述统计分析操作

一、描述统计

描述统计是通过图表或数学方法，对数据资料进行整理、分析，并对数据分布状态、数字特征和随机变量之间的关系进行估计和描述的方法。

1. 描述

描述分析是对数据进行基础性的描述。多种统计量经过计算后，显示到“描述统计量”表中，这些结果可以帮助对变量的综合特征进行基础的了解。通过得出的数据的平均值、和、标准差、最大值、最小值、方差、全距、均值标准误差、峰度、偏度等统计量，来估计原始数据的集中程度、离散状况和分布情况。

为了比较营销 1 班与营销 2 班的学习成绩，将学号为 1 ~ 15 的学生成绩录入数据文件，如图 11 – 3 所示。

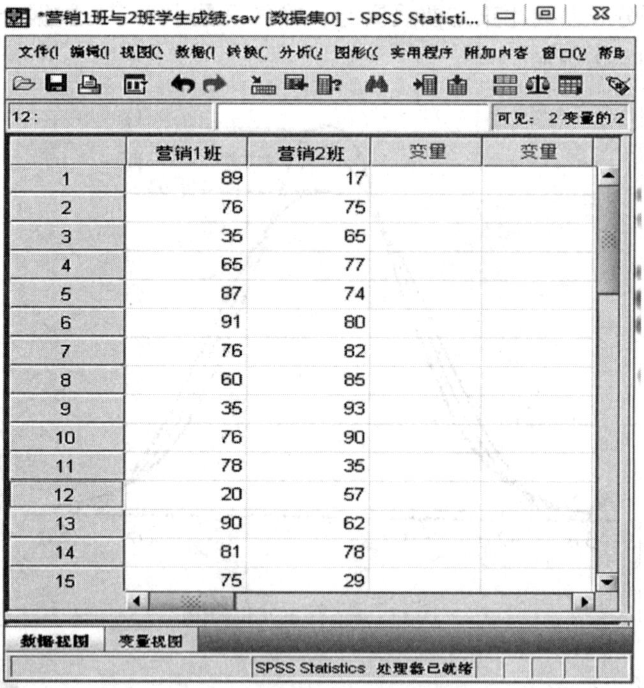

	营销1班	营销2班	变量	变量
1	89	17		
2	76	75		
3	35	65		
4	65	77		
5	87	74		
6	91	80		
7	76	82		
8	60	85		
9	35	93		
10	76	90		
11	78	35		
12	20	57		
13	90	62		
14	81	78		
15	75	29		

图 11 – 3　学生成绩数据文件截图

在菜单栏中选择“分析→描述统计→描述”，打开“描述性”对话框。在列表中选择"营销1班""营销2班"调入到"变量"列表框中，如图11-4所示。

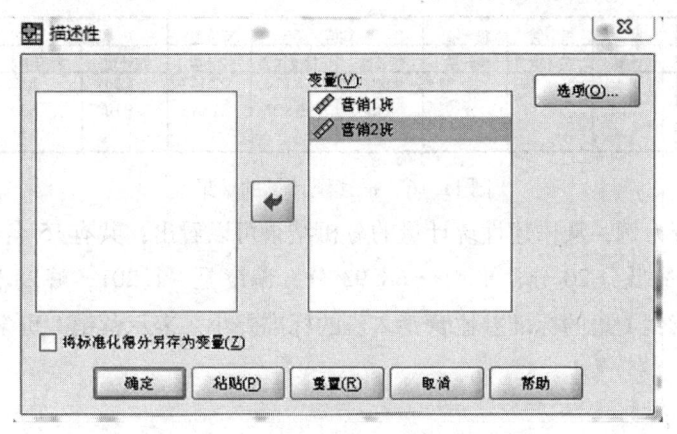

图11-4 "描述性"对话框

单击"选项"按钮，打开"描述：选项"对话框，如图11-5所示。选择需要描述的选项：均值、标准差、最小值、最大值、峰度和偏度。

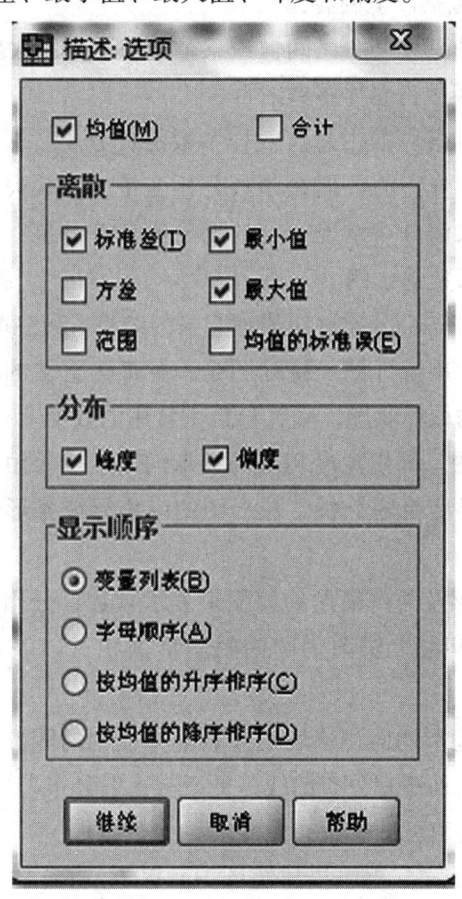

图11-5 "描述：选项"对话框

单击"继续"按钮，返回"描述性"对话框，单击"确定"按钮。查看器中出现

"描述统计量"的结果,如图11-6所示。

	N	极小值	极大值	均值		标准差	偏度		峰度	
	统计量	统计量	统计量	统计量	标准误差	统计量	统计量	标准误差	统计量	标准误差
营销1班	15	20	91	68.93	5.718	22.147	-1.201	.580	.402	1.121
营销2班	15	17	93	66.60	5.917	22.915	-1.100	.580	.249	1.121
有效的N(列表状态)	15									

图11-6 描述统计量的结果

以营销1班为例,从描述性统计量的分析结果可以看出:共有15名同学参与统计;最高分91分,最低分20分,平均分68.93分,偏度是-1.201,峰度不等于0,不服从正态分布。营销1班的标准差比营销2班的标准差小,表示营销1班学生成绩的波动情况小。

2. 频数分析

基本统计分析往往是从频数分析开始的。频数分析有两个基本任务。

第一个基本任务是编制频数分布表。

SPSS的频数分布表包括以下内容。

(1)频数。即变量值落在某个区间(或某个类别)中的次数。

(2)百分比。即各频数占总样本数的百分比。

(3)有效百分比。即各频数占总有效样本数的百分比。这里:有效样本数=总样本-缺失样本数。如果所分析的数据在频数分析变量上有缺失值,那么有效百分比能更加准确地反映变量的取值分布情况。有效百分比计算的是,各变量在不包含缺失值个案的所有个案中取值频数的比例。

(4)累计百分比。即各百分比逐级累加起来的结果。最终取值为100%。

第二个基本任务是绘制统计图。统计图是一种最为直接的数据描述方式,能够非常清晰直观地展示变量的取值状况。频数分析中常用的数据图有以下几种。

(1)柱形图或条形图。即用宽度相同的条形的高度或长短来表示频数分布变化的图形,适用于定序和定类变量的分析。柱形图的纵坐标或条形图的横坐标可以表示频数,也可以表示百分比。

(2)饼图。即用圆形及圆内扇形的面积来表示频数百分比变化的图形,有利于研究事物内在结构组成等问题。饼图内圆内的扇形面积可以表示频数,也可以表示百分比。

(3)直方图。即用矩形的面积来表示频数分布变化的图形,适用于定距型变量的分析。可以在直方图上附加正态分布曲线,便于与正态分布进行比较。

例:工人工资数据的直方图和正态曲线。

(1)在菜单栏中选择"分析→描述统计→频率",打开"频率"对话框。将"职工工资"调入右侧"变量"列表框中,如图11-7所示。

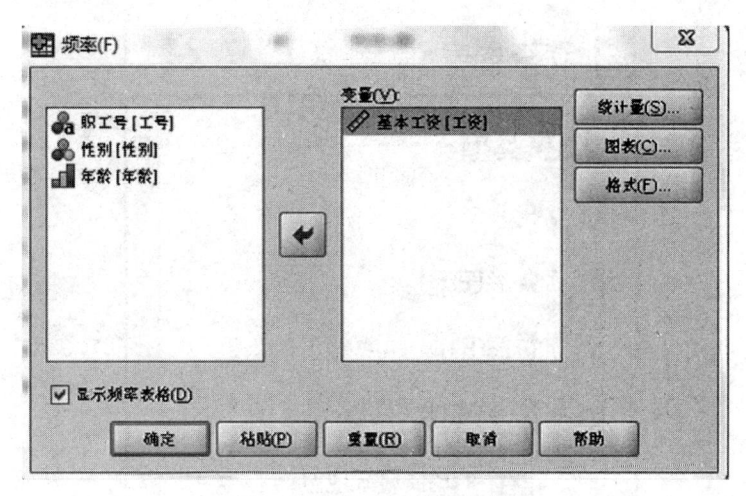

图 11-7 "频率"对话框

(2) 单击"统计量"按钮，打开"频率：统计量"对话框。选择需要统计的选项：均值、标准差、最小值、最大值、峰度、偏度，如图 11-8 所示。

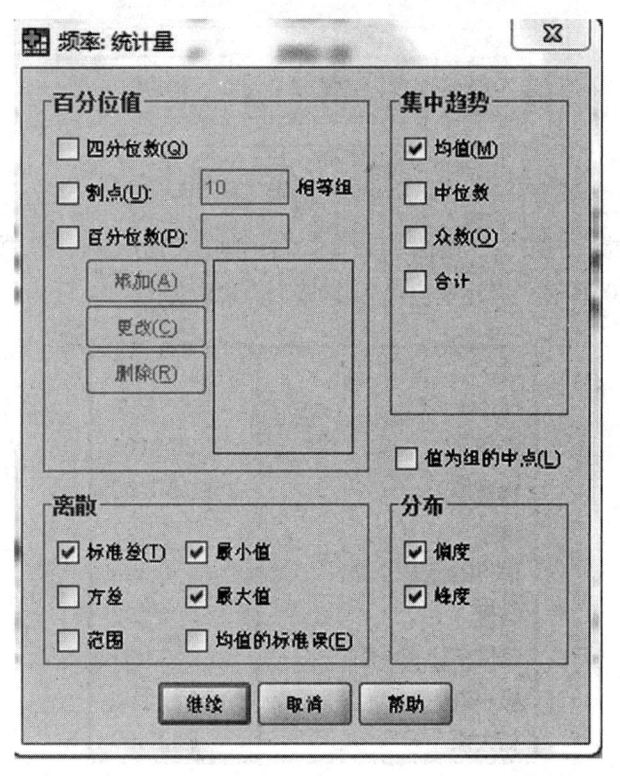

图 11-8 "统计量"对话框

(3) 单击"继续"按钮，返回"频率"对话框。单击"图表"按钮，打开"频率：图表"对话框。选择"直方图"，勾选"带正态曲线"，如图 11-9 所示。

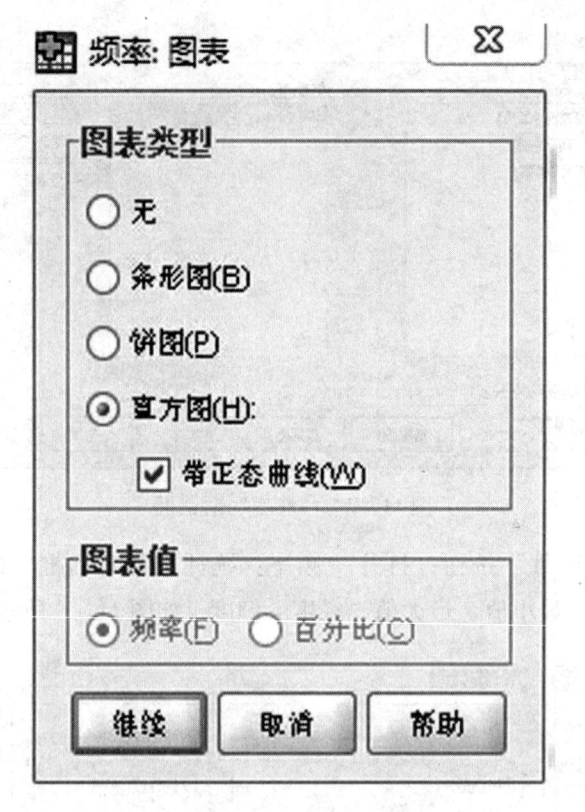

图 11-9 "图表"对话框

(4) 单击"继续"按钮,返回"频率"对话框。单击"确定"按钮。查看器中显示结果如图 11-10 所示。统计量表显示了统计信息数据。

N	有效	16
	缺失	0
均值		3596.3125
标准差		2095.60762
偏度		1.227
偏度的标准误差		0.564
峰度		0.733
峰度的标准误差		1.091
极小值		1375.00
极大值		8500.00

图 11-10 查看器中统计量表

图 11-11 为频率分布直方图和正态曲线。

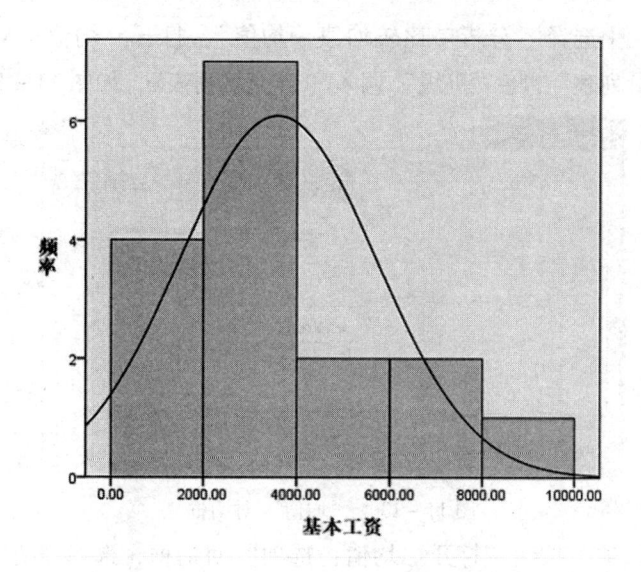

图 11-11　查看器中直方图和正态曲线

二、比较均值

1. 均值

比较均值用来计算一个或多个自变量类别中因变量的子组均值和相关的单变量统计。

在描述统计中使用的案例"营销 1 班与营销 2 班学生成绩"中学生成绩为变量，而且在数据表中已经被区分开来。在这种情况下，比较均值与描述相比，没有什么更高明的地方。但是对于需要按指定条件分组计算均值的数据，就需要用到比较均值。

例：班级成绩，如图 11-12 所示。

图 11-12　班级成绩数据文件截图

（1）在菜单栏中选择"分析→比较均值→均值"，打开"均值"对话框。将"成绩"加入"因变量列表"，将"班级"调入"自变量列表"，如图11-13所示。

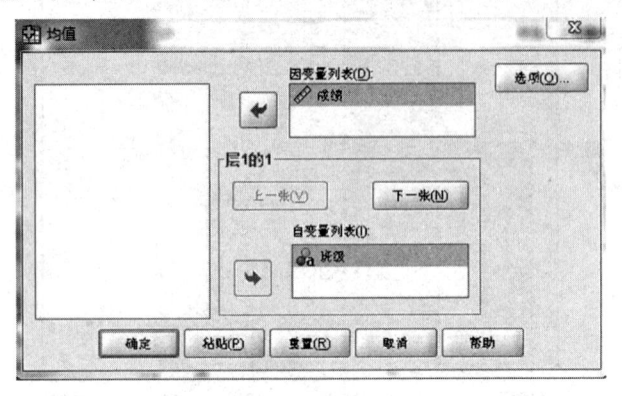

图11-13 "均值"对话框

（2）单击"选项"按钮，打开"均值：选项"对话框，选择需要统计的选项。在统计量列表中比描述均值多了一些项目。

中位数：将总体数据的各个数值按大小顺序排列，位于中间位置的变量。中位数将所有的数据等分为两半，两边的数据个数相同。

几何均值：数据值的乘积的 n 次根，其中 n 代表个案数目。

调和均值：在组中的样本大小不相等的情况下用来估计平均组大小。调和均值是样本总数除以样本大小的倒数总和。

这里选择"均值、个案数、标准差、最小值、最大值、峰度、偏度"，如图11-14所示。

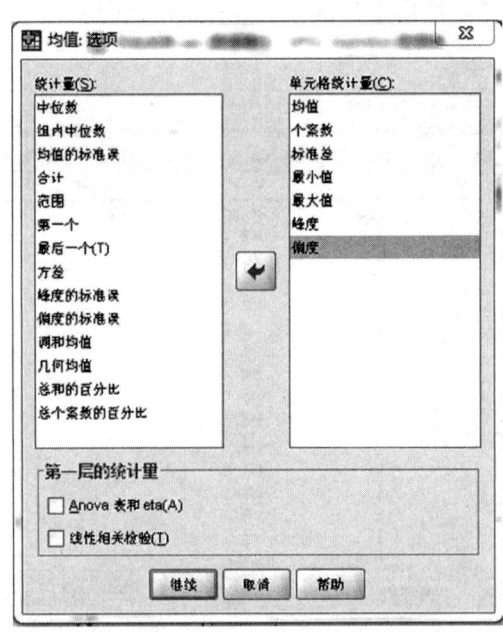

图11-14 "均值：选项"对话框

(3) 单击"继续"按钮，返回"均值"对话框。单击"确定"按钮。查看器中显示出"描述统计量"的结果，如图 11-15 所示。

案例处理摘要

	案例					
	已包含		已排除		总计	
	N	百分比	N	百分比	N	百分比
成绩 *班级	30	100.0%	0	.0%	30	100.0%

报告

成绩

班级	均值	N	标准差	极小值	极大值	峰度	偏度
1	73.24	17	14.433	34	95	2.375	-1.126
2	66.77	13	19.434	20	89	1.405	-.0998
总计	70.43	30	16.788	20	95	1.721	-1.126

图 11-15　SPSS 显示的摘要与报告

"案例处理摘要"中显示共有 30 个学生参与统计分析，其中 1 班学生 17 个，2 班学生 13 个，"报告"中列出了成绩的各项分析值和总计情况。虽然数据文件中 1 班和 2 班的成绩在同一个变量中，而且顺序混乱，但是因为把班级指定为自变量后使用比较均值，所以"报告中"依然能够清晰地显示分组数据及结果。

2. 单样本 T 检验

单样本 T 检验的目的是利用来自某总体的样本数据，推断该总体的均值与指定的检验值之间存在显著差异。它是对总体均值的假设检验，在实际应用中非常广泛。例如，调查今年的学生入学平均分数和去年是否有明显差异、推断家庭人均住房面积的均值为多少平方米等，都会用到单样本 T 检验。

例：收集到 20 家保险公司人员构成的数据，如图 11-16 所示，现希望对目前保险公司从业人员受高等教育的程度和 35 岁以下员工人数进行推断。具体来说，就是推断受过高等教育的员工平均比例是否不低于 0.8，35 岁以下员工的平均比例是否为 0.5。

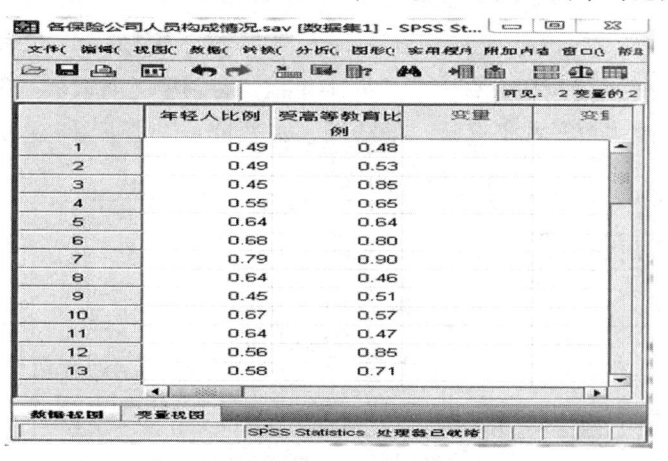

图 11-16　保险公司数据截图

（1）在菜单栏中选择"分析→比较均值→单样本 T 检验"，打开"单样本 T 检验"对话框，如图 11-17 所示，将"年轻人比例"调入"检验变量"列表框中，检验值输入 0.5。

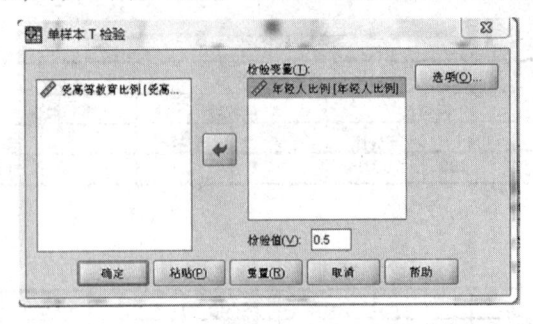

图 11-17　"单样本 T 检验"对话框

（2）单击"选项"按钮，打开"单样本 T 检验：选项"对话框，如图 11-18 所示。在"置信区间"百分比输入框中输入 95%。

①置信区间：默认情况下，显示均值中的差分的 95% 置信区间。可输入 1~99 以设置不同的置信度。

②缺失值：当检验多个变量，并且一个或多个变量的数据缺失时，可以指示过程排除哪些个案。

按分析顺序排除个案：每个 T 检验均使用对于检验的变量具有有效数据的全部个案。样本大小可能随检验的不同而不同。

按列表排除个案：每个 T 检验只使用对于在任何请求的 T 检验中使用的所有变量都具有有效数据的个案。样本大小在各个检验之间恒定。

图 11-18　"单样本 T 检验：选项"对话框

（3）单击"继续"按钮，返回"单样本 T 检验：选项"对话框。单击"确定"按钮。查看器中出现"单样本 T 检验"的结果，如图 11-19 所示。

单个样本统计量

	N	均值	标准差	均值的标准误差
年轻人比例	20	0.6796	0.15417	0.03447

单个样本检验

	检验值=0.5				差分的95%置信区间	
	t	df	Siq.(双侧)	均值差值	下限	上限
年轻人比例	5.210	19	0.000	0.17962	0.1075	0.2518

图 11-19　单样本 T 检验结果

从检验结果可以看出：35 岁以下员工比例均值为 0.6796，与检验值 0.5 的差值是 0.17962，T 统计量的值是 5.210，95% 的置信区间是 (0.1075, 0.2518)。Sig（双侧）表示双尾概率，值为 0，小于 0.5。检验结果表明，35 岁以下员工比例与 0.5 存在显著差异，同时 0.5 不在置信区间内，也证实了上述结论。

三、多选项分析

SPSS 中的多选项分析是针对调查文件中的多选项问题的。它是根据实际调查需要，要求被调查者从给出的若干个备选答案中选择一个以上的答案。

多选项问题的分析通常有两种方法：第一，多选项二分法；第二，多选项分类法。通常，对于所选答案具有一定顺序的多选项问题可采用分类法，而没有顺序的问题可采用二分法分析。二分法是将多选项问题中的每个答案设为一个 SPSS 变量，每个变量只有 0 或 1 两个取值，分别表示选择该答案和不选择该答案。分类法中，首先估计多选项问题最多可能出现的答案个数；然后，为每个答案设置一个 SPSS 变量，变量取值为多选项问题中的可选答案。

例：您最看重形象设计公司的哪个方面？（限选三项）（　　　　）
A. 公司品牌　　　B. 服务质量　　　C. 性价比　　　D. 交通情况
E. 服务态度　　　F. 授课方式　　　G. 口碑影响　　　F. 收费情况

现在采用二分法进行多选项分析，调查结果如图 11-20 所示。

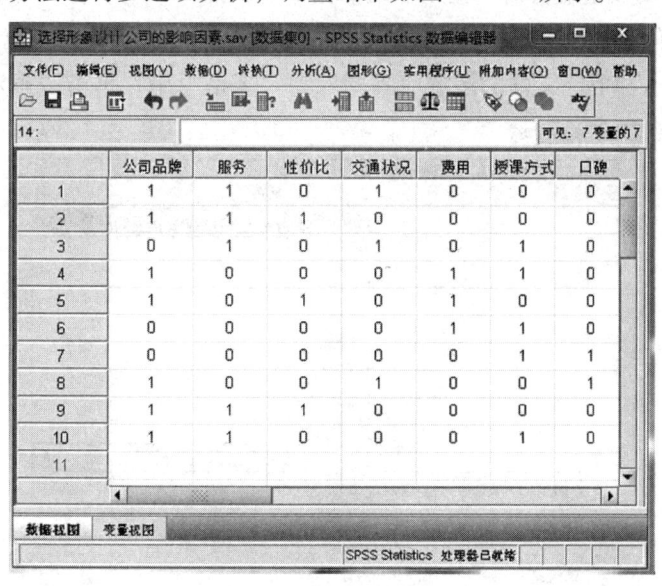

图 11-20　选择形象设计公司的影响因素的调查数据截图

二分法多选项分析的具体操作步骤如下。

（1）在菜单栏中选择"分析→多重响应→定义变量集"，打开"定义多重响应集"对话框，如图 11-21 所示。把所有变量调入到"集合中的变量"列表框。将变量编码选中"二分法",计数值填1。

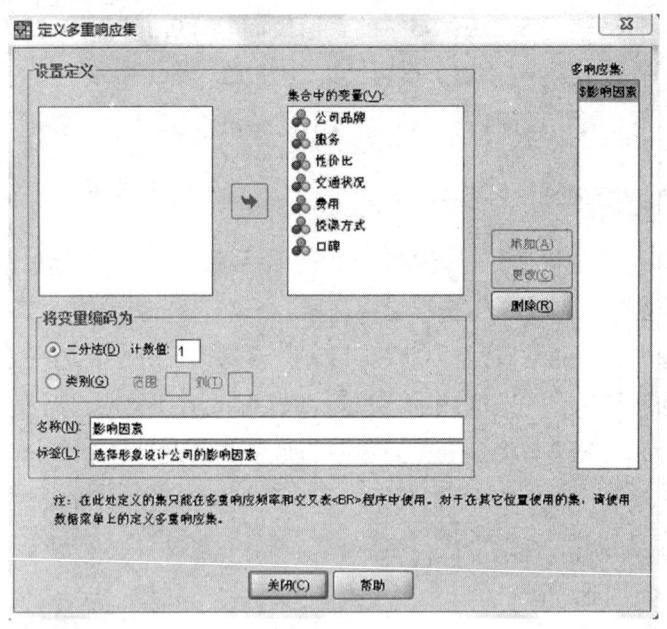

图 11-21 "定义多重响应集"对话框

"名称"用于设定当前多选项多响应集的名称,"标签"用于对多响应集作补充说明。单击"添加"按钮,把已经定义好的变量集加入到"多响应集"列表框。单击"关闭"按钮返回数据编辑器,完成多变量集的定义。

(2)在菜单栏中选择"分析→多重响应→频率",打开"多响应频率"对话框,如图 11-22 所示。把定义好的多响应集调入到"表格"中,单击"确定"按钮。

图 11-22 "多响应频率"对话框

(3)查看器中显示出"多重响应"的结果,如图 11-23 所示。

·270·

		响应		个案百分比
		N	百分比	
选择形象设计公司的影响因素a	公司品牌	7	23.3%	70.0%
	服务	6	20.0%	60.0%
	性价比	3	10.0%	30.0%
	交通状况	4	13.3%	40.0%
	费用	3	10.0%	30.0%
	授课方式	5	16.7%	50.0%
	口碑	2	6.7%	20.0%
总计		30	100.0%	300.0%

a. 值为1时制表的二分组。

图 11-23 查看器中的频率分析结果

频率表中响应 N 表示受调查者所选择的总量，因为这个多选题是限选 3 项，故个案百分比总计为 300%。响应百分比表示选择该选项占所有选项的百分比，个案百分比表示选择该选项的个案数占总调查量的百分比。由图 11-23 可以看出，调查者在选择形象设计公司时，最为看重的影响因素是公司品牌，其次是服务。

第四节 市场调查资料的汇总

一、分类汇总

分类汇总是按照某种分类进行汇总计算，这种数据处理在实际数据分析中是极为常见的。例：某商场希望分析不同年龄段的顾客对某商品的"打折促销"反应是否存在较大差异，用以分析不同年龄的消费群体的消费心理。最初步的分析是分别计算不同年龄段顾客的平均消费金额和平均消费金额差异程度（标准差），并对它们进行比较。

SPSS 实现分类汇总涉及两个方面：第一，按照哪个变量（如学历、职业、性别、年龄等）进行分类；第二，对哪个变量（如基本工资等）进行汇总，并指定对汇总变量计算哪些统计量。

例如，某企业希望了解本企业不同学历员工的基本工资是否存在较大差异。最简单的做法就是分类汇总，即将职工按学历进行分类，然后分别计算不同学历员工的平均工资，即可对平均工资进行比较，该企业职工工资学历汇总数据如图 11-24 所示。

图11-24 职工工资、学历汇总数据文件截图

（1）在菜单栏中选择"数据→分类汇总"，打开"汇总数据"对话框，如图11-25所示。

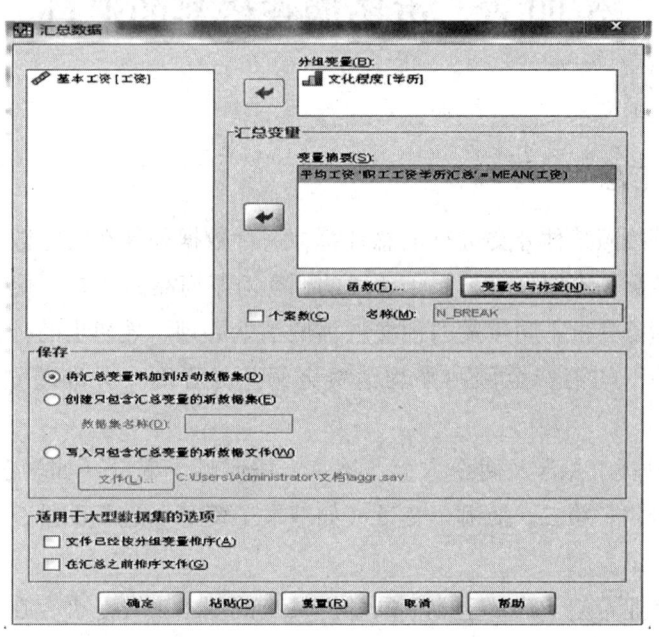

图11-25 "汇总数据"对话框

把"文化程度"调入"分组变量"列表框，SPSS会根据此处的值，对个案进行分组。将"平均工资"调入汇总变量的"变量摘要"列表框中。系统会创建新的分类汇总变量，由分类汇总函数的名称和源变量名称（用括号括起来）组成。单击"变量名与标签"可以对新变量进行修改。如果需要产生一个新变量来显示每组的个案数量，

·272·

就勾选"个案数"复选框。

（2）单击"函数"按钮，打开"汇总数据：汇总函数"对话框。在"摘要统计量"下选中"均值"作为汇总函数，如图11-26所示。

图11-26 "汇总数据：汇总函数"对话框

（3）单击"继续"按钮，返回"汇总数据"对话框。单击"确定"按钮。在数据视图中就会生成新的变量"工资-mean"，如图11-27所示。"研究生及以上学历"记录有4条、工资均值是4647元；"大学（专、本科）学历"记录有4条、工资均值是4093.25元；"高中（中专）学历"记录有5条、工资均值是2920.60元；"初中及以下学历"记录有3条、工资均值是2659.00元。比较结果：该企业不同学历员工的基本工资存在较大差距。

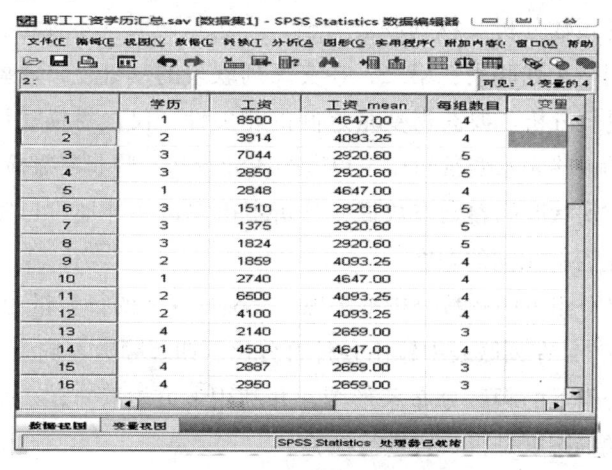

图11-27 分类汇总后的数据表

如果分组变量顺序是错乱的，可以在"汇总数据"对话框中勾选"在汇总之前排序文件"，SPSS 就能够在汇总之前按照分组变量的值对数据进行排序。

二、交叉分析

1. 交叉分组下的频数分析

通过频数分析能够掌握单个变量的数据分布情况。在实际分析中，不仅要了解单变量的分布特征，还要分析多个变量不同取值下的分布，掌握多变量的联合分布特征，进而分析变量之间的相互影响和关系。当所观察的现象同时与两个因素有关时，如某种服装的销量受价格和居民收入的影响，某种产品的生产成本受原材料价格和产量的影响等，通过交叉列联表分析，可以较好地反映出这两个因素之间有无关联性及两个因素与所观察现象之间的相关关系。

交叉列联表是两个或两个以上的变量交叉分组后形成的频数分布表。从图 11 - 28 中我们可以看出交叉列联表的一般结构。

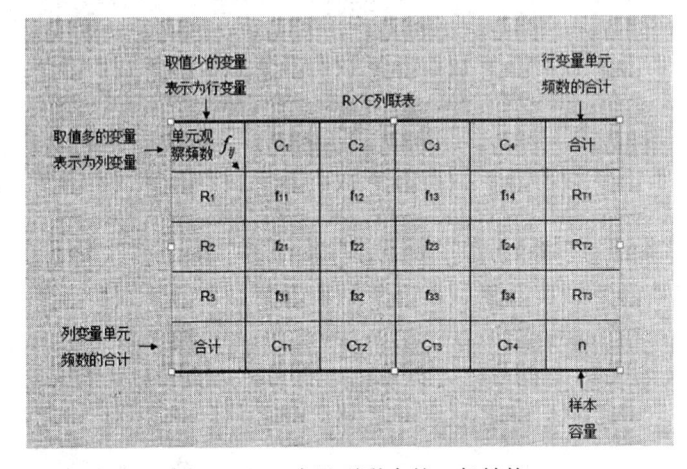

图 11 - 28 交叉列联表的一般结构

交叉分组下的频数分析又称列联表分析，它包括两大基本任务：第一，根据收集到的样本数据编制交叉列联表；第二，在交叉列联表的基础上，对两两变量间是否存在一定的相关性进行分析。要获得变量之间的相关性，仅仅靠描述性统计的数据是不够的，还需要借助一些表示变量间相关程度的统计量和一些非参数检验的方法。

例如：利用住房状况问卷调查数据，分析本市户口和外地户口家庭对"未来三年是否打算买房"是否持相同的态度。

可以利用交叉分组下的频数分析来实现。交叉列联表的行变量为"户口状况"，列变量为"未来三年"，在列联表中输出各种百分比、期望频数、剩余、标准化剩余。同时，显示各交叉分组下的频数分布条形图，并利用卡方检验方法，对本市户口和外地户口家庭对该问题的态度是否一致进行检验。

2. 交叉分组的分类

（1）双向交叉分组。双向交叉分组是同时有两个变量参加交叉分组的频数分布表，用来描述两个定类变量之间的相互关系，这种频数分布表也称为列联表。它是更复杂形式交叉列表的基础，也是提供市场调查结果的最基本形式。

（2）三向交叉分组。三向交叉分组是通过引入新的变量来考察原有变量间的关系是否成立，研究变量间关系紧密程度是得到了加强还是削弱，目的是更好地分析变量之间的相互联系性。

三向交叉分组的结构是先把其中一个自变量稳定在其各种量值之中的一个量值上，然后对另一自变量与因变量作双向交叉分组；再将第一个自变量稳定在下一个量值上，作另外两个变量的交叉分组列表，以此类推，直至穷尽第一个自变量的所有量值；最后列出没有第一个自变量介入的另外两个变量的交叉列表。这样一个个双向交叉列表合起来就构成三向交叉分组列表。

3. 变量关系的详析

对于一个双向交叉分组列表，可以得到一个两变量间有关系或无关系的结论。人们对于双向交叉列表的认识是肤浅的。其结论可能真实，也可能虚假。判断这种初始结论真实与否的办法是引入第三个变量，作三向交叉分组列表分析，检查一下引入新变量后原有自变量与因变量之间的关系的变化情况，由此澄清与深化对初始关系的认识。这种分析方法称作变量间关系的详析。而在详析中引入的新变量称为中介变量。

如果双向交叉列表中的自变量和因变量分别有 m 和 n 个类别或档次，双向交叉列表就由 m 行和 n 列组成。此时如果引入的中介变量有 k 个类别或档次，则三向交叉列表就是一个由 k 个 m 行和 n 列的分表组成的总表。

中介变量引入之后，是否对初始结论产生影响，需要将总表中每个分表的数据与相应的双向交叉列表的数据相对照才能给出判断。

第一，初始结论认为自变量与因变量之间存在某种关系，中介变量引入后可能导致以下几种结论：

（1）继续支持初始结论——各分表中比率数据与双向交叉列表相同。

（2）初始结论提出的关系减弱（或加强）——各分表中比率数据与双向交叉列表相比有普遍缩小（或扩大）。

（3）初始结论被认为是有条件的关系存在——某些分表的比率数据不变或扩大，其余分表的比率数据缩小乃至关系不存在。

（4）初始结论被认为是虚假关系——各分表中比率数据普遍变得不再支持这种关系存在。

第二，初始结论认为两变量间无关系，中介变量引入后可能导致以下结论：

（1）继续支持初始结论——各分表中比率数据与双向交叉列表相同。

（2）揭示了全面关系存在——各分表中比率数据呈现全面支持变量间关系的变化。

(3) 揭示了有条件的关系存在——某些分表的比率数据变得可以支持变量间关系存在，其余分表则不然。

第三个变量的引入有助于人们深化对两变量间关系的认识。按照逻辑推下去，第四个变量、第五个变量……的引入无疑会使人们对于问题的认识更加深化。然而这种多层次的新变量引入受到明显的制约。这是因为一方面引入的变量必须是在设计调查方案时就已经存在的调查项目，而调查人员在设计时尽管从多方面考虑问题，也可能满足不了事后提出的新要求；另一方面，引入变量过多就要求有更多的样本数据，这必然造成与调查成本的矛盾。设想，如果作三向交叉分组列表，三个变量的分组数目都是2，就会有$8(2 \times 2 \times 2)$个联合频数格，如果每格内要求至少有10个观测数据，那么样本容量最小数目为80。但如果作四向交叉分组列表，每个变量分组数目都是3，就得有$81(3 \times 3 \times 3 \times 3)$个联合频数格，仍按每格有10个观测数据计算，样本容量就要扩大到810。鉴于以上情况，在调查实践中一般只延伸到三向交叉分组列表分析，而且引入的中介变量在经验上或者理论上应该与已投入的因变量具有某种联系。

4. 应用SPSS软件进行交叉分析

以大学生上网调查为例，讨论大学生上网时间与性别、年级是否有关。为了简化分析，调查对象被分为少量使用者和频繁使用者，少量使用者是指每天上网时间少于4小时的学生，其他为频繁使用者。

(1) 打开文件"大学生上网时间调查.sav"，单击"分析→描述统计→交叉表"，显示"交叉表"对话框，如图11-29所示。

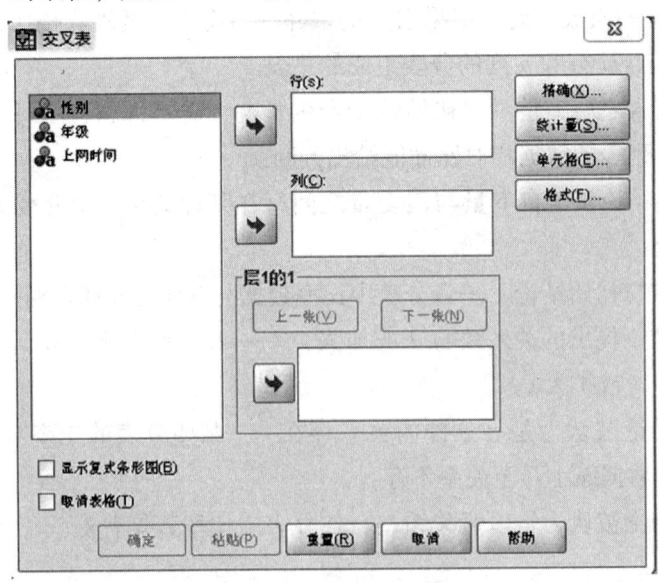

图11-29 "交叉表"对话框

(2) 如果进行二维列联表分析即双向交叉分析，则选择某变量到"行"列表框中，选择某变量到"列"列表框中。这里，行变量为"性别"，列变量为"上网时间"。如果"行"列表框和"列"列表框中有多个变量名，SPSS 会将行列变量一一配对后产生多张二维列联表。如果进行三维或多维列联表分析，则应将其他变量作为控制变量选到"层 1 的 1"列表框中。多控制变量间可以是同层次的，也可以是逐层叠加的，可通过"上一张"或"下一张"按钮确定控制变量间的层次关系。

（3）选择"显示复式条形图"选项，指定绘制各变量交叉分组下的频数分布柱形图。"取消表格"表示不输出列联表，在仅分析行列变量间关系时可选择该选项。

（4）单击"统计量"按钮，指定用哪种方法分析行变量和列变量之间的关系，如图 11 - 30 所示。

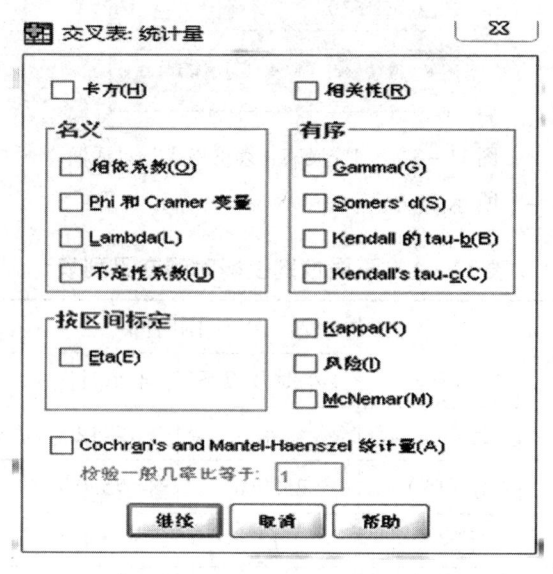

图 11 - 30　"交叉表：统计量"对话框

（5）单击"单元格"按钮，指定列联表单元格中的输出内容，如图 11 - 31 所示。

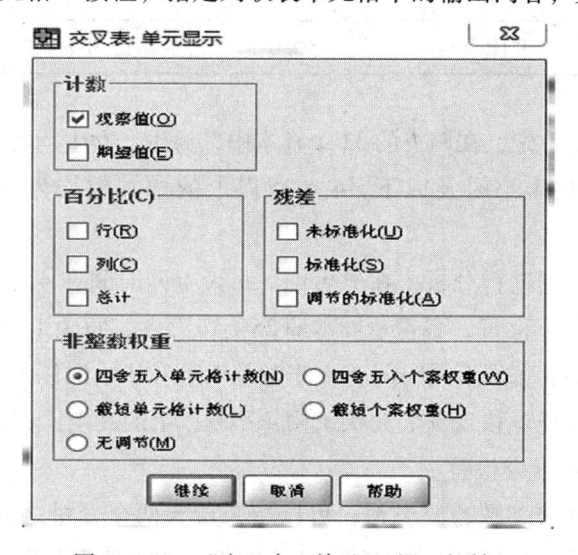

图 11 - 31　"交叉表：单元显示"对话框

在分析行列变量间关系时,一般选择"百分比"框中的"行"。单击"继续"按钮。

(6) 单击"格式"按钮,指定列联表各单元格的输出排列顺序,如图11-32所示。

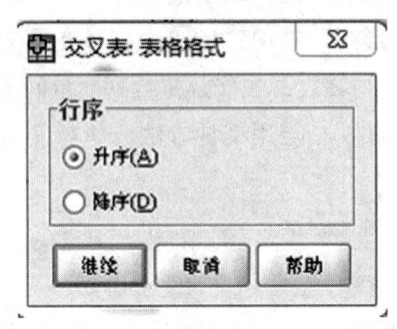

图11-32 "交叉表:表格格式"对话框

分析结果如表11-1所示。

表11-1 不同性别上网时间交叉列表

项目			上网时间		合计
			4小时及以下	4小时以上	
性别	男	计数	4	12	16
		占比(%)	25.0%	75.0%	100.0%
	女	计数	12	4	16
		占比(%)	75.0%	25.0%	100.0%
合计		计数	16	16	32
		占比(%)	50.0%	50.0%	100.0%

表11-1表明,首先,在调查的32个样本中,男生、女生均为16人,各占总样本的50%;上网时间在4小时及以下、4小时以上的样本数均为16人,各占总样本的50%。

其次,对不同性别进行分析。在男生中,每天上网时间在4小时及以下和4小时以上的样本数分别为4和12,各占总样本的25%和75%,每天上网4小时以上的男生比例较高。在女生中,每天上网时间在4小时及以下和4小时以上的样本数分别为12和4,各占总样本的75%和25%,每天上网4小时以上的女生比例较低。

5. 交叉列联表的卡方检验

卡方检验是一种非参数检验方法,可以用来检验两个变量之间是否有关联关系。例如,讨论大学生上网时间与性别之间是否有关系,相当于假设检验。

H_0：大学生上网时间与性别之间是相互独立的；

H_1：大学生上网时间与性别之间不是相互独立的。

实施卡方检验的具体操作步骤如下。

（1）打开文件"大学生上网时间调查.sav"，单击"分析→描述统计→交叉表"，显示"交叉表"对话框，如图 11-30 所示。

（2）选择"性别"为"行"变量，"上网时间"为"列"变量。

（3）单击"单元格"按钮，选择"观察值"为输出内容。

（4）单击"精确"按钮，打开"精确检验"对话框，如图 11-33 所示，此对话框提供检验方式。

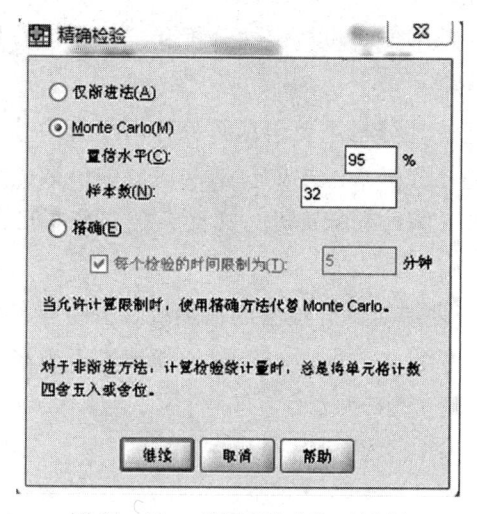

图 11-33　"精确检验"对话框

①仅渐进法：适用于具有渐进分布的大样本数据（默认项）。

②Monte Carlo：此项为精确显著水平值的无偏估计，无须数据具有渐进分布的假设，是一种非常有效的计算确切显著性水平的方法。在"置信水平"框中输入数据，确定置信区间的大小，一般为 90、95、99。在"样本数"框中输入样本量。

③精确：观察结果概率，同时在下面框内选择进行精确检验的最大时限。

（5）单击"格式"按钮，指定列联表各单元格的输出排列顺序。

（6）单击"统计量"按钮，打开对话框，如图 11-30 所示，从中选择检验统计量。

本例中只选择"卡方"。选择完成后，单击"确定"，结果如图 11-34 所示。

	值	df	渐进 Sig.(双侧)	精确 Sig.(双侧)	精确 Sig.(单侧)
Pearson 卡方	8.000[a]	1	0.005		
连续校正[b]	6.125	1	0.013		
似然比	8.372	1	0.004		
Fisher 的精确检验				0.012	0.006
有效案例中的 N	32				

图 11-34　查看器中卡方检验结果

卡方分布是连续型随机变量，而列联表分析中分类数据是不连续分布的，所以由 SPSS 自动对列联表进行连续性校正得到连续性校正统计量。在小样本的情况下，主要参考连续校正和 Fisher 的精确检验结果。本例中几种检验的 P 值均小于显著性水平 0.05，所以应拒绝原假设，认为上网时间与性别之间的关联性是比较显著的。

本章小结

市场调查资料分析的本质是对已整理的数据和资料进行深加工，从而有效地回答和解释原来定义的市场调查的问题，实现市场调查的目的和要求。市场调查资料分析时要遵循客观性、针对性、完整性、动态性原则。

市场调查资料分析的基本方法包括定性分析和定量分析。其中定量分析又分为描述统计分析和推断统计分析。

市场调查资料的描述统计分析主要包括频数分析、集中趋势分析、离散趋势分析和分布形态分析。集中趋势分析指标主要包括均值、中位数、众数，离散趋势分析指标主要包括极差、平均差、方差和标准差、离散系数，分布形态分析指标主要包括偏度和峰度。

SPSS 统计软件可以方便地对调查资料的描述统计分析操作，包括描述统计、计算比较均值、进行多选项分析操作；同时也可以方便地进行市场调查资料的汇总，包括分类汇总、交叉分析。

复习思考题

1. 简述市场调查分析的意义和原则。
2. 简述市场调查数据描述统计分析的主要内容。
3. 如何运用二分法对市场调查问卷中的多选项问题进行统计分析？
4. 简述三向交叉列表分析的作用。
5. 收集一份完整的问卷调查结果，使用 SPSS 进行简单的统计分析。要求包括以下内容：

（1）描述数据表，统计结果包含样本大小、均值、最小值、最大值、标准差、峰度和偏度。

（2）对某项调查问题预先估计一个值，然后使用单样本 T 检验与估计值进行比较。

（3）如果有多选题，使用多重响应进行分析。

案例分析

某市羽绒服消费调查问卷

尊敬的先生、女士：

您好！我们是××学院的学生，为了解××市羽绒服消费情况，特开展此次调查活动。您的宝贵意见对我们有莫大的帮助,在此真诚地感谢您的合作!

　　说明:问卷中如无特殊说明均为单项选择,请在符合您的选项上划"√"。

1. 您的性别：　　A. 男　　　　　B. 女

2. 您的年龄：　　A. 18~25 岁　B. 26~40 岁　C. 41~55 岁　D. 55 岁以上

3. 您冬季喜欢穿羽绒服吗?

A. 很喜欢　B. 喜欢　C. 一般　D. 不喜欢　E. 很不喜欢

4. 您拥有几件羽绒服?

A. 0 件　B. 1 件　C. 2 件　D. 3 件　E. 3 件以上

5. 您购买羽绒服时比较看重哪些方面?（可多选）

A. 品牌　B. 款式　C. 价格　D. 舒适度　E. 质量　F. 代言人　G. 其他

6. 您购买羽绒服的原因是什么?（可多选）

A. 生活必需　B. 受周围人影响　C. 受广告影响　D. 受营业员的劝说

E. 优惠活动　F. 其他

7. 您通过什么渠道了解到的羽绒服装信息?（可多选）

A. 报纸杂志　B. 电视广告　C. 网络信息　D. 户外广告

8. 您喜欢购买的羽绒服的颜色是?

A. 白色　　B. 黑色　　C. 黄色系　　D. 红色系　　E. 绿色系

F. 蓝色系　G. 咖啡色　H. 其他

9. 您能够接受的羽绒服的价格是多少?

A. 500 元以下　B. 500~1000 元　C. 1000~2000 元　D. 2000 元以上

10. 您喜欢的羽绒服款式是?

A. 短款　B. 中长款　C. 长款

11. 您会选择在哪里购买羽绒服?

A. 大型商场　B. 普通商店　C. 专卖店　D. 超市　E. 其他

12. 您的羽绒服由谁购买?

A. 自己　B. 朋友　C. 家人

13. 商家的哪种促销方式会激发您的购买欲望?

A. 换季折扣　B. 会员制度打折卡　C. 赠送礼品　D. 折价券

14. 您是否为羽绒服的洗涤而烦恼?

A. 是　　B. 否　　C. 无所谓

15. 您认为目前羽绒服的缺点有哪些?

A. 易钻出羽毛　B. 洗涤后有异味　C. 穿起来太臃肿

D. 款式不时尚　E. 其他

案例讨论

如果你负责制定交叉分组的类型,你将对问卷中的哪些问题进行交叉分组列表分析?

第十二章
市场调查数据统计推断分析

本章学习目标

1. 了解调查数据假设检验的步骤；
2. 掌握单样本 T 检验、两独立样本 T 检验、两配对样本 T 检验的方法；
3. 了解调查数据非参数检验的用途；
4. 掌握卡方检验、二项检验、K–S 检验、游程检验的方法。

> **引导案例**
>
> **国际品牌资产**
>
> 从20世纪90年代开始，全球营销的趋势越来越明显。厂商如何向具有不同历史文化背景的外国消费者推销自己的品牌呢？Del Monte国际公司的前总裁Bob Kroll认为，统一的包装可能是一种资产，但迎合各国特殊的偏好更重要。最近一项对国际产品营销的研究证实了这一点，营销管理者认为具有全球化的思维，同时开展本土化的行动是最佳选择。这项研究的调查对象包括100个品牌和产品经理，以及来自国内最大的食品、药品和个人产品公司的营销人员，其中39%的人表示在外国市场不应使用统一的包装，但38%的人却赞同这种做法。那些认为应根据目标市场进行本土化包装的人也提出要尽可能多地保留品牌资产和包装的一致性，但是根据不同市场的语言和法规要求调整包装也是十分必要的。根据这些发现，可以提出以下研究问题：不同国家的消费者是否十分乐意购买根据他们的需要而采用不同包装的国际品牌产品？根据这个研究问题，我们可以提出研究假设：在其他条件保持不变的情况下，知名品牌采用标准化的品牌和本土化的包装能够获得更大的市场份额。假设可以表述如下：
>
> H_0：知名品牌采用标准化的品牌和本土化的包装不会在国际市场上获得更大的市场份额。
>
> H_1：其他因素相同的条件下，知名品牌采用标准化的品牌和本土化的包装将在国际市场上获得更大的市场份额。
>
> 为检验原假设，可以选用高露洁牙膏这个采用混合策略的品牌，比较其在采用标准化品牌、标准化包装的国家中的市场份额和其在采用标准化品牌、本土化包装的国家中的市场份额。在控制其他因素的影响之后，采用两个独立样本的T检验。
>
> 资料来源：纳雷希·K.马尔霍特拉. 市场营销研究：应用导向[M]. 北京：电子工业出版社，2010.

第一节 统计推断概述

一、统计量与参数

由样本数据计算出来的值，称为样本统计量（statistics）；从全面调查中计算而得到的表述总体精确测量的值，称为参数（parameters）。也就是说，样本统计量是指对样本调查后计算得到的统计值，而参数则表示总体的特征指标值。

二、统计推断的概念

推断就是在对某类中一小部分单位观察结果的基础上，概括出整类属性的逻辑推理过程。统计推断就是用样本统计量对总体参数进行估计的逻辑推理过程。由于全面调查要对总体中的全部总体单位进行逐一、无遗漏的调查，因而不存在对总体的推断问题。但企业的产品市场通常很大，加之决策时效、人员以及经费等方面因素的制约，企业开展全面调查不切实际，也就不可能知道一个总体的真实指标值，往往需要用样本统计量来推测估计总体参数，从而对总体情况作出结论。

三、统计推断类型

市场调查中经常使用以下两类统计推断：参数估计和假设检验。

（一）参数估计

参数估计就是利用样本信息描述总体平均值或总体百分率及其区间范围的过程，包括点估计和区间估计。点估计也称为定值估计，就是对于特定总体值的估计，即把样本平均数或比例数作为总体平均数或比例数的估计量；区间估计是在一定的置信度水平下，根据样本指标和规定的允许误差，对总体指标的区间范围作出估计。

（二）假设检验

假设检验可以检验样本观察值是否符合设想的某种总体分布，也可以检验样本平均数、比例数与总体指标的一致性，还可以通过对两个或多个样本的检验推断不同总体间的差异性。根据变量类型，假设检验可分为参数检验和非参数检验。参数检验适合于定比变量和定距变量，而非参数检验适合于定类变量和定序变量。

第二节 假设检验

假设检验是指先对总体提出某项假设，然后利用从总体中抽样所得的样本值来检验所提的假设是否正确，从而作出接受或拒绝的决策。

一般而言，市场调查所面对的总体总是庞大而复杂的，即使是观察力很强的调查人员也难以保证自己的推断准确无误。再加上市场环境中不确定性因素很多，给市场分析带来更大的难度，这就需要在市场分析中运用假设检验的推断，使营销决策尽可能合理。

一、研究假设

研究假设的目的是保证通过市场调查获得的资料能满足研究目标的要求。因此研究假设的工作是在研究目标确定以后进行的,一旦研究目标确定,就要针对市场上出现的各种可能情况形成一些合适的假设。

假设的形成并不是凭想象产生的,它是在市场调查的基础上,通过对研究资料的初步分析后得出的结论。假设可以是对研究资料的一种陈述性假设,例如某服装企业在分析去年销售收入显著增长时,总结了以下几点:①企业形象战略的导入改善了企业形象,吸引了很大数量的新客户;②促销策略的运用刺激了消费者的购买欲望,导致了销售量的显著增长;③国家刺激内需的政策起了很大的作用;④其他偶然因素在起作用。这实际上是对该企业销售收入增加提出的几种假设,是对"为什么去年销售收入会显著增长"这一研究目标的几种揣测。这些假设是否正确还有待下一步的假设检验,一旦假设得到证实,则可作为经验广泛推广;如果仅仅只是偶然因素在起作用,则需立即改变企业的营销策略,以使企业销售收入稳定增长。

假设也可以用于陈述某个行动的不同方案。例如,某制鞋公司拟研究一款鞋子,在对市场需求进行调查、确定目标市场时提出了几种假设方案:①着眼于批量生产,研发适用于各种人群的鞋子,实行无差异的市场营销策略;②针对市场上的老年人和儿童,采取差异性的市场营销策略;③主要针对老年人市场,采取集中性市场营销策略,着眼开发老人鞋。研究者可以调查每一个假设方案,通过对各类信息的仔细分析和假设检验,确定一个最优的开发方案。

二、假设检验的原理

当研究假设形成以后,就进入假设检验阶段。利用样本值对一个具体的假设进行检验,一般借助于直观分析和理论分析相结合的做法,其基本原理就是人们在实践问题中经常采用的所谓实际推断原理:小概率事件在一次实验中几乎是不可能发生的。如果小概率事件在一次实验中居然发生了,则有理由首先怀疑原假设的真实性,从而拒绝原假设。

某服装店为促销决定对购买一定金额商品的顾客给予一次摸球中奖的机会,规定从红、绿两色球各10个的暗箱中连续摸10次(摸后放回),若10次皆为红球则中大奖。根据假设检验原理,顾客摸球完全是随机的,则要在10次中均摸到红球的概率为 $(1/2)^{10} = 1/1024$,这是一个很小很小的数,也就是一个小概率事件,商店认为现实中几乎不可能发生。

当然,从理论上看,小概率事件也有可能发生,只是发生的概率很小而已。但是,从假设检验的基本思想看,这就可能导致Ⅰ、Ⅱ两类错误,第Ⅰ类错误也叫"弃真",第Ⅱ类错误也叫"取伪"。所谓"弃真",顾名思义,就是原假设实际上是正确的,却被当成错误的拒绝了;而"取伪"则相反,即本来原假设是错误的,却被当成正确的内容接受了。无论是"弃真"还是"取伪",在现实中都是无法避免的,这就是我们通常所说的"决策失误"。当然,我们可以通过增加样本容量的方法来减少犯这两类错误的概率,这就要求我们在进行市场调查时应尽可能详尽地把握原始资料。

三、假设检验的步骤

(一) 提出假设

根据实际情况,提出原假设 H_0 和备择假设 H_1。原假设 H_0 即接受检验的假设,通常表示为没有差异的假设;备择假设 H_1 是在原假设被否定时产生效用的另一个假设。陈述假设可以采用关系表达式的形式,也可以采用文字表达的形式。原假设和备择假设相互对立,检验结果二者必取其一。接受 H_0 则必定拒绝 H_1;反之,拒绝 H_0 则必定接受 H_1。一般是把收集数据试图否定的命题作为原假设,而对所研究问题感兴趣并力图从样本数据获得支持的命题作为备择假设。实际调查分析中,一般先确定 H_1,也就是调查者所关心或想证实的假设,然后把 H_1 的对立面作为 H_0。

根据备择假设 H_1,确定检验是单侧检验还是双侧检验。如果备择假设 H_1 未指明变化方向,则采用双侧检验;反之,如果隐含着期望变动的方向,则采用单侧检验。如对某市家庭的抽样调查显示人均拥有西服 1.25 套,而西服厂商根据国外资料判断人均西服拥有超过 1.5 套即达到市场饱和。

H_0:该市西服销售达到饱和,即 $\mu = 1.5$;

H_1:该市西服销售仍未达到饱和,即 $\mu < 1.5$。

在该例中,备择假设 H_1 暗含了该市西服销售小于饱和水平这样一种变动方向,因而应采用单侧检验。如果 H_1 改为,该市西服人均拥有量不是 1.5 套,暗含了该市的西服人均拥有量可能不足 1.5 套也可能超过 1.5 套,如果没有明确指明方向,这时就要用双侧检验。

(二) 选择检验方法

依据市场调查的具体问题,选择合适的统计检验方法,明确统计量的分布。市场调查常用的统计检验方法有 Z 检验、T 检验、F 检验、χ^2 检验等。

(三) 确定显著性水平

显著性水平 α 表示 H_0 为真时拒绝 H_1 的概率,即 H_0 陈述的事实是真实情况下仍遭到排斥的概率,也就是错误判断的可能性。假设检验运用的是小概率事件 (α) 实际不发生的原理,但 α 小到什么程度才算小概率呢?一般情况下 α 取 0.05,即有 95% 的置信度确认 H_0 表述是真实的,误判的概率最多为 5%。

(四) 计算检验统计量

在 H_0 为真的情况下,计算出检验统计量的值。

(五) 查表确定临界值

先暂时假定 H_0 是真的，依据抽样分布理论、样本量 n 和显著性水平 α，查统计量分布表，确定拒绝 H_0 的临界值或拒绝域。

(六) 比较判断

根据以上统计分析数据，作出是否拒绝原假设的判断。在手工计算分析时，如果统计量计算值（步骤四）大于查表临界值（步骤五），则拒绝原假设而接受备择假设；在运用 SPSS 等软件进行分析时，如果程序计算出的伴随概率 p 小于设定的显著性水平 α，同样拒绝原假设而接受备择假设。这里的概率 p 是指在给定原假设为真的情况下，观察到一个样本值为极端值或者比实际观察到的值更极端的概率。

(七) 得出结论

在一定置信度水平下得出的统计推断结论要转化为市场调查的语言，解释统计检验所得出的结论，向决策者清楚地陈述市场营销决策所需要的信息。在文字表达结论时，如果原假设没有被拒绝，最好把结论叙述为"无法拒绝原假设"，而不是"接受原假设"。

四、假设检验要注意的问题

统计检验从来不绝对地说"是"或者"不是"，只陈述事物发生的可能性及其概率，因为现实世界本身就充满了不确定性。假设检验时应注意以下问题：

(1) 统计显著性的含义是指根据已经收集到的数据可以确定显著差异的存在，但不代表这个差异是实际存在的。

(2) 统计显著性是依据样本量得到的，当样本量变化时，这种统计上的显著性也可能发生改变。

(3) 在巨大样本情况下，差异可能被"放大"，微小的差异也可能是显著的，可能会拒绝实际为真的原假设，即犯第 I 类错误。

(4) 在小样本的情况下，差异可能被"缩小"，较大的差异也可能未被检验出来而接受了原假设，即犯第 II 类错误。

(5) 根据需要对市场调查的问题进行统计检验，并非所有问题都一定要进行检验。

第三节 参数检验

参数检验是推断统计的重要组成部分。推断统计方法是根据样本数据推断总体特征的方法，它在对样本数据描述的基础上，以概率的形式对统计总体的未知数量特征（如均值、方差等）进行表述。在本节中将介绍的检验方法有单样本 T 检验、两独立样

本 T 检验、两配对样本 T 检验，对于样本的检验我们应根据数据的特征，选择合适的检验方法。

一、单样本 T 检验

（一）单样本 T 检验的概念和作用

单样本 T 检验是比较某一样本的平均数与某一确定总体均值是否有统计学意义上的差异。用样本的平均数来估计样本所代表的位置总体的平均数，通过检验样本平均数与确定的总体平均数值是否存在差异来推论位置总体是否和确定总体一致。例如，已知某国大学生在大学期间谈一段恋爱的平均寿命为 6 个月，通过一次对 4000 名该国东部某省大学生在大学期间谈一段恋爱时间的随机调查，得到大学生大学期间谈一段恋爱的时间数据，那么此省大学生在大学期间谈恋爱的平均寿命与该国大学生在大学期间谈恋爱的平均寿命是否有显著性差异呢？这时我们通常用单样本 T 检验来解决问题。

（二）单样本 T 检验的理论基础

单样本 T 检验作为假设检验的一种方法，其基本解题思路与假设检验完全相同，具体如下。

1. 提出零假设

单样本 T 检验的零假设 H_0 为：总体均值与检验值之间不存在显著性差异，表述为 $H_0: \mu = \mu_0$。μ 为总体均值，μ_0 为检验值。

2. 选择检验统计量

当确定的总体条件不同时，如总体是否为正态分布以及总体方差是否已知，所适用的单样本平均数差异检验的方法是不同的。设样本平均数为 $\bar{x}$，标准差为 S，总体平均数为 μ_0，标准差为 σ_0，样本平均数的抽样分布的标准误差为 $\sigma_{\bar{x}} = \sigma_0 / \sqrt{n}$（样本平均数的抽样分布是指在总体中所记抽取容量相同的所有可能的样本，通过计算每个样本的平均值 $\bar{x_i}$，由此得到的概率分布）。

当总体正态分布且方差已知时，运用 Z 检验，$Z = (\bar{x} - \mu_0)/\sigma_{\bar{x}}$；当总体正态分布但方差未知时，运用 T 检验，用无偏估计量 $Se_{\bar{x}} = S/\sqrt{n-1}$ 来估计总体标准误差，$T = (\bar{x} - \mu_0)/Se_{\bar{x}}$。

当总体非正态分布时，一般要用非参数检验而不能用 Z 检验和 T 检验，也可以通过先将非正态数据转化为正态形式，再使用 Z 检验。但如果样本容量足够大（一般认为 $n \geq 30$ 或 50），也可以近似使用 Z 检验（一般用 Z' 检验来表示）来进行单样本平均数差异检验。当总体方差已知时，$Z' = (\bar{x} - \mu_0)/(\sigma_0/\sqrt{n})$；当总体方差未知时，$Z' = (\bar{x} - \mu_0)/(S/\sqrt{n})$。

由于 Z 检验的要求比较苛刻，在实际数据处理中往往很难达到，因而在 SPSS 中只运用 T 检验。

3. 计算检验统计量观测值和概率 p 值

该步的目的是计算检验统计量的观测值和相应的 p 值。SPSS 将自动将样本均值、μ_0、样本方差、样本数代入，计算出 t 统计量的观测值和对应的概率 p 值。

4. 给出显著性水平 α，并作出判断

给出显著性水平 α，与检验统计量的概率 p 值做比较。如果概率 p 值小于显著性水平 α，则应拒绝零假设，认为总体均值与检验值之间存在显著差异；反之，如果概率 p 值大于显著性水平 α，则不应拒绝零假设，认为总体均值与检验值之间无显著差异。

（三）单样本 T 检验的应用举例

2013 年相关调查报告显示全国大学生平均谈一次恋爱失败后需要 6 个月的情感治疗时间才能够完完全全地恢复之前健康的心理状态。现假设 2014 年又进行一次全国大学生恋爱失败后情感治疗的调查，试检验 2014 年全国大学生恋爱失败情感治疗时间与 2013 年全国大学生恋爱失败情感治疗时间是否有差异。

在本案例中，要检验 2014 年全国大学生恋爱失败情感治疗时间与 2013 年全国大学生恋爱失败情感治疗时间（为已知值：6 个月）是否有差异，即以数据与某一确定均值进行比较。虽然不知道总体分布是否正态，单样本较大（$N=30$），可以运用单样本 T 检验。

SPSS 操作流程如下。

（1）创建数据文件：将调查获得的数据输入数据文件，数据如表 12-1 所示。

表 12-1 全国各地大学生恋爱治愈时间数据

单位：月

姓名	性别	治愈时间	姓名	性别	治愈时间
1	男	5	16	女	4
2	女	6	17	女	6
3	男	3	18	男	3
4	女	7	19	男	5
5	女	8	20	女	15
6	男	7	21	女	5
7	男	9	22	女	1
8	男	13	23	男	9
9	女	1	24	男	8
10	女	7	25	男	6
11	男	13	26	男	7
12	女	24	27	女	11
13	男	3	28	女	10
14	女	3	29	男	9
15	男	4	30	女	13

（2）打开主对话框：选择"分析→比较均值→单样本 T 检验"命令，打开"单样本 T 检验"主对话框。将变量列表框中"治愈时间"移入"检验变量"列表框。在"检验值"文本框中填入检验均值6，如图12-1所示。

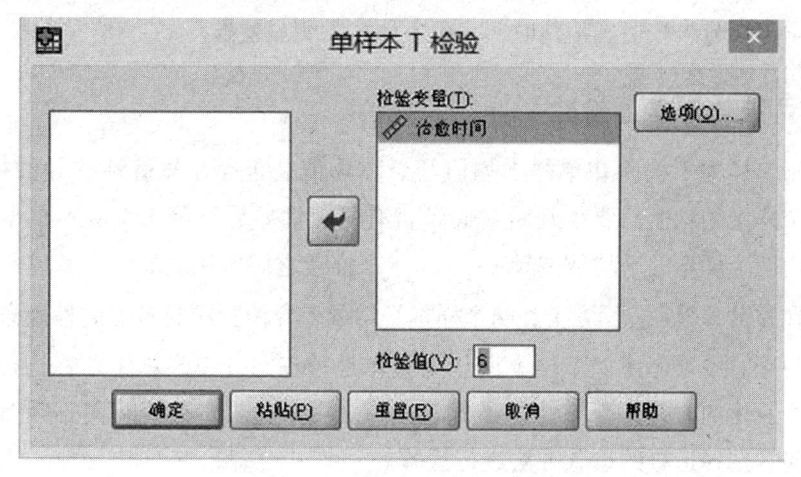

图12-1 "单样本 T 检验"对话框

（3）结果分析：表12-2呈现了单个样本的描述性统计量的值，包括参与统计的单个样本的个案数、均值、标准差和均值的标准误差。随机抽查了全国30个大学生，平均每个大学生的恋爱治愈时间为7.5个月，标准差为4.776，均值的标准误差为0.872。

表12-2 人均恋爱治愈时间的基本描述统计结果

	单个样本统计量			
	N	均值	标准差	均值的标准误差
治愈时间	30	7.50	4.776	0.872

表12-3 人均恋爱治愈时间的单样本 T 检验结果

	单个样本检验					
	检验值 = 6					
	t	df	Sig.（双侧）	均值差值	差分的95% 置信区间	
					下限	上限
治愈时间	1.720	29	0.096	1.500	-0.28	3.28

表12-3呈现了单样本 T 检验的结果，包括 T 值、自由度（df）、检验的概率

(Sig.)、均值差值，以及差分的95%置信区间。本案例T检验的T值为1.72，自由度 df=29，双侧T检验的概率Sig.（双侧）=0.096。由于显著性水平为0.05，而0.096＞0.05，因此接受原假设，即2014年全国大学生恋爱失败情感治疗时间与2013年全国大学生恋爱失败情感治疗时间（6个月）无明显差异。

二、两独立样本T检验

区别于单样本T检验在单样本均值与总体均值是否存在显著性差异的检验作用，当出现两个样本的均值需要来判断它们是否有显著性差异该怎么办呢？根据推断统计的逻辑，由两个样本的平均数差异（$\overline{x_1} - \overline{x_2}$）来推断它们所代表的两个总体的平均数之间是否存在显著差异（$\mu_1 - \mu_2$）。两个样本平均数差异检验所要考虑的检验条件比单样本T检验复杂，既要考虑两个样本所代表总体是否正态分布，总体方差是否已知，又要考虑两个总体的方差是否齐性，还要考虑两个样本的容量是否相同等问题。当数据条件不同时，选择适合的检验方法进行检验。

（一）两独立样本T检验的概念和作用

两独立样本T检验是用来检验两个独立样本的均值之间是否有显著差异，即检验量样本的均值逐渐是否存在差异。在两个样本平均数差异检验中，根据两个样本是否相关，分为独立样本和配对样本。独立样本是指两个样本的数据之间没有关联性，即从一总体中抽取的一批样本对另一总体中抽取的一批样本没有任何影响，这两批样本是独立的。

（二）两独立样本T检验的理论

1. 提出零假设

两独立样本T检验的零假设H_0为：量总体均值无明显差异，表述为$H_0: \mu_1 - \mu_2 = 0$。μ_1、μ_2分别为第一个和第二个总体的均值。

2. 选择检验统计量

对于两总体均值差的推断建立在来自量总体的样本均值差的基础之上，也就是希望利用两组样本均值的差去估计量总体均值的差。因此应关注两样本均值差的抽样分布为正态分布。当量总体分布分别为$N(\mu_1, \sigma_1^2)$和$N(\mu_2, \sigma_2^2)$时，两样本均值差的抽样分布为正态分布，改正态分布的均值为$\mu_1 - \mu_2$，方差为σ_{12}^2。在不同的情况下σ_{12}^2有不同的计算方式。

（1）情况一：

当总体方差未知且相等，即$\sigma_1^2 = \sigma_2^2$时，采用合并的方差作为两个总体方差的估计，定义为：

$$S\rho^2 = \frac{(n_1-1)S_1^2 + (n_2-1)S_2^2}{n_1 + n_2 - 2} \quad (1)$$

在（1）中，S_1^2、S_2^2分别为第一组和第二组样本的样本方差，n_1、n_2分别为第一组和第二组样本的样本数。此时两样本均值差的抽样分布的方差σ_{12}^2为：

$$\sigma_{12}^2 = \frac{S\rho^2}{n_1} + \frac{S\rho^2}{n_2} \tag{2}$$

（2）情况二：

当两总体方差：未知且不相等，即$\sigma_1^2 \neq \sigma_2^2$时，分别用样本方差代替总体方差，此时两样本均值差的抽样分布的方差σ_{12}^2为：

$$\sigma_{12}^2 = \frac{S_1^2}{n_1} + \frac{S_2^2}{n_2} \tag{3}$$

于是，两总体均值差检验的检验统计量为t统计量，定义为：

$$t = \frac{\overline{X_1} - \overline{X_2} - (\mu_1 - \mu_2)}{\sqrt{\sigma_{12}^2}} \tag{4}$$

式中，由于$\mu_1 - \mu_2 = 0$，所以可以略去。在上述第一种情况下，t统计服从$n_1 + n_2$个自由度的t分布；在第二种情况下，服从修正的自由度的t分布，修正的自由度定义为：

$$f = \frac{\left(\frac{S_1^2}{n_1} + \frac{S_2^2}{n_2}\right)^2}{\frac{\left(\frac{S_1^2}{n_1}\right)^2}{n_1} + \frac{\left(\frac{S_2^2}{n_2}\right)^2}{n_2}} \tag{5}$$

由此可见，两总体方差是否相等是决定如何抽样分布方差的关键。因此，有必要通过有效的方式对其进行统计检验。两总体方差是否相等检验的零假设是两总体方差无显著性差异，表述为：$H_0 : \sigma_{12}^2 = \sigma_2^2$。SPSS中通过Levene F方法采用F统计量进行检验。

3. 计算检验统计量观测值和概率p值

该步骤的目的是计算F统计量和T统计量的观测值以及相应的概率p值。SPSS将自动依据单因素方差分析的方法计算F统计量和概率p值，并自动将两组样本的均值、样本数据、抽样分布方差代入式（4）中，计算t的观测值和对应的概率p值。

4. 给出显著性水平α，并作出判断

当给出显著性水平α后，SPSS中的统计决策应通过以下两步来完成。

（1）使用F检验总体的方差是否相等，并根据此决定抽样分布方差和自由度的计算方法和计算结果。如果F检验统计量的概率p值小于显著性水平α，则应拒绝零假设，认为两总体方差有显著差异，应选择由式（3）和式（5）计算出的结果；反之，概率p值大于显著性水平α，则不应该拒绝零假设，认为两总体方差无显著性差异，应选择由式（1）和式（2）计算出的结果。

（2）利用T检验判断两总体均值是否存在显著差异。如果T检验统计量的概率p值小于显著性水平α，则应拒绝零假设，认为两总体方差有显著差异；反之，概率p值

大于显著性水平 α，则不应该拒绝零假设，认为两总体方差无显著性差异。

（三）两独立样本 T 检验的应用举例

随着互联网经济的迅猛发展，及时把握当前互联网承载的信息越来越重要。某研究机构就大学生这个群体的网购次数进行了相关调查，在全国随机抽取了 100 名大学生在一年内的网购次数，试检验大学生在一年内的网购次数是否存在性别差异。

在该案例中，需要将男生的网购情况和女生的网购情况进行比较，检验差异是否显著。男生的网购数据和女生的网购数据是两个相互独立的样本，且样本容量较大，可以认为两总体分布近似正态，因此选用两独立样本 T 检验来检验二者是否存在显著差异。

（1）创建数据文件：将调查获得的数据输入数据文件，数据如表 12-4 所示，"性别"一栏中"1"代表女生，"2"代表男生。

表 12-4 大学生一年网购次数

单位：次

性别	次数	性别	次数	性别	次数	性别	次数
1	90	2	250	1	79	2	12
1	89	2	245	2	24	2	35
1	98	2	234	1	45	1	21
1	87	2	124	2	79	1	9
1	76	2	53	1	13	2	45
1	56	2	78	2	86	2	67
1	54	2	35	1	79	1	12
1	49	2	126	2	45	2	124
1	99	2	24	1	122	1	45
1	24	2	189	2	89	2	132
1	90	2	90	1	234	1	67
1	97	2	143	2	78	2	245
1	123	2	67	1	21	1	144
1	134	2	124	2	43	2	2
1	145	2	46	1	97	2	235
1	89	2	157	2	86	2	25
1	75	2	23	1	54	1	56

续表

性别	次数	性别	次数	性别	次数	性别	次数
1	230	2	113	2	78	2	124
1	223	2	45	1	25	1	45
1	44	2	23	2	34	2	14
1	66	2	112	1	23	1	123
1	123	2	78	2	64	2	45
1	90	2	156	1	43	1	235
1	57	2	45	2	43	1	13
1	86	2	134	1	23	2	112

（2）选择"分析→比较均值→独立样本 T 检验"命令，打开"独立样本 T 检验"对话框。选择变量：将"网购次数"移入"检验变量"列表框中。将"性别"移入"分组变量"，如图 12-2 所示。单击"定义组"按钮，打开"定义组"对话框，在默认的"使用指定值"单选按钮下，在"组 1"文本框中填 1（代表男生），在"组 2"文本框中填 2（代表女生），如图 12-3 所示。设置完成后，单击"继续"按钮返回"独立样本 T 检验"对话框，单击"确定"按钮，执行操作，输出结果。

图 12-2　"独立样本 T 检验"对话框

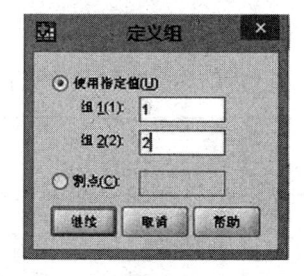

图 12-3　"定义组"对话框

(3) 结果分析。表 12-5 呈现了单个样本的描述性统计量的值,包括参与统计的单个样本的个案数、均值、标准差和均值的标准误差。平均每个男大学生一年内网购次数为 85.14 次,标准差为 61.072,均值的标准误差为 8.637。同样可以看出,女生样本相关描述性的统计量。

表 12-5 检验变量的组统计描述统计量

	组统计量				
	性别	N	均值	标准差	均值的标准误差
网购次数	男	50	85.14	61.072	8.637
	女	50	88.90	63.554	8.988

表 12-6 是对男生组和女生组的网购次数进行独立样本 T 检验的结果,包括方差齐性检验的 F 值和概率,T 检验的 t 值、自由度 (df)、检验的概率 (Sig.)、均值差值,标准误差值以及差分的 95% 置信区间。

表 12-6 独立样本 T 检验

		独立样本检验								
		方差方程的 Levene 检验		均值方程的 T 检验						
									差分的 95% 置信区间	
		F	Sig.	t	df	Sig.(双侧)	均值差值	标准误差值	下限	上限
网购次数	假设方差相等	0.364	0.547	-0.302	98	0.764	-3.760	12.465	-28.496	20.976
	假设方差不相等			-0.302	97.845	0.764	-3.760	12.465	-28.497	20.977

方差齐性检验: 正如我们之前介绍,在独立样本 T 检验中,当出现方差齐性和不齐性时所用的检验方法是不同的。在 SPSS 独立样本 T 检验输出的统计报表中会分别呈现方差无显著性差异和方差有显著性差异下的检验值。如表 12-6 所示,"假设方差相

等"所对应的一行数据是在方差无显著性差异条件下的统计量的值,"假设方差不相等"所对应的一行数据是在方差有显著性差异条件下的统计量的值。表格中"方差方程的 Levene 检验"呈现的是检验方差齐性的 F 值（0.364）和显著性概率 p（0.547）。因为 $p>0.05$，接受 F 检验的虚无假设 H_0，即量两总体的方差无显著性差异。

两独立样本 T 检验的值为 $t = -0.302$，自由度 df = 98，双侧检验显著性概率 $p = 0.764 > 0.05$，因此接受两独立样本 T 检验的虚无假设，即两个样本所代表的总体的平均数相同，说明男生和女生网购次数没有显著性差异。均值差值（-3.76）为两个组的平均数之差，说明样本中男生的网购次数比女生的网购次数少 3.76 次，但是这种差异是不显著的。

三、两配对样本 T 检验

两配对样本 T 检验的目的是利用来自两个总体的配对样本，推断两个总体的均值是否存在显著差异。配对样本 T 检验与独立样本 T 检验的差别之一是要求样本是配对的。所谓配对样本可以是个案在"前""后"两种状态下某属性的两种不同特征，也可以是对某事物两个不同侧面的描述。其差别在于抽样不是相互独立，而是相互关联的。

（一）两配对样本 T 检验的概念和作用

两配对样本 T 检验是根据样本数据对样本来自两配对总体的均值是否有显著性差异进行推断，一般用于同一研究对象或两配对对象分别给予两种不同处理效果的比较，以及同一研究对象或两配对对象处理前后的效果比较。前者推断两种效果有无差别，后者推断某种处理是否有效。两配对样本 T 检验的前提要求：①两样本应是配对的，即首先两个样本的观察数目相同，其次两样本的观察值顺序不能随意改变。②样本来自的两个总体应服从正态分布。

例如，为分析两种不同促销形式对商品销售额是否产生显著影响，需要分别收集任意几种商品在不同促销形式下销售额的数据。为保证研究结果的准确性，也应采取配对的抽样方式。即随机抽取几种商品，并分别记录它们在两种不同促销方式下的销售额。这样的两组样本是配对的。

（二）两配对样本 T 检验的适用条件

两配对样本进行平均数差异检验，需要考虑数据的各种条件，如两总体是否正态分布，两总体方差和相关系数是否已知，从而选择合适的检验方法。与两独立样本差异检验不同，两配对样本差异检验不用事先进行方差齐性检验，因为配对样本的数据是成对数据，可以认为方差一致。

当两总体正态分布且方差已知时，和两独立样本平均数差异检验一样运用 Z 检验，$Z = \dfrac{D_{\bar{x}}}{\sigma_{D_{\bar{x}}}}$，只有标准差 $\sigma_{D_{\bar{x}}}$ 的计算公式不同。当总体正态分布但方差未知时也能用 T 检验来进行差异检验,但当相关系数已知或未知时,计算标准差的公式则不同。

(三) 两配对样本 T 检验的理论基础

1. 提出零假设

两配对样本 T 检验需要检验两个总体的均值是否存在显著差异。零假设设为:H_0:$\mu_1 - \mu_2 = 0$,这里 μ_1、μ_2 分别为两个总体的均值。

设 $(X_1,Y_1),(X_2,Y_2),\cdots,(X_n,Y_n)$ 为配对样本,差值 $d_i = X_i - Y_i$,$i = 1, 2, \cdots, n$。配对样本 T 检验的前提是两个样本的差值来自总体 d 服从正态分布。

在零假设成立的条件下,差值来自总体 d 的均值为零,配对 T 检验使用 t 统计量,构造 t 统计量:$t = \dfrac{\bar{d} - (\mu_1 - \mu_2)}{S/\sqrt{n}}$,这里,当 $\mu_1 - \mu_2 = 0$ 时,t 统计量服从自由度为 $n-1$ 的 t 分布。

2. 计算检验统计量的观测值及其发生的概率

在给定零假设的前提下,SPSS 将检验值 μ_0 代入 t 统计量,得到检验统计量的观测值以及根据 t 分布函数计算出的概率 p 值。

3. 给定显著性水平,做出统计推断结果

当检验统计量的概率 p 值小于显著性水平时,则拒绝零假设,认为两个总体的均值存在显著性差异;反之,如果检验统计量的概率 p 值大于显著性水平,则接受零假设,认为两个总体的均值无显著差异。

(四) 两配对样本 T 检验的应用举例

为研究某种减肥茶是否具有明显的减肥效果,某美体健身机构对 35 名肥胖志愿者进行了减肥跟踪调查。首先将喝减肥茶以前的体重记录下来,三个月后再依次将这 35 名志愿者喝减肥茶后的体重记录下来。通过这两组样本数据的对比分析,推断减肥茶是否具有明显的减肥作用。

体重可以近似认为是正态分布。从实验设计和样本数据的获取过程可以看出,这两组样本是配对的,因此,可以借助两配对样本 T 检验的方法,通过检验喝茶前与喝茶后体重的均值是否发生显著变化来确定减肥茶的减肥效果。

(1) 创建数据文件:将调查获得的数据输入数据文件,如表 12-7 所示。

表 12-7 志愿者喝茶前和喝茶后的体重

单位:千克

志愿者	喝茶前体重	喝茶后体重	志愿者	喝茶前体重	喝茶后体重	志愿者	喝茶前体重	喝茶后体重
1	90	63	13	82	75	25	81	79

续表

志愿者	喝茶前体重	喝茶后体重	志愿者	喝茶前体重	喝茶后体重	志愿者	喝茶前体重	喝茶后体重
2	95	71	14	87	62	26	83	73
3	82	79	15	92	67	27	86	74
4	91	73	16	93	74	28	93	60
5	100	74	17	95	78	29	95	60
6	87	65	18	84	68	30	96	75
7	91	67	19	83	74	31	97	77
8	90	73	20	89	71	32	81	70
9	86	60	21	87	60	33	88	63
10	87	76	22	90	70	34	85	73
11	98	71	23	82	67	35	95	68
12	88	72	24	95	69			

（2）选择"分析→比较均值→两配对样本 T 检验"命令，打开"配对样本 T 检验"对话框，如图 12-4 所示。对话框左边是变量列表框，右边是"成对变量"列表框，在该列表框中，"对"下显示的是配对组的序号，Variable1 和 Variable2 下将分别显示选中的配对的两个变量名："喝茶前体重" 和 "喝茶后体重"。设置置信度、选择缺失值处理方法。

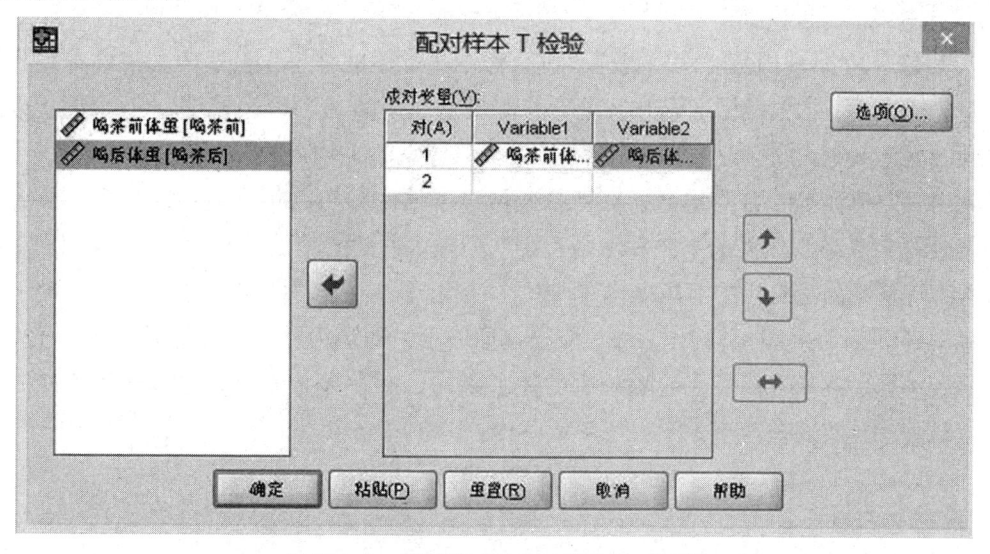

图 12-4 "两配对样本 T 检验"对话框

单击"配对样本 T 检验"对话框的"确定"按钮,运行结束后出现分析结果,如表 12-8 所示。

表 12-8 呈现了单个样本的描述统计量的值,包括参与统计的单个样本的个案数、均值、标准差和均值的标准误差。喝茶前与喝茶后样本的平均值有较大差异。喝茶后的平均体重低于喝茶前的平均体重。

表 12-8 喝茶前与喝茶后体重的基本描述统计量

成对样本统计量		均值	N	标准差	均值的标准误差
对 1	喝茶前体重	89.26	35	5.338	0.902
	喝茶后体重	70.03	35	5.665	0.957

在表 12-9 中,第四列是喝茶前与喝茶后两组样本的简单相关系数,第五列是相关系数检验的概率(Sig.)。它表明在显著性水平 α 为 0.05 时,肥胖志愿者服用减肥茶前后的体重并没有明显的线性变化,喝茶前与喝茶后体重的线性相关程度较弱。

表 12-9 喝茶前与喝茶后体重的简单相关系数及检验

成对样本相关系数		N	相关系数	Sig.
对 1	喝茶前体重 & 喝后体重	35	-0.052	0.768

表 12-10 呈现的是对两独立样本进行样本 T 检验的结果,包括两配对样本差分的均值、标准差、均值的标准误差、差分的 95% 置信区间、T 检验的 t 值、自由度(df)、检验的概率(Sig.)。第三列是喝茶前与喝茶后体重的平均差异,相差了 19.229 公斤;第四列是差值样本的标准差;第五列是差值样本抽样分布的标准差;第六列、第七列是差分的 95% 置信区间的下限和上限;第八列是 T 检验统计量的 t 观测值;第九列是 T 检验统计量观测值对应的双尾概率(Sig.),接近于 0。如果显著性水平 α 为 0.05,由于概率(Sig.)小于显著性水平 α,应拒绝原假设,即认为总体上体重差的平均值与 0 有显著不同,意味着喝茶前与喝茶后的体重平均值存在显著差异,可以认为该减肥茶具有显著的减肥效果。

表 12 – 10 喝茶前与喝茶后体重的两配对样本 T 检验结果

		成对样本检验						
		成对差分						
		均值	标准差	均值的标准误差	差分的 95% 置信区间		t	df	Sig.（双侧）
					下限	上限			
对 1	喝茶前体重 - 喝茶后体重	19.229	7.982	1.349	16.487	21.970	14.252	34	0.000

第四节 非参数检验

上节所讨论的假设检验问题，都是假设总体 X 的分布类型为已知，其中仅含有限个未知参数，我们只是对这些未知参数进行检验。但是，在数据分析过程中，由于种种原因，人们往往无法对总体分布形态做简单假定，但又希望能从样本数据中获得尽可能多的信息，此时参数检验的方法就不适用了。非参数检验正是一类基于这种考虑，在总体分布未知或知道甚少的情况下，利用样本数据对总体分布形态等进行推断的方法。由于非参数检验方法在推断过程中不涉及有关总体分布的参数，因而得名为"非参数"检验。

SPSS 中的非参数检验方法主要涉及以下方面：单样本非参数检验、两独立样本非参数检验、两配对样本非参数检验、多独立样本非参数检验、多配对样本非参数检验。本书主要讲述单样本的非参数检验，是对单个总体的分布形态等进行推断的方法，其中包括卡方检验、二项分布检验、K – S 检验以及游程检验等方法，其他几种非参数检验方法本书中不再讲解。

一、卡方检验

卡方检验是一种根据样本数据来推断总体分布与期望分布或某一理论分布是否存在显著差异的检验，通常适用于有多项分类值的总体分布的分析，是一种吻合性检验。

（一）卡方检验的基本原理

总体分布的卡方检验适用于配合度检验，是根据样本数据的实际频数推断总体分布与期望分布或理论分布是否有显著差异。它的零假设 H_0：样本来自的总体分布形态和期望分布或某一理论分布没有显著差异。

总体分布的卡方检验的原理是：如果从一个随机变量中随机抽取若干个观察样本，这些观察样本落在 X 的 k 个互不相交的子集中的观察频数服从一个多项分布，这个多项分布当 k 趋于无穷时，就近似服从 X 的总体分布。

因此，假设样本来自的总体服从某个期望分布或理论分布集的实际观察频数，同时获得样本数据各子集的实际观察频数，并依据下面的公式计算统计量 Q：

$$Q = \sum_{i=1}^{k} \frac{(O_i - E_i)^2}{E_i}$$

其中，O_i 表示观察频数；E_i 表示期望频数或理论频数。可见，Q 值越大，表示观察频数和理论频数越不接近；Q 值越小，说明观察频数和理论频数越接近。SPSS 将自动计算 Q 统计量，由于 Q 统计量服从 $K-1$ 个自由度的 X 平方分布，因此 SPSS 将根据 X 平方分布表给出 Q 统计量所对应的相伴概率值。

如果相伴概率小于或等于用户的显著性水平，则应拒绝零假设 H_0，认为样本来自的总体分布形态与期望分布或理论分布存在显著差异；如果相伴概率值大于显著性水平，则不能拒绝零假设 H_0，认为样本来自的总体分布形态与期望分布或理论分布不存在显著差异。

因此，总体分布的卡方检验是一种吻合性检验，比较适用于一个因素的多项分类数据分析。总体分布的卡方检验的数据是实际收集到的样本数据，而非频数数据。

（二）卡方检验的应用举例

医学研究表明，心脏病人猝死人数与日期的关系为：一周内，星期一猝死者较多，其他日子基本相当，各天的比例近似为：2.8 : 1 : 1 : 1 : 1 : 1 : 1。现收集到心脏病人死亡日期的样本数据，推断其总体分布是否与理论分布相吻合。

（1）打开 SPSS 软件，进行数据录入，结果如图 12－5 所示。

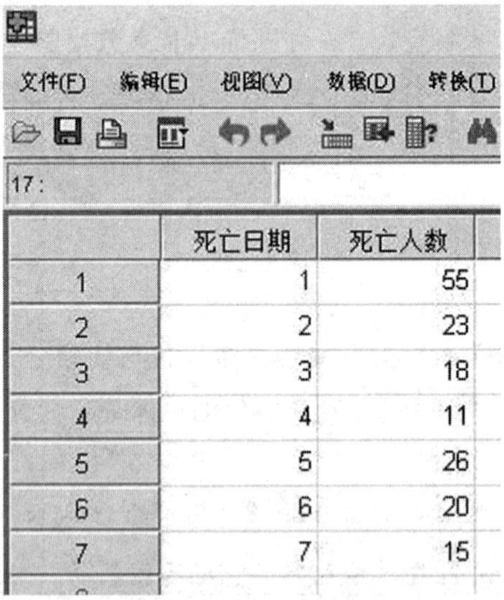

	死亡日期	死亡人数
1	1	55
2	2	23
3	3	18
4	4	11
5	5	26
6	6	20
7	7	15

图 12－5　心脏病人猝死人数 SPSS 统计表截图

（2）录入完毕后，进行数据处理：选择"分析→非参数检验→卡方"。

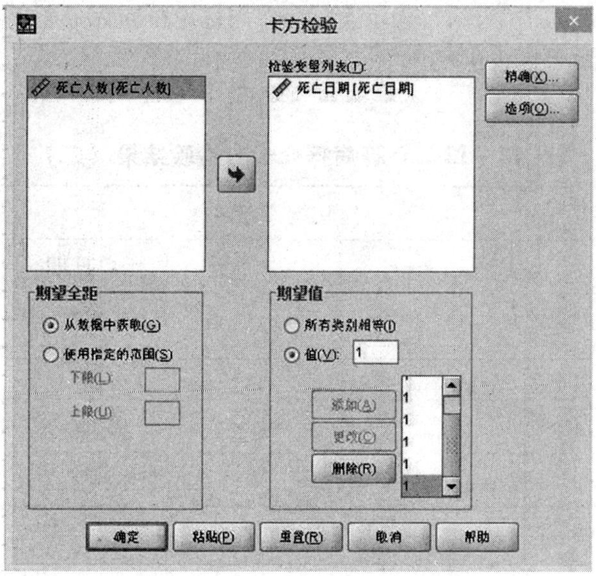

图12-6 "卡方检验"对话框

（3）运行结束后出现分析结果，如表12-11所示。

表12-11 心脏病猝死卡方检验结果（一）

死亡日期	观察数	期望数	残差
1	55	53.5	1.5
2	23	19.1	3.9
3	18	19.1	-1.1
4	11	19.1	-8.1
5	26	19.1	6.9
6	20	19.1	0.9
7	15	19.1	-4.1
总数	168		

表12-11表明：168个观察数据中，星期一到星期日的实际死亡人数分别为55、23、18、11、26、20、15，按照理论分布，168人在一周内各天死亡的期望频数应为53.5、19.1、19.1、19.1、19.1、19.1、19.1，实际观察频数与期望频数的残差分别为1.5、3.9、-1.1、-8.1、6.9、0.9、-4.1。

表 12-12 是计算的卡方统计量以及对应的概率（Sig.）。如果显著性水平 a 是 0.05，由于概率（Sig.）大于 a，表示实际分布与理论分布无显著差异，即心脏病猝死人数与日期的关系基本是 2.8∶1∶1∶1∶1∶1∶1。

表 12-12　心脏病猝死卡方检验结果（二）

检验统计量	
	死亡日期
卡方	7.757[a]
df	6
渐近显著性	0.256
a. 0 个单元（0.0%）具有小于 5 的期望频率。单元最小期望频率为 19.1。	

二、K-S 检验

（一）K-S 检验原理

K-S 检测是以俄罗斯数学家柯尔莫哥和斯米诺夫（Kolmogorov，Smirnov）的名字命名的一种非参数检验方法。其检测原理是将观察到的样本累积分布函数与一个严格服从某一理论分布的累积分布函数进行比较。这也是一种常用的检验分布形式的方法，但只适用于分布函数为连续函数的情况。K-S 检验用来检验单变量总体的分布，此理论分布包括正态分布、均匀分布、泊松分布和指数分布。K-S 检验中使用的统计量 Z 度量的是观察到的累积分布函数与理论上的累积分布函数之间的最差值且是绝对值。此外，K-S 检验中的拟合优度检验提供了某一样本是否来自于某一特定分布总体的检验方法。

很多参数检验中，我们要求所分析的变量是正态分布，而要检验一个变量是否服从正态分布就要用到本节介绍的 K-S 正态性检验，如果一个变量通过了非参数的正态性检验，那么下一步就可以进行参数检验的分析了。K-S 检验的过程要求使用区间或者比例测度的数值型变量。SPSS 中提供了 4 种分布形式的 K-S 检验：正态分布（系统默认的检验分布形式）、泊松分布、均匀分布、指数分布。

（二）K-S 检验的应用举例

例如，收集到 21 名周岁儿童身高的样本数据，分析周岁儿童身高的总体是否服从正态分布。

（1）打开 SPSS 软件，进行数据录入，结果如图 12-7 所示。

图 12-7　周岁儿童身高 SPSS 统计表截图

（2）录入完毕后，进行数据处理：选择"分析→非参数检验→1 样本 K-S 检验"，如图 12-8 所示。

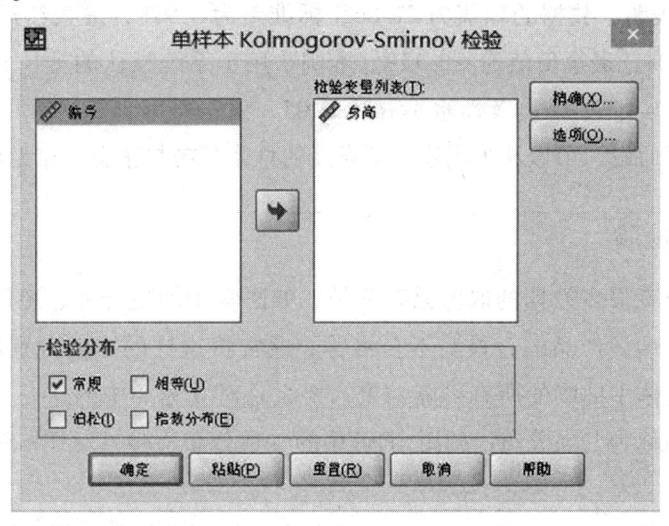

图 12-8　"单样本 K-S 检验"对话框

（3）运行结束后出现分析结果，如表 12-13 所示。

表 12 - 13　周岁儿童身高总体的 K - S 检验结果

单样本 Kolmogorov - Smirnov 检验		
		身高
N		21
正态参数[a,b]	均值	71.86
	标准差	3.979
最极端差别	绝对值	0.204
	正	0.204
	负	-0.119
Kolmogorov - Smirnov Z		0.936
渐近显著性（双侧）		0.344
a. 检验分布为正态分布		
b. 根据数据计算得到		

表 12 - 13 表明，数据的均值为 71.86，标准差为 3.979，最大绝对差值为 0.204，最大正值为 0.204，最小负值为 -0.119。本例采用了系统默认的常规分布检验，得出概率（Sig.）0.344。如果显著性水平 α 为 0.05，由于概率（Sig.）大于显著性水平，因此不能拒绝原假设，可以认为周岁儿童身高的总体分布与正态分布无显著差异。

三、二项检验

现实生活中有很多数据的取值只有两类，如医学中的生与死、患病的有与无、性别中的男性和女性、产品的合格与不合格等。通常将这样的二值分别用 1 和 0 表示。从这种二分类总体中抽取的所有可能结果，要么是对立分类中的这一类，要么是另一类，其频数分布称为二项分布。调用 SPSS 中的二项分布检验可对样本资料进行二项分布分析。

二项检验的基本功能是通过样本的频数分布来推断总体是否服从那个特定的二项分布，适用于二分类变量的拟合优度检验。这种检验过程也是通过分析实际的频数与理论的频数之间的差别或者说差别程度来完成的。

（一）二项检验的原理

SPSS 的二项分布检验正是通过样本数据检验样本来自的总体是否服从指定概率值为 p 的二项分布，其原假设为样本来自的总体与指定的二项分布无显著差异。

SPSS 二项分布检验，在小样本中采用精确检验方法，对于大样本则采用近似检验方法。精确检验方法计算 n 次试验中成功出现的次数小于等于 x 次的概率，即

$$p\{X \leqslant x\} = \sum_{i=0}^{x} C_n^i p^i q^{n-i}$$

在大样本下，采用近似检验，用 Z 检验统计量，即

$$Z = \frac{x \pm 0.5 - np}{\sqrt{np(1-p)}}$$

SPSS 自动计算上述精确概率值和近似概率值。如果概率值小于显著性水平 α，则应拒绝原假设，即认为样本来自的总体分布与指定的二项分布存在显著差异；反之，则不存在显著差异。

（二）二项检验的应用举例

某地某一时期内出生 35 名婴儿，其中女孩 19 名（定义为“0”），男孩 16 名（定义为“1”）。问这个地方出生婴儿的性别比例与通常的男女性比例（总体概率约为 0.5）是否不同？

（1）打开 SPSS 软件，进行数据录入，结果如图 12－9 所示。

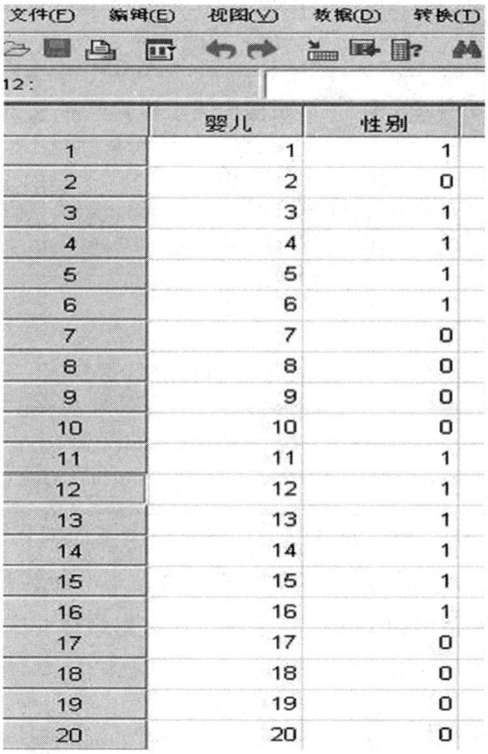

	婴儿	性别
1	1	1
2	2	0
3	3	1
4	4	1
5	5	1
6	6	1
7	7	0
8	8	0
9	9	0
10	10	0
11	11	1
12	12	1
13	13	1
14	14	1
15	15	1
16	16	1
17	17	0
18	18	0
19	19	0
20	20	0

图 12－9 婴儿性别比例 SPSS 统计表截图

(2) 依次在菜单栏中打开"分析→非参数检验→二项式检验",如图 12-10 所示。

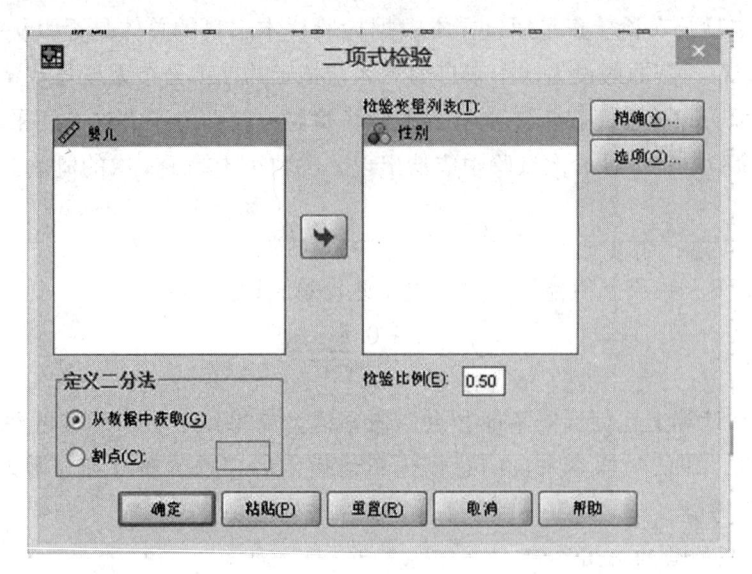

图 12-10 单样本的"二项式检验"对话框

(3) 运行结束后出现分析结果如表 12-14 所示。

表 12-14 婴儿性别比例的二项式检验

		类别	N	观察比例	检验比例	渐近显著性（双侧）
性别	组 1	1	16	0.46	0.50	0.736[a]
	组 2	0	19	0.54		
	总数		35	1.00		

a. 基于 Z 近似值

表 12-14 表明，35 名婴儿中，女孩 19 名（定义为"0"），男孩 16 名（定义为"1"），男孩的实际比例为 0.46。通常的男女性总体概率约为 0.5，那么 35 个样本中男孩个数小于等于 16 个的概率值为 0.736。如果显著性水平 α 为 0.05，由于概率（Sig.）大于显著性水平 α，不应拒绝原假设，认为这个地方出生婴儿的性别比例与通常的男女性比例（总体概率约为 0.5）相同。

四、游程检验

游程检验用于检验样本的随机性和两个总体的分布是否相同。在统计分析中，常常要求抽取的样本是随机的，因为这将影响到最终的统计推断。但通过传统的参数检验得到的数据的总体特征和分布形态，要判断数据的随机性却十分困难，而游程检验就是一种能有效检验一组数据是否随机的方法。

（一）游程检验的基本原理

游程检验的思路是将连续的相同取值的记录作为一个游程。如果序列是随机序列，那么游程的总数应当不太多也不太少，过多或过少的游程的出现均表示序列中相应的变量值的出现并不是随机的。为了检验数据是否是随机的，我们可以采用游程检验。游程检验是指某序列中同类元素的一个持续的最大子集。例如在某高校的入学新生中，用 0 表示女孩，1 表示男孩，按照录取的先后顺序得到如下记录：001110110001，在这段数据序列中，一段全由 0 或全由 1 组成的串称为一个游程，游程的个数记为 r，一个游程中的数据的个数称为游程长度。如上例中共有六个游程，分别是 00、111、0、11、000、1，游程长度分别为 2、3、1、2、3、1，如果样本容量为 n，其中一类记为 n_1，另一类记为 n_2，则 $n_1 + n_2 = n$，游程检验就是根据样本的容量和游程的多少来判别一序列数据是否为随机的。

在样本量一定的情况下，可以通过游程个数 r 来判别数据序列否具有随机性。当 r 较大时，表示 0 和 1 交替出现的次数比较频繁，平均游程长度较小，可能有系统的短周期波动影响观察结果，极端数据序列如：101010101010；当 r 较小时，则意味着样本内部存在着一定的趋势和结构，原因可能是样本来自不同的总体或者观测值彼此不独立，极端数据序列如：111111000000。因此，r 太大或太小都不太符合数据随机性的要求。

游程检验的虚无假设 H_0：总体某个变量的变量值出现是随机的，备择假设 H_1：总体某个变量的变量值出现不是随机的。

（二）游程检验的应用举例

近几年，阿里巴巴集团推出的线上理财产品余额宝受到了大家的热捧，余额宝年收益率的波动牵动着千万人民的心，已知余额宝收益率在过去一段时间中表现如下，用 1 表示收益率上涨，用 0 表示收益率下跌，得到如下数据序列：11110001100001011001，请问能否根据这款产品在过去这段时间的表现判断其收益率的未来走向？

分析：直观看来，其收益率走向并不十分稳定，涨跌在不断变化，但是在内部是否仍然有一定的规律性呢？根据之前浮动趋势来判断未来价格走向，其实就是判断其收益率涨跌是否是随机的问题，我们可以通过游程检验来进行分析。

（1）打开 SPSS 软件录入数据，如图 12-11 所示。

（2）依次打开"分析→非参数检验→游程检验"，如图 12-12 所示。

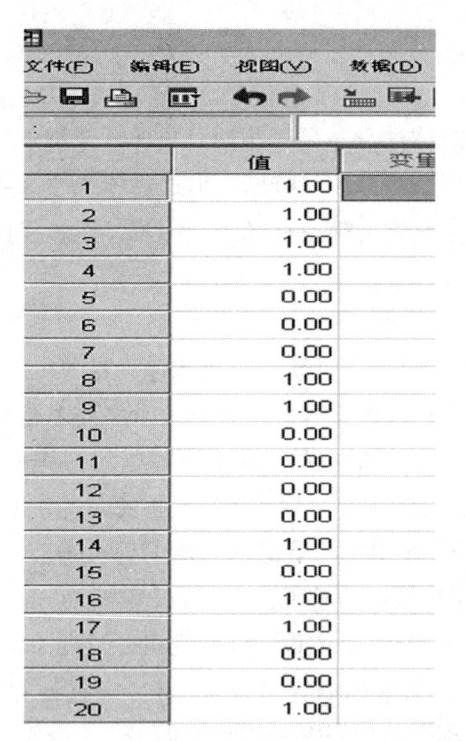

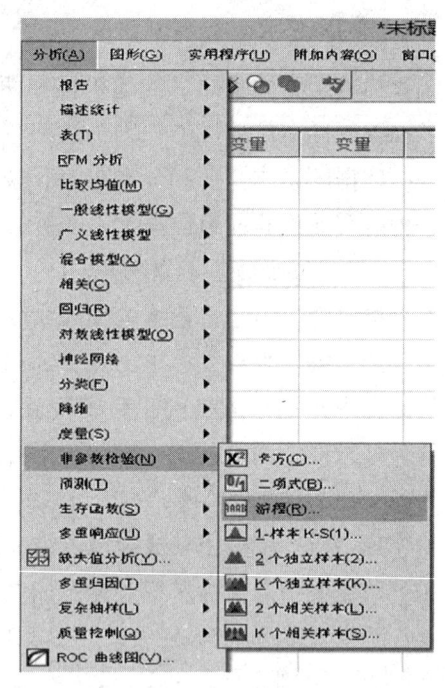

图12-11　余额宝收益率SPSS统计表截图　　图12-12　"游程检验"示意图

（3）单击"确定"后，弹出"游程检验"对话框，单击 ![arrow] 把"值"变量添加到右侧"检验变量列表中"，如图12-13所示。

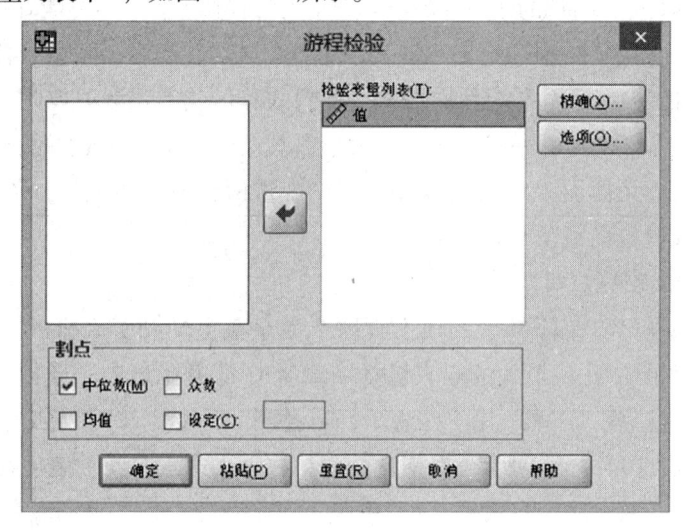

图12-13　"游程检验"对话框

（4）单击"精确"按钮，在弹出的"精确"对话框中，选择"仅渐进法"，最后单击"继续"按钮，如图12-14所示。单击"选项"按钮，在弹出的"选项"对话框中选择"统计量"中的"描述性"，最后单击"继续"按钮，如图12-15所示。

· 310 ·

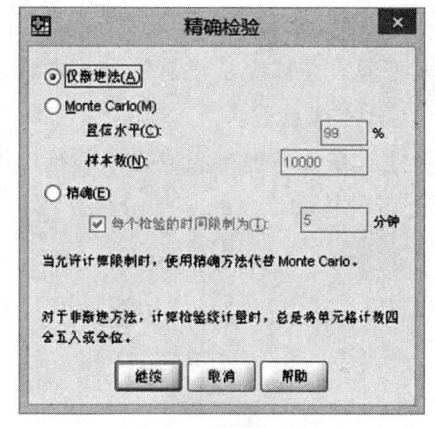

图 12-14 "精确检验"窗口　　　图 12-15 游程检验："选项"窗口

（5）最后单击"游程检验"对话框的"确定"按钮，运行结束后出现分析结果如表 12-15 所示。

表 12-15　收益率未来走向的游程检验结果

游程检验	
	值[a]
检验值	0.50
案例 < 检验值	10
案例 ≥ 检验值	10
案例总数	20
Runs 数	9
Z	-0.689
渐近显著性（双侧）	0.491
精确显著性（双侧）	0.484
点概率	0.115
a. 中值	

表 12-15 表明，检验值（这里是中位数）为 0.50，共有样本 20 个。小于和大于等于检验值的样本数各 10 个。游程数为 9，检验统计量的值为 0.484，对应的点概率为 0.115。如果显著性水平 α 为 0.05，由于点概率大于显著性水平 α，因此不应拒绝原假设，可以认为样本接受随机性假设，即余额宝的收益率变动无法预测。

本章小结

本章主要介绍了市场中几类常用的假设检验法。假设检验法的基本思路是通过对样本值的分析来检验原假设是否正确，从而作出接受或拒绝的判断。

根据待分析的数据和待检验的类型，假设检验包括参数检验和非参数检验两大类。

参数检验是在总体分布已知的情况下对一些主要的参数（均值、百分比、方差等）所进行的假设检验，适用于数值型数据，一般都假设总体服从正态分布。本章主要介绍了单样本 T 检验、两独立样本 T 检验、两配对样本 T 检验。

非参数检验是根据样本数据对总体的某种性质或关系进行假设检验的统计推断方法，适合于对总体分布不知道的实际问题所进行的检验。本章主要介绍了卡方检验、二项检验、K-S 检验、游程检验。

复习思考题

1. 假设检验一般应遵循几个步骤？
2. 参数检验与非参数检验的差异是什么？
3. 卡方检验、二项检验、K-S 检验、游程检验的原理都是什么？

案例分析

之雅服装厂的市场调查与竞争分析

旭东集团是一家集服装、保健品生产和房地产开发于一体的多元化经营集团公司。多年来，其经营业绩一直较好。但自 2010 年以来，其下属的之雅服装厂的经营业绩却出现滑坡现象。为找出原因，集团特派出调查组协同之雅服装厂对其内部管理情况以及外部市场情况进行摸底调查，发现之雅服装厂之所以经营业绩一路滑坡，原因之一就是其内部高层管理领导更替频繁。但调查组经过一致分析后认为，这还不是主要原因。调查组又深入市场，发现自 2010 年以来，市场上出现了 8 家服装厂，其中有两家生产规模与之雅服装厂相当，且均生产同类型服装。调查者初步认为，竞争对手的出现可能是导致企业经营业绩滑坡的主要原因。为进一步弄清竞争对手的市场定位情况及竞争优势，调查者特地从产品质量、产品价格和服务质量三个方面随机对 3000 名消费者进行了市场调查，对每个服装厂均选择 1000 名消费者进行调查，让每个被调查者在产品质量好、价格合理、服务质量好三个选项中作单项选择，获得资料如表 12-16 所示。

表 12-16　三个服装厂产品情况调查表

服装公司 \ 选择理由	产品质量好	价格合理	服装质量好	合计
之雅服装厂	370	280	350	1000
竞争对手一	300	330	370	1000
竞争对手二	320	350	330	1000
合计	990	960	1050	3000

从调查资料来看，之雅服装厂似乎在产品质量方面继续拥有优势，而在价格方面却似乎处于明显的劣势。但实际情况是否是这样，还需要做进一步的假设检验，因为通过市场抽样调查获得的信息带有很大的随机性和偶然性，必须进行去伪存真的处理。于是调查组选择用百分数检验法对其进行检验。

先计算出各服装厂在三种状态下的样本百分数，结果如表 12-17 所示，再进行假设检验。

表 12-17 样本百分数

选择理由 百分比率	产品质量好	价格合理	服装质量好	合计
之雅服装厂（p_1）	37%	28%	35%	100%
竞争对手一（p_2）	30%	33%	37%	100%
竞争对手二（p_3）	32%	35%	33%	100%

假设检验分三步进行。首先检验之雅服装厂与其他两个竞争对手在产品质量方面有无显著性差异；然后检验价格方面二者有无显著性差异；最后检验服务质量方面二者有无显著性差异。有关计算结果如表 12-18 所示。

表 12-18 之雅服装厂与其竞争对手之间的检验结果

检验结果 状态		检验统计量 $Z = \dfrac{p_1 - p_2}{\sqrt{\dfrac{p_1(1-p_1)}{n_1} + \dfrac{p_2(1-p_2)}{n_2}}}$	临界值 $Z_{\frac{\alpha}{2}}$ （显著性水平 $\alpha = 0.05$）
产品 质量好	之雅服装厂与竞争 对手一之间	$Z = 3.33$	$Z_{\frac{0.05}{2}} = 1.96$
	之雅服装厂与竞争 对手二之间	$Z = 2.36$	$Z_{\frac{0.05}{2}} = 1.96$
价格 合理	之雅服装厂与竞争 对手一之间	$Z = -2.43$	$Z_{\frac{0.05}{2}} = 1.96$
	之雅服装厂与竞争 对手二之间	$Z = -3.38$	$Z_{\frac{0.05}{2}} = 1.96$
服务 质量好	之雅服装厂与竞争 对手一之间	$Z = -0.93$	$Z_{\frac{0.05}{2}} = 1.96$
	之雅服装厂与竞争 对手二之间	$Z = 0.94$	$Z_{\frac{0.05}{2}} = 1.96$

通过表 12-18 的检验结果，调查组得出以下统计结论：

（1）在产品质量方面，至少有 95% 的把握认为之雅公司的产品质量明显高出其竞争对手，这是优势。

（2）在服务质量方面，三者平分秋色。之雅服装厂既没有优势，也没有劣势。

（3）在价格方面，之雅服装厂的服装价位偏高，明显处于不利地位。如果不考虑这个因素，之雅服装厂仍具有很强的市场竞争实力，一旦加入这个因素（事实上很多消费者对这个因素非常敏感），该品牌的市场竞争优势则荡然无存，市场占有率下降，市场份额减少。

针对上述调查结果，之雅服装厂协同调查者作出决定：在继续抓好产品质量、服务质量，突出质量优势的前提下，适当调整产品价格。考虑到之雅服装厂的降价措施可能引起竞争对手的连锁反应，因此之雅服装厂决定做好以下几项配套措施：

（1）在广告宣传中，重点做好产品质量推介，巩固消费者对本品牌质量的忠诚度。

（2）加大技术投入，尽量降低产品成本，做好长期竞争的物质准备。

（3）利用现有技术力量，适当开发一些差异性产品（主要是竞争对手没有或不愿意开发的产品），比如采用一些新式面料，开发一些新款时装，以增强企业的抗风险能力。

资料来源：景奉杰，曾伏娥. 市场营销调研（第二版）[M]. 北京：高等教育出版社，2010.

案例讨论

调查组与之雅服装厂所作出的市场调查与竞争分析是否准确、完备？还有没有更好的市场调查方法？

第十三章
市场研究报告撰写

本章学习目标

1. 理解市场研究报告的概念和作用；
2. 理解市场研究报告的类型及应用场合；
3. 了解市场研究报告的评价准则；
4. 了解市场研究报告的撰写技巧；
5. 掌握市场研究报告的格式和内容。

> 引导案例

××市居民家庭饮食消费状况调查报告

为了深入了解本市居民家庭在酒类市场及餐饮类市场的消费情况，特进行此次调查。调查由本市某大学承担，调查时间是2009年7月至8月，调查方式为问卷式访问调查，本次调查选取的样本总数是2000户。各项调查工作结束后，该大学将调查内容予以总结，其调查报告如下。

一、调查对象的基本情况

（一）样本类属情况。在有效样本中，工人320户，占总数比例18.2%；农民130户，占总数比例7.4%；教师200户，占总数比例11.4%；机关干部190户，占总数比例10.8%；个体户220户，占总数比例12.5%；经理150户，占总数比例8.52%；科研人员50户，占总数比例2.84%；待业人员90户，占总数比例5.1%；医生20户，占总数比例1.14%；其他260户，占总数比例14.77%。

（二）家庭收入情况。本次调查结果显示，大部分的人均收入在1000元左右，样本中只有约2.3%的消费者收入在2000元以上。因此，可以初步得出结论，本市总的消费水平较低，商家在定价的时候要特别慎重。

二、专门调查部分

（一）酒类产品的消费情况

1. 白酒比红酒消费量大

分析其原因，一是白酒除了顾客自己消费以外，用于送礼的较多，而红酒主要是自己消费；二是商家做广告也多数是白酒广告，红酒的广告很少。这直接导致白酒的市场大于红酒的市场。

2. 白酒消费多元化

（1）从买白酒的用途来看，约52.84%的消费者用来自己消费，约27.84%的消费者用来送礼，其余的是随机性很大的消费者。买酒用于自己消费的消费者，其价格大部分在20元以下，其中10元以下的约占26.7%，10～20元的占22.73%。从红酒的消费情况来看，大部分价格也都集中在10～20元，其中，10元以下的占10.23%，价格档次越高，购买力相对越低。从品牌上来说，以花果山、张裕、山楂酒为主。送礼者所购买的白酒其价格大部分在80～150元（约占28.4%），约有15.34%的消费者选择150元以上。从品牌的选择来看，约有21.59%的消费者选择五粮液，10.79%的消费者选择茅台，对红酒的调查显示，约有10.2%的消费者选择40～80元的价位，选择80元以上的约有5.11%。

（2）购买因素比较鲜明，调查资料显示，消费者关注的因素依次为价格、品牌、质量、包装、广告、酒精度。

（3）顾客忠诚度调查表明，经常换品牌的消费者占样本总数的32.95%，偶尔换的占 43.75%，对新品牌的酒持喜欢态度的占样本总数的 32.39%，持无所谓态度的占 52.27%，明确表示不喜欢的占 3.4%。

（4）购买动因调查显示，主要在于消费者自己的选择，其次是广告宣传，然后是亲友介绍，最后才是营业员推荐。

（二）饮食类产品的消费情况

本次调查主要针对一些饮食消费场所和消费者比较喜欢的饮食，调查表明，消费有以下几个重要特点。

（1）消费者认为最好的酒店不是最佳选择，而最常去的酒店往往又不是最好的酒店，消费者最常去的酒店大部分是中档的，这与本市居民的消费水平是相适应的，现将几个主要酒店比较如下：泰福大酒店是大家最看好的，约有 31.82% 的消费者选择它，其次是望海楼和明珠大酒店，都是 10.23%，然后是锦花宾馆。

（2）消费者大多选择在自己工作或住所的周围，有一定的区域性。虽然在酒店的选择上有很大的随机性，但也并非绝对如此。消费者追求时尚消费，如对手抓龙虾、糖醋排骨、糖醋里脊、宫爆鸡丁的消费比较多，特别是手抓龙虾，在调查样本总数中约占 26.14%，以绝对优势占领餐饮类市场。

（3）近年来，海鲜与火锅成为市民饮食市场的两个亮点，市场潜力很大，目前的消费量也很大。调查显示，表示喜欢海鲜的占样本总数的 60.8%，喜欢火锅的约占 51.14%；在对季节的调查中，喜欢在冬天吃火锅的约有 81.83%，喜欢在夏天吃火锅的约为 36.93%。

三、结论和建议

（一）结论

（1）本市的居民消费水平还不算太高，属于中等消费水平，平均收入在 1000 元左右，相当一部分居民还没有达到小康水平。

（2）居民在酒类产品消费上主要是用于自己消费，并且以白酒居多，红酒的消费比较少。用于个人消费的酒品，无论是白酒还是红酒，其品牌都以家乡酒为主。

（3）消费者在买酒时多注重酒的价格、质量、包装和宣传，也有相当一部分消费者持无所谓的态度。对新牌子的酒认知度较高。

（4）对酒店的消费，主要集中在中档消费水平上，火锅和海鲜的消费潜力较大，并且已经有相当大的消费市场。

（二）建议

（1）商家在组织货品时要根据市场的变化制定相应的营销策略。

（2）对消费者较多选择本地酒的情况，政府和商家应采取积极措施引导消费者的消费，实现城市消费的良性循环。

根据所给材料思考：

（1）该市场研究报告包括哪些方面的内容？

（2）你认为该研究报告还有哪些值得改进的部分？

第一节　市场研究报告概述

一、市场研究报告的概念和分类

撰写市场研究报告是市场调查的最后一步，也是十分重要的一步。调查研究的结果只有用合理的形式表现出来，才能够发挥市场调查的作用，才能帮助企业解决实际营销问题。

（一）市场研究报告的含义

市场研究报告是调查结果的集中表现，它是通过文字、图表等形式将调查的结果表现出来，以使人们对所调查的市场现象或问题有一个全面系统的了解和认识，从而帮助决策者或管理层制定合适的决策。能否撰写出一份高质量的调查报告，是决定调查本身成败与否的重要环节。

（二）市场研究报告的分类

由于市场调查的内容极为广泛，每一个调查主题都是围绕着特定的目标展开的，因而，反映调查结果的市场研究报告也就具有了不同的类型。

1. 根据市场研究报告的内容分类

根据市场研究报告的内容，可以把市场研究报告分为专题报告和综合报告。

专题报告主要是针对某个问题而撰写的市场研究报告，这也是学生在进行市场研究实践时比较常见的一种类型，例如针对某类具体产品或品牌的消费问题进行调查研究，最后就可以写出专题报告。

综合报告主要是全面反映整个调查过程的市场研究报告，要求详细说明调查结果及发现，这种报告是提供给用户的最基本报告。综合报告以对资料的分析和研究为主，通常以图文并茂的形式将调查过程、方法及分析结论表现出来，使人们对该项调查及结论有一个比较全面的了解。我们通常所说的调查报告就属于综合报告的范畴。

2. 根据市场研究报告覆盖的范围分类

根据市场研究报告覆盖的范围，可以把市场研究报告分为宏观报告和微观报告。

宏观报告是从全球或全国的视角进行的市场分析，比较常见的行业发展报告就属于此种类型，其最典型的特征就是站得更高，看得更远，考虑问题比较全面。

微观报告主要是站在企业的角度进行的市场分析，它往往是对顾客、竞争对手等情况进行的分析。与宏观报告相比，它更多的是解决企业面临的实际问题。

3. 根据提交报告的形式分类

根据提交报告形式的不同，市场研究报告可以分为书面报告和口头报告两种。

所谓的书面报告,就是调查组织方以书面的形式将报告提交给调查委托方或主要的决策者,以供其参考和使用。一份完整的书面报告通常包括标题页、目录、摘要、正文和附录五部分,其中正文是报告的主体部分,摘要是报告核心内容的集中反映,在撰写时一定要认真严谨。

口头报告通常是书面报告的补充,它是在委托方或者主要决策者有需求的情况下,由调查组织方提供的一种口头汇报形式。为了使口头报告更易达到汇报者的目标,在口头报告时一般要准备三个方面的材料,即汇报提要、发放给听众的最终报告及汇报所需的辅助工具(投影仪、电脑、扩音设备等)。

4. 根据报告的性质分类

根据报告的性质,可以将市场研究报告分为研究性报告和技术报告。

研究性报告在某些教材中也被认为是专题报告的一种,其特点是学术性很强,往往需要进行较深入的分析研究。

技术报告则更多侧重对市场调查中所涉及的技术性问题进行的说明和分析,如报告中会对抽样方法、调查方法及误差计算等进行详细说明,以证明研究结果的客观性和正确性。

二、市场研究报告的写作原则

由于市场研究报告是市场调查活动成果的集中体现,是对市场的全面情况或某一侧面、某一问题进行研究之后撰写出来的报告,是针对市场状况进行的研究与分析,也是委托方对调查活动进行评价的重要甚至是唯一依据。所以,撰写高质量的市场研究报告就显得尤为重要。为此,在撰写市场研究报告时应遵循以下重要原则。

(一)针对性

市场研究报告是为客户解决问题的,是为其做出正确决策提供依据的。因此,在撰写市场研究报告时,必须要遵循针对性的原则。针对性至少要包括两方面的内容:

第一,研究报告必须明确研究目的。任何研究报告都是目的性很强的,是为了解决某一问题,或是说明某一问题,因而撰写报告时必须做到目的明确、有的放矢,围绕主题开展论述。

第二,研究报告必须明确阅读对象。阅读对象不同,他们的要求和所关心问题的侧重点就不同,例如专业人员可能侧重看数据,而非专业人员更侧重看结论,这就要求最后生成的报告各有偏重。但无论研究报告的侧重点有何不同,其内容都应反映调查组织者所要求的有关市场的信息资料,并在此基础上给出合理的结论和建议。同时在报告中要证明得出这些结论和建议所用分析处理方法的科学性和正确性。只有满足了上述要求的市场研究报告才能满足客户的需要。

(二)实事求是

实事求是是市场研究报告要遵循的最基本原则。所谓实事求是,其最大的特点就是尊重客观事实，靠事实说话。这一特点要求市场调查人员必须树立科学严谨的态度，在市场调查过程中不弄虚作假，在撰写市场研究报告时严格按照调查过程中获得的资料进行分析，得出结论，给出建议。只有满足了实事求是的原则，得出的市场研究报告才具备决策参考价值。

（三）突出重点

由于市场研究报告包含的内容比较多，所以在对报告内容进行编排时，既要保证全面反映所得的市场信息，又要突出重点，尤其是结论和建议部分要描述清晰。只有这样，才便于决策者进行阅读和参考。

（四）新颖性

市场研究报告应紧紧抓住市场活动的新动向、新问题，引用一些人们未知的通过研究研究得到的新发现，提出新观点，形成新结论。只有这样的研究报告，才有使用价值，达到指导企业营销活动的目的。

（五）时效性

要顺应瞬息万变的市场形势，研究报告必须讲究时间效益，做到及时反馈。只有让报告及时到达使用者手中，使决策跟上市场形势的发展变化，才能发挥研究报告的作用。

三、市场研究报告的功能和要求

市场营销调查的目的是为企业的管理层或决策者进行营销决策提供有关市场方面的信息和建议，这就要求市场营销调查人员所提供的数据必须是真实、准确和具有建设性的。大多数情况下，企业往往是委托专门的机构为其进行市场调查工作，在这种情况下，虽然企业的决策者并不直接参与具体的调查工作，但是他们迫切需要了解整个调查过程、结果和建议，以便判断调查的客观性和科学性，并根据结果和建议作出科学的决策。而这些东西都需要通过调查报告来体现。因此，市场研究报告的质量将直接影响到决策者或管理层对调查工作的评价，并直接影响到最终所作出的营销决策。

总体来看，市场研究报告一般具备四个方面的重要功能：一是描述整个市场调查的结果；二是充当决策者进行决策的参考文件；三是证明所做工作的可行性有多大；四是调查活动的委托方对调查活动进行评价的重要依据。而这四个方面的功能必须通过满足以下几个方面的要求来实现。

1. 市场研究报告必须要体现出研究的细节

一份合格的市场研究报告应是对已完成的调查项目的完整而又准确的描述，也就是说，市场研究报告的内容必须详细、完整地表达如下内容：调查目的、调查背景、调查方法及评价、调查结果摘要、以表格或图形方式展现的调查结果、结论及建议等。

2. 市场研究报告能够发挥像参考文件一样的作用

市场研究报告必须能够满足决策者阅读和研究的需要，以帮助其作出正确的决策。因此，它应该具有较高的使用价值。

3. 市场研究报告必须建立并保持研究的可信度

由于市场研究报告在决策过程中发挥着重要作用，要求其必须具有较高的可信度。这种可信度可以从以下三个方面进行判断。

首先，市场研究报告的外观会影响到人们对其可信度的判断。市场研究报告的格式是否规范、有无错别字、印刷质量如何、有无页码缺省及图表制作是否美观等，都会影响人们对报告的评价，若人们对报告的外观不满意，往往会使人对制作者的态度产生怀疑，进而影响读者对可信度的评价。

其次，在市场研究报告中，要说明市场调查活动所采用的调查方法、抽样技术以及由此所带来的误差，以确保报告的可信度。合理科学的调查方法和抽样技术会直接影响调查结果，并最终影响市场研究报告的可信度。

最后，在市场研究报告中给出的结论和建议一定要建立在前期调查数据的基础之上，且应该具备较强的可操作性，避免信口开河，给出缺乏可行性的建议。

四、市场研究报告写作注意事项

第一，切忌将分析工作简单化。即资料数据罗列堆砌，只停留在表面文章上，根据资料就事论事。简单介绍式的分析多，深入细致的分析及观点少，无结论和建议，整个调研报告的系统性就很差，分析报告的价值也就不大。只有重点突出，才能使人看后得到深刻的印象。

第二，切忌面面俱到、事无巨细进行分析。把收集来的各种资料无论是否反映主题，全都面面俱到、事无巨细地进行分析，使读者感到杂乱无章，读后不知所云。一篇调研报告自有它的重点和中心，在对情况有了全面了解之后，经过全面系统地构思，应能有详有略、抓住主题、深入分析。

第三，报告长短根据内容确定。调查报告的长短，要根据调查目的和研究报告的内容而定。对调查报告的篇幅，做到宜长则长，宜短则短，尽量做到长中求短，力求写得短小精悍。

第二节 书面市场研究报告

一、市场研究报告的结构

不管何种类型的市场研究报告，最终提交的形式都只有两种：书面报告和口头报告。口头报告是书面报告的补充，所以这里主要介绍书面报告的结构和内容。一般来讲，市场研究报告的结构和内容会因调查性质、撰写人以及决策者的专业、背景及爱好等而呈现出一定的差异。但是，市场研究报告的基本功能是不变的，就是要把市场信息完整准确地传递给委托者或决策者。一份完整的市场研究报告往往包含三大部分的内容：前文、正文和结尾，这三大部分又各有细分，其具体格式主要包括封面、目录、摘要、正文和附录等几个重要的部分，下面我们就针对这些部分进行详细分析。

（一）封面

一般情况下，封面的内容应包括：报告的标题、报告提供对象的名称、报告公布的日期以及报告提供者的信息等。市场研究报告的标题也就是报告的题目，标题设计应简单醒目并突出调查项目的特点。有的市场研究报告可能采用正副两个标题，正标题表达调查的主题，副标题则具体表明调查的单位和问题。如果是企业内部调查，报告提供者是内部自设的调查机构，报告提供对象是企业的高层或决策者。如果是委托外部机构进行调查，则报告提供者是提供调查服务的外部机构，报告提供对象是调查项目的委托方。如果报告需保密，就需要在封面之前加上扉页，并在每份扉页上编号或写上报告收件人的姓名。

（二）目录

一般的市场研究报告尤其是篇幅较长的都应该有一个目录，所谓目录也就是报告中各章节的内容索引及其相对应的页码，如果报告中包含附录，则目录中还应包含附录的顺序提要，以便读者查阅相关内容。一般情况下，只编写两个层次的目录，且目录以不超过一页为宜，如图13-1所示。

目录	
一、摘要 …………………………………………………………	1
二、调查概况 ………………………………………………………	×
（一）调查背景 ……………………………………………………	×
（二）调查目的 ……………………………………………………	×
（三）调查内容 ……………………………………………………	×
三、调查方法 ………………………………………………………	×
四、调查结果分析 …………………………………………………	×
（一）调查过程概述 ………………………………………………	×
（二）调查结果 ……………………………………………………	×
1. ×××× ……………………………………………………	×
2. ×××× ……………………………………………………	×
3. ×××× ……………………………………………………	×
4. ×××× ……………………………………………………	×
五、结论及建议 ……………………………………………………	×
附录一：××问卷 …………………………………………………	×
附录二：数据统计及分析 …………………………………………	×

图13-1 市场研究报告目录格式

（三）摘要

摘要是市场研究报告核心内容的体现，是对调查中所有主要事项和主要调查成果及结论的综述。在实践中，由于专业知识的限制以及工作紧张等原因，有的调查委托方或决策人员对调查的细节没有什么兴趣，他们只想知道调查的主要成果、结论和建议等。在这种情况下，摘要很可能是调查者影响决策者的一个重要机会，因此，摘要也就成了很多市场研究报告不可缺少的一项重要内容。

编写摘要的工作应放在报告全文写好之后，然后将其插入到报告中的适当位置，由于摘要是报告核心内容的反映，因此它的长度一定要控制好，一般不宜超过两页。这就要求相关人员在编写摘要时，一定要仔细斟酌报告内容的重要性。需要指出的是，摘要不是市场研究报告各部分内容的等比例浓缩，在编写时，既要突出主要内容，也要重点突出，言简意赅。

在摘要中，要详细描述以下几个方面的内容：①开展此项调查的目的，即简要地说明调查的由来和调查的重要背景；②考虑问题的角度，即调查项目是从哪些角度入手，解决问题的思路是什么；③调查对象和调查内容，包括调查对象、范围、调查要点及所要解答的问题、调查的时间和地点等；④调查研究的方法，介绍调查研究的方法有助于使人确信调查结果的可靠性，因此对所用方法要进行简短叙述，并说明选用该方法的原因；⑤市场调查所得出的基本结论；⑥提出解决问题的建议，这些建议的提出要以调查结论为基础。

（四）正文

正文是市场研究报告的主体部分，此部分必须准确阐明全部相关论据，包括问题的提出到最终得出的结论和建议，论证分析研究问题的方法等。正文部分主要包括引言、研究方法、调查成果、结论和建议及限制条件和忠告五部分。

1. 引言

引言是书面报告正文的开始部分，其作用是向报告的使用者提供进行市场研究的背景资料和相关信息。引言通常包括以下几个方面的内容：进行此项调查工作的原因、所要解决的问题、要达到的目标、此项调查的重要作用和意义以及调查所依据的一些假设等。引言的目的是引导读者详细了解所面临的问题，值得指出的是，引言中提到的相关问题在正文中都应得到相应的解释。

2. 研究方法

选用科学正确的调查方法有助于使人们相信调查结果的可靠性，因此在正文中应对调查中所用到的调查方法进行简短叙述，并给出选用这些方法的理由。这里所说的研究方法是指为达到调查目标所使用的程序，调查方法只是研究方法的一个组成部分。描述研究方法时至少应从以下几个方面来说明：①确定调查的类型，即说明所选择的调查项目是探索性的、描述性的，还是预测性的或因果性的，以及为什么适用于这一特定类型的调查；②搜集、检查和使用各种资料的方法，即说明收集的资料是一手资料还是二手资料，收集资料的方法是调查法、观察法还是实验法等；③抽样设计和样本选择方法，即说明目标总体是什么，样本单位有哪些，抽样框怎么设计以及样本是怎么选出来的等；④所使用的问卷类型以及确定类型的依据；⑤实地工作，说明选择调查人员的数量和类型，对人员的培训和监督等，这部分对调查结果的准确性起到至关重要的作用；⑥分析和解释所使用的方法，并给出使用的理论分析方法和定量分析方法，并给出选择这些方法的理由，增加调查结果的可靠性。

3. 调查成果

调查成果是市场研究报告的核心内容，是整个报告中重点阐述的部分，因此往往占有较大的篇幅。这部分主要包括以下几个方面的内容：①通过对大量的原始资料进行整理概括后得到的结果及对结果进行的详细解释和说明；②使用定量、定性及统计分析方法得到的分析结果及对结果作出的详细解释；③其他表达调查成果的手段，如统计图、统计表和曲线等。报告所列调查成果的完整程度，与调查者的水平和使用报告的目的有关。一般来说，成果至少应有足够详细的解释，使读者对所研究的问题有充分的了解。

4. 结论和建议

结论和建议是研究报告的关键内容，也是报告使用者最感兴趣的部分，在这部分，我们应该对调查的前提或假设进行证实或否定，针对调查结果给出结论，并在调查结论的基础上向企业决策者或调查委托方提出建议。这些结论和建议应该与正文部分的论述紧密对应，不可以提出没有证据的结论，建议也必须是可行且可操作的。建议的内容主要包括：企业应当选择的行动方案，其可行性如何以及具体实施计划等。这些建议可能被决策者采纳，也可能被束之高阁。

5. 限制条件和忠告

指出市场研究报告的局限性是正确评价调查结果的前提和现实基础，完美无缺的研究报告是不存在的，因此，某些限制条件的交待是很有必要的。例如完成调查工作的时间限制、被调查者在回答时存在的误差抽样过程中存在的误差以及由于被调查者不愿意作为抽样的对象而使用代替样本的限制等，都使得调查结果存在一定的局限性。否认研究报告的局限性和应用前提是不科学的，所以在研究报告中有必要说明存在的限制条件，以提高调查结果的可信度，当然，也没有必要过分强调局限性，以免影响报告使用者对报告作出客观公正的评价。

在给出限制条件的同时，市场调查人员还必须向委托方或企业决策人员明确两个注意事项：一是明确市场研究报告中的结论不是万能的，其结论受到环境及其他相关因素的制约，决策者或委托方不可过度依赖调查结论；二是决策者或委托方不能因为第一条就怀疑市场研究报告的重要作用，进而导致决策的盲目性和随意性。

（五）附录

附录是指市场研究报告正文中包含不了或没有提及到的，但又是说明或分析报告正文所必须参考的资料，它是对正文报告的补充，一般要排列在报告正文之后。附录中的每一份附件均应标明相应的编号，附录部分的资料通常有下列几种。

（1）已经在报告的正文汇总过的统计表和统计数字列表；
（2）二手资料来源索引；
（3）第一手资料来源和联系对象的基本信息；
（4）问卷副本；
（5）采访者指导说明书；
（6）为抽样调查而选定样本的有关细节；
（7）有关会议记录、谈话记录、书籍、手册等；
（8）约访时间表或日记；
（9）其他有必要列入的参考资料。

二、撰写市场研究报告容易出现的问题

撰写市场研究报告的过程中往往会出现一些比较常见的错误，撰写人员应了解并尽量避免这些错误的出现。

（一）篇幅过长

长久以来，人们对市场研究报告的认识存在一个常见的误区，那就是认为市场研究报告越长，则代表研究者所做的工作越多，质量就越高。不可否认的是，市场调查是一项非常复杂辛苦的工作，经过长时间的辛苦努力后，市场调查者总是试图尽可能多地展示自己的工作成果。因此，其工作内容被事无巨细地写进报告中，但带来的结果使信息严重超载，反而使重要的信息没有办法得到体现。所以，在撰写市场研究报告时，一定要明确重点部分，同时对报告进行有效组织。切记一点，只有能够提供给决策者有用信息的报告才是高质量的。

（二）调查数据单一

有些市场研究人员过多地把精力放在了单一统计数据上，并根据这些统计数据给委托方或决策者提供建议，这样做的结果往往是导致决策者作出错误的决定，甚至丧失很好的市场机会。在市场调查实训中，很多学生经常会犯这样的错误，一看到调查的数据显示男性在购买某种产品中所占的比重比较大，就马上给出应该针对男性群体制定营销策略的建议，而事实是，如果结合其他调查数据，你会发现男性购买该种产品的原因却是妻子或女儿喜欢。例如男性购买的鲜花和巧克力一般不是用来自己消费的，所以进行必要的交叉分析是非常重要的。

（三）数据分析不准确

在撰写市场研究报告时，有些市场研究人员不能准确地对数据进行分析，这将直接导致最终的结论和建议出现问题。例如，在进行态度测量时，可能会用到1、2、3、4、5来表示喜欢的不同程度，同样，我们经常会用1和0来分别代表男性和女性，此

时，市场研究人员必须清楚这些数据是不能够进行加减乘除的，否则得到的数据分析结果不仅没有任何意义，甚至会误导企业作出错误的决策。

(四) 准确性的错觉

在样本较小的情况下，把引用的统计数字保留到两位小数以上常常会导致准确性的错觉。比如，"有13.33%的消费者喜欢这种香水的味道"的陈述会让读者认为13%这个数是合理的，而事实情况是，在样本很小的情况下，这可能就是一个误导，会使得决策者据此作出错误的决定。不仅如此，有些不负责任的市场调查人员正在利用这一错觉进行数据造假。

(五) 报告严重脱离实际

在市场研究报告中，还有一个非常突出的毛病，那就是整个报告中堆满与调查目标和内容无关的资料，虽然看起来分析非常专业到位，但实际上无任何用处。另外一个常见的问题就是提出的建议要么与调查目标没有任何关系，要么没有任何现实依据。

三、市场研究报告的写作要求和步骤

为了尽量规避市场研究报告撰写时容易出现的问题，我们在完成研究报告时应按照一定的要求和步骤来进行。

(一) 市场研究报告的写作要求

1. 主题鲜明

主题鲜明是一份合格的市场研究报告应该具备的最基本特点。市场研究报告是根据调查目的以及调查主题的要求展开资料的收集、整理和分析工作的，整个调查过程非常复杂，所以要求报告必须主题突出，重点一目了然。

2. 选材得当

市场研究报告写作的基础就是市场调查的材料，因此，所选调查材料的合适与否会直接影响到报告的质量。在选择材料时，一定要围绕调查主题展开，所选材料应该是通过对市场调查各个阶段所收集到的各种资料进行筛选后得到的，材料的内容应准确，而且要和报告论述的内容相对应。

3. 合乎逻辑

合乎逻辑是一份市场研究报告是否可信的重要参考依据，为此，报告的书写顺序应当和市场调查的程序保持一致。同时为了显示出报告的逻辑性，在写作时有必要恰当地设立标题、副标题及小标题，并合理地标明项目符号和编号。

4. 结构合理

关于市场研究报告的内容在前面已经进行过详细讲解，一份规范的报告除了内容合理，还应根据调查主题的要求合理安排写作结构，并且在写作过程中要选择合适的文体结构，以更好地反映调查内容和结论。

5. 文字流畅

在进行市场研究报告写作时，要尽量使用通俗易懂、富有说服力的文字，避免使用晦涩难懂的文字及专业性较强的术语。同时，报告行文要力求流畅自然。

6. 篇幅得当

市场研究报告的质量和篇幅的长短没有必然的联系，一份良好报告的篇幅长短应该满足的要求是：增加篇幅不能带来更多信息，缩短篇幅将会影响信息的有效传递。

7. 结论准确

报告中的结论应该是根据市场调查资料进行分析研究后得出的，它应该是准确和符合实际的，同时在结论的基础上给出的建议也应该具有可行性和可操作性。

（二）市场研究报告的写作步骤

市场研究报告的写作一般包括以下几个步骤：首先，对收集到的数据进行分析和解读，结合与调查项目相关的信息，确定研究报告的写作主题。其次，围绕确定下来的主题，结合相关材料，确定研究报告的写作内容和结构。再次，将相关的调查材料和分析结果与报告的结构结合，形成报告初稿。最后，对初稿进行修改和审查，最终定稿。

第三节 图表在市场研究报告中的应用

一、图表对市场研究报告的作用

为了向客户更好地展示调查成果，方便读者阅读与理解，市场研究报告一般都需要使用大量的表格和图形。图表对于市场研究报告的作用主要体现在以下三个方面。

第一，能向读者提供一种简明的有关各种数据的组合形式，方便读者系统地查阅资料；

第二，可以非常醒目地对有关数据进行对比，反映变量的变化趋势及相互的关系，使读者一目了然；

第三，引起读者的注意，可以表明哪方面资料是重要的。

二、表格在市场研究报告中的应用

表格有助于读者对精确值进行确认，并使读者对数据资料进行比较。当调查结果信息以表格形式告知读者时，最好放在正文中，这样有利于读者思维的连贯性，但表格如果过于冗长则要放入附录中。在运用表格时需要注意以下几个问题：

①不要让计算机分析暗含达不到的精确水平，即对小数点位置的适用进行限制；

②将需要读者比较的项目放在同一列，而不是同一行；

③如果表格有许多行，则每一个条目后将其交替涂色或留出双重空间，以便读者认识条目的排列。

三、图形在市场研究报告中的应用

一般而言，图形的制作是以表格数据为基础的。但与表格相比，图形能够更加直观、形象地展示调查结果。

1. 柱状图

柱状图也叫条形图，它是用垂直的条形柱来表示数据的大小，是市场调查报告中常见的一种图形。

在实际应用中，柱状图一般有 7 种类型可供选择：二维簇状柱状图、二维堆积柱状图、百分比堆积柱状图、三维簇状柱状图、三维堆积柱状图、三维百分比柱状图、三维柱状图。

与柱状图类似的是直方图，都是用柱状高低表示变量相对或累积频数的大小，不同的是柱状图在横轴的柱形之间有相等的空隙间隔，而直方图在横轴上是连续无间隙的。

2. 饼图

饼图也是市场调查报告中常用的一种图形，主要用于描述某个变量的比例。在具体使用时，饼图一般有 6 种类型可供选择：二维饼图、二维分离型饼图、三维饼图、三维分离型饼图、复合饼图、复合条饼图。其中复合饼图是指将用户定义的数值提取，并组合进第二个饼图的图形，而复合条饼图是指将用户定义的数值提取，并组合成堆积条形图的饼图，事实上是饼图与条形图的结合。

3. 折线图

在市场调查报告中，为了说明某个变量随时间或类别而变化的趋势，常常会用到折线图。它是将各个时点或类别上的数据用直线连接起来以跟踪数据的变化趋势的一种曲线。

在使用过程中，有 7 种折线图可供选择：二维折线图、三维折线图、堆积折线图、百分比堆积折线图、数据点折线图、堆积数据点折线图、百分比堆积数据点折线图。其中，堆积折线图是指显示每一数值所占大小随时间或类别而变化的趋势线，而百分比堆积折线图是指显示每一数值所占百分比随时间或类别而变化的趋势线。

需要指出的是，在大多数情况下，市场调查报告中多使用柱状图和饼图，但是遇到以下几种情况时，使用折线图更为方便。

（1）数据涉及的时间较长时，如经常是几个季度，甚至是几年。

（2）在一张图上比较了几个系列时，有时有一定的连贯性。

(3) 当重点在于读者想看出数据的变动而不是想要知道它的实际量时。
(4) 展示频度分配的趋势时。
(5) 使用多倍量制时。
(6) 展示估计值、内测值、预测值、内插法或插补法时。

4. 其他图形

除了上述三种图形外，市场调查报告中还可能用到散点图、面积图、圆环图、雷达图等。对于上述所有图形，都可以使用 Excel 软件进行制作；对于更加复杂和专业的图形，则可以使用 SPSS 这类专业统计软件进行制作。

第四节　口头市场研究报告

一、口头市场研究报告的适用情况及优点

(一) 口头市场研究报告的适用情况

由于书面研究报告存在一些缺陷，使得口头研究报告在一些特定情况下显得特别必要。

(1) 尽管书面研究报告准备得非常好，但依然无法引起决策者或委托方的兴趣，他们不愿意花更多的时间对书面报告进行更深入的了解。在这种情况下，口头研究报告就显得非常重要。

(2) 委托方或决策者需要调查组织者对书面研究报告中的一些内容给出解释，并和调查组织者讨论他们的一些想法和建议。

(二) 口头市场研究报告的优点

与书面研究报告相比，口头研究报告的优点主要体现在以下几个方面：

(1) 口头研究报告最大的优点就是其良好的沟通效果，由于调查双方是面对面交流，所以可以对书面报告中存在的一些问题进行深入探讨；

(2) 口头研究报告可以用较短的时间说明需要研究的问题，且容易把握重点；

(3) 如果口头研究报告的汇报人选择合适，口头报告往往更加生动且富有感染力，可以给决策者或委托方留下深刻的印象；

(4) 口头研究报告的表现形式更加多样灵活，能够有效展示调查成果。

二、口头市场研究报告的准备工作

为了使口头报告的沟通效果更好，进而更容易达到汇报者想要达到的目标，在进

行具体汇报工作前,往往要进行以下几个方面的准备工作。

1. 选择合适的汇报人员

汇报人员是传递信息的重要载体,所以,选择合适的汇报人员是保证良好沟通效果的重要前提。作为汇报人,除了要对报告的内容非常了解之外,还应该具备较强的语言表达能力和应变能力。

2. 精心准备汇报提要

为了让听众对报告的内容有大致的了解,汇报人还应该为每位听众准备一份关于汇报流程和报告结论的汇报提要。提要一般不包括数字和图表,但一定要把流程和结论表达清晰,同时预留一定的空间便于听众记录疑问或评述。

3. 选择合适的辅助工具

为了使报告更加生动,提高报告的效果,在进行汇报时,如果条件允许,应尽可能采用现代技术工具作为辅助手段,例如投影仪、多媒体及电视等。采用这些技术工具有助于更为直观、形象地表达汇报内容,同时也可以保持听众的注意力,增强记忆效果。

4. 准备书面报告复印件

由于各种条件的限制,口头报告往往只包含了报告中的重要内容,而很多细节则被省略了,作为补充,汇报人员应该提前准备好书面报告复印件,以备听众索取。如果与会人员是比较专业的,则应该在作口头报告之前先发放书面报告。

三、口头市场研究报告的注意要点

口头市场研究报告能否达到预期的目标往往受到很多因素的影响,其中比较重要的因素有以下几点。

1. 精心准备好详细的演讲提纲

虽然汇报人员应该对报告内容非常熟悉,但准备好详细的演讲提纲仍然非常必要。演讲提纲应该包括报告的基本框架和主要内容,而且为了达到较好的演讲效果,报告者应提前了解与会者的情况,尤其是他们的专业水平、兴趣以及对报告存在的疑问等,以使自己演讲的内容和风格与听众相吻合。

2. 采用通俗易懂的语言

为了使沟通的效果更好,在进行口头报告时语言一定要简洁明了,通俗易懂。在介绍过程中,也可以根据与会者的实际情况适当插入一些简短的、针对性较强的例子、典故或格言等,以增强趣味性和说服力。

3. 借助于图形和表格传递信息

借助于图形和表格最大的优点就是可以加强口头陈述的效果,但在使用图形和表格时,要确保图形和表格清晰易懂,切忌让虚张声势的图形和表格成为影响信息传递的障碍。

4. 借助肢体语言提高口头报告的效果

毋庸置疑，肢体语言的恰当使用可以提高口头报告的效果。通过姿势、音调和表情等肢体语言的运用往往可以加深听众的印象，但使用肢体语言的前提是得体适度，切不可矫揉造作、哗众取宠，否则结果将适得其反。

5. 汇报人要把握与听众的交流

汇报人在进行报告时一定要保持自信，演讲时应该面向听众，并与听众进行目光交流，通过这种方式，在展示自信的同时可以通过听众的表情来判断他们对报告的理解及喜爱程度。同时，在报告结束后，应该与听众进行互动，及时解答听众的疑问，以更清楚地传递市场研究报告的中心思想。

6. 把握好作报告的时间

报告时间的长短也会对报告的效果产生重要影响。时间过短，往往不能表达清楚报告的内容和思想；时间过长，则容易引起听众的反感，进而影响报告的效果。所以，在进行报告时，应根据报告内容的多少和报告对象的特点来确定合理的报告时间，以取得更好的汇报效果。

本章小结

市场研究报告是调查结果的集中表现，通过文字、图表等形式将调查的结果表现出来，以使人们对所调查的市场现象或问题有一个全面系统的了解和认识，从而帮助决策者或管理层制定合适的决策。

撰写市场研究报告时应遵循以下原则：具有针对性、实事求是、突出重点、注重时效性。

按照呈递方式的不同，市场研究报告可分为书面报告和口头报告两种。一份规范的市场研究报告应包含封面、目录、摘要、正文和附录五部分。在撰写市场研究报告时，要主题鲜明、选材得当、合乎逻辑、结构合理、文字流畅、篇幅得当、结论准确。撰写市场研究报告的过程中常见的错误主要有：篇幅过长、调查数据单一、数据分析不准确、准确性的错觉以及报告严重脱离实际。

口头市场研究报告更多的时候是书面报告的补充。在进行口头市场研究报告时，要精心准备好详细的演讲提纲、采用通俗易懂的语言、借助于图形和表格传递信息、借助肢体语言提高口头报告的效果、汇报人要把握与听众的交流、把握好作报告的时间。

复习思考题

1. 简述市场研究报告的主要分类。
2. 试述市场研究报告的功能。
3. 简述书面市场研究报告的结构组成及写作要求。

4. 在网上下载一份市场研究报告，根据所学知识分析其存在的问题并给出你的建议。
5. 简述在进行口头市场研究报告前应准备的材料。

本章实训

一、实训目的

培养学生实际撰写市场调查报告的能力。

二、实训内容

请同学们结合之前所做的大学生服装消费调查项目，以调查结果为核心，撰写一份规范的市场调查报告。

三、实训组织

1. 按照实训项目将班级成员分为若干小组，每组6~8人，采用组长负责制，组员合理分工，团结协作。
2. 各小组结合调查结果充分讨论，认真分析，形成小组的市场调查报告。
3. 各小组在班级进行市场调查报告交流展示。

四、实训步骤

1. 指导教师布置实训项目，指出要点和注意事项。
2. 各小组明确实训任务，制定实施方案，待教师指导通过之后执行。
3. 小组成员分工明确。
4. 由专人进行资料的汇总，记录明确。
5. 各小组讨论形成核心思想，归纳要点，形成讨论稿，完成市场调查报告。
6. 展示各小组市场调查报告。
7. 指导教师进行综合评定和总结。

案例分析

2015年四季度绍兴市纺织业企业问卷调查分析报告

2015年12月18~28日，绍兴全市166家纺织业企业参与了2015年四季度浙江省重点工业企业网上问卷调查。

调查结果显示：四季度，纺织工业运行指数46.6，发展环境指数53.7，企业生产经营指数41.9，环比分别上涨2.2、4.2和0.9个百分点。与上季度相比，主要指数有所回升，但低于全市工业平均水平。2016年一季度，纺织工业运行、发展环境和生产经营预期指数分别为47.5、56.8和41.3，发展形势预计稳中趋好。

一、宏观发展指数略有上升，总体预期不乐观

（一）国际发展环境错综复杂

四季度，纺织业国外宏观经济环境指数42.8，环比上涨6个百分点。纺织业企业认为国外宏观经济环境变好的占11.4%，比上季度提高4.8个百分点；认为国外宏观

环境变差的占25.9%，比上季度降低7.2个百分点；预计下季度国外宏观环境变好、变差的分别占16.3%和22.3%。四季度国外环境判断略有好转，但回升幅度不大，企业发展信心仍面临严峻挑战。汇率市场不稳定、行业竞争较大等原因导致纺织业面临的国际风险和不确定因素较为突出，发展下行压力依然存在。

（二）国内发展环境稳中趋缓

四季度，纺织业国内宏观经济环境指数41.6，环比上涨1.5个百分点。12%的纺织业企业认为本季度国内宏观环境变好，环比上升3.6个百分点，低于全行业平均水平1.4个百分点；认为本季度国内宏观环境变差的企业占28.9%，比上季提高0.6个百分点；预计下季度国内宏观环境变好、变差的分别占19.3%和25.3%。全球经济增长乏力，国内市场需求同步趋缓，资源要素制约日趋强化，导致纺织行业压力较大，一定程度上形成倒逼效应，有助于加快行业转型升级。

二、生产经营压力不减，行业景气程度较低

纺织业企业生产经营指数41.9，环比上涨0.9个百分点，低于全市工业企业生产经营面上水平4个百分点，纺织业企业生产经营稳中趋缓，压力依然较大。

（一）本季度企业经营情况（图13-2）

产品需求低位运行。本季度产品需求与上季度相比变化不大，总体情况仍较低迷。从产品订货看，超过半数的企业与上季度持平，下降的企业占28.3%。从设备利用率看，设备利用率在70%~90%的企业占45.2%，大于90%和小于50%的分别占22.9%和4.2%，利用率较上季度略有上升。从产品生产量看，42.3%的企业与上季度持平，28.9%的企业下降。从库存看，22.9%的企业产成品库存增长，19.3%的企业主要原材料库存增长，库存积压情况相比上季度略有加重。

利润空间持续萎缩。成本大幅上涨、行业竞争加剧、转型升级压力等因素导致纺织行业利润进一步下降。从生产成本看，28.3%的企业生产（经营）成本较上季度增长，其中生产成本增长10%以上的企业占10.2%；用工成本增长的企业占41.4%。从产品价格看，25.3%的企业产品价格下降，68.7%的企业价格持平。从盈利状况看，36.7%的企业盈利下降，仅15.7%的企业盈利增长，增长率较上季度上涨3个百分点，但占比依旧较低。

（二）下季度企业经营预期

受季节因素影响，经营预期低迷。从产品订货看，下季度预期增长的仅占10.8%，预期下降的占34.3%，下降面比本季度扩大6个百分点。从销售产值看，下季度预期比本季度下降的占38%，仅10.8%的企业预期会增长。从从业人数看，20.5%的企业预期下季度下降。受春节假期、G20峰会召开等因素影响，下季度企业开工时间较短，经营预期低迷。

投资意愿小幅回升，投资方向分化明显。19.3%的企业在明年一季度有投资打算，比上季度提高4.3个百分点。从投资方向看，技术更新改造和新产品研发方向，扩大生产规模，高新技术产业占前三位，投资意愿比分别为75%、31.3%和15.6%。在外部环境压力和行业内部需求双重推动下，纺织行业转型升级意愿较为强烈。企业不投资的主因包括没有好的项目（占比50%）、宏观经济下行（占比38.1%）、资金不足（占比35.8%）等，政府需在生产力布局、项目建设和营造良好金融环境等方面给予企业全力支持。

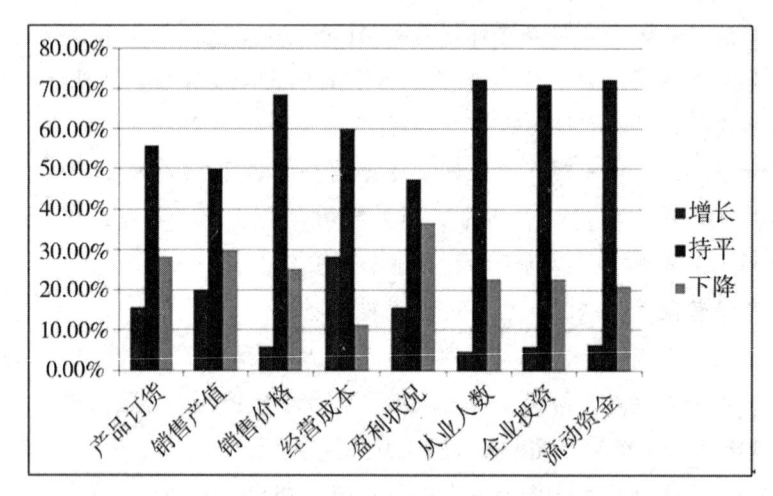

图13-2　2015年第四季度纺织业企业主要经营指标变化情况

三、纺织行业政策期望及建议

根据四季度调查问卷梳理汇总，当前纺织行业反映最多、最需解决的问题主要有三个方面。

1. 进一步完善宏观政策。一是优化金融政策，针对企业反映的资金紧张问题，降低贷款利率水平，拓宽融资渠道，严控"两链"风险。二是强化财政政策支持，进一步降低税费，提高出口退税率，加大财政补贴力度。三是加大简政放权力度，缩短审批时间，提高审批效率。

2. 保持出口稳定增长。建议组织企业开拓新市场，健全出口信用风险保险保障机制，优化海关、质检的监督和服务，深化出口品牌战略。

3. 鼓励企业转型升级。坚持政府引导、企业主体、市场导向，加快推动以智能化和专业化为导向的纺织业转型升级，综合运用法律、经济、技术、行政等多重手段，有倾向性地引导企业增强对创新重要性的认识和投入，促进行业实现质的跃升。

资料来源：http://www.sxdpc.gov.cn/art/2016/2/24/art_17075_843801.html.

案例讨论

1. 该调查报告的撰写是否符合撰写原则？

2. 根据案例中的内容思考未来绍兴市纺织业面临的经营难题有哪些，应该怎样解决？

参考文献

[1] 阿尔文·C. 伯恩斯，F. 布什. 营销调研（第二版）[M]. 梅清豪，等，译. 北京：中国人民大学出版社，2001.

[2] 唐纳德·R. 库珀，帕梅拉·S. 辛德勒. 商业研究方法（第七版）[M]. 郭毅，詹志俊，译. 北京：中国人民大学出版社，2006.

[3] 酒井隆. 图解市场调查指南[M]. 郑文艺，陈菲，译. 广州：中山大学出版社，2008.

[4] 刘波. 市场调研[M]. 成都：西南财经大学出版社，2009.

[5] 汤俊. 市场调查与分析[M]. 广州：暨南大学出版社，2010.

[6] 纳雷希·K. 马尔霍特拉. 市场营销研究：应用导向[M]. 北京：电子工业出版社，2010.

[7] 景奉杰，曾伏娥. 市场营销调研（第二版）[M]. 北京：高等教育出版社，2010.

[8] 小吉尔伯特·丘吉尔，唐·拉柯布奇. 营销调研方法论基础（第九版）[M]. 王桂兰，赵春艳，译. 北京：北京大学出版社，2010.

[9] 胡介埧，周国红，周丽梅. 市场营销调研[M]. 大连：东北财经大学出版社，2011.

[10] A. 帕拉苏拉曼. 市场调研（第二版）[M]. 北京：中国市场出版社，2011.

[11] 简明. 营销调研[M]. 北京：中国人民大学出版社，2011.

[12] 涂平. 市场营销研究：方法与应用[M]. 2版. 北京：北京大学出版社，2012.

[13] 简明. 市场调查方法与技术[M]. 3版. 北京：中国人民大学出版社，2012.

[14] 冯士雍，倪加勋，邹国华. 抽样调查理论与方法[M]. 北京：中国统计出版社，2012.

[15] 小卡尔·麦克丹尼尔，等. 当代市场调研[M]. 北京：机械工业出版社，2012.

[16] 王旭. 市场调研[M]. 北京：高等教育出版社，2012.

[17] 欧阳卓飞. 市场营销调研[M]. 2版. 北京：清华大学出版社，2013.

[18] 蒋萍. 市场调查[M]. 2版. 上海：格致出版社，2013.

[19] 屈援. 市场研究[M]. 北京：人民邮电出版社，2013.

[20] 汪劲松. 市场调研：流程管理与操作方法[M]. 北京：科学出版社，2013.

[21] 孙山泽. 抽样调查[M]. 北京：北京大学出版社，2014.

[22] 张梦霞. 市场调研方法与应用[M]. 2版. 北京：经济管理出版社，2014.

[23] 江晓东. 市场调研实验的 SPSS 操作教程 [M]. 上海：上海财经大学出版社，2014.

[24] 庄贵军. 市场调查与预测 [M]. 2版. 北京：北京大学出版社，2014.

[25] 宋专茂. 市场调研与分析 [M]. 北京：中央广播电视大学出版社，2014.

[26] 陈启杰. 市场调研与预测 [M]. 4版. 上海：上海财经大学出版社，2014.

[27] 薛薇. 统计分析与 SPSS 的应用 [M]. 北京：中国人民大学出版社，2014.

[28] 马瑞学，黄建波. 市场调查 [M]. 北京：中国财政经济出版社，2015.

[29] 简明. 市场研究定量分析 [M]. 北京：中国人民大学出版社，2015.

[30] 马瑞学，黄建波. 市场调查 [M]. 北京：中国财政经济出版社，2015.

[31] 李红梅. 市场调研理论与实务 [M]. 北京：人民邮电出版社，2015.

[32] 卫海英，陈凯，王瑞. 市场调研 [M]，北京：高等教育出版社，2016.

[33] 殷智红. 市场调研实务 [M]. 北京：北京大学出版社，2016.

[34] 陈凯. 市场调研与分析 [M]. 北京：中国人民大学出版社，2016.

[35] 李桂华. 市场调研 [M]. 天津：南开大学出版社，2016.

[36] 林红菱. 市场调查与预测 [M]. 2版. 北京：机械工业出版社，2016.

[37] 许以洪，石梦菊，李玉凤. 市场调查与预测 [M]. 2版. 北京：机械工业出版社，2016.

[38] 冯利英. 市场调查理论、分析方法与实践案例 [M]. 北京：经济管理出版社，2017.